U0002011

打破選股迷思的
獲利心法

破解13大投資神話，散戶選股策略寶典

INVESTMENT
FABLES

EXPOSING THE MYTHS OF "CAN'T MISS" INVESTMENT STRATEGIES

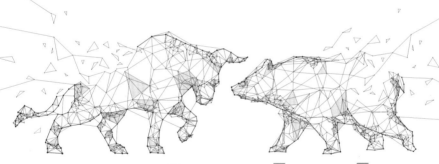

亞斯華斯・達摩德仁 **Aswath Damodaran** 著　　吳書榆 譯

獻給我父親，是他讓我看到想法蘊藏的力量；
獻給我母親，是她教會我常識有多重要。

Contents

聽說某個選股方法有用？不如實際分析是否有用

綠角

財經作家

如何挑選股票？

方法很多。

譬如現在美國大型股當道，許多人建議，投資就要買主流的大型權值股。

有人則說，大型股有太多分析師關注了，應該選無人聞問的小型股，有比較多的機會。

有人偏好高股息股票。因為現金股息似乎是一種保證獲利。

有人則偏愛具高成長性，但股息率很低或幾乎沒有的公司。

有人想要挑選營運良好的公司，因為好公司才會帶來股價的優異表現。

但是有人想要買進最近負面消息纏身，跌到只剩幾塊錢的雞蛋水餃股。

每一種方法都有贊同者。

可是，推廣這些投資方法的人，有些是以「銷售這些方法」為生。他呈現的往往只是這個方法有效的一面，而忽略其背後潛在的缺點。

而投資人，也想相信這些方法。好像可以很簡單地遵循一些原則，就得到豐厚的獲利。

實際施行起來，投資人卻常發現，成果不如預期。

這本《打破選股迷思的獲利心法》的作者亞斯華斯是股票估值專家。他用一個接一個的章節，深入與徹底地分析各種常見的選股方法。

譬如買進好公司的投資建議。許多人直覺會想，公司治理良好，又有強勢產品，當然是優異的投資選擇啊。

當你看到書中，卓越與非卓越公司的股票表現，以及標普的股票評等與之後股價表現的關係圖時，可能會驚訝地發現，完全不是想像中的狀況。

問題在於，當一家公司擁有良好條件時，市場上其他投資人也都注意到了。該公司的股價會上漲反應其優勢。

一家好公司，假如股價太高，也可能變成不良的投資選項。

而好公司，假如好表現不夠好，也是負面消息。譬如原先市場預期有35%的盈餘成長，結果實際財報出來只有25%，也會造成股價下跌。

好公司背後的高期望，是一個沉重的負擔。

另外，我們似乎可以很簡單地找到便宜的股票，就看本益比（P/E）就好了。同樣一塊的每股盈餘，假如可以付出較低的價格買到，那不正是便宜買進嗎？

其實股市就像一個水果攤。水果攤上有漂亮的水果，也有已經熟到快爛掉的水果。那一種比較便宜？

市場上有獲利穩健的公司，也有搖搖欲墜的業者，何者的股票會比較便宜？

在公開市場上，便宜是有理由的。根據簡單的價格指標，以為就能買到便宜的股票。有時恐怕會發現，原來這家公司還有更大的危機。

台灣近年則盛行高股息投資。

投資人試著在一個穩定的產業中，挑一家看來不會倒，而且有持續發出高現金股息的公司。持續地買進，累積這支股票。現金股息是一種保證獲利，假如股價上漲，那就是多賺的。退休後，也可利用股息帶來退休時需要的現金流。

問題在於，股票的現金股息並沒有保證，跟債券契約式的固定配息相比，有著本質上的差別。

而且高股息的股票，可能給了投資人較高的現金配息，卻帶來較低的資本利得，也就是較差的整體報酬。

台灣股市就有現成的例子。專門投資高股息股票的台灣高股息 ETF（0056），成立於 2007 年 12 月。從 2008 年初到 2020 年底，累積報酬113％。而單純投資大型股的台灣 50ETF（0050），取得的是接近市場的整體成果，同期間累積報酬 203％。

0050 勝出的理由正是較高的資本利得。高股息並不是股市投資勝出的保證。

2020 年起，美國成長類股表現強勁。五家高成長公司，Facebook、Apple、Amazon、Netflix 與 Google 被挑出來組成 FAANG 這樣的縮寫。似乎只要買進成長類股，就是獲利保證。在這個時刻，書中揭露成長股投資失敗的歷史，特別具有警示的作用。

沒有單一選股方法，可以很簡單地讓投資人在每一種市場狀況、每一個時間段落，都取得優異的成果。

作者詳細解釋每一個選股方法的正反理由，用歷史經驗進行驗證是否有用、理論上有何缺點，以及實務上如何改進。

閱讀這些文字時，看到作者的財務數字分析與歷史資料統整，讀者也會體會到，光是要精進一種選股方法，就需要花費大量心力。

　　不論是你想讓自己有點基本防備，不要太容易相信表面很有道理、其實未必有效的選股方法，或是你真心想要深入研究選股方法，這本《打破選股迷思的獲利心法》都會有很大的幫助。

　　假如了解這些選股方法之後，覺得這些方法太累人，而且沒有保證帶來比較好的成果，那麼低成本指數化投資，會是你明智的選擇。

提高投資的勝率

　　身為投資人，你一定聽過很多人報明牌，比方說證券營業員、朋友或是投資顧問，他們會宣稱某些股票將帶來可觀報酬。推銷話術聽來極具說服力也合情合理，而且他們更拿出證據（有時是小道消息，有時是統計數據），佐證說他們的策略必會成功。然而，當你試著套用這些策略進行投資，很少能達成理論上的成績。有太多時候，你得到的只是後悔，責怪自己當初為何要進場，還因為這次的投資經驗變得更窮了，於是你向自己保證再也不會被這些故事所誘惑。有太多時候，你忘了前車之鑑，下一次又輕易聽進另一個股票大消息，淪為犧牲品。

　　市面上流傳能打敗大盤的方法不下千百種，但這些基本上就是十幾種不同版本、和買賣股票有關的主題。這些廣泛的主題經過修改、有了新名字，然後被業務人員當成不同的新投資策略向新一代投資人推銷。他們講出來的故事裡必定有什麼可吸引投資人的直覺，並訴諸人性的弱點（比方說，貪婪、恐懼和傲慢，但當然不止這三項），才能讓這些說法歷久不衰。本書要探討這些故事的動人之處、為何有這麼多人對這些故事著了迷又因此摔了跤，以及還需要做什麼才能善用每一套策略致勝。

　　你會看到，每一個故事都有聽起來很可信的事實，也都具備財務金融

理論基礎，讓支持者得以宣稱他們的論點穩健。每一章一開始都會檢視各個投資故事的基礎，以及有哪些理論支持投資人採用這套策略。不過，為何要這麼麻煩把理論搬出來？因為有了理論，你就能看透為何這些說法有用，還能讓你找出故事中的潛在弱點。

如果你聽說過某一套投資論點，你很可能也聽說過支撐起論點的研究理據，並看過可作為佐證的威力無窮研究結果。你在本書中會看到，每一套發展出來的投資策略在某個時期、某些股票上可以成功，但是能否長期套用到廣泛的股票上，還需要進行評估才能得出全貌。正因如此，本書才會針對每一項策略以及各策略中的某些潛在問題，檢視現有的實證證據，而且來自相信論與懷疑論的正反資訊皆有。

不管是哪一種投資策略，投資人都要費盡心力回答一個問題：以投資選擇來說，採用這套策略代表什麼意義？如果你採用的策略叫你要買進「低」本益比的股票，你必須判斷什麼情況才代表本益比低，以及哪些類型的股票本益比低。如果你相信最佳的配置方法是投資小公司，那你必須判別如何衡量公司的規模（比方說根據營業額、市值等等）、數值要落在哪個水準以下才代表小公司。會有人告訴你一些基本原則，比方說，本益比 8 倍代表這檔股票很便宜，或公司市值在 1 億以下代表那是一家小公司。然而，由於市場會隨著時間改變，一味套用基本原則很危險。本書提供的是參考架構，我們會檢視整個市場裡各種指標的分布，如本益比、股價淨值比和市值等等。如此應能讓你感受到大盤當中的差異，並設定投資組合的標準。

不管是哪一種策略，最好的測試方法就是套用到市場裡，並仔細研究遵循策略所得出的投資組合。我們會把本書檢驗的每一套策略拿來實際應用，你可以問問自己，投資組合裡的成分股是否讓你覺得安心。如果答案為否，這就是警訊，告訴你這套策略可能不適合你。如果你是謹慎小心的

投資人，仔細檢視投資組合能讓你探查出策略的弱點，並看看你能做什麼以盡量降低損害。

　　在此要特別強調本書的重心，以及本書無意碰觸哪些面向。那就是，本書不欲推銷或破解投資策略，前者有太多分析師和券商在做，後者則有很多憤世嫉俗的人（其中有很多出自於學界）樂此不疲。本書意在呈現每一項投資策略的完整面貌，讓你可以自行判斷什麼方法有用、什麼無效。本書無法回答所有投資問題，也沒有人能看得這麼遠，但書裡會提供你工具，讓你在面對鼓吹這些策略的人時，可以問出正確的問題。這本書不適合相信挑選股票是無益練習的悲觀者，目標讀者群是那些希望能找出方法、運用主動管理策略創造報酬，以及想知道如何善用這些策略的樂觀人士。這本書不去講你在投資時不能且不應做哪些事，強調的是身為投資人，你要去做哪些可以且應該做的事，才能提高成功勝率。

　　只要金融市場存在一天，就會有各種江湖郎中與騙子勸誘投資人投入終將失敗的致富方案。在遭遇這些失敗之後，你常常會想要向法律與政府尋求保護，讓你不會被自己所害。然而，在面對「絕對不會虧的股票」或是「快速致富」方案這類厚顏推銷話術時，最佳的解決方案就是努力做一個事事存疑且掌握充分資訊的投資人。我希望本書在這方面能助你一臂之力。

01
概論：打破你的選股迷思

你可以依循這套方法，在任何時機找出市場裡最適合你的股票。

關於投資，有太多聽起來很棒、但經不起仔細檢驗的故事，就舉幾個例子吧：買進好公司的股票，就一定能賺錢；出現利空消息之後買進；出現利多消息之後買進；股票長期一定會賺；跟著內部人士交易；買進股利豐厚的股票；買進跌幅最大的股票；買進漲幅最高的股票。這些說法之所以誘惑力十足，都是有理由的。畢竟每一個故事都有一部分屬實，但不全然正確。你可以檢視這些以及本書中的其他投資推銷術語，想一想每一套劇本裡的潛在缺點，以及你要做哪些修正以降低走跌風險。

保證賺錢！抓住人性弱點的故事威力

好聽的故事比圖表和數字更能觸動人心。最高效的投資推銷術，是說出一套動人的故事，並以傳聞軼事作為佐證。然而，故事最初的吸引力在哪裡？投資寓言有說服力，不單是因為故事說得好，更重要的是這些說法裡通常善用了幾個常見因素：

- 許多好的投資故事都會訴諸基本人性，可能是貪婪、希望，也可能是恐懼或羨慕。事實上，成功的投資業務人員之所以出類拔萃，就是因為他們有一種非凡的能力，能估量出投資人的弱點，然後善用弱點創作出一套故事。
- 好的投資故事也會有證據輔助，至少說書者會有一套說法。但你在本書中會看到，這些證據很可能只說了一部分的故事，很多人提出的資訊號稱無懈可擊地驗證了投資策略的效能，但完全經不起進一步檢視。

在接下來的每一章，你會看到本書提到的各種投資故事能引起各年齡層投資人共鳴的理由。讀到這些章節時，你一定會想起某些營業員、投資顧問或鄰居對你千保證萬保證一定賺錢的說法。

你被打動了嗎？全面檢視投資故事

投資故事有各種形式。有些故事旨在打動不願冒險的投資人，因此通常講的都是如何低風險地參與股市。有些劍指想要一夜致富的冒險者，這些故事強調上漲的潛力，卻難得提及風險。有些故事的目標群眾，是那些認為如果自己比市場其他人更明智或準備更充分，就能坐收利益的人。最後，還有一些故事的訴說對象是樂觀主義者，這些人相信長期必勝。我們會在本節先預覽，本書接下來各章要詳細檢視的投資故事。

說給風險趨避者聽的投資故事

有些投資人天生就趨避風險，有些則是因為環境之故。比方說，工作不穩定或即將退休，都會讓你更擔心虧錢。也有人是因為被長期的熊市嚇壞了，轉而趨避風險。無論規避風險的原因為何，最能打動這類投資人的投資故事便是，強調低風險、同時保證報酬會高於他們目前所做的安全投資。

高股息的股票

比起有風險的股票，趨避風險的投資人通常偏好安全的政府公債或投資級公司債。他們覺得買債券更安全，因為他們知道自己在持有債券期間可以獲得票息收益，而且投資債券的本金也不會少。要吸引這些投資人轉買股票，你必須試著給他們相當的收益和安全感，同時還要有溢價讓他們願意承擔額外風險。因此，高股息的股票對於趨避風險的投資人極具吸引力，因為從創造收益這一點來看，這類股票和債券很像，但又有額外的股價增值好處。某些股票的股息，會比從安全債券上賺到的票息還高。這是因為股票並不像債券一樣保障投資本金，如果公司發放豐厚股息且有可觀的資產，就可以緩解這部分的風險。

本益比低的股票

本益比低的股票，向來被視為便宜且安全的股票投資。你應該可以理解，為何一般人會認為本益比為 5 倍的股票很便宜。但這類股票被視為安全投資的理由何在呢？當中的預設前提是，這家公司未來將能持續創造相同的獲利，而這項獲利能力能支撐股價的底部。事實上，諸如葛拉漢等價值投資人，長久以來力主買進低本益比的股票，是一種低風險、高報酬的

投資策略。對於比較擔心股票風險的投資人來說，這套策略似乎提供了一條進入股市的低風險管道。

股價低於帳面價值的股票

便宜股票族群裡有一個低本益比股票的近親，那就是股價低於帳面價值（book value，按：又稱淨值）的個股。對某些投資人來說，股票的帳面價值是經過會計師認證的公司股票價值指標，而且，股價會因為投資人一時興起的行動而擺盪。相較之下，帳面價值是更可靠的股票價值衡量標準。也因此，股價低於帳面價值的股票會被視為遭到低估。有一類趨避風險的投資人認為帳面價值就等於變現價值，股價低於帳面價值的股票是他們眼中有安全後盾的投資標的。如果股價上不去，公司應該會變賣資產，得出（高於股價的）帳面價值。

獲利穩定的公司

很多投資人認為，投資一家公司股票，某種程度上就要跟著承擔該公司未來獲利能力不確定性的風險。即便是經營最得法的公司，都會有獲利波動且不可預測的情形。因此，如果你能投資一家獲利穩定又可預測的公司，就可以同時享有股票賦予的所有權和債券帶來的可靠。然而，一家公司要如何才能做到穩定獲利？答案是，可以多角化經營各種業務（或布局不同國家），或是成為大型集團（或跨國企業），如此一來，某項業務（某個國家）的好表現便可抵銷另一項業務（另一個國家）的時機不好，這樣長期的獲利就能更穩定。另外，公司也可以善用目前金融市場找得到的各種產品，比方說期貨、選擇權和其他衍生性商品，防範利率、貨幣或大宗商品價格的風險，從而使得公司的獲利更容易預測。最糟糕的是公司靠會計騙術和花招，在帳面做做樣子、形成穩定獲利的假象。

說給冒險者聽的投資故事

市場上漲時，投資人多半追逐風險，期望能創造高報酬以作為補償。不意外，他們對於看起來像債券的股票沒有興趣。反之，他們想要找的是上漲潛力最大的公司股票，就算風險可能很高也無所謂。這一群人最聽得進去的是強調風險的投資故事，但說給他們聽時會將風險當成狠賺一筆的契機（上漲機會），而非危險（走跌風險）。

出色的公司

你會聽到，買進好公司，報酬自然跟著來。好公司的定義會因為不同的投資人和不同的投資刊物而不同，但多數的好公司定義都以財務指標為核心。因此，會計帳上能賺到高報酬率、而且一直能為股東締造好成績的公司，通常就符合這一類。近年來，還有另一類定義更廣的好公司，把社會利益等面向納入。廣義的好公司是指同時向股東、員工、顧客和社會交出好成績的公司。投資這類公司的理由，是這些公司的管理階層很出色，能找到方法化危機為轉機，創造出雙重益處。因此，提高報酬的同時還能降低風險。

成長型股票

如果你把資金配置到市場裡獲利成長率最高的公司，你採行的策略就是去賭市場裡最可能創造出爆發性報酬（或者是嚴重崩解）的區塊。成長型股票支付的股息不高，通常本益比很高，而且多半風險很大，但追逐風險的投資人面對這些疑慮不為所動。他們買股票看中的是漲價而不是股息，他們認為，本益比高只是代表長期會轉化成更高的股價而已。抱持懷疑論者會問，如果公司未來不成長的話那怎麼辦？冒險進取的投資人回

答，他們有能力挑出對的公司。而且這些公司會找到金鑰，創造永續成長。

雞蛋水餃型股票

近年來大跌的股票，對願意承擔風險的投資人來說是很有意思的機會。這些公司多半有嚴重的問題，有些是管理不當，有些則是債台高築，還有一些是在策略上犯下大錯。支持投資這類公司的論點，是他們的跌幅已深，不可能再跌多少。追求風險的投資人相信，市場對於利空消息反應過度，把這類股票的價格壓到太低，買進這些股票就是期待價格會反彈。

隱性的價廉物美股票

追尋價廉物美型股票的投資人認為，最適合買進的股票是其他投資人很少聽過的股票。像美國股市這種大型市場，有成千上萬的基金經理人和分析師在追蹤股票，要滿足前述條件並非易事，但也總有成千上萬檔小公司的股票入不了分析師的眼，法人機構也並未持有。這些被忽略的股票，被每年新進入市場的首次公開發行（IPO）公司給吞沒。很多追求風險的投資人想搶在他人之前找到下一家大幅成長的公司，比方說微軟或是思科（Cisco），這股欲望促使他們去搜尋市場裡比較小型、少有人追蹤的區塊，盼望能找到前途一片光明的公司。事實上，擁有較多可用資金的投資人甚至會在更早階段展開行動，成為小型私募企業的創投資本家和私募股權投資人。如果他們挑對公司投資，到公司最後上市時，他們就能帶著滿口袋的現金出場。

說給貪婪者聽的投資故事

不管是哪一種分類方法,貪婪在人性之惡的列表上常常名列前茅。哲學家和牧師都痛斥各種年齡層的貪婪,但貪婪也是帶動金融市場的動力。如果投資人不汲汲營營追求更高的報酬,在這樣的世界裡人對股票的需求就很有限。無須意外,推銷這類投資故事的人通常認為,訴諸投資人的貪婪是很巧妙的論點,足以引發他們的興趣。各種打貪婪牌的投資故事有一個共同主題:會讓你相信你可以坐享高利。

抄捷徑路線

好公司長期可能是好投資,但小公司要花費多年時間才能蛻變為大公司。沒有耐性的投資人會希望現在就拿到報酬,等待看來遙遙無期。有些公司會利用收購,加速自家與其他公司的成長流程。或者,如果公司發行新股進行收購,整個過程的速度會更快。投資人會對這類公司產生興趣,有兩個原因。第一,這些公司通常很愛在市場放消息,而收購行動也可以引來大量的曝光率。第二,由於收購會計帳上的限制,使得這些公司看來比同業好一點。事實上,如果會計上處理得好的話,可以把成長做成接近零成本。[1] 投資人在收購賽局中可以兩邊下注,有些人買進的是收購方,期待收購行動能帶動成長、最後帶來高報酬;有些人則投資可能被收購的公司,希望賺到收購行動中支付的股價溢價。

---

1 根據結合法(pooling)會計(過去可合法使用,但最近已經廢除),使用股票收購其他公司的企業不需要在財務報表上顯示收購成本。反之,他們可以僅顯示被收購公司的資產帳面價值。

不用先掏錢、沒有風險、獲利豐厚

每一個投資人都夢想找到相當於免費午餐的投資標的，亦即沒有風險且報酬豐厚（至少相對於從政府公債等真正無風險投資賺到的報酬而言）。這些「套利機會」存在的前提，是你要在同一個時間點找到市場價格不同、但本質相當的投資工具，而且要確保兩邊的價格終將趨於一致。不用訝異，這種純套利的機會很罕見，最可能存在的地方是在期貨與選擇權市場。但即便是這些市場，也只有一些交易成本低且執行能力強的投資人才能操作。一般人比較能找到的是近似套利的機會，即有兩種不完全相似的資產、交易價格不同，但是有投機套利的機會，這比較像投機而不是單純的套利。然而，價格會不會收斂這件事很難說，因此，即便是對最老練的投資人來說，這都是風險很高的操作。而且，如果有一大部分的投資資金是靠借貸而來，風險又更大。

順勢操作：動能策略

某些投資人認為，所謂低風險高報酬的策略，就是買進正在上漲的股票，搭上順風車。這套策略的隱含假設是股價有明顯的動能：上漲的股票會繼續漲，下跌的股票會繼續跌。看線圖的人和技術分析師使用集結幾十年資料的圖表型態（比方說趨勢線、支撐線與壓力線，還有其他林林總總的線圖）以破解趨勢，還有，同樣重要的是，搶先判斷趨勢改變的信號。畢竟，幫助你賺到錢的動能也可以很快讓你大虧。近幾年，動能投資人擴大分析範圍，納入成交量。因此，同時具備價格與成交量動能的量高價漲股票，是比量小價漲的股票更好的投資標的。

說給心懷希望者聽的投資故事

有一種投資人，無論過去的投資選擇多糟糕，他們都很願意讓過去的過去，不斷試著想辦法要打敗一般的投資人。有些人把成功的希望放在找到對的投資專家，然後跟著對方的腳步，投資這些專業人士挑選的股票。有些人的希望則來自一種近乎宗教的信仰，相信投資股票長期一定會賺。因此，要成功的話，你只需要有耐性就可以了。

跟著專家走

無論是自吹自擂還是真的受人推崇，金融市場裡從來不缺專家。市場裡有很多股票研究分析師，打著的招牌就是他們更能獲得資訊與接觸到公司的管理階層，為投資人推薦該買該賣的股票。你看到的可能是公司的內部人士，從執行長到董事都有，他們在大眾面前扮演啦啦隊的角色。但是，他們暢談的多半是對自家公司的看法，少講到自己何時真的下手買賣。我們也看到多到根本追蹤不完的投資刊物和顧問服務，每一個都宣稱找到了最棒的選股祕技。對於某些被紛雜衝突的市場觀點及大量的股票消息搞得暈頭轉向的投資人來說，這些專家擔負起挑出適當股票的責任，提供了讓人樂見的慰藉。

長線投資必勝

股票市場可能有哪一年、或哪幾年不好，但長期來說股票投資報酬率一定高於其他投資工具，這在美國幾乎已經變成一種約定俗成的看法。你會聽到有人說，從股市歷史中隨便切出十年期間，股票的表現總是優於政府公債或票據。如果你接受這樣的論點而且你可以長期投資，你就能把所有資金都投入股市。因為長期來說，你從股票賺到的報酬會高於其他風險

較低的選擇。當然，如果你能做到只在股市上漲的年頭投資，然後避開下跌的時候，你的報酬可以更高。而從超級盃的贏家隊伍到利率水準，有許多指標都宣稱能告訴你何時進場、何時出場。畢竟，看對時機進場的報酬甚豐，不管是散戶還是法人，每個投資股市的人都曾在某個時間點嘗試擇時進出。

解構投資故事的真相

本書中提到的每一套投資故事，都已流傳幾十年，部分的理由是因為每一套故事都有部分屬實。就讓我們以買進低本益比的股票為例，會有人告訴你，這類股票可能比較便宜。這可以打動投資人，不僅因為這個理由合乎直覺，也因為這通常都有證據作為後盾。舉例來說，過去七十年以來，以低本益比股票組成的投資組合的表現，比高本益比的股票投資組合的年平均報酬率高了將近 7%。關於投資，有太多讓人困惑的論點和更多的反駁說法。重要的是，你要有條理地拆解每一個故事，檢視其中的優點和缺點。在這方面，以下要說明每一章要用來分析各個投資故事所使用的流程步驟。

一、分離出事實核心：闡述理論基礎

多數傳誦投資故事的人都很鄙視理論派人士，他們認為理論屬於學術界以及其他象牙塔裡的人，而那些人根本不靠投資決策維生。諷刺的是，每一套能長期流傳下來的投資故事，都是因為背後有穩固的財務金融理論撐腰。說到底，你總是會用估值模型來解釋為何本益比低的股票可能比較

便宜，以及為何管理得宜的公司股價會比較高。

　　本書提到的每一套投資故事，我們一開始都會先檢視其理論基礎。比方說，如果推銷話術是，過去漲最多的股票，最有可能繼續上漲（這是典型的動能理論），你要針對投資人和市場做哪些假設，才可能發生這種事？理解根本理論雖然看起來像沒事找事做，但以下三個理由告訴我們這麼做其實很有用：

- 就算你認為自己找到了終極投資策略，還是應該抱持懷疑的態度，去想想看這套策略為何有用。這麼做，你就能在世界發生變化時去修正、調整策略。舉例來說，如果你相信投資人取得新訊息的速度很慢，因此股價真的會有價格動能的現象。那麼，現在的你很可能必須調整策略，以反映出如今投資人取得消息的速度遠遠比十年前、或更早之前更快的事實。
- 任何投資策略都不會永遠有用。理解理論能助你一臂之力，讓你知道哪些期間某一套策略最可能有用、哪些期間又最可能失效。舉例來說，如果你認為與債券相對之下，高股息的股票是更有吸引力的選擇，這股吸引力在債券利率低的期間會更大。
- 每一套策略也都有弱點。先從理論出發往下分析，你可以找出在每一個投資故事裡，身為投資人的你最需要擔心什麼事，以及你要怎麼做，才能針對你的疑慮做一些損害控制。例如，使用估值模型來評估本益比的話，你很快就會發現投資低本益比股票時應該顧慮兩項重點：首先，這些股票的獲利沒有太大的成長性；其次，風險可能很高。

　　如果你沒有量化分析的天分，請別擔心，我們說明投資故事時會用到

的理論都很簡單。

二、綜觀全局：檢視證據

對於投資人來說，能拿到回溯百年、數量龐大的金融市場數據是好事也是壞事。一方面，握有數據的話，不管你想測試哪一種投資前提，幾乎都可以做到。另一方面，如果你想反駁某個看法，如成長性高的公司是優於成長性低公司的投資標的，你也總能在金融市場史上的某些時期與某些股票中，找到支持這個觀點的證據。然而，不管是用來支持或反駁投資策略的證據，幾乎都帶有某種程度的偏頗。因此，本書的每一章要試著做以下幾件事：

- **以最廣泛的股票範疇剖析各個策略長期的可行性**：本書不會只在特定時期看一小部分的小樣本股票，反而會引領你檢視所有美國上市股票，而且涵蓋最長的資料可取得期間。因此，若要檢視買進股價低於帳面價值的股票，普遍來看是否為好的投資，我們會檢視投資人靠著所有具備這項特色的股票從 1926 年迄本書探討期止，能賺到的報酬。你會看到，有些受到大肆吹捧的策略在如此縝密的檢驗之下，完全站不住腳。
- **檢視歷史上的各個分段時期，看看某項策略何時成功、何時失敗**：本書中的每一套策略都有好用的時候，在某些時期創造出極高的報酬，但也有一敗塗地的時候。如果你採行買進低本益比股票的投資策略，你會發現這套策略在歷史上某些時期表現比較好，優於其他期間。此外，透過更貼近檢視這些期間的市場狀況（例如，利率和 GDP 成長率），你或許可以微調自己的策略，讓效果更上一層樓。

● **仔細檢視策略創造的報酬，看看能否用巧合來解釋**：以持有不同類型股票為核心的不同策略，創造出來的報酬有高低起伏，有些時候能大勝大盤，有些時候表現則很糟糕。因此，你必須小心判讀最終分析出來的結果。比方說，如果你發現，在某個十年期間，小公司股票的組合，每年能比大公司的組合多創造 2% 的平均年報酬率，多出來的超額報酬很可能純粹只是湊巧。幸運的是，現在有一些統計，你可以評估實際上到底是不是這樣。

　　最後要提的是，本書檢驗的每一套策略，無論是支持與懷疑這套策略的人之前都做過相關的測試了。雖然有些研究已經過時，但是看看不同的觀點，仍能讓我們更完整掌握某一套策略的運作方式。[2]

三、建立參考架構：進行運算

　　投資策略的基礎通常都是基本原則（像是本益比 8 倍很便宜、股價的本益比低於預期成長率代表這檔個股很便宜，諸如此類），而投資人也廣泛接受這些原則。畢竟，美國上市的股票超過 7,000 檔，投資人要消化的資訊數量可以說如排山倒海。在資訊超載之下，任何能簡化人生的規則都會受人歡迎。人們或許有很充分的理由應用基本原則去做投資，但是也會衍生出許多成本：

● **隨著市況變動或是市場不同，某個市場裡發展出來的基本原則很可能很快就不合時宜**：舉例來說，有一條基本原則是，本益比低於 8

2　每一章的注解會提到其他研究，如果你有興趣的話，可以查一查源頭文章並詳加閱讀。

倍的股票很便宜。這條原則在 1960 年代發展出來時很好用，但是，1981 年時美國有近半的股票本益比低於 8 倍（用這個標準來定義便宜就變得太寬鬆），1997 年則只有不到 10% 的股票低於 8 倍（用這個標準來定義便宜就太嚴苛）。

- **不能以套用基本原則來取代綜觀全局**：用基本原則來代替全局的投資人，有時候很可能會錯過了本來可以更妥善運用策略的有用重要資訊。

那我們要如何整合這麼多不同股票的相關訊息，並從中找出意義？本書在討論每一項投資策略時，會讓大家看到如何將指標套用到寫作本書當時的市場。比方說，在美國，我們在分析買進高成長型公司的策略時，要看的是各個公司的獲利成長分布，即市場裡有多少公司的獲利成長率高於 25%、有多少介於 20% 到 25%。由於目前的價值觀在幾個月、幾年之後一定會改變，實用上的數值也會隨之更新，並在網路上提供給本書的讀者。

要真正理解某項投資策略、並決定是不是要採用，你也應該看一下利用這套策略建構出來的股票投資組合。本書討論到每一套策略時，我們都會看看當時所有可選的投資標的，從中選擇。舉例來說，如果策略是投資低本益比的股票，我們就會提供 2002 年底時，以美國 100 檔本益比最低股票組成的投資組合。這麼做的理由至少有以下兩點：

- **提供傳聞以外的證據**：有了除了傳言八卦的證據，就可以更充分理解每一套策略的優點與缺點。例如，我們會看到本益比低的股票多半都不是成熟穩健的公司（支持這套策略的人卻常常說是），反而是一般人從沒聽過的高風險小企業。

- **進行風險測試**：一套投資策略要能對你發揮用處，你必須能安心接受用這套策略挑出來的投資組合。要知道能不能滿足這個條件，唯一的方法就是，檢視根據每一套策略標準挑選出來的好股票清單。

四、探索缺點：故事的其他部分

每一個投資故事都有優點也有缺點。支持特定策略的人一定會鉅細靡遺為你提供優勢分析，但絕口不提缺點。但若想要有效運用策略，你在理解其潛在的前景時，也要同樣清楚限制何在。

本書每一章結尾時，都會以該項策略得出的投資組合作為基礎，檢驗每一套策略可能在哪裡出錯。假設你的低本益比策略挑出 100 檔本益比最低的股票，而你的顧慮之一是低本益比公司的風險可能高於市場上的其他企業，你可以把低本益比股票投資組合的風險，拿來和市場中的其他股票相比，同時，檢視如果你想避開市場裡風險最高的股票（比如風險值居前四分之一的標的），你要從投資組合中刪掉哪幾檔。

如果你對某項策略有多項疑慮，你想針對每一項疑慮從投資組合中刪去對應的股票，你很可能會發現投資組合中最後所剩無幾。但在這個過程中，你會理解每一套策略會在哪些地方崩壞。

五、投資獲利心法

如果你讀完本書的心得是任何投資策略都無法讓你成功，那這本書的任務就失敗了。因為假如該策略符合你的風險偏好、投資期間，而且你能謹慎善用，每一套投資策略都有成功的潛力。在每一章的最後，會摘要該章要教會投資人的課題（包括正面和負面的），並且以一系列的篩選結果

呈現，讓你可以採用，提高成功的勝率。就以投資低本益比的公司為例，討論完這套策略的相關缺失之後（低本益比公司的獲利可能無法長久、成長性低且風險高），你可以考慮一系列的篩選結果，並用這些來建構一個本益比低，但獲利能長久、可合理成長且風險暴露程度有限的股票投資組合。每一章的結尾都會列出利用這些篩選結果得出的投資組合。你不應將這些投資組合直接當成投資建議，因為在你讀本書時，股價和股票的基本面都會改變。反之，你應將這視為一套持續性的流程，你可以依循這套方法，在任何時機找出市場裡最適合你的股票。

結語

只要金融市場存在，就有投資故事流傳，這些故事的壽命可長的驚人。支持者把同樣的故事新瓶裝舊酒，傳給一代又一代的投資人。本書各章檢視的投資故事，都以人的情緒來鋪陳與分類。就是因為有這些情緒，才使得每一個故事如此具備吸引力。有些故事訴諸於恐懼（風險趨避），有些以希望為訴求，有些則強調貪婪。本書每一章的檢視投資故事流程，會從講故事開始，接下來介紹理論基礎以及證明其有效（或無效）的證據，並以策略的潛在缺點（以及你可以用來保護自己避開缺點的方法）作結。

02
高息股：價差、股息兩頭賺？

有種股票會發放股利，相當於債券的票息，股價還可能上漲。但是，股利高的股票有什麼潛在危機？

山姆損失的股利

很久很久以前，有一個快樂又自在的退休老人叫山姆。山姆身體健康，他非常享受什麼事都不用忙的生活，唯一的遺憾就是他辛辛苦苦賺來的錢全都投資了政府公債，每年僅能賺到 3% 的微薄利息。有一天，山姆的朋友、也就是素來最愛不請自來提供投資建議的喬又開了口，叫山姆收回投資債券的錢，改投資股票。山姆猶豫了，他說他不想冒險，他也需要債券提供的現金收益，於是喬給了他一張清單，上面列出十家支付高股息的公司。「就買這幾家。」喬說，「你就能同時享受兩邊的好處：既有像債券利息一樣的股利，股價又會上漲。」山姆照辦了，有一陣子確實得到回報，股票投資組合的股利殖利率達 5%，讓他快活得很。

僅僅一年後，麻煩就開始了，有一家公司沒有配息給山姆。他打電話到這家公司去問，對方告知公司陷入了財務問題，暫時停止

發放股利。山姆大為吃驚,這才發現一家公司就算幾十年來都配發股利,但是他們在法律上並無義務要這麼做。山姆也發現,在他的投資組合中,有四家公司名稱為不動產投資信託(real estate investment trust),他不太清楚這些公司的業務是什麼。但是,當不動產投資信託產業整體在一個星期內下跌 30%,導致他的投資組合價值也跟著下跌時,他很快就搞清楚了。他試著說服自己這只是帳面損失,之後還是可能繼續收到股利,但是他發現自己的存款比剛開始建構投資組合時又少了一點,這件事讓他深感不安。最後,山姆也注意到投資組合裡其他 6 檔股票提報的獲利成長率極低,甚至根本沒有,一期不如一期。到了第三年底,他的投資組合價值下滑,股利殖利率也只剩 2.5%。因為承受不了損失,山姆賣掉了他的股票,又把錢拿去買債券,而且從此再也不聽喬的話了。

| 寓意:高股息的股票並非債券。 |

如果你是厭惡風險的投資人,你很可能偏好投資政府公債或安全的公司債,不去碰股票,因為債券會以票息的形式提供保證的收益流。其中的取捨是,債券的價格增值潛力很有限。債券的價格或許會因為利率下跌而上漲,但是你從債券投資中賺到的多數獲利,必定是債券存續期間你收到的票息。即便趨避風險,但是一種看來無與倫比的組合有時候也會誘人投資股票:有種股票會發放股利,相當於債券的票息,股價還可能上漲。本章要帶你看看為何股票會支付高股息(無論股息與債券支付的票息相形之下是高是低),以及這類股票潛藏了哪些危險。

故事的核心

買進股票時，潛在報酬主要來自兩個：第一是你預期這檔股票長期支付的股利，第二則是你預見這檔股票價格會上漲的幅度。你從投資股票當中收到的股利，通常會比你用同等金額投資債券能拿到的票息低，這也正是債券與股票的典型取捨：你目前能從債券賺得的收益會比較高，但是股票能帶來的價格增值潛力比較大。然而，如果你可以找到發放的股利與債券票息相當的股票，那又如何？相信這類股票是好投資的人，有以下兩種不同的主張。

● **樂觀派的說法「你可以兩全其美」**：在這一類的推銷術裡，你會聽到的是，買進高股息的股票就能同時享有股票與債券投資的最美妙之處，宣傳詞摘要如下：這些股票發放的股利可比債券票息，有些甚至更高。買進這些股票，長期你能安心收取股利。如果股價上漲，那是錦上添花。如果沒有，你還是可以賺到比投資債券收益更高的股利。事實上，很多支付高股息的都是相當安全的大型公司、潛在風險很低，更支持了這套說法。

● **悲觀派的說法「這叫防禦性投資」**：這種說法在熊市時引發共鳴。在投資人看到股票投資組合價值隨著大盤下跌而縮水的環境中，支付高股息的股票能帶來慰藉。論據摘要如下：即便這些股票也和其他股票一樣都走跌了，持有部位的投資人還是可以穩定收取股利。事實上，在幾次危機期間，這是一種常見的安全避風港，各地的股市都看得到資金投入這類股票。雖然危機時資金會迅速從股票轉到政府公債，但股市內也會出現反應，投資人會棄風險較高的股票（通常是股利很低、甚至根本不付股利的高成長公司），轉抱低風

險的股票（通常是支付高股利的穩定公司）。

這類推銷說辭，最能打動的是趨避風險、且同時仰賴投資組合帶來穩定收益流的投資人。不意外，最聽得進這類說法的人是年長、通常已經退休的投資人。

理論基礎：股利與價值

支付更高的股利能否讓一家公司的股票更具吸引力？在企業財務理論中，這個問題的答案居然莫衷一是，分歧程度讓人意外。企業金融理論中最廣為流傳的論點之一（名為 MM 定理〔Modigliani–Miller theorem〕）指稱，股利是中性的，無法影響報酬。[1] 你可能會想，怎麼可能？如果一家公司每年多發點股利，比如從現在的 2% 提高為 4%，難道不會提高總報酬嗎？答案是，在 MM 定理的世界裡就不會。在這個世界裡，這檔股票的預期漲幅會下跌，減少的幅度正好等於股利的增幅，比方說從原本的 10% 跌到 8%，這樣一來，你的總報酬仍是 12%。雖然有很多人擁護這個觀點，但也有很多理論學家不同意。他們指出，一家公司很可能透過提高股利來彰顯他們對於未來獲利的信心。因此，當股利提高時股價會上漲，股利縮減時股價則下跌。為了讓討論更完整，必須提到還有些人主張股利會讓投資人面對更高的稅金，因此應該有損投資組合價值。總而言之，股利可能會拉高、壓低或不影響股票價值，至於是哪一個，就端視你接受三種主張裡的哪一種。

1　Miller, M. and F. Modigliani, 1961, *Dividend Policy, Growth and the Valuation of Shares*, Journal of Business, v34, 411-433.

股利不重要：MM 定理如是說

股利不重要的理論基礎很簡單：支付高股利的公司股價增值幅度就低，因此能為股東創造的總報酬是相同的。這是因為一家公司的價值來自於其所做的投資（例如工廠、設備和其他資產），以及投資創造出來的報酬率。如果一家支付高股息的公司，可以在市場裡發行新股以籌得資本，得到相當於不發股利撙節下來的資金去做相同的投資，這家公司發不發股利應該都不會影響到其整體價值。說起來，不管公司是否支付高額股利，其擁有的資產和賺得的獲利都一樣。

對身為投資人的你來說，如果這個論點要成立，代表你不在意收到股利和賺到資本增值間的差異。但是，如果你要繳納的股利所得稅高於資本利得稅，那就算兩邊的總報酬一樣，收到較高額的股利應該會讓你比較不開心，因為你必須支付較高的稅金。如果你不管收到的是股利還是資本利得都不用繳稅或是稅金相同，這樣的話，股利就不會造成影響。

股利不會影響股價的論點要成立，有許多限制重重的假設，你很可能根本不想做測試就直接拒絕了。說起來，發行新股可不是零成本的工作，還有，從歷史數據來看，股利和資本利得的稅率從來不盡相同。但如果隨便跳過這套理論就錯了，因為當中確實有一項很值得投資人注意的寶貴訊息，那就是：投資不當、賺得報酬偏低的公司，無法只靠著發放較高額的股利來提高公司的價值。反之，一家投資表現優越的公司，即便不發放任何股利，都可以保住價值。

股利是壞事：稅賦攻防戰

美國稅務機關給資本利得的待遇向來比股利優惠，也因此，收取股利

的投資人會面對稅務上的劣勢，減損股東的個人所得稅後報酬。股東的反應是壓低這些支付股利公司的股票價格（相對於不支付股利的公司）。在這種情境下，企業如果把本來要付出去的股利，當作保留盈餘或是買回庫藏股，股價表現會比較好。

美國股利雙重課稅（一次是在企業層面，一次是在投資人層面）的問題過去一直沒有人處理，直到最近才改觀，[2] 其他國家的課稅方式也各有不同。在某些國家，如英國，散戶投資人收到的公司股利現金流可以抵減公司已支付的企業稅。在其他國家，例如德國，以股利形式支付出去的企業盈餘適用的稅率，低於再投資到公司的保留盈餘。

2003 年有一項對美國投資人來說很重大的改變，那就是股利稅率降到 15%，和資本利得的稅率一樣。將近一百年來，這是第一次投資人拿到的股利無須再適用比資本利得更高的稅率。檢視本書接下來各節支付股利股票的歷史證據時，會看到高息股賺得的稅前報酬，比低息股或不付息的股票高。請把前述這件事謹記在心。如果投資人過去是因為股利在稅制上居於劣勢，而要求更高的報酬作為補償，這在未來幾年很可能消失。此外，過去因為適用稅率較高而避開高息股的人，未來可能會發現這一類股票很有吸引力。

股利是好事：顧客效果與訊號理論

即便在稅務上有些不利，但很多公司還是繼續發放股利，這些公司的投資人也多半把支付股利當成好事。有些學術界和實務界人士主張股利是好事，可以提高公司的價值，他們至少提出了三大理由：

2　2003 年初，小布希總統提出稅務改革，基本上所有股利都免課個人所得稅。幾經協商，2003年 5 月通過的最終折衷方案將股利稅率調降到 15%，和資本利得適用的稅率相同。

- **有些投資人樂於收取股利**：這些投資人可能不用支付太高的稅金，因此不太在乎股利衍生出來的稅務不利之處。或者，他們可能需要、也很重視股利帶來的現金流。那他們為何不透過出售股票取得需要的現金？答案是，交易有成本，而且，分拆小部位持股然後出售零股有其難度，[3] 很可能導致出售小額股票不可行。市場上的散戶和法人有百百種，因此，不意外的是，長期來看，投資人多半會投資股利政策符合自身需求的股票。不需要股利現金流、適用稅率高的人，多半會投資少付、甚至不付股利的公司。反之，需要股利現金流、適用稅率低的人，通常會投資支付高股利的公司。股東會因為公司股利政策是否符合自身需求而自動匯聚，這種情況稱為顧客效果（clientele effect）。這或許可以說明為何有些公司長期支付股利，但並不提高股利。

- **市場將股利當成一種訊號**：金融市場會檢驗公司所做的每一件事，看看這對於未來有何意義。當企業宣布變動股利政策，不管他們是不是刻意為之，就是在對市場傳達訊息。當公司提高股利，代表承諾長期會支付更高的股利。他們願意做出這樣的承諾，就是對投資人點出，他們認為自己未來有能力創造這些現金流，因此，這種正面訊號應能引導投資人拉高股價。調降股利則是負面訊號，理由大致上是企業多半不願砍股利。因此，某家公司這麼做時，市場就解讀成該公司陷入了嚴重的長期麻煩，導致股價下跌。

- **某些經理人手上不能握有太多現金**：不見得每一家公司都能做出好的投資、擁有適任的管理階層。如果一家公司的投資前景黯淡，經理人也不是謹慎的股東財富保管人，支付股利可以減少公司裡的現

3　假設有一名股東擁有 100 股、每股 20 美元的股票，他可以收到的股利為每股 0.5 美元。如果該公司不支付股利，股東可以賣掉 2.5 股，以獲得金額等同於股利的現金。

金部位，從而減少做出無益投資的可能性。

檢視證據

過去幾十年來，一直有研究人員探討，根據支付的股利來買股是否是好策略。有些研究著眼於大局，想知道股利殖利率高的股票，能否創造出更高的總報酬。如果高息股是好投資的觀點成立，那麼，你可以預期股利殖利率高的公司也能賺到高報酬。有些人則從更聚焦的角度切入，僅看股利殖利率最高的股票，其中一個範例是道瓊狗股策略（Dow Dogs strategy），這是指你在道瓊30檔成分股裡，買進股利殖利率最高的10檔。近年來出現了第三種策略，有人在驗證買進股利成長幅度最大（而不是股利殖利率最高）的股票是否可行。在這部分，我們會針對各項策略，提出長久以來累積的實證證據。

高股息＝高報酬？

股利殖利率的算法，通常是以每股股利除以目前股價，寫成定義式就是：

$$股利殖利率 = \frac{年度每股股利}{目前股價}$$

但是，年度每股股利有很多種不同算法，因此，同一檔股票會有不同的股利殖利率估計值。有些用的是前一個會計年度支付的股利，有些則用前四季支付的股利，也有人用下一個會計年度的預期每股股利。如果股票

會因為發放高股利，而成為更具吸引力的投資，那麼，股利殖利率高的股票報酬應該高於股利殖利率低的股票。過去四十年來，研究人員不斷嘗試驗證，股利殖利率高的股票是否為優越的投資標的。要檢定這個假說，最簡單的方法是根據股利殖利率建立幾個股票投資組合，然後檢視這些投資組合長期的報酬。圖 2.1 根據 1952 年到 2001 年，每年年初的股利殖利率建構了十個投資組合，然後計算平均年報酬率（包括股價上漲和股利殖利率）。若分別檢視其中的子期間，會發現 1952 年到 1971 年間，股利殖利率最高的投資組合年報酬率約為 16%，比股利殖利率最低的投資組合約高了 3%。在這段期間，報酬率最低的是股利殖利率中等的公司。換成從 1972 年到 1990 年，股利殖利率最低的股票賺得的年報酬率，則高於股利

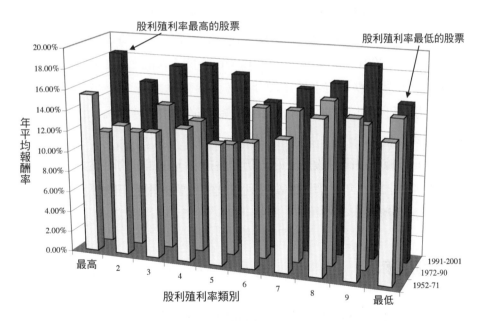

圖 2.1　1952-2001 年，根據股利殖利率分類的報酬

資料來源：達特茅斯（Dartmouth）的肯恩・法蘭屈（Ken French）。股票根據每年年初的股利殖利率分類，計算接下來這一年的年度報酬。本圖代表該期間的平均年報酬率。

殖利率最高的股票群。來到 1991 年到 2001 年間，優勢又回到股利殖利率最高的股票群上。在整段期間，股利殖利率較高的股票創造出來的年報酬率，稍高於股利殖利率低的股票。

你對於不同期間優勢轉變的情況有何想法？首先，你應把這種波動性當成一種警示。投資高股利殖利率股票的策略在各個子期間創造出的報酬成績好壞不一，有些時期非常出色，某些時期就沒這麼好。其次，你可以看看高股利殖利率表現最佳的幾個期間，試著找出當中的共同因素，或許有助於你微調這套策略。舉例來說，高股利殖利率的股票在通貨膨脹率高和利率上漲期間的表現，會和債券很相似，價值會下滑。這一點可以解釋為何這類股票在 1972 年到 1990 年間，表現比市場其他類股遜色。

在驗證高股利殖利率的股票是否是好的防禦性投資時，你會看到我們去檢視高息股在熊市期間，是否比不付股利的股票更能撐住價格。我們使用 1927 年到 2001 年的數據，分別在牛市年間（大盤上漲超過 10%）、熊市年間（大盤下跌）和中性市場年間（大盤變動幅度介於 0% 和 10% 之間），用股利殖利率最高組（前 20%）對照最低組（後 20%）的報酬率，結果摘要於圖 2.2。

少有證據支持高息股是更好的防禦性投資，在熊市的時候尤其明顯。從 1927 年到 2001 年，熊市時高股利殖利率股票的報酬下跌幅度，還高於低股利殖利率股票。

道瓊狗股策略

高股利殖利率投資組合的極端版本，是投資所謂「道瓊狗股」，這是指在 30 檔道瓊成分股裡，股利殖利率最高的 10 檔。支持這套策略的人宣稱，他們從中創造了高報酬。但是，這種說法比較基準是投資道瓊 30 檔

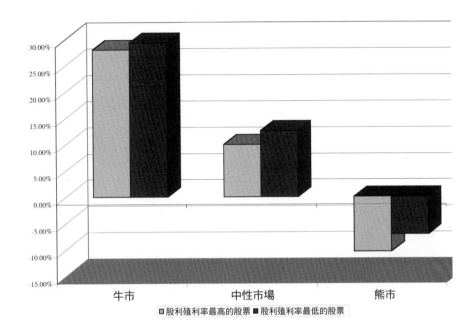

圖 2.2　高股利殖利率的股票是否為更佳的防禦性投資？

資料來源：法蘭屈。圖中為高股利殖利率股票與低股利股票在牛市年間（股市上漲超過10%）、中性市場年間（股市波動幅度介於0%和10%之間），以及熊市年間（股市當年下跌）的平均年報酬率。

成分股的報酬。有一個主打這套策略的網站（dogsofthedow.com）宣稱，從 1973 年到 2002 年，如果投資道瓊指數中股利殖利率最高的 10 檔股票可以賺得 17.7% 報酬率，投資其他道瓊成分股能賺到 11.9%，相比之下顯然高了許多。

　　然而，這種比較方法不僅非常狹隘（畢竟，有幾千檔股票都不在道瓊指數裡面），也很容易造成誤導。很多名列道瓊狗股的股票風險都很高，遠高於道瓊 30 檔成分股裡的其他股票，而它們創造出來的高報酬很可能只是補償了高風險。此外，在涵蓋期間內的 1960 年代和 1970 年代投資這

些股票的人，收到高股利時都要面對高額的稅賦。不讓人意外的是，控制了風險差異性與稅賦效應之後，研究得出的結論是，道瓊狗股的卓越表現不過是一種幻想。[4]

要檢測道瓊狗股的策略好不好，最好的方法或許是去檢視根據策略挑出來的股票，然後問問自己買進這些股票是否覺得安心。將 30 檔道瓊成分股根據殖利率排序後，2003 年 5 月選出的道瓊狗股清單如表 2.1 所示。

表 2.1　2003 年 5 月的道瓊狗股

公司名稱	股價 （美元）	股利殖利率 （%）
奧馳亞（Altria）	42.31	6.05
通用汽車（General Motors）	33.26	6.01
伊士曼柯達（Eastman Kodak）	30.28	5.94
西南貝爾通訊（SBC Communications）	25.15	4.49
摩根大通（JP Morgan Chase）	30.9	4.40
美國電話電報公司（AT&T）	19.25	3.90
杜邦（DuPont）	40.99	3.42
漢威聯合（Honeywell）	24.47	3.06
埃克森美孚（ExxonMobil）	35.98	2.78
奇異（General Electric）	27.64	2.75

投資人在考慮這個投資組合時，你應自問以下幾個問題：

4　McQueen, G., K. Shields and S. R. Thorley, 1997, *"Does the Dow-10 Investment Strategy" Beat the Dow Statistically and Economically?*, Financial Analysts Journal, July/August, 66-72. 本研究檢視道瓊狗股策略，總結是雖然買進支付股利最高的股票，比指數其他成分股可賺得較高的初始報酬，但針對風險和稅賦做過調整之後，所有的超額報酬就沒了。2000 年希爾樹（M. Hirschey）所做的研究也指出，調整風險後這套策略並無超額報酬可言（Hirschey, M., 2000, *The "Dogs of the Dow" Myth*, Financial Review, v35, 1-15.）。

一、你希望把所有財富僅投資在 10 檔股票上、而且其中還有兩家電信公司嗎？從分散風險與多元投資的觀點來看，此舉並不明智。

二、這 10 檔名列全世界最多人追蹤股票的清單，為何被這麼多投資人嚴重錯估價值？換句話說，為什麼其他投資人不像你一樣，把這幾檔股票當成大好機會？

三、這張表中有許多股票都至少面對一個會造成打擊的重大問題：前身為菲利浦莫里斯公司（Philip Morris）的奧馳亞在打菸草訴訟；摩根大通則要面對和安隆（Enron）有關的法律問題。如果這些問題轉變成財務負擔，這些公司還會繼續支付股利嗎？

你大可總結認為值得拿報酬去賭風險，但這不應是未經分析之下做出來的草率結論。

調高股利的公司是理想的投資標的？

高息股投資策略還有一個不同版本，主訴是投資長期調高股利的公司優於支付固定股利、甚至調降股利的公司。這個主張可以從兩方面做測試。第一組研究檢驗公司發布調升或調降股利時的股價變動，這類研究的共識結論是，調升股利時股價會上漲，縮減股利時股價會下跌。圖 2.3 檢視公司發布股利增減訊息時的股價變動情形。[5]

宣布調降股利時，股價平均下跌 4.5%。反之，宣布調升股利時，股價平均上漲 1%。之所以出現這種不對等的反應，很可能是因為在同一個年度裡，調升股利的公司遠多過調降的公司。

---

5 Aharony, J., and I. Swary, 1981, *Quarterly Dividends and Earnings Announcements and Stockholders' Returns: An Empirical Analysis*, Journal of Finance, v36, 1-12.

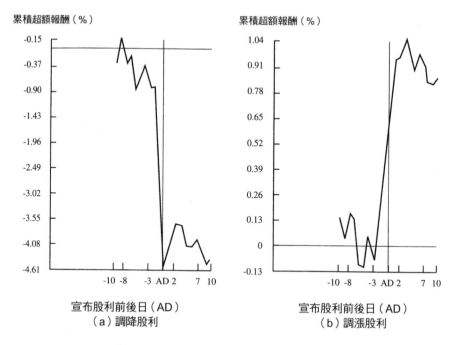

累積超額報酬（％）

-0.15
-0.37
-0.90
-1.43
-1.96
-2.49
-3.02
-3.55
-4.08
-4.61

-10 -8   -3 AD 2   7 10

宣布股利前後日（AD）
（a）調降股利

累積超額報酬（％）

1.04
0.91
0.78
0.65
0.52
0.39
0.26
0.13
0
-0.13

-10 -8   -3 AD 2   7 10

宣布股利前後日（AD）
（b）調漲股利

圖 2.3　美國公司的股價對於股利變動的反應

資料來源：阿哈羅尼（J. Aharony）與史威瑞（I. Swary）。這兩人在本研究中檢視了1970年代美國企業發布的幾百項股利政策。

　　第二組研究則紀錄更長期的報酬率，看看由調升股利幅度最高的公司組成的投資組合表現如何。在這部分，結果好壞參半。調升股利一開始會引發股價變動，在發布消息幾個星期之後，有些證據指向價格繼續上漲，[6] 但是漲幅溫和。換言之，買進近期股利漲幅最大的股票，長期無法帶來更高的報酬。

6　Michaely, R, R. H. Thaler and K. L. Womack, 1995, *Price Reactions to Dividend Initiations and Omissions: Overreaction or Drift?*, Journal of Finance, v50, 573-608. 本研究檢視調漲股利股票在發布消息之後幾個月的報酬，得到的結論是，調高股利的股票會繼續表現出色，調降股利的股票則是糟糕的投資。

進行運算

　　為了進行分析，我們先接受買進高股利殖利率股票是好投資的主張。在這方面，我們要先檢視美國各公司的股利殖利率，決定什麼叫股利殖利率高、什麼又叫股利殖利率低，然後再來看整個市場長期的股利殖利率變動。接著，我們要看 2002 年 10 月時以股利殖利率為根據，有哪些美國股票屬於具潛力的投資標的。

股利殖利率：檢視各家公司的長期狀況

　　某家公司的股利殖利率通常多高、長期又有何變化？你要根據股利殖利率來考量投資策略之前，很值得先研究這個問題。圖 2.4 是 2002 年 10

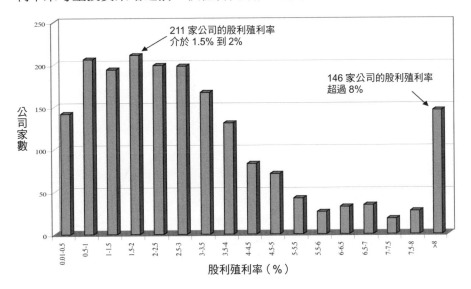

圖 2.4　美國股票的股利殖利率分布

資料來源：價值線公司（Value Line）。每一檔股票的股利殖利率，是過去四季的年度每股股利除以分析當時的股價。

月，有支付股利的公司的股利殖利率分布情形。

　　首先要提、也或許是最有趣的統計數字，是不付股利的公司家數。在抽樣的 7,100 家公司裡，有 5,173 家不發股利。第二個數字是有發放股利公司之間的股利殖利率差異。以有發放股利的公司來說，平均股利殖利率約為 3.32%，但這是因為幾家股利殖利率極高的公司（8% 以上）推高了數字。更有意義的是發放股利公司的股利殖利率中位數，這個數字是 2.54%。

　　美國公司長期下來支付的股利有減少，這一點有很多值得討論之處。圖 2.5 是 1960 年到 2001 年，美國各家公司提報的股利殖利率。

　　美國股市的股利殖利率在 1950 年代約有 3% 到 4%，到了 1990 年代末期跌至 1% 到 2%。雖然從 1999 年到 2002 年股價呈跌勢，但股利殖利率仍低，在 2001 年底約為 1.37%。

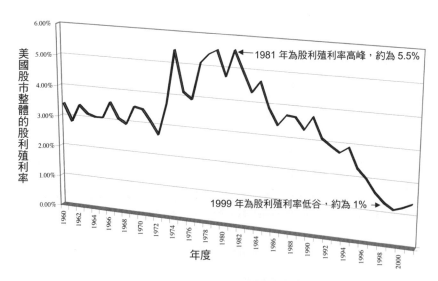

圖 2.5　1960-2001 年，美國的股利殖利率分布

資料來源：彭博社。圖為美國從 1960 年到 2001 年每年年底，所有股票的平均股利殖利率。

如果僅看股利，會遺漏企業行為中一個很重要的面向。在 1980 年代與 1990 年代，很多企業轉向買回庫藏股，藉此退還現金給股東。圖 2.6 顯示從 1989 年到 1998 年，美國公司發放的股利總金額與買回庫藏股的總金額。

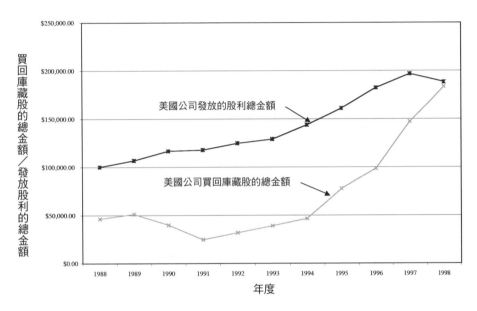

圖 2.6　1989-1998 年，美國公司買回庫藏股的總金額與發放股利的總金額

資料來源：電腦統計公司（Compustat）。圖中的買回庫藏股與股利代表美國各公司分別發放的總金額。

請注意，1998 年以買回庫藏股退還給股東的金額，和當年付出去的股利金額不相上下。這表示，與十年前相比，公司買回庫藏股的金額大幅跳增。如果和股利殖利率相加，就會得出一個代表退還給股東總金額的合併指標，與單看股利殖利率相較之下，這或許是更合理的現金發放指標。

不同產業的股利政策差異

　　不同類股的股利政策也明顯不同。有些產業，如銀行和公用事業，業內的公司長久以來支付的股利，與盈餘（股利與盈餘之比為股利發放率〔payout ratio〕）和市值（股利與市值之比為股利殖利率）相較之下甚為豐厚。其他產業，例如科技業，傳統上配發小額股利、甚至根本不發放股利。表 2.2 中列出 2002 年 10 月，美國股利殖利率最高與最低的五個產業。

表 2.2　股利殖利率最高與最低的產業

股利殖利率最低的產業		股利殖利率最高的產業	
產業	平均殖利率（%）	產業	平均殖利率（%）
生物科技	0.00	銀行	2.22
電子商務	0.00	石油	2.41
網路	0.00	海事	2.61
半導體資本設備	0.00	公用水利事業	2.69
電信設備	0.00	化學（基礎）	2.99
教育服務	0.02	公用電力事業	4.11
有線電視	0.04	天然氣	4.40
無線網路	0.06	菸草	5.48
資訊服務	0.07	投資公司	6.30
通訊軟體	0.07	不動產投資信託	6.63

　　不同產業出現差異，這一點很重要，理由有二。首先，什麼水準叫高殖利率、什麼水準叫低殖利率，可能會因為產業不同而有差別。以公用電力事業來說，2% 的股利殖利率可能算低，但是對軟體公司來說卻很高。其次，挑選市場上股利殖利率最高的股票，最後得出的投資組合在金融服務、公用事業和不動產投資信託類股上的權重會太高，雖然這不一定不

利，但投資人在建構投資組合時必須了解這一點。

本章之前提過，不同的股利政策會吸引到不同的投資人。無須訝異的是，會買高息股的投資人多半把高股利當成好事，獎勵支付高股利的公司，而買進科技或生物科技類股的投資人卻完全是另一類人。

為何某些產業會支付較高的股利？有一部分的理由可能和產業歷史有關，股利政策的差異中有一大部分可以用基本面的不同來解釋。成長潛力高與獲利波動性大的產業多半少付股利，和市值相比之下尤其如此。這些產業裡的公司通常會把獲利拿來再投資以求成長，他們也比較擔心很可能無法長期支付相同的股利水準。而收益比較穩定與成長潛力較低的產業，多半支付較高的股利。不動產投資信託業比較特別，因為（美國）法律規定他們必須把95%的獲利用來發放股利。[7]

高息股投資組合

想知道高股利殖利率的投資組合內容，最好的辦法就是去建構一個，然後分析其特徵。檢視美國2002年10月有發布相關資訊的7,100家公司，你可以列出股利殖利率最高的100家公司清單，這個投資組合就如表2.3所示。由於我們討論過不同產業的股利政策會有差異，因此，表中有幾個產業的代表性不成比例也就不讓人意外了。投資組合中的股票有40%為不動產投資信託，公用事業（電力和天然氣）以及金融服務業（銀行、投資公司和保險）約各占20%。

表中另一個讓人震驚的面向，是股利殖利率的水準。當中很多股票的股利殖利率超過10%。2002年美國國庫券利率約為4%，投資級公司債的

---

7 不動產投資信託不用支付企業稅，但是必須發放高額股利。

殖利率約為 5% 到 6%，你可以看出，這些股票對於想要投資高現金殖利率的投資人極具吸引力。然而，值得一提的是，表中的殖利率代表上一個會計年度發放出去的股利，但股價是當下的股價，因此，股價更能反映公司的最新資訊。如果公司最近有什麼利空消息，價格會下跌，導致股利殖利率上漲。股利殖利率達 20% 或更高的股票所受的影響尤其明顯。因此，投資人在進場買入這些股票之前，應該做實質審查（due diligence），先檢視最近發布的消息。

表 2.3　2002 年 10 月，美國股利殖利率最高的股票

公司名稱	所屬產業	股利殖利率（%）
Koger Equity Inc	不動產投資信託	8.87
Telesp Celular Participacoes	電信服務	8.91
Equity Inns Inc	旅館／博弈	8.92
Plains All American Pipeline L	油田服務／設備	8.96
Apartment Invt & Mgmt Co	不動產投資信託	9.00
Arden Rlty Group	不動產投資信託	9.02
Entertainment Pptys	不動產投資信託	9.07
DNP Select Inc Fund	投資公司	9.08
Glenborough Rlty Trust	不動產投資信託	9.11
National Health Rlty Inc	醫療服務	9.17
Great Northern Iron Ore	鋼鐵（一般）	9.18
EPCOS AG	電子	9.19
Ramco-Gershenson Pptys	不動產投資信託	9.20
National Health Invs Inc	不動產投資信託	9.23
Tanger Factory Outlet	不動產投資信託	9.26
iStar Financial Inc	不動產投資信託	9.27
PICO Hldgs Inc	保險（產險／意外險）	9.30
Town & Ctry tr	不動產投資信託	9.33
Kilroy Rlty Corp	不動產投資信託	9.38
AMLI Res. Prop Tr	不動產投資信託	9.39
Great Lakes REIT	不動產投資信託	9.39

續表 2.3

公司名稱	所屬產業	股利殖利率（%）
First Indl Rlty Tr Inc	不動產投資信託	9.41
Public Serv Enterprise	公用電力事業（東部）	9.43
OGE Energy	公用電力事業（中部）	9.47
New Plan Excel R'lty	不動產投資信託	9.49
Mission West Pptys	不動產投資信託	9.51
AmeriGas Partners	天然氣（輸配）	9.54
RFS Hotel Investors	不動產投資信託	9.56
Sizeler Prop Inv	不動產投資信託	9.58
Chateau Cmntys Inc	不動產投資信託	9.61
Crown American Rlty	不動產投資信託	9.61
R.J. Reynolds Tabacco	菸草	9.65
Redwood Trust Inc	不動產投資信託	9.71
Heritage Propane	油田服務 / 設備	9.83
U.S. Restaurant Ppptys	不動產投資信託	9.83
Mid-Amer Apt Cmntys	不動產投資信託	9.98
Aberdeen Asia-Pac Fd	投資公司	10.00
San Juan Basin Rlty	天然氣（多元）	10.00
Crescent Real Est	不動產投資信託	10.01
JDN Realty Corp	不動產投資信託	10.14
Ferrellgas Partners L P	天然氣（輸配）	10.16
British Airways ADR	空運	10.22
Kramont Realty Trust	不動產投資信託	10.32
CMS Energy Corp	公用電力事業（中部）	10.36
TCW Conv. Sec. Fund	投資公司	10.37
Allied Capital Corp	金融服務（多元）	10.39
Plum Creek Timber	紙漿與林業產品	10.49
Gables Residential Tr	不動產投資信託	10.60
American First Apt Inv L P	投資公司	10.66
Permian Basin Rty Tr	不動產投資信託	10.90
Summit Pptys Inc	不動產投資信託	11.05
Glimcher Rlty Trust	不動產投資信託	11.08
Highwood Pptys Inc	不動產投資信託	11.25

續表 2.3

公司名稱	所屬產業	股利殖利率（%）
Nationwide Health Pptys Inc	不動產投資信託	11.36
Alliant Energy	公用電力事業（中部）	11.65
Royce Value Trust	投資公司	11.72
MicroFinancial Inc	金融服務（多元）	11.77
Allegheny Technologies	金屬與礦業（多元）	11.85
Books-A-Million	零售（特殊產品線）	11.95
Westar Energy	公用電力事業（中部）	11.96
Williams Coal Sm Gs	天然氣（多元）	12.00
Vector Group Ltd	菸草	12.19
Liberty All-Star	投資公司	12.21
Nordic Amer Tanker Shp	海事	12.39
ACM Income Fund	投資公司	12.48
ABN Amro Holdings	銀行（外商）	12.67
TECO Energy	公用電力事業（東部）	12.77
Advanced Tabacco Products	菸草	12.82
Thornburg Mtg	不動產投資信託	12.83
Amer Elec Power	公用電力事業（中部）	13.06
Sharp Corporation	電子	13.07
Post Pptys Inc	不動產投資信託	13.12
American Cap Strategies	金融服務（多元）	13.63
Microwave Filter	電子	13.86
MFA Mortgage	不動產投資信託	14.45
Knightsbridge Tankers	海事	15.00
Cornerstone Realty	不動產投資信託	15.09
AmeriservFinl Inc	銀行	15.25
Airlease Ltd	卡車運輸／交通租賃	15.39
Annaly Mortgage Mgmt	不動產投資信託	16.19
Gabelli Equity	投資公司	16.22
NovaStar Financial	不動產投資信託	16.42
Associated Estates	不動產投資信託	16.56
NorthWestern Corp	公用電力事業（中部）	17.28
Fila Hldgs S P A ADR	鞋類	17.62

續表 2.3

公司名稱	所屬產業	股利殖利率（%）
Bovar Inc	環境	18.00
Aquila Inc	公用電力事業（中部）	19.18
Terra Nitrogen	化學（特殊）	19.28
Scheid Vineyards	食品加工	19.69
Scott's Liquid Gold Inc	衛生用品／化妝品	20.83
Apex Mortgage Capital	金融服務（多元）	23.01
Cookson Group PLC	機械	23.93
General Chem Group	化學（基礎）	25.00
AES Corp	電力	26.32
Etz Lavud Ltd	多元性公司	26.32
Capstead Mtg Corp	不動產投資信託	29.04
Harbor Global Co LTD	不動產投資信託	32.31
Telefonica de Argentina S.A.	電信服務	32.56
Dynegy Inc 'A'	天然氣（多元）	37.04

故事的其他部分

　　採用高息股策略時，你必須考量三個重要因素。第一，某些股利殖利率高的股票可能付出了超乎能力的股利，因此，股利被削減只是早晚的事。第二，任何將大部分獲利拿來發放股利的公司，再投資的金額都會比較低，因此未來的預期成長率會偏低，這代表你通常必須在高股利殖利率，和較低的未來獲利成長率之間取捨。第三，身為投資人的你使用這套策略可能要承擔更高的稅賦成本，因為過去股利的稅率比資本利得高，直到最近才改觀。

一、不長久的股利

投資人可能會買進高息股作為債券的替代品，但兩者之間有一項重大差異。傳統債券會發放預先承諾的票息，換言之，當你買進票面利率為 8% 的債券，發行機構就要擔負契約承諾，在債券存續期內每年支付 80 美元（按：美國政府公債與公司債的最低面額為 1,000 美元）。發行機構雖然可以違約，但他們不能片面決定調降支付金額。反之，公司並無契約責任要維持或提高股利。所以說，一家今年支付 2 美元股利的公司，明年可以選擇調降股利、甚至不發。雖然公司決定不發股利會讓投資人感到失望並賣出股票（導致股價下跌），但不能迫使公司發放股利。

這對投資人而言有何意義？高息股或許是具有吸引力的投資標的，但前提是高額的股利能長久。那你怎麼知道股利能不能一直發下去？有三種衡量方法。第一種最簡單，就是比較最近期的股利和盈餘，看看公司支付的股利是否過高。第二種是修改第一種方法，容許獲利有波動的空間，用配發的股利來和常態或長期平均盈餘做比較，以做出相同的判斷。第三種方法則試著衡量公司能發放多少股利，而且得考量到一個現實是，公司在必須為了成長而再投資時，無法拿所有獲利來發股利。

拿實際或常態化的盈餘來做比較

第一種評估股利長久性的辦法比較簡單，就是比較最近期支付的股利和當期的盈餘。把股利除以盈餘的比率稱為股利發放率，圖 2.7 畫出了 2002 年 10 月，美國公司最近會計年度的股利發放率。

一家公司的股利發放率若大於百分之百，代表至少最近一個會計年度公司支付的股利高於盈餘。如果無法恢復獲利能力，這種情況顯然無法長期持續下去，在會計面和經濟面都會造成嚴重問題。從會計面來看，這麼

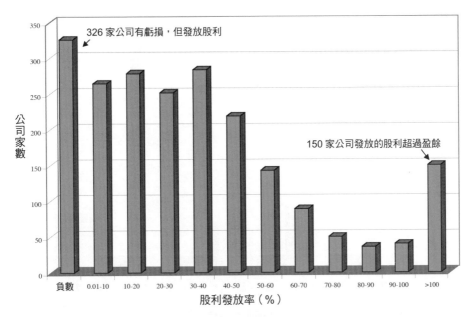

圖 2.7　2002 年 10 月，美國公司的股利發放率

資料來源：價值線公司。股利發放率為發放的股利金額占淨所得之比。如果淨所得為負值，就無法計算股利發放率。

做會壓低公司權益的帳面價值。從經濟面來看，公司不僅無法再投資業務，更會拉低資產水位，從而壓低未來的成長能力。

　　避開發放股利高於盈餘的公司是很明顯的策略，但你還可以再加一些更嚴謹的限制。舉例來說，某些保守的投資人和財務顧問，會建議你避開發放股利高於盈餘一定比例的公司，常用的基本原則是三分之二（換算成股利發放率就是 67%）。這些限制通常很武斷，但反映了獲利會有波動，以及公司發放的股利若超越某個發放率臨界值會有風險的事實。

　　我們再來看一下以 100 檔股利殖利率最高的公司組成的樣本（見表2.3），並用年度股利和滾動盈餘（trailing earning）、這裡指的是最近四季的盈餘來做比較。圖 2.8 摘要了結果。

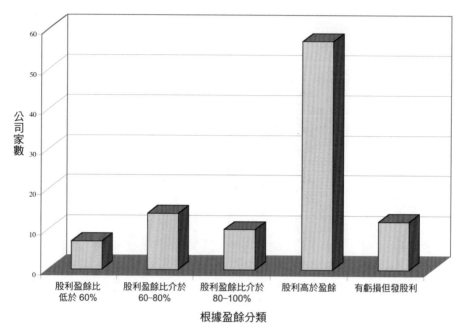

圖2.8　股利與盈餘相比

資料來源：價值線公司。以每家公司的股利拿來和該公司的盈餘做比較。

　　以投資組合內的 100 家公司來說，57 家發放的股利高於過去四個季度的盈餘，有 12 家甚至在去年虧損的情況下發放股利。

　　有些分析師會說這個分析是謹慎過頭了，他們主張這十二個月期間的歷史盈餘很低，因為整體的經濟成長狀況不佳，你應該要拿股利和一般年頭或長久性的盈餘來比較。他們建議可以做一點簡單修正，就是檢視過去某段期間的平均盈餘，比方說以五年為期。你當然可以接受這個主張的邏輯，這是很保守的投資策略，但在檢視股利能否長久時，使用最嚴格的檢驗方法是明智之舉。

　　回到列表上，很明顯，如果我們使用 67% 的股利發放率作為臨界點，投資組合的規模就會縮減到剩約 15 家公司。即便用比較寬一點的標

準，比方說股利發放率容忍度為 80%，投資組合中也會僅剩下 21 家公司，如表 2.4 所示。

表 2.4　股利發放率低於 80% 的高股利殖利率公司

公司名稱	年度每股股利 （美元）	過去十二個月的 每股盈餘（美元）	股利發放率 （%）
MicroFinancial Inc	0.20	1.26	15.87
Telesp Celular	0.15	0.90	16.67
Dynegy Inc 'A'	0.30	1.46	20.55
AES Corp	0.25	1.17	21.37
El Paso Corp	0.87	2.93	29.69
Mission West Properties	0.96	2.52	38.10
Koger Equity Inc	1.40	2.94	47.62
R.J. Reynolds Tobacco	3.80	6.32	60.13
TECO Energy	1.42	2.31	61.47
Advanced Tobacco	0.05	0.08	62.50
Apex Mortgage Capital	2.00	3.11	64.31
Permian Basin Rty Tr	0.56	0.85	65.88
Williams Coal Sm Gs	0.88	1.33	66.17
Public Serv Enterprise	2.16	3.20	67.50
Allegheny Energy	1.72	2.51	68.53
CMS Energy Corp	0.72	1.04	69.23
MFA Mortgage	1.12	1.58	70.89
Aquila Inc	0.70	0.95	73.68
UIL Holdings	2.88	3.77	76.39
NorthWestern Corp	1.27	1.62	78.40
Redwood Trust Inc	2.52	3.18	79.25

即便在這個已篩選過的樣本裡，也還有應該注意的警示訊號。首先要看到的是清單裡有很多能源公司。建構這個投資組合的時間點，是在安隆爆出會計醜聞之後，相關公司提報的獲利很可能也受到影響，這是股價下

跌的原因之一。如果這些公司的獲利虛報，未來勢必會調降股利。其次，請注意清單中也有幾家菸草公司，他們正面臨高金額的法律訴訟，獲利也因此烏雲罩頂，其中有幾樁判決很可能導致公司調降股利或乾脆不發。但請注意，這不代表你應該跳過這些公司，而是說在買進這些股票時應該做點功課。從實務上來說，你要檢視清單上各家能源公司的財務報表，看看是不是有安隆的影子，例如是否有隱藏的負債或是神祕（且不長久）的獲利。你很可能最後判定市場把恐懼放錯地方，這些股票都是好投資。至於菸草公司，你也需要針對菸草可能造成的負債做相同的分析。

比較潛在股利

　　拿股利和盈餘做比較，是一個衡量股利能否長久的簡單方法，但是基於以下兩個理由，這並非完整的測試：

- **盈餘並不等於現金流**：會計師在計算盈餘時是以營收扣除費用。這些費用當中有一些是非現金費用（例如折舊和攤銷），加上應計制會計（企業會計報表中使用的原則）產生的結果不見得和現金帳的結果相同。因此，從某種程度上來說，會計上的盈餘和現金流可能大不相同。
- **公司可能有再投資需求**：就算盈餘大致和現金流相當，但企業也不能都當股利發出去，因為企業通常必須再投資才能維持資產，這些資本投資不會出現在損益表上，但會壓低現金流。

　　股利要真的可長可久，扣除資本支出之後的現金流必須高於股利。
　　然而，你要怎麼知道公司有多少現金流可以用來發股利？有一個指標是股權自由現金流（free cash flow to equity），這衡量的是扣除再投資需求

之後的現金有多少。要衡量股權自由現金流，你要先找到淨所得然後進行以下的調整：

- 先把非現金會計費用加回去，例如折舊和攤銷。
- 要扣掉資本支出，因為這些費用會耗掉公司的現金。某些分析師認為要把非裁量性（non-discretionary）與自由裁量（discretionary）資本支出分開，但你在計算股權自由現金流時可以納入所有費用。
- 扣除非現金的營運資金（working capital）變動後，就得到現金流。因此，營運資金提高（比方說，存貨或應收帳款）將會使得現金流下降。反之，營運資金下降會提高現金流。做這項調整，基本上就是把應計盈餘轉換成現金盈餘。
- 扣除負債中的淨現金流。償還負債代表現金流出，有新的負債則代表現金流入，兩者之間的差額會影響股權自由現金流。

股權自由現金流＝淨所得＋折舊和攤銷－資本支出－非現金營運資金
變動－（償還負債－發行新債務）

請注意，如果發行的新債務超過償還債務金額，負債的淨現金流可能為正值。

保守的分析師不希望股利的資金來源是透過發行新負債，他們通常會使用更保守版本的股權自由現金流、亦即不計負債的淨現金流：

保守版的股權自由現金流＝淨所得＋折舊和攤銷－資本支出
－非現金營運資金變動

計算股權自由現金流時會用到損益表與資產負債表裡的資訊，也會用到現金流量表。

那麼，如果你用股利和股權自由現金流量表相比，表 2.4 中股利發放率低於 80% 的 21 家公司表現又如何？回答這個問題時，我們以保守版的方法來計算股權自由現金流（不計發行新債務）。表 2.5 摘要了結果。

表 2.5　股利發放率低於 80% 公司的股利與股權自由現金流比較

公司	每股股利（美元）	每股盈餘（美元）	每股股權自由現金流（美元）
MicroFinancial Inc	0.20	1.26	2.25
Telesp Celular Participacoes	0.15	0.90	0.14
Dynegy Inc 'A'	0.30	1.46	-2.67
AES Corp	0.25	1.17	-3.17
El Paso Corp	0.87	2.93	-7.17
Mission West Pptys	0.96	2.52	3.31
Koger Equity Inc	1.40	2.94	3.12
R.J. Reynolds Tobacco	3.80	6.32	10.75
TECO Energy	1.42	2.31	-2.47
Advanced Tobacco Products	0.05	0.08	0.08
Apex Mortgage Capital	2.00	3.11	3.11
Permian Basin Rty Tr	0.56	0.85	1.05
Williams Coal Sm Gs	0.88	1.33	1.33
Public Serv. Enterprise	2.16	3.20	-4.24
Allegheny Energy	1.72	2.51	1.36
CMS Energy Corp	0.72	1.04	-4.46
MFA Mortgage	1.12	1.58	1.63
Aquila Inc	0.70	0.95	-1.23
UIL Holdings	2.88	3.77	7.22
NorthWestern Corp	1.27	1.62	2.54
Redwood Trust Inc	2.52	3.18	2.98

拿股利和股權自由現金流做比較時，不動產投資信託與菸草公司的表現還更好了。以雷諾菸草（R.J. Reynolds）為例，這家公司的每股股權自由現金流為 10.75 美元，支付的每股股利為 3.80 美元，代表公司有很高的餘裕支付股利。但訴訟和立法方面的疑慮，可能還是會影響你最終的投資決定。而每股盈餘與股權自由現金流差最多的是能源公司。所有能源公司的股權自由現金流都遠低於每股盈餘，其中五家的股權自由現金流甚至是負值。股權自由現金流代表可用來發放股利的現金，你可能會想，那些公司怎麼付得起他們付出去的股利？1990 年代末期，能源公司靠著借錢（可能、也可能不在帳目上）與發行股票，以籌得資金發放股利，他們的槓桿比例也因此很高。你能從中得出的結論，是這些公司無法長久維繫這樣的股利。電信業的泰勒斯普行動通訊營運公司（Telesp Cellular）情況也是一樣，只是沒這麼嚴重。

二、公司成長性低

當公司提高支付給股東的股利，能用於業務再投資的盈餘就少了，長期下來，這就轉化成每股盈餘的成長率降低。[8] 事實上，可長久的每股盈餘成長率可以由股利發放率與投資品質（以股東權益報酬率〔return on equity〕來衡量）導出：

預期長期每股盈餘成長率＝（1 －股利發放率）×（股東權益報酬率）

為了便於說明，假設一家公司把 40% 的盈餘拿去發放股利，賺得的股東權益報酬為 20%，那麼，可以預期其長期的每股盈餘成長率為每年

8　可以透過發行新股來維持淨所得的高成長率，但這麼做會提高流通在外股數。

12%。

預期每股盈餘成長率＝（1 − 0.40）×（0.20）= 0.12，或者 12%。

投資高息股的投資人必須有所取捨，這些公司的預期獲利成長率通常都比較低。

再來看看表 2.5 裡發放高股利、且股利可長久的公司（其他股利高於股權自由現金流的公司已經被剔除）。表 2.6 估計了這些公司的長遠預期成長率，並拿來和分析師預估的成長率做比較。

表 2.6　可長遠發放股利的公司基本面，與分析師估計成長率比較

公司名稱	股東權益報酬率 （%）	股利發放率 （%）	預期成長率 （%）	分析師預估 五年成長率 （%）
MicroFinancial Inc	1.71	15.87	1.44	未取得
Mission West Pptys	6.55	38.10	4.05	未取得
Koger Equity Inc	7.66	47.62	4.01	未取得
R.J. Reynolds Tobacco	2.81	60.13	1.12	5.50
Advanced Tobacco	10.53	62.50	3.95	未取得
Apex Mortgage Capital	4.53	64.31	1.62	未取得
Permian Basin Rty Tr	4.16	65.88	1.42	未取得
Williams Coal Sm Gs	5.44	66.17	1.84	未取得
Allegheny Energy	-1.25	68.53	-0.39	3.00
MFA Mortgage	3.38	70.89	0.98	未取得
UIL Holdings	1.81	76.39	0.43	3.80
NorthWestern Corp	3.74	78.40	0.81	2.70
Redwood Trust Inc	5.35	79.25	1.11	未取得

每一家公司的基本面成長率都很低，部分理由是各家股利發放率都高，部分則是因為投資報酬率低。有些公司有分析師估計預期成長率，而

他們的未來五年每股盈餘預期成長率也都很低。事實上，如果你希望某家公司的基本面預期成長率達到 3% 或者更高，表中只有三家公司能上榜，其中有兩家是不動產投資信託（分別是西部使命地產公司〔Mission West Properties〕和柯吉股權公司〔Koger Equity〕）、一家是菸草公司（先進菸草〔Advanced Tobacco〕）。總而言之，當我們用股利的長久性和合理的獲利成長率作為篩選標準時，原本多達百家公司的樣本只剩下三家。

三、稅賦成本

常有人說，生命中僅有兩種東西是確定的，一是稅金，二是死亡。投資人或許有機會停下來喘口氣，佩服自己可以靠著投資組合賺到高額的稅前報酬，但是實際能花的只有稅後剩餘的報酬。而能創造出具吸引力稅前報酬的策略，稅後報酬可能乏善可陳。

稅賦會拖累投資報酬到多嚴重的程度？有一項研究檢驗美國股市與政府公債的報酬，指出股市的報酬遠高於短期國庫券或長期公債。1928 年時若在股市投資 100 美元，到了 2001 年底時會增值到 12 萬 5,599 美元，遠高於你投資短期國庫券（增值到 1,713 美元）或長期公債（3,587 美元）的組合價值。儘管報酬很讓人驚豔，但這是稅前的成績，也還沒有扣除交易成本。現在，就讓我們看看稅賦對報酬的影響。假設投資人在買進股票的期間內，股利的稅率為 35%，資本利得的稅率為 20%。要計算稅賦對於報酬的效果，你必須考量投資人的交易頻率。如果你假設他在每年年底都會更替整個投資組合，那麼，他每年都要支付股利所得稅和資本利得稅。圖 2.9 顯示，稅金在本段期間對於投資組合造成的效應，以及稅金對於期末投資組合造成的影響。

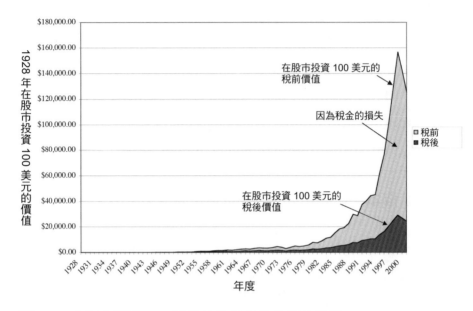

圖 2.9　在股市投資 100 美元的稅前與稅後價值變動

資料來源：聯準會。本圖衡量 1928 年在股市投資 100 美元的累積價值，包括股利和資本增值。

　　請注意，在報酬中加上稅金考量之後，投資組合的期末價值減少了超過三分之二，從 12 萬 5,599 美元降為 3 萬 9,623 美元。如果稅金會影響所有投資，你可能會想，為何要在高息股策略中特別強調這項效果。你可以不要賣出上漲最多的股票、以避開資本利得稅，但是你每一期收到的股利都必須支付股利所得稅。因此，講到課稅時機和高額稅金時，投資股利殖利率高於平均值股票的策略彈性就比較低，至少長期來說，與投資低股利殖利率股票的策略相比之下是如此。圖 2.10 就為投資人說明這一點，該圖比較一個每年股利殖利率為市場一半、另一個每年股利殖利率為市場兩倍的投資組合績效。[9]

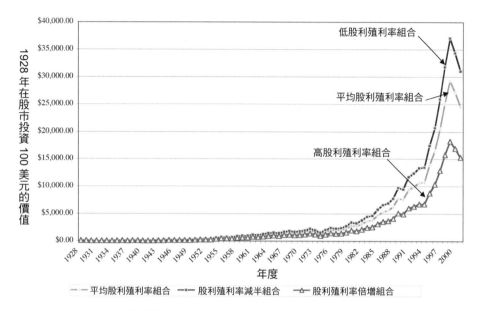

圖 2.10　1928 年投資股市 100 美元的價值，按股利殖利率區分

資料來源：聯準會。本圖代表 1928 年時，分別以 100 美元投資這三種投資組合（高股利殖利率、平均股利殖利率和低股利殖利率）的價值。

　　請注意，股利殖利率低於市場平均值一半的股票投資組合，2001 年的期末價值僅略高於 3 萬美元，而殖利率較市場平均值高兩倍的組合，期末價值約為上述的一半。投資人若有意打造長期投資組合，可能會發現分析師宣稱利用高股利殖利率可賺得的「超額報酬」，會因為引發更高額的稅金而抵銷。

　　如果投資人適用高稅率的話，買進高股利股票的策略會因為稅賦而變成糟糕的策略嗎？不盡然，理由有二。第一，採用這套策略的投資人即使

9　為了提供範例，假設 1996 年所有股票的平均股利殖利率為 3.20%，總報酬率為 23.82%。股利殖利率減半的投資組合估計股利殖利率為 1.60%，股價上漲 22.22%，總報酬率為 23.82%。股利殖利率加倍的組合股利殖利率為 6.40%，股價上漲 17.42%，總報酬率同為 23.82%。

支付了額外的稅金之後，投資報酬可能仍高。第二，投資人的投資組合可以分成不同的類別，而各投資方案適用不同的稅務待遇。就算是高稅率的投資人，也可以把資金放進退休金方案裡，把稅金遞延或推遲到退休時。在退休金方案投資配發高股利的股票，你就能在不用擔負稅金成本之下，享有策略的優勢。

然而，利用過去的情況做檢討的危險之一，是你很可能錯過目前的世局變化。這一節談的（美國）股利稅務上的不利，自 2003 年 5 月簽署新稅法以來，很多已成為了歷史。比方說，新稅制將股利所得稅的稅率調降至 15%，與資本利得稅率相同。因此，股利在稅賦上的不利就算沒有消除，也大大降低。受此影響的不僅只有支付高股利的股票，也改變了許多公司看待股利的觀點。2003 年初，微軟和甲骨文（Oracle）等過去從不支付股利的科技公司宣布，他們要再度開始發放股利。

投資獲利心法

讓我們來看看本章要傳達的意義。從歷史上來看，發放高股利的股票報酬率多半高於市場中其他股票，而提高股利的股票其股價也會跟著上漲。另一方面，發放高股利的股票獲利成長腳步慢很多（因此股價上漲幅度較低），長期也多半無法繼續配發高股利。最後一部分顯示，一旦你開始針對股利的長久性和預期成長率提問，就會看到高股利投資組合中的標的遭淘汰。一開始我們先列出了 100 家股利殖利率最高的公司，後來因為某些公司出現虧損或是股利發放率高於 80%，而刪掉了 79 家。在這剩下的 21 家中，有 8 家因為股權自由現金流為負值，或是股利高於股權自由現金流又遭到刪除。在剩下的 13 家中，僅有 3 家的預期成長率高於

3%。

　檢視這個過程，我們發現，如果一開始不先找股利殖利率最高的公司，轉而在股海中尋找滿足數個條件（高股利、獲利可長久與每股盈餘的成長率合理）的標的，投資組合的績效表現會好一點。舉例來說，你可以用以下的特徵在美股中篩出滿足上述條件的股票：

- **股利殖利率高於政府公債殖利率**：政府公債殖利率是有用的比較基準，因為這代表從無風險投資中可賺得的報酬率。如果買進股利殖利率高於公債殖利率的股票、又能長久領到這份股利，那就不需要股價上漲也能達到投資損益兩平的水準。
- **低於某個門檻值的股利發放率**：前文提到，一般武斷決定的股利發放率會落在 67% 到 80% 之間。這條限制的背後理由，是要篩掉支付股利高於長期能力所及的公司。
- **合理的每股盈餘預期成長率**：除了高股利之外，如果還希望股價能上漲，你要投資獲利能成長的公司。期待高股利殖利率的股票獲利也能有兩位數的成長固然不切實際，但你可以要求盈餘成長要相當於整體經濟成長。

　2002 年 10 月，你可以套用的篩選公司標準是股利殖利率超過 4%（這是分析當時美國公債的殖利率）、股利發放率低於 60%、股利金額低於股權自由現金流，且未來五年每股盈餘的預期成長率高於 4%。由於不動產投資信託和其他公司的架構不同，應該從樣本中刪掉。最後篩出的 30 家公司投資組合如附錄 2.1 所示。

　從代表的產業來說，這個投資組合比原始股利殖利率最高的 100 家企業組合更多元。新組合的平均股利殖利率雖然低於原組合，但是股利發得

比較長久，而且成分公司也有一定的成長潛力。

結語

　　支付高股利的股票看來是一個無與倫比的組合，結合了持續的收益（股利）和潛在的價格上漲。在股票下跌的熊市期間，這類股票的吸引力大增，而對於股利殖利率高的股票，長期能為投資人創造較高報酬的論點，實證證據也予以一定的支持。

　　但是，股利高的股票有什麼潛在危機？首先，股利不同於債券的票息，前者並非必定要發的現金流。其次，如果發放的股利與公司創造的獲利和現金流相對照之下過高，之後將無以為繼，股利早晚都會被削減。最後，高股利發放率通常代表著獲利的預期成長率低。

　　綜合來說，對於適用稅率較低或是投資享有稅務豁免（比方說退休金方案）的投資人來說，買進高股利股票是很合理的策略。隨著稅法改革，有更多投資人認為這樣的策略很有吸引力。如果你要採行這套策略，應該從長久性（檢視股利發放率和股權自由現金流），以及合理的獲利成長率來篩選高股利的股票。

附錄 2.1　2002 年 10 月，通過股利篩選的股票

股利殖利率＞ 4%、股利發放率＜ 60%、股利＜股權自由現金流，且每股盈餘預期成長率＞ 4%

公司名稱	所屬產業	股價 （美元）	每股 股利 （美元）	股利 殖利率 （%）	股利 發放率 （%）	每股 股權自由 現金流 （美元）	預估每股 盈餘 成長率 （%）
Alexander & Baldwin	海事	23.37	0.90	4.11	54.01	1.08	9.00
AmSouth Bancorp	銀行	19.86	0.88	4.39	58.10	1.64	8.00
Arch Chemicals	化學（特殊）	17.15	0.80	4.68	0.00	0.82	5.00
Banco Santander ADR	銀行（外商）	6.06	0.29	5.30	52.89	0.47	10.50
Bay St Bancorp	銀行	19.01	0.88	4.64	19.89	1.29	8.00
Books-A-Million	零售（特殊 產品線）	3.26	0.41	11.95	0.00	0.48	12.00
Citizens Banking	銀行	23.41	1.14	4.75	52.65	2.12	8.00
Cleco Corp	公用電力事 業（中部）	12.20	0.90	7.97	56.77	2.01	6.50
Colonial BncGrp 'A'	銀行	12.05	0.52	4.29	43.71	1.20	9.00
Comerica Inc	銀行 （中西部）	42.10	1.92	4.82	37.31	3.61	9.50
Commonwealth Industries	礦業	5.90	0.20	4.44	52.52	0.48	15.00
Electronic Data Sys	軟體	13.72	0.60	4.38	25.13	3.09	13.00
Equity Inns Inc	旅館／博弈	5.23	0.52	8.92	0.00	0.67	5.00
FirstEnergy Corp	公用電力事 業（中部）	30.13	1.50	5.70	55.94	2.88	9.00
FirstMerit Corp	銀行 （中西部）	22.16	1.00	4.73	48.96	2.00	9.50
Goodrich Corp	國防	16.74	0.80	4.51	37.12	2.85	7.00
Goodyear Tire	輪胎	9.18	0.48	5.85	0.00	0.79	34.00
May Dept Stores	零售	24.60	0.95	4.04	42.07	1.63	5.00
Merchants Bancshares Inc	銀行	22.08	0.96	4.24	34.85	2.12	10.00
MicroFinancial Inc	金融	2.09	0.20	11.77	14.88	2.26	7.50
NICOR Inc	天然氣（輸 配）	29.61	1.84	6.63	57.81	2.26	7.00

續附錄 2.1

公司名稱	所屬產業	股價 （美元）	每股 股利 （美元）	股利 殖利率 （%）	股利 發放率 （%）	每股 股權自由 現金流 （美元）	預估每股 盈餘 成長率 （%）
Petroleo Brasileiro ADR	石油 （整合型）	12.25	0.52	5.47	48.75	0.89	10.00
Philip Morris	菸草	42.65	2.56	6.63	55.71	4.64	9.00
Provident Bankshares	銀行	22.39	0.86	4.10	45.85	1.80	9.50
Quaker Chemical	化學（特殊）	19.55	0.84	4.34	54.49	1.31	8.00
Snap-on Inc	機械	26.00	0.96	4.07	52.11	2.13	4.50
Standex Int'l	多元	19.72	0.84	4.43	49.54	1.92	9.50
Tasty Baking	食品加工	11.59	0.48	4.33	52.09	0.80	8.00
Tupperware Corp	家用品	15.95	0.88	5.23	54.26	1.42	7.50
Westar Energy	公用電力事業（中部）	10.47	1.20	11.96	-216.34	5.59	16.00

03
這檔股票好便宜！低價股會賺錢的故事

低本益比股票的投資組合績效能超越大盤嗎？如果你回歸基本面，
會了解低本益比也指向了高風險與未來的成長率低。

葛拉漢的信徒

傑洛米是價值投資人，他鄙視追逐成長型股票並付出誇張天價
買進的人。有一天，傑洛米在閱讀《富比士》雜誌，他看到一份學
術研究讓他很興奮。結果顯示，買進本益比低的股票可以打敗大
盤，而這正是其他價值投資者非常偏愛的投資法。他上了雅虎財經
版，搜尋本益比低於 8 倍的股票（他聽 CNBC 財經新聞台說，這個
數值是很適合評估低本益比股票的基本法則），他很訝異地發現居
然有幾十檔標的。他沒錢全數投資，於是挑了前二十檔股票然後買
進。

投資一年之後，傑洛米不僅沒有賺得如雜誌上的學術研究所保
證的穩定出色報酬，反而嚴重落後大盤。他有些朋友買進科技股，
績效都比他好，他們還嘲笑他。傑洛米更深入檢視自己大虧的投資
組合之後發現，他本來預期持有的是安全、穩健的公司，但事與願

違，他的投資組合裡有很多都是高風險的小型公司，獲利波動很大。他也發現，他挑的股票很常傳出會計違規和醜聞。幻想破滅後，傑洛米判定價值投資完全不是原來講的那麼一回事，於是把所有資金轉投資到一檔成長性很高的共同基金中。

| 寓意：本益比低的股票不一定便宜，
而「長期」可能要很久才會到來。 |

　　投資人幾十年來都使用本益比當作指標，以判斷股票是貴還是便宜。本益比低的股票通常被認為很便宜，長期下來，投資顧問和分析師也發展出一些基本原則。有些分析師使用絕對指標，比方說，本益比低於 8 倍就是便宜的股票；有的分析師則用相對指標，例如，本益比數值較市場平均數低一半就是便宜的股票。有時候，比較基準是大盤，有時候則是該公司所屬的產業。

　　本章要討論本益比是否是好的價值指標，以及買進低本益比的股票能否創造高報酬。你會看到，低本益比的股票價值不一定被低估，僅著眼於本益比的策略很可能失策，因為這忽略了一家公司的成長潛力與風險。如果公司少有或沒有成長前景、而且暴露在重大風險之下，就算本益比低，也不是價廉物美的標的。

故事的核心

如何判斷股票便宜還是貴？你可以檢視股價，但是股價很容易因為流通在外股數變動而改變，如果分割股票（這樣一來，股數就變成了兩倍），股價（大致）會折半，但是這檔股票並沒有比較便宜。雖然還是有投資人會接受雞蛋水餃股很便宜的說法，但多數人都會小心謹慎，視其為陷阱。用股價除以盈餘是一種平衡的衡量指標，藉以比較高價股和低價股。很多投資策略都應用低本益比的戰術，這種操作背後有幾個理由：

- **價值投資人會買進低本益比的股票**：信奉價值投資學派的投資人，一直都以本益比來衡量價值。比較各檔股票時，認為本益比低於 5 倍的股票比本益比 10 倍的便宜。

- **低本益比的股票是可替代債券的具吸引力投資標的**：對於偏好把股票報酬拿來和債券報酬相比的投資人來說，還有另一個理由支持他們尋找低本益比的股票。那就是，這類股票的盈餘殖利率（earnings yield，為本益比的倒數，是以每股盈餘除以目前股價）與債券殖利率相比之下，通常都很高。舉例來說，本益比 8 倍的股票的盈餘殖利率為 12.5%，相對於美國政府公債的殖利率僅有 4%，顯然是極具吸引力的替代品。

- **相較於同類股票，低本益比的股票價格必然遭到錯估**：各個產業的本益比不同，某些產業的本益比向來低於其他產業。但你可以拿特定產業內的平均本益比來做比較，以判斷其價值。比方說，某一檔科技股的本益比為 15 倍或許很便宜，因為科技股的平均本益比為 22 倍；某檔公用電力事業股票的本益比若為 10 倍就很貴，因為公用事業的平均值僅為 7 倍。

理論基礎：決定本益比的因素

投資人向來用本益比判斷投資。本益比簡單且符合直覺，因此，不管是為 IPO 定價還是要判斷投資，以各種應用來說都是很有吸引力的選項。而且，本益比也和公司的基本面有關。我們在這一節裡會看到，低本益比的股票並不代表它就被低估。

何謂本益比？

以期間內的每股市價除以每股盈餘，就得出本益比。

$$本益比 = \frac{每股市價}{每股盈餘}$$

估計本益比時通常以每股現價作為分子，每股盈餘作為分母。

本益比最大的問題，在於計算每股盈餘時有各種不同的算法。最常見的計算本益比方式，是以目前股價除以最近會計年度的每股盈餘，這得出的是目前本益比（current PE）。有人偏好用最新的每股盈餘來算，加總過去四季的每股盈餘，然後用股價除以這個每股盈餘，得出滾動本益比（trailing PE ratio）。有些分析師則更進一步，分母用的是下一個會計年度的預期每股盈餘，計算預期本益比（forward PE ratio）。計算每股盈餘時可以計入異常項目、也可排除，基準可以是所有（初次發行）實際流通在外股數，或者，如果經理人履行他們獲得的選擇權，也可以是所有未來要流通的股數（完全稀釋）。換言之，在同一個時間點，如果你看到不同的來源算出的同一家公司本益比不同，也無須訝異。此外，如果你決定以價值為中心來建構投資策略的話，你應具體說明你的本益比定義。

會計盈餘入門課

在檢視本益比能否作為股票便宜與否的指標之前，要先想一想財務報表如何衡量盈餘。會計師透過損益表顯示一家公司在特定期間的營運活動資訊，在本節中，我們要檢視會計上衡量基本盈餘的原則，以及原則如何套用到實務上。

要衡量會計盈餘與獲利能力，有兩項主要原則。第一項是**應計制會計**原則。在應計制會計中，銷售商品或服務的營收會在執行銷售的當期認列（認列部分或全部）。費用面也會對應操作，讓費用對上營收。[1]因此，提報高應計盈餘的公司，現金盈餘可能非常低（甚至為負值），反之亦然。

第二項原則是**把費用分類到營業、財務和資本支出類別之下**。營業費用指僅為了創造當期利益而產生的費用（至少理論上是如此）。比方說，企業花錢聘用勞工和買進原物料，生產出當期就可以銷售的產品，就是一個很好的例子。財務費用是使用非股權融資方式替企業籌措資本而產生的費用，最常見的範例就是利息費用。資本支出是預期要在多個期間產生利益的費用，例如買進土地和建物的成本就被當作資本支出。

當期營收要扣除營業費用，才能衡量企業的營運盈餘。從營運盈餘中再扣除財務費用，以估計股權投資人的獲利，或者說是淨利。而資本支出會在使用年限內（以創造利益來看）以折舊或攤銷的名目沖銷。圖 3.1 顯示了典型損益表的細目。

決定如何衡量獲利的原則雖然很直接了當，但是企業在幾個不同的要項上仍享有審酌權，例如：

1　如果成本（例如行政成本）無法輕易和特定營收掛勾，通常就在發生成本的期間認列費用。

銷售產品或服務的總營收	營收
和創造營收有關的費用,包括過去年度的資本支出折舊與攤銷	一營業費用
當期營業利益	＝營業利益
和借貸以及其他融資有關的費用	一財務費用
應稅利益的稅金	一稅金
普通股和優先股的當期盈餘	＝尚未扣除非常項目的淨利
和營運無關的損益	一(＋)非常損失(利益)
和會計規定變動有關的損益	一和會計變動有關的利益變動
支付給優先股股東的股利	一優先股股利
	＝歸於普通股股東的淨利

圖 3.1　損益表

這是損益表的一般格式。不同的企業,其損益表的呈現也各有不同。

- **營收認列**：企業銷售的商品若在多期內都能產生利益，保守的企業會將營收分攤在不同時期，積極進取的可能在第一年就列出所有營收。比方說，微軟處理程式更新（Windows 98、Windows 2000 等等）的營收紀錄時向來以保守聞名。另一方面，許多熱中於推動營收成長的電信公司，在 1990 年代末期經常積極行事，很早就認列營收。
- **營業費用與資本支出**：有些費用落在灰色地帶，可以是營業費用，也可以是資本支出。以有線電視公司為了吸引新訂戶而產生的費用為例。比較積極的公司很可能會合法主張，這些新訂戶帶來的利益可以持續多年，因此將費用分多年攤銷。在此同時，比較保守的公司會在費用發生的第一年，認列全額費用。
- **折舊與攤銷**：資本支出可長期以折舊或攤銷的費用沖銷，但企業仍可以自行斟酌要在多長的時間裡折舊多少資產，至少在作帳上有一定的決定權。同樣的，在這方面，比較積極的企業會採用產生費用（相對於利益）較低的折舊攤銷方案，以提報較高的獲利。

重點在於，雖然所有企業都適用同樣的會計準則，但這些準則內涵的精準度會因企業而異，因此很難比較不同企業的獲利（以及本益比）。如果拿適用不同會計準則的不同市場（例如日本、德國和美國）來比較企業獲利，問題又更大。

檢視本益比的通用法則

判斷股票價值的最簡單模型，就是假設股票價值等於未來預期股利的現值。上市公司的股票很可能永遠存在，因此，如果你假設一家公司發放

的股利會永遠以固定比例成長，就能大致算出現值。這個模型稱為高登成長模型（Gordon Growth Model），在模型中，股票價值可以寫成：

$$今天的每股價值 = \frac{明年的每股預期股利}{權益成本 - 預期成長率}$$

（公司的）權益成本（cost of equity），就等於在特定風險水準之下，投資人購買股票時的報酬率。舉個簡單的例子，讓我們來看看投資聯合愛迪生公司（Consolidated Edison）的股票會如何。這家公用事業為紐約市許多地區提供服務。這檔股票明年的預期股利是每股 2.20 美元（從預期每股盈餘 3.30 美元當中撥出來發放），公司的權益成本是 8%，預期長期的成長率 3%，每股價值就可以寫成：

$$聯合愛迪生公司的每股價值 = \frac{\$2.20}{(0.08 - 0.03)} = \$44.00（每股）$$

有好幾個世代的學生在上估值課時都學過這個模型，有些人深感無力。他們在想，你要如何評估不發放股利的企業股票值多少，比方說微軟？（按：微軟自 2003 年開始發放股利。）當預期成長率高於權益成本時，會算出負值，這又代表什麼？有幾個簡單的答案可以回答這兩個問題。第一，可以長期維持下去的成長率不會高於整個經濟體的成長率，因此，這個模型容不下 15% 的預期成長率。事實上，預期成長率必須低於 4%、5%，這是因為即便是最樂觀的預測者，都認為（美國或全球）經濟的成長率長期也只有這個數字。[2] 第二，成長率穩定的企業應握有足夠的現金可以發回給投資人。多數不發股利的企業，是因為他們必須再投資以創造

---

2 如果覺得這個數值聽起來很高，這是因為模型裡用的是名目成長率。換算成實質成長率的話，約僅有 2% 到 2.5%。

高成長。

要利用這個股票價值模型算出本益比，等式兩邊都除以明年的預期每股盈餘即可。這樣除下來，你就得到一個現金流量折現等式，說明一家穩定成長企業的預期本益比。

$$\frac{今天的每股價值}{明年的預期每股盈餘} = 預期本益比 = \frac{預期每股股利 / 預期每股盈餘}{明年的預期每股盈餘}$$

$$= \frac{預期股利發放率}{權益成本 - 預期成長率}$$

我們使用前一段聯合愛迪生公司的數值來說明，就得到以下結果：

聯合愛迪生公司的預期本益比＝（$2.20 / $3.30）/（0.08 － 0.03）

= 13.33

預期成長率提高時，本益比也會提高。而公司的成長率高，本應拉高本益比，這從直覺上就能理解。如果這家企業風險高且權益成本高，本益比就會比較低。最後，在成長率固定之下，股利發放率提高時，本益比也會提高。換言之，愈能高效創造成長的企業（可賺得更高的股東權益報酬率），股價的本益比就高。

高成長性的公司本益比高，也和基本面有關。上述的計算有點繁瑣但不困難，從中可以看出決定本益比的一直都是相同的因素：公司的風險、預期成長率和股利發放率。唯一的差別是，要針對不同的成長階段分別估計這些變數。[3] 如果你看中某一檔股票，而且預期接下來幾年，這家公司

3　有興趣的讀者，可以查閱以下資料以了解高成長性企業的本益比決定因子：Damodaran, A, *Investment Valuation*, John Wiley and Sons。

的成長率會很高，之後就會回到穩定的狀態。那你可以去估計高成長期和穩定成長期的股利發放率、權益成本和預期成長率。這是一種可以套用到任何企業的通用法則，就算目前不支付股利的公司也適用。

檢視本益比的決定因子之後，應能清楚看出低本益比本身並沒有太多意義。如果你預期一家企業的獲利成長性很低（甚至為負成長），而且獲利風險高，購買該公司股票時原本就該支付低一點的本益比。要找到被低估的公司，你需要去找到錯配的情形，即股票本益比低，但是沒有高風險或成長不力的缺點。在本章稍後，我們會檢視一個低本益比的股票投資組合，看看你能否從中區分出本益比低、估值合理（甚至被高估）的公司，和具備投資吸引力的低本益比公司。

檢視證據

低本益比股票的投資組合績效能超越大盤嗎？這個問題的答案是本章的核心，我們在本章就要看過去幾十年來，低本益比股票的表現。

葛拉漢的價值篩選機制

許多價值投資人宣稱他們的祖師爺是葛拉漢，並用他和大衛・陶德（David Dodd）在 1934 年合寫的著作《證券分析》當作投資寶典。[4] 在這本書的第一版，葛拉漢就決心要把他的市場觀點轉化成具體的篩選機制，用來找出遭到低估的股票。篩選機制中的數值會因為版本更新而有些許不

4　Graham, B., and D. Dodd, 1934, *Security Analysis*. McGraw Hill.

同,但皆保有原始的形式,摘要如下:

一、益本比(earnings to price ratio)是 AAA 級債券殖利率的兩倍。
二、過去五年股票的本益比,低於整體股票市場平均本益比的40%。
三、股利殖利率大於 AAA 級公司債殖利率的三分之二。
四、股價小於有形資產帳面價值(tangible book value)[5]的三分之二。
五、股價小於流動資產淨值(net current asset value)的三分之二。流動資產淨值定義為,包含現金在內的流動資產減去流動負債。
六、負債權益比(debt-equity ratio)必須小於 1。
七、流動資產大於流動負債的兩倍。
八、負債小於流動資產淨值的兩倍。
九、(過去十年)每股盈餘歷史成長率大於 7%。
十、過去十年,出現盈餘下跌情況的時間不超過兩年。

　　請注意,第一個篩選標準就是本益比,只有本益比低的股票才有機會通過這條規則。有趣的是,以其他篩選標準來說,有很多條都是用來排除出於錯誤理由而導致本益比低的股票,比方說成長性低和風險高。
　　那用葛拉漢的篩選機制來挑股票的成效如何?亨利·歐本海默(Henry Oppenheimer)用這些標準篩選 1974 年到 1981 年的股票,並研究這些投資組合。他的結論是,這麼做的年報酬率可以大幅超越大盤。[6]學術界人士近年來也檢測個別篩選標準,比方說低本益比和高股利殖利

5　有形資產帳面價值是從所有資產帳面價值中,扣除商譽等無形資產的價值。
6　Oppenheimer, H. R., 1984, *A Test of Ben Graham's Stock Selection Criteria*, (September/October): v40(5), 68-74.

率，發現可以創造較高的報酬。評估投資刊物績效的馬克‧胡伯特（Mark Hulbert）發現，誠心追隨葛拉漢的刊物表現比其他家好。唯一不中聽的訊息是，有人試著套用這些篩選標準，成立一檔意在創造高報酬的共同基金，最後卻失敗了。1970 年代有一位名叫詹姆士‧睿伊（James Rea）的投資人將這些篩選標準奉為圭臬，並據此成立了一檔睿伊—葛拉漢基金（Rea-Graham fund），根據葛拉漢的篩選標準投資股票。基金一開始很成功，但在 1980 年代和 1990 年代初期苦苦掙扎，績效名列後四分之一。

本益比與報酬比較

探討本益比和超額報酬之間關係的研究，持續發現低本益比的股票長期下來，賺得的報酬遠高於高本益比的股票。然而，有些研究的年代已經超過二十年，而且結果會因為取樣期間不同，而有很大差異。因此，最好的辦法是審視原始數據，並檢視最長期間內的可得數據。

在圖 3.2 中，一開始先看 1952 年到 2001 年美國股票賺得的年報酬，這些股票根據本益比高低分成十類。分類的標準是每年年初的本益比與總報酬，計入股利和股價上漲，每年都會計算這十種投資組合的本益比。

平均而言，落在本益比最低這一級的股票所賺得的報酬，幾乎是本益比最高者的兩倍。若要檢視投資組合組成的方式如何影響上述結論，你可以檢視兩種架構。第一種是等權重投資組合，這是指每一個投資組合中，每一家公司的投資金額都一樣。第二種是市值高的公司投資金額多一點、市值低的投資少一點，這構成了價值加權的投資組合。等權重投資組合的結果稍微好一點，本益比最低的股票平均年報酬率為 24.11%，本益比最高的則為 13.03%。換成價值加權的投資組合，對應的數值分別為 20.85% 和 11%。然而，不管是哪一種，低本益比的投資表現明顯優於高本益比

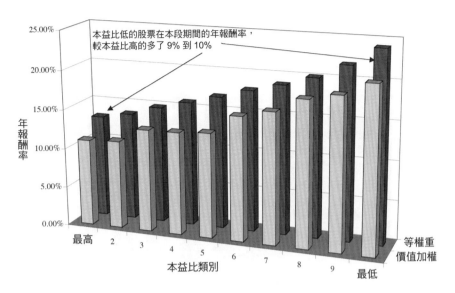

圖 3.2　1952-2001 年，本益比與股票報酬

資料來源：法瑪（E. F. Fama）和法蘭曲（K. R. French）。根據 1952 年到 2001 年，美國股票每年年初的本益比分類，並計算每一種投資組合接下來這一年的投資報酬率。

的股票。

　　若要檢視特定期間內是否有差異，我們可以去看圖 3.3 提報各種本益比投資組合在 1952 年到 1971 年、1972 年到 1990 年，和 1991 年到 2001 年間的年報酬率。同樣的，投資組合的建構標準是年初的本益比，並計算接下來這一年的報酬。

　　最低本益比類別裡的公司股票，在 1952 年到 1971 年，每年賺得的報酬率比高本益比的高了 10%，1972 年到 1990 年間高了 9%，1991 年到 2001 年間高了 12%。換言之，近年來低本益比股票賺得的報酬率並無明顯的下滑狀況。

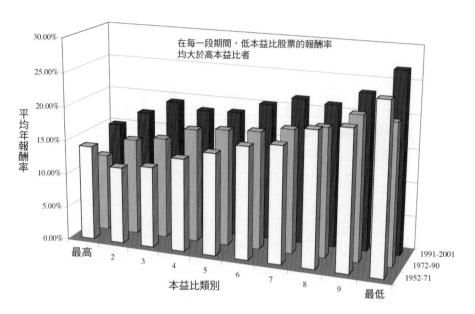

圖 3.3 1952-2001 年，根據本益比分類的報酬率

資料來源：法瑪和法蘭曲。針對不同的期間，計算各本益比類別的投資組合年報酬率。

　　也就是說，證據算是一面倒，支持低本益比股票的長期報酬高於高本
益比的股票。針對不同的股票風險做調整的研究也確認，低本益比的股票
在調整風險後，仍能賺得較高報酬。由於前一節檢視的投資組合中都是美
國的上市股票，因此，在此也值得一提的是，其他國際市場也有低本益比
股票賺得超額報酬的情形。

進行運算

本章早先提到一條基本原則，指本益比低於 8 倍的股票很便宜。市場裡有很多這類指標，但你應該審慎看待這些數字，因為其中很多都已經過時，而且也沒有事實根據。在本節中，我們一開始要先檢視市場裡的本益比分布情況，以了解何謂高本益比、低本益比，以及平均水準的本益比。之後我們會去看不同類股的本益比有何不同，以及長期下來又如何變化。最後，我們會用市場裡本益比最低的股票建構一個投資組合，用意是要更近距離地檢視這套策略可能出錯之處。

檢視股市裡的本益比分布情形

講到本益比，有各式各樣的基本原則，如果不檢視整個股市裡的本益比變動情況，根本不可能評估這些原則有沒有道理。圖 3.4 呈現的是 2002 年 10 月美股的本益比分布，目前本益比、滾動本益比和預期本益比都在圖中。

檢視分布狀況，可以看出雖然有很多公司的本益比落在 8 倍到 20 倍之間，但本益比高於 100 倍的公司家數也很可觀。其中有一些高成長性的公司，他們的股價相較之下遠遠高於目前獲利，而這是因為投資人預期未來獲利能大幅成長。有一些則是週期性的公司，獲利會因為經濟衰退而下滑，由於投資人預期這些公司的獲利會隨著經濟復甦而反彈，因此本益比仍高。2002 年 10 月時，如果你僅看本益比，會覺得這些公司很便宜。關於本益比，最後要談的一點和每股盈餘為負值、導致無法計算本益比的公司有關。上述的樣本包含了 7,102 家公司，其中有 3,489 家最近一個會計年度出現虧損，因此無法計算目前本益比。如果考慮歷史獲利和未來預期

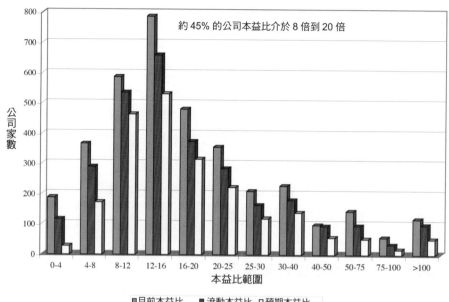

圖 3.4 2002 年 10 月,美股的本益比分布

資料來源:價值線公司。呈現的數據為美國股票落在各本益比類別的數目。

獲利,會因為同樣的理由在同一個樣本裡,繼續刪掉約 40% 的公司。

　　然而,由於本益比不能小於零、但數值可以非常大,導致在計算統計值時會有一些麻煩。用市場裡所有公司算出來的平均本益比,會因為極端值而被推高。比較有意義的是本益比中位數,這是指有一半的公司本益比高於這個數值,另外一半則低於此數。表 3.1 提供了三種本益比的摘要統計數值,首先是平均數,也納入了中位數、第十百分位(前 10%)與第九十百分位(前 90%)的數值。

表 3.1　統計數字摘要：美股的本益比

	目前本益比	滾動本益比	預期本益比
平均數	31.08	30.99	23.44
中位數	15.30	15.00	14.99
最小值	0.01	0.01	0.90
最大值	7103.00	6589.00	1081.00
第九十百分位	69.02	53.74	36.86
第十百分位	4.22	5.69	7.94

　　檢視這三種本益比指標，平均數都高於中位數，反映出本益比的數值可以很大、但不能小於零。毫無意外，想向你推銷股票的分析師，通常都是以某檔個股的本益比低於產業平均值作為推銷術。因此，有一個蠻好用的詰問法，就是問問他們這檔個股的本益比，是否低於產業的中位數。

不同產業的本益比

　　不同產業的本益比不同，某個產業的低本益比，在另一個產業可能很高。表 3.2 列出 2002 年 10 月美國（目前）本益比最高和最低的十大產業。

　　不同產業的本益比差異甚大，理由何在？早先提過決定本益比的因子（成長性、風險以及股利發放率〔股東權益報酬率〕）提供了解釋。一般而言，本益比最低的產業不僅預期成長性最低，股東權益報酬率也低。本益比高的產業預期成長性和股東權益報酬率都高，但風險也大。表 3.3 衡量兩組股票（本益比最高和最低的各十個產業）的成長性、風險和股東權益報酬率。

表 3.2　本益比最高與最低的產業

產業名稱	平均本益比	產業名稱	平均本益比
發電	6.94	新聞	41.14
鋼鐵（整合型）	7.98	娛樂	41.43
住宅營造	9.46	電信服務	43.14
公用電力事業	10.18	精密工具	44.17
汽車零組件	10.75	半導體	47.10
菸草	10.82	出版	49.06
保險（壽險）	10.90	電子商務	50.32
服飾	11.18	有線電視	53.49
家電業	11.70	無線網路	60.49
儲貸銀行	11.97	化學（基礎）	60.76

　　估計投資資本報酬率（return on invested capital，ROIC）和股東權益報酬率時，使用的是過去五年的資料，以抵銷 2002 年經濟衰退導致的獲利不振（和股東權益報酬率低迷）。請注意，與本益比最高的產業相比，本益比最低的產業的獲利、營收的預估成長性以及預期報酬也較低。

表 3.3　高本益比與低本益比產業的基本面比較

	風險指標		預期成長性		報酬率	
	貝他值	標準差	未來五年每股盈餘（%）	未來五年營收（%）	投資資本報酬率（%）	股東權益報酬率（%）
本益比低的產業	0.61	0.48	11.61	5.56	7.64	9.30
本益比高的產業	1.76	0.84	17.01	7.65	14.66	16.50

不同期間的本益比

　　以今天的美國股市來說，本益比 12 倍算是低的，但在 1981 年時卻算很高。本益比長期下來也會改變，因此，所謂高本益比與低本益比的標準，也會跟著變。圖 3.5 檢視美國股市所有股票的平均本益比變化。

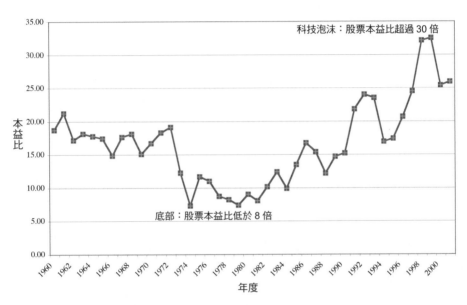

圖 3.5　1960-2001 年，標普 500 成分股的本益比

資料來源：彭博社。這是美股自 1960 年到 2001 年每年年底的平均本益比。

　　請注意，本益比長期變動幅度很大，1975 年時約為 7 倍，到了 1999 年市場高峰期，本益比攀上 33 倍的高點。

　　哪些因素造成本益比長期出現變化？答案是，導致個別公司本益比改變的各項因素，如現金流、成長性和權益成本等，也會決定個別產業的本益比。比方說，1970 年代中期本益比很低，是因為石油禁運和美國後續

的通貨膨脹拖垮經濟成長，再加上名目利率也很高所致。事實上，1975年到 1981 年本益比很低，代表的是這段期間，美國政府公債利率史上首次來到二位數。1990 年代利率下滑，伴隨著 1990 年代的快速經濟成長與生產力提高，有助於推高這十年間的本益比。

　　本益比數值會隨著時間改變，決定何謂低本益比的門檻也會改變。在圖 3.6 中，你會看到 1951 年到 2001 年間，紐約證券交易所的所有上市股票每年第五百分位（前 5%）、第十百分位（前 10%）與第二十五百分位（前 25%）的本益比數值。

　　美股的本益比在 1975 年來到低點，5% 的股票本益比低於 2.18 倍，10% 低於 2.64 倍，25% 低於 3.56 倍。對照之下，1998 年時，有 5% 的股

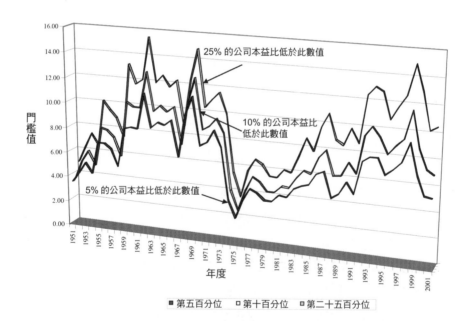

圖 3.6　本益比：隨著時間不同的門檻值

資料來源：法瑪和法蘭曲。研究中提報了美股每年第五、第十和第二十五百分位的本益比數值。

票本益比低於 9.42 倍，10% 低於 11.64 倍，25% 低於 14.88 倍。正因如此，在你採用基本原則時（比方說本益比低於 8 倍很便宜！），要有一點保留。這條法則在 1998 年時很實用，但在 1975 年則不然，當年有超過一半的股票本益比都低於 8 倍。

低本益比投資組合

　　如果你決定採行買進低本益比股票的策略，你的投資組合會是什麼？要回答這個問題，唯一的方法就是建構一個這樣的投資組合。假設你從美國所有上市股票下手，從中篩選出本益比最低的股票。針對每一家公司，你都有三種不同的本益比指標可用：以最近會計年度盈餘為基準的本益比（目前本益比）、以最近四季盈餘為基準的本益比（滾動本益比），以及以下一個會計年度預期盈餘為基準的本益比（預期本益比），每一種指標都各有支持者，當中也都蘊藏了重要資訊。為了保守起見，你可以去找這三種本益比都低於 10 倍的公司，2002 年 10 月時用這個標準得出的投資組合如表 3.4 所示。

　　進一步檢視這個投資組合，會發現市場裡（總樣本有超過 7,000 家公司）共有 115 檔股票出線，滿足目前、滾動與預期本益比都小於 10 倍的標準。這個投資組合相當分散，但公用事業與金融服務業的股票比例仍高。

表 3.4　2002 年 10 月，本益比低於 10 倍的美國股票

公司名稱	所屬產業	目前本益比	滾動本益比	預期本益比
Acclaim Entertainment	娛樂科技	7.45	3.88	5.73
AES Corp	發電	0.70	0.70	1.31
Aftermarket Tech	汽車零組件	8.14	6.44	6.29
Allegheny Energy	公用電力事業（東部）	1.22	1.74	2.68
Allied Waste	環境	6.93	6.81	6.57
Allmerica Financial	保險（產險／意外險）	2.57	4.91	3.23
Amer Axle	汽車零組件	9.53	7.59	7.31
Aquila Inc	公用電力事業（中部）	2.83	5.55	6.81
Argosy Gaming	旅館／博弈	8.18	6.30	7.16
Ashland Inc	石油（整合型）	4.27	8.76	7.59
Astoria Financial	儲貸銀行	9.66	9.66	7.88
Bally Total Fitness	遊憩	2.75	2.84	3.01
Beverly Enterprises	醫療服務	4.75	4.84	4.30
Building Materials	建築用品零售	6.16	6.16	7.02
CAE Inc	國防	5.76	5.76	6.60
Calpine Corp	發電	1.16	1.40	2.31
Can. Imperial Bank	銀行（加拿大）	7.62	7.62	8.55
Centex Corp	住宅營造	7.02	6.80	5.61
Chromcraft Revington	家飾／家具	7.11	7.47	6.84
Cleco Corp	公用電力事業（中部）	7.34	6.81	7.87
CMS Energy Corp	公用電力事業（中部）	5.92	6.90	5.48
CryoLife Inc	醫療用品	6.01	6.01	4.19
Del Monte Foods	食品加工	8.23	8.23	8.47
Dixie Group	紡織	0.00	9.33	6.22
Dominion Homes Inc	住宅營造	7.14	5.04	5.55
Downey Financial	儲貸銀行	8.46	9.14	9.76
DPL Inc	公用電力事業（中部）	8.34	8.34	9.22
Duke Energy	公用電力事業（東部）	7.78	8.27	7.65

續表 3.4

公司名稱	所屬產業	目前 本益比	滾動 本益比	預期 本益比
Dura Automotive 'A'	汽車零組件	5.99	5.90	3.62
Dynegy Inc 'A'	天然氣（多元）	0.46	0.56	3.87
El Paso Electric	公用電力事業（西部）	8.17	8.17	9.43
Electronic Data Sys	軟體	5.84	5.14	4.37
Endesa ADR	公用事業（海外）	8.13	9.77	8.01
ePlus inc	網路	7.70	7.87	7.80
Federated Dept Stores	零售	9.62	9.05	8.63
Fidelity Nat'l Fin'l	金融服務	9.09	7.26	6.48
First Amer Corp	金融服務	9.03	8.11	9.55
FirstFed Fin'l-CA	儲貸銀行	8.90	8.96	9.28
Fleming Cos	食品批發	2.47	2.47	2.23
Flowserve Corp	機械	8.78	6.88	5.31
Foot Locker	零售（特殊產品線）	9.48	8.94	8.53
Gadzooks Inc	零售（特殊產品線）	7.58	6.74	7.02
Genesco Inc	鞋類	7.15	7.61	9.02
Gerber Scientific	精密儀器	9.29	9.29	5.69
Goodrich Corp	國防	5.92	5.92	6.78
Greater Bay Bancorp	銀行	8.24	6.33	6.45
Green Mountain Pwr	公用電力事業（東部）	7.78	7.78	9.43
Group 1 Automotive	零售（特殊產品線）	8.89	8.89	6.93
Gulfmark Offshore	海事	7.09	9.88	8.78
Handleman Co	遊憩	5.87	5.78	5.74
Haverty Furniture	零售（特殊產品線）	9.70	8.40	9.45
HealthSouth Corp	醫療服務	4.41	4.41	3.84
Helen of Troy Ltd	化妝品	9.01	9.01	7.27
Household Int'l	金融服務	6.59	7.06	4.52
Imperial Chem ADR	化學（多元）	7.01	7.01	8.97
InterTAN Inc	零售（特殊產品線）	9.00	9.00	8.59

續表 3.4

公司名稱	所屬產業	目前本益比	滾動本益比	預期本益比
KB Home	住宅營造	8.51	7.13	6.32
Kroger Co	雜貨	9.70	9.70	7.87
Lafarge No. America	水泥	8.59	7.53	7.70
LandAmerica Finl Group	金融服務	6.29	5.79	6.52
Lennar Corp	住宅營造	8.54	7.98	6.65
M.D.C. Holdings	住宅營造	6.22	6.27	6.15
Magna Int'l 'A'	汽車零組件	8.51	8.42	8.52
Marathon Oil Corp	石油（整合型）	5.12	8.07	9.41
May Dept Stores	零售	9.60	9.60	9.80
McDermott Int'l	多元	5.69	5.69	3.59
Metro One Telecom	工業服務	8.02	7.91	3.94
MGIC Investment	金融服務	6.96	6.81	6.34
MicroFinancial Inc	金融服務	1.34	1.34	3.17
Mirant Corp	發電	0.68	0.77	1.33
Nash Finch Co	食品批發	7.52	6.00	5.73
Nationwide Fin'l	保險（壽險）	8.02	8.20	7.77
Nautilus Group Inc	零售（特殊產品線）	7.17	5.49	5.18
New Century Financial	金融服務	9.94	4.21	3.44
Petroleo Brasileiro ADR	石油（整合型）	2.97	2.97	3.23
Petroleum Geo ADR	油田服務／設備	3.15	3.65	2.35
Philip Morris	菸草	9.59	8.58	9.17
Pinnacle West Capital	公用電力事業（西部）	6.67	6.67	8.23
PMI Group	保險（產險／意外險）	8.71	8.71	7.29
PNM Resources	公用電力事業（西部）	4.97	6.60	9.60
Precision Castparts	國防	5.44	5.41	6.55
Public Serv Enterprise	公用電力事業（東部）	5.62	6.49	6.01
Pulte Homes	住宅營造	8.49	7.10	6.20
Quaker Fabric	紡織	9.16	7.23	7.34

續表 3.4

公司名稱	所屬產業	目前 本益比	滾動 本益比	預期 本益比
Quanta Services	工業服務	1.89	1.89	4.21
R.J. Reynolds Tobacco	菸草	8.03	5.99	5.65
Radian Group Inc	金融服務	9.39	8.46	7.80
Radiologix Inc	醫療服務	7.35	6.67	7.77
Republic Bancorp Inc KY Cl A	銀行	9.87	8.64	9.09
Ryland Group	住宅營造	7.21	6.26	6.87
Salton Inc	家用品	2.76	2.76	6.52
Sears Roebuck	零售	7.77	7.13	4.69
Shaw Group	金屬製工	8.90	6.31	5.84
Sola Int'l	醫療用品	6.95	7.27	9.23
Sprint Corp	電信服務	8.47	8.47	8.85
Stillwater Mining	貴金屬	3.25	3.25	5.28
SuperValu INC	食品批發	9.02	8.19	7.03
TECO Energy	公用電力事業（東部）	5.71	5.71	5.79
Telefonos de Mexico ADR	海外電信	8.04	8.04	8.03
Toll Brothers	住宅營造	6.51	6.18	6.66
Tommy Hilfiger	服飾	5.76	6.67	5.50
Trans World Entertain	零售（特殊產品線）	7.50	7.50	7.52
Triumph Group Inc	精密儀器	8.41	8.92	7.94
TXU Corp	公用電力事業（中部）	3.58	3.19	2.70
Tyco Int'l Ltd	多元	5.01	5.00	7.52
UIL Holdings	公用電力事業（東部）	7.08	7.88	8.35
United Rentals	機械	3.96	3.96	3.11
Universal Amern Finl Corp	保險（壽險）	8.99	9.76	8.31
Universal Corp	菸草	8.35	8.35	8.62
URS Corp	工業服務	7.37	6.24	7.37
Warrantech Corp	工業服務	7.59	5.61	3.00

續表 3.4

公司名稱	所屬產業	目前 本益比	滾動 本益比	預期 本益比
Westar Energy	公用電力事業（中部）	0.00	3.34	9.43
Westpoint Stevens	紡織	0.00	5.29	1.60
Whirlpool Corp	家電	8.41	7.49	7.13
World Acceptance	金融服務	6.45	6.10	6.98

故事的其他部分

　　由於低本益比股票能賺得高報酬，你是否應該基於這一點趕緊去買進這類股票？低本益比的投資組合裡可能有一些被低估的公司，但也有一些不太討喜的股票，理由如下。第一，獲利的品質不一定相同。近年來，有些公司使用會計花招和一次性的利益來高報獲利，你可以預期這些公司的本益比會低於其他公司。其次，即便公司沒有選擇會計方法來歪曲獲利，獲利也會出現波動，而且低本益比很可能反映了投資某檔股票所附帶的高風險。第三，低本益比也可能指向公司的成長前景黯淡，因此或許會變成很糟糕的投資。

風險與本益比

　　在前一節，我們將低本益比的股票和市場其他股票的長期報酬做比較，結論是低本益比的股票平均來說報酬確實較高。然而，這類股票的風險也可能高於平均，超額報酬不過是公平的額外風險補償。而你可以用的

最簡單風險指標是股價波動性，以前期的股價標準差來衡量。來看看上一節尾建構出來的低本益比股票投資組合，計算投資組合內每一檔股票的股價標準差。圖 3.7 將低本益比投資組合的平均標準差，與市場所有股票的平均標準差拿來做比較，期間分別為三年與五年。

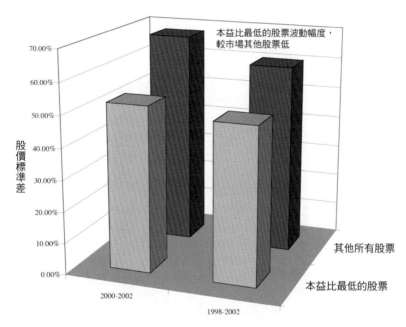

圖 3.7　股價標準差

資料來源：價值線公司。提報三年與五年期間，每週股價的平均標準差。

讓人意外的是，雖然低本益比投資組合內，有些個股的波動幅度高於平均值。但平均而言，本益比最低的股票波動幅度，低於本益比最高的股票。

有些研究去估計針對風險調整的超額報酬，試著藉此控制風險。但是，如果要這麼做，必須使用風險報酬模型，衡量投資的風險並評估衡量

風險水準之後的預期報酬。舉例來說，有些研究人員使用資本資產定價模型（capital asset pricing model），估計低本益比與高本益比投資組合的貝他值。他們得出的結論，也和未針對風險進行調整的分析一樣：在針對貝他風險做過調整之後，低本益比的股票賺得的報酬高於高本益比的股票。圖3.8計算低本益比投資組合中，各檔股票的貝他值與平均數，用來和其他所有股票的平均數比較。

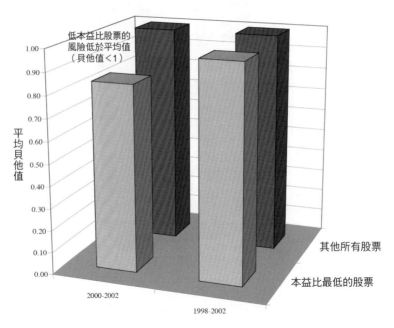

圖3.8　低本益比股票的貝他值

資料來源：價值線公司。計算投資組合裡，各檔股票的平均貝他值（以五年的每週報酬來計算）。

　　以這個風險指標而言，低本益比投資組合也表現出色，低本益比股票的平均貝他值低於市場內其他股票的平均值。

　　雖然低本益比投資組合的平均貝他值與標準差，低於市場其他股票的

平均值，但出於風險考量，篩選低本益比投資組合內的股票仍是明智之舉。舉例來說，你可以用所有上市股票的風險（貝他值和標準差）來看，刪去所有風險落在第一五分位（前 20%）內的股票。檢視 2002 年 10 月所有上市美股，這個門檻值是貝他值為 1.25 與標準差為 80%。從樣本裡刪掉貝他值高於 1.25，或標準差大於 80% 股票，股票數目就從 115 檔變成了 91 檔。表 3.5 列出因為無法通過風險篩選標準、而遭到剔除的 24 檔股票。

表 3.5　風險測試：從低本益比投資組合剔除的股票

公司名稱	所屬產業	貝他值	標準差（%）
Beverly Enterprises	醫療服務	1.27	75.58
Allmerica Financial	保險（產險／意外險）	1.31	49.50
Precision Castparts	國防	1.33	52.58
Federated Dept Stores	零售	1.34	46.00
Telefonos de Mexico ADR	海外電信	1.4	43.74
Petroleum Geo ADR	油田服務／設備	1.4	74.49
Shaw Group	金屬製工	1.44	69.20
United Rentals	機械	1.68	58.13
Flowserve Corp	機械	1.71	54.84
InterTAN Inc	零售（特殊產品線）	1.73	61.29
Dynegy Inc 'A'	天然氣（多元）	1.78	77.24
Tyco Int'l Ltd	多元	1.87	60.57
Stillwater Mining	貴金屬	1.87	65.61
Salton Inc	家用品	2.05	73.57
CryoLife Inc	醫療用品	-0.34	81.08
Dura Automotive 'A'	汽車零組件	2.35	81.56
Quanta Services	工業服務	2.48	82.67
Calpine Corp	發電	1.95	85.18
Metro One Telecom	工業服務	1.74	86.70
AES Corp	發電	2.26	89.64

續表 3.5

公司名稱	所屬產業	貝他值	標準差（%）
Aftermarket Tech	汽車零組件	1.02	100.83
ePlus inc	網路	1.57	113.77
Westpoint Stevens	紡織	0.74	126.22
Acclaim Entertainment	娛樂科技	3.33	237.57

請注意，同時通過兩種風險測試的公司才算過關，因此，貝他值低於 1.25、但標準差高於 80% 的公司，也要從投資組合中刪掉（例如七西點公司〔Westpoint Stevens〕）。

低成長性與本益比

一檔股票之所以本益比低，原因之一是其預期成長性低。很多低本益比的股票都身處成熟產業，成長潛力微乎其微。如果你投資低本益比的股票，就要冒著持有標的成長率乏善可陳、甚至為負值的風險。因此，身為投資人的你，必須考慮低本益比與低成長性之間的取捨是否對你有利。

就像風險一樣，我們也可以從很多面向衡量成長性。你可以檢視過去幾季或幾年獲利的成長，但這是一種回溯性的檢視。有很多股票的獲利在過去幾年停滯不前，但現在可能已經蓄勢待發準備成長，也有些股票過去幾年獲利一飛沖天，但未來少有或沒有可預期的成長。為了避免窺探過去的問題，投資人通常情願把重點放在未來的預期獲利成長上。分析師會提供不同預測期間的成長率估計值，而機構經紀人評估系統（I/B/E/S）或投資研究公司 Zacks 通常會將（各分析師的資料）加以平均與摘要。圖 3.9 計算 2002 年 10 月時，低本益比投資組合的每股盈餘的過去與未來預期成長率，並拿來和市場內其他所有股票的統計值做比較。

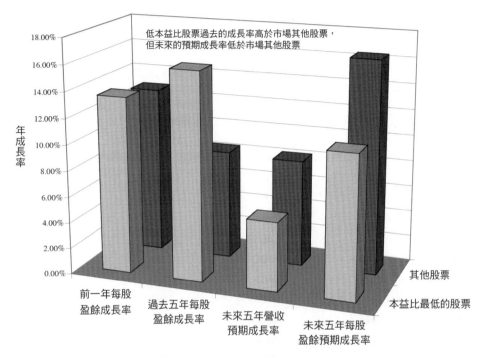

圖 3.9　最低本益比股票與市場其他股票之成長率比較

資料來源：價值線公司。未來五年的營收與每股盈餘預期成長率，來自各家分析師的預估值。

　　如果你檢視過去（一年或五年），最低本益比股票的獲利成長高於其他股票。然而，低本益比股票預期的營收與獲利成長都比較低，指向這個投資組合可能有潛在的問題，而這也替這些股票交易價格為何較低，提供了部分解釋。因此，你應該考慮從低本益比投資組合裡篩掉成長率很低、甚至是負值的股票。我們以預期獲利成長 10% 為最低門檻，因而刪掉低本益比投資組合裡的 52 檔股票。如果最低預期成長率的門檻設為 5%，就會刪掉 27 檔。如果你認為分析師的預測值多半太過樂觀，因此再加一項限制，要求歷史獲利成長率必須高於 5%，這樣又會再刪掉 13 檔股

票。表 3.6 歸納出，引進雙重限制（每股盈餘歷史成長率必須高於 5%，且分析師預估的每股盈餘成長率必須高於 5%）後，被刪掉的 40 家公司。

表 3.6 低本益比投資組合中，無法通過成長測試而遭淘汰的公司

公司名稱	股票代碼	預估未來每股 盈餘成長率 （%）	過去五年每股 盈餘成長率 （%）
因為預估未來每股盈餘成長率低於 5% 而刪除			
Aquila Inc	ILA	-10.00	7.00
CMS Energy Corp	CMS	-4.00	-0.50
PNM Resources	PNM	-1.50	11.50
UIL Holdings	UIL	-1.00	4.00
Trans World Entertain	TWMC	-0.50	0.00
Stillwater Mining	SWC	0.50	0.00
Allegheny Energy	AYE	1.00	8.50
Allmerica Financial	AFC	1.00	11.50
Marathon Oil Corp	MRO	1.00	28.00
Imperial Chem ADR	ICI	1.50	-3.50
Pinnacle West Capital	PNW	2.00	9.00
El Paso Electric	EE	2.50	15.50
Salton Inc	SFP	2.50	72.50
Calpine Corp	CPN	3.50	0.00
Sprint Corp	FON	3.50	0.00
Ashland Inc	ASH	3.50	14.50
Universal Corp	UVV	3.50	15.50
Westpoint Stevens	WXS	4.00	0.00
Endesa ADR	ELE	4.00	1.00
Quanta Services	PWR	4.50	0.00
TECO Energy	TE	4.50	4.50
Lafarge No. America	LAF	4.50	17.50
Del Monte Foods	DLM	5.00	0.00

續表 3.6

公司名稱	股票代碼	預估未來每股 盈餘成長率 （％）	過去五年每股 盈餘成長率 （％）
May Dept Stores	MAY	5.00	6.00
Tommy Hilfiger	TOM	5.00	15.00
Precision Castparts	PCP	5.00	20.50
AES Corp	AES	5.00	28.50
因為歷史每股盈餘成長率低於 5% 而刪除			
Westar Energy	WR	16.00	-25.50
Green Mountain Pwr	GMP	20.50	-19.50
Petroleum Geo ADR	PGO	15.00	-14.50
Beverly Enterprises	BEV	9.50	-12.50
Gerber Scientific	GRB	14.00	-9.50
Quaker Fabric	QFAB	18.17	-5.50
Sola Int'l	SOL	6.00	-3.50
Nash Finch Co	NAFC	17.50	-3.50
Aftermarket Tech	ATAC	8.50	2.00
TXU Corp	TXU	9.50	2.00
Electronic Data Sys	EDS	13.00	2.50
Chromcraft Revington	CRC	13.00	4.00
Gadzooks Inc	GADZ	18.33	5.00

獲利品質與本益比

　　本益比的重點在於每股盈餘，而盈餘會受到衡量獲利的會計師影響。如果你假設會計師會出錯，但是他們會遵循既有的會計準則、在不偏頗的基礎下估計盈餘，你就可以使用本益比，無須擔心。然而，經歷這些年的

會計醜聞之後，你可能會主張會計盈餘很容易被人操弄。如果公司的獲利高不是出於營運效率，而是來自一次性的項目（例如資產分割）或是可疑項目（如退休基金收益），你就應該多懷疑這些獲利（本益比是因此才被拉低）。

那你如何才能篩掉獲利可疑的股票？很難，因為你只能在出問題後才獲得訊息。然而，你可以查探線索，看看公司過去有沒有操弄獲利的嫌疑。其中一個徵兆是企業經常重編獲利，尤其是重編之後獲利大幅減少。[7] 另一種是不斷出現一次性費用壓低獲利。舉例來說，1990 年代初期，全錄（Xerox）每個會計年度都有大筆的一次性費用來壓低或抵銷獲利。第三種是營收成長與獲利成長不相配。一家公司一、兩年營收成長很低，卻提報高獲利成長，這是絕對有可能的事，但是一家公司如果一年營收只成長 5%，很難年復一年提報 20% 的獲利成長。

投資獲利心法

本章的主要心得，是本益比低的公司很可能並沒有被低估、也不是好的投資標的。如果你把低本益比的主要理由是成長性低和風險高的事實放在一起看，情況就很明顯，你想要的，是本益比低、擁有成長潛力高的高品質獲利，且風險低的股票投資組合，那麼，關鍵就變成要找到篩選標準，讓你可以把這些需求納入投資組合。

7　企業重編獲利時，必須向美國證券交易委員會（SEC，常稱證管會）提出修正後的財報。有一個簡單的方法可以找到不斷重編財報的企業，那就是去檢視證管會放在網路上的財報資料，計算某段期間（三到五年）企業重編財報的次數。

一、**低本益比**：在這一點上，你必須要做兩個決定。第一是決定要使用哪一個本益比指標。所以，你除了要決定是使用目前、滾動還是預期本益比，也得決定要用初步獲利還是稀釋後的獲利。而你要做的第二個決定，是要用哪些數值當作低本益比的標準。換言之，你要選出所有本益比低於 12 倍的股票，還是僅看低於 8 倍的標的？本章之前提過，所謂低本益比是相對的。換言之，在中位數為 25 倍的市場裡，本益比 12 倍算低，但是在中位數為 7 倍的市場裡就算高了。如果要擴大你的選擇、推到整個市場層次，你可以使用第十或第二十百分位當作低本益比的切點。你要挑什麼取決於你的其他刪選機制有多嚴格，以及你希望最終的投資組合裡有幾檔股票。

二、**低風險**：在這個面向，你同樣要做兩個判斷。第一是要用哪一個風險指標來篩選股票。本章最後一節使用股價的標準差和貝他值來做篩選，但你也可以考慮其他風險量化指標。你可以使用負債權益比來衡量財務槓桿的風險。此外也有其他質化風險指標，例如標準普爾公司（Standard and Poor's）也會以字母對股票評等，就像他們評等公司債一樣。根據標準普爾公司的評等，評為「A」級的股票，比評為「BBB」級的股票安全多了。第二是要決定你要用哪一個風險水準來做刪選。比方說，以標準差來說，你要篩掉所有標準差高於市場中位數或平均數的股票，還是你要另設一個更低的標準？

三、**合理的預期獲利成長**：雖然不太可能找到低本益比且預期成長率高的公司，但是你還是可以設下成長的門檻。舉例來說，你可以刪掉所有獲利預期成長率低於 5% 的股票。那麼，你要如何找到切點？你可以檢視整個市場，將市場裡的成長率中位數或平均值當作指標。

四、**獲利品質**：這可能是最困難、也最花時間的檢測了。要做得對，你需要在刪選之前，詳細閱讀每一家公司的財務報表，而且是好幾年的資

料。如果你希望做比較簡單的檢測，你可以刪掉你認為獲利品質很可疑的公司。比方說，你可以刪掉有以下特徵的公司：

● 過去幾年不斷重編獲利的公司：不斷重編獲利，可能是公司有潛在會計問題的徵兆。
● 成長來自併購而非內部投資：從事併購的公司更有可能有一次性的費用（例如重整費用）和非現金費用（例如商譽攤銷），使得目前的獲利更不可靠。
● 從一次性交易獲得大量選擇權或獲利：一次性的獲利會使得搜尋「常態化獲利」的工作變得複雜，大量的授予選擇權則會導致難以計算以每股為基準的各種指標數值。

考量這些篩選標準，2002 年 10 月時股票要通過以下這些準則：

● 本益比（目前、滾動和未來）低於 12 倍（在篩選時數值為第二十百分位、亦即最低的前 20%）。
● 貝他值小於 1、且過去五年股價標準差低於 60%（這是所有美股的標準差中位數）。若要針對這類公司可能債務太高這一點做控制，債務超過帳面資本 60% 的股票都要刪掉。
● 未來五年每股盈餘預期成長率（分析師估計值）超過 5%，且每股盈餘的歷史成長率（過去五年）要超過 5%。

此外，任何過去五年曾經重編獲利，[8] 或是曾經發生過兩次以上重大

8 　當一家企業重編獲利，必須向證管會提交修正過後的年報（10K）。你可以查閱證管會的網站，尋找任何通過本益比、成長性和風險篩選的公司，過去五年修正年報的次數。

重整費用 [9] 的公司，予以刪除。這就是本書最後附錄 3.1 摘要的 27 檔股票投資組合。這個組合很多元，來自 23 個不同產業（產業別根據價值線公司定義）。

結語

一般認為低本益比股票很便宜，代表著好投資標的，實證證據也支持這樣的說法，顯示低本益比的股票賺得的報酬明顯高於高本益比股票。然而，如果你回歸基本面，會了解低本益比也指向了高風險與未來的成長率低。在本章中，我們建構了一個低本益比股票投資組合，明顯點出這種關聯。之後，我們再從中刪掉無法通過風險與成長檢測的股票。其中，目前、滾動和預期本益比都低於 10 倍的股票共有 115 檔，並有超過 60% 因為風險高於平均或成長率低於平均，遭到刪除。

總而言之，僅因為本益比低就投資股票的策略，可能很危險。更巧妙的策略是，投資低本益比、合理成長性，且風險低於平均的股票，這樣前景更好。但前提是，你必須要是長線投資人。

9　重大費用是指金額超過公司稅前收益 20% 的費用。因此，如果公司在扣除該筆費用之前賺了 10 億，重整費用達 2 億以上就視為重大費用。

附錄 3.1　2002 年 10 月，美國通過本益比測試的股票

公司名稱	代號	所屬產業	目前本益比	滾動本益比	預期本益比	貝他值	標準差 (%)	負債/資本 (%)	過去五年成長率 (%)	未來五年預期成長率 (%)	選擇權占股數比率 (%)
Washington Federal	WFSL	儲貸銀行	11.22	10.90	10.89	0.90	32.84	0.00	7.50	11.50	0.00
CEC Entertainment	CEC	餐廳	10.28	11.30	9.65	0.90	38.87	13.36	65.00	17.00	2.57
Magna Int'l 'A'	MGA	汽車零組件	8.77	9.30	8.44	0.90	27.78	24.01	9.50	10.50	17.21
Bank of Nova Scotia	BNS.TO	銀行（加拿大）	10.65	10.80	10.05	0.75	24.71	29.40	15.00	10.00	1.68
Centex Construction	CXP	水泥與粒料	9.87	10.90	9.04	0.95	38.04	29.89	20.50	8.50	0.38
Zions BanCorp	ZION	銀行	11.46	11.60	10.83	0.80	31.70	30.94	15.00	11.50	1.07
Nat'l Bank of Canada	NA.TO	銀行（加拿大）	10.09	11.50	9.38	0.90	22.60	31.25	13.00	9.50	0.48
V.F. Corp	VFC	服飾	11.03	11.20	10.72	0.60	35.17	31.76	6.50	8.50	3.11
Right Management	RMCI	人力資源	8.97	9.30	8.69	0.80	53.97	35.38	9.00	23.50	9.19
Tredegar Corp	TG	化學（特殊）	9.46	11.40	8.64	0.75	43.01	35.63	16.50	14.00	1.90
Ryan's Family	RYAN	餐廳	9.00	9.70	8.70	0.90	34.50	35.97	15.00	14.00	3.53
Loews Corp	LTR	金融服務（多元）	8.12	10.60	6.71	0.85	37.83	39.40	5.50	8.00	0.00
Building Materials	BMHC	建築用品零售	7.66	7.60	7.25	0.75	39.13	40.80	7.50	8.00	0.85
Ameron Int'l	AMN	建材	7.23	7.10	6.78	0.85	33.63	42.33	14.50	5.00	3.18
IHOP Corp	IHP	餐廳	10.86	12.00	9.87	0.75	32.28	43.17	15.00	12.00	1.77
Universal Forest	UFPI	建材	9.60	9.80	8.46	0.75	32.67	43.28	14.00	12.00	2.91
TBC Corp	TBCC	輪胎與橡膠	9.88	9.90	9.29	0.85	45.08	43.84	7.00	10.00	1.84
Haverty Furniture	HVT	零售（特殊產品線）	10.57	10.20	9.70	0.85	51.68	45.48	17.50	14.00	2.39
Brown Shoe	BWS	鞋類	9.52	10.90	9.05	0.75	51.55	45.73	9.00	8.00	1.97
Philip Morris	MO	菸草	9.02	9.10	8.94	0.65	36.31	50.60	10.50	9.00	0.00
Smithfield Foods	SFD	食品加工	11.77	11.00	9.93	0.90	39.34	52.06	26.00	10.00	2.15
Sealed Air	SEE	包裝	7.17	7.00	6.93	0.75	53.38	52.12	5.50	15.00	0.00
SuperValu INC	SVU	食品批發	8.21	8.70	7.31	0.75	37.58	54.11	8.00	10.00	0.81
Duke Energy	DUK	公用電力事業（東部）	8.79	11.00	8.48	0.70	36.49	55.13	6.00	7.50	0.70
Safeway Inc	SWY	雜貨	8.16	8.90	7.75	0.75	31.68	55.68	25.00	12.00	1.97
Hovnanian Enterpr	HOV	住宅營造	8.19	10.40	8.45	0.95	52.20	57.91	22.00	22.50	3.70
CAE Inc	CAE.TO	航太/國防	8.92	7.50	6.86	0.75	59.44	59.97	17.50	12.00	1.17

04
低股價淨值比，真的物美價廉？

有些股票的價格與淨值相比之下很低，但並不代表被低估。原因可
能是公司投資不當，可能是風險很高，也可能兩者皆有。

不再相信會計師的海爾嘉

海爾嘉是心理學家，但她從以前就一直想當會計師。她感嘆自
己的學門很主觀且缺乏精準性的訓練，因此很希望可以在有清楚規
定與原則的領域工作。有一天，她讀到《華爾街日報》裡一篇點評
全球電信公司（Global Telecom）的評論，報導中說，該公司的股價
僅有帳面價值的一半。海爾嘉用她有限的會計知識理解，帳面價值
代表會計師對於銀行認為該公司股權值多少錢的估計值。「如果股
價低於帳面價值，那一定很便宜。」她狂喊，並大舉投資這檔個
股。

海爾嘉相信自己的投資很安全，一心等著股價漲到帳面價值。
然而，股票不但沒漲，反而下跌了。等她更深入檢視全球電信公
司，才發現該公司的管理階層聲名狼藉。過去十年來，這公司年復
一年虧損，或是賺不了什麼錢。然而，海爾嘉仍堅信會計價值，她

相信，就算出現最糟糕的局面，也會有人用帳面價值買下這家公司。年底時，她的希望破滅了。會計師宣布他們正在沖銷股權的帳面價值，以反映公司過去所做的不當投資。如今，股價不再低於帳面價值，而是帳面價值跌到股價以下。自此之後，海爾嘉不再嚮往做個會計師。

| 寓意：帳面價值只是一種看法，而非事實。|

股權的帳面價值，指的是會計師估計公司的股權應值多少。雖然過去幾年來，會計師的信用不斷下滑，但仍有很多人相信，與金融市場的定價相較之下，會計師對於公司股權價值的估計值更為保守且實際，他們認為前者經常因為非理性的買賣而失真。這種看法理所當然的結論是，當股價明顯低於帳面價值，代表股票被低估了，高於帳面價值則被高估了。你在本章會看到，有時候這樣的結論是對的，但有很多股票的價值本來就應該低於帳面價值，原因可能是公司投資不當，可能是風險很高，也可能兩者皆有。

故事的核心

股價低於帳面價值代表股票被低估，這個概念已經流傳幾十年，投資人和投資組合經理都用這個指標作為價值篩選標準。追蹤共同基金表現的服務機構如晨星（Morningstar）、價值線與理柏（Lipper）等，也用帳面價值當作基礎，把基金分類成價值型（value fund）與成長型（growth fund)：價值型基金投資股價淨值比（price to book value ratio）低的股票，成長型基金投資股價淨值比高的股票。股價淨值比和本益比一樣，有很多基本原則。比方說，股價低於淨值的股票被低估，高於淨值兩倍者則被高估。

為什麼股價淨值比的故事對投資人來說這麼重要？原因有幾個，我們要討論的則是以下兩點：

- **講到估計值，市場不如會計師可靠**：如果你相信市場變化無常而且不理性，再加上相信會計估計值原有的保守特性，理性推論下來，你會看重會計的估計值（帳面價值）勝過市場的估計價值（市值）。因此，當股價低於帳面價值，你就比較會相信市場在估計價值上犯了錯，而不是會計師有問題。
- **帳面價值是清算價值**：除了某些投資人比較相信會計師的估計價值之外，另外還有一種根深蒂固的想法，認為如果清算一家公司時將可拿回帳面價值。支持者認為，如果是這樣的話，股價低於帳面價值的股票對於可以清算公司資產、然後償還債務的人來說，是價廉物美的標的。身為投資人，你可以搭上這類投資人的順風車，在股價慢慢漲到接近帳面價值時，賺到獲利。

理論基礎：股價淨值比和基本面

在第三章中，我們回顧了一個簡單的估值模型，得出決定本益比的幾個要素，並檢視了影響本益比的幾個變數。我們在討論股價淨值比時也要沿用同樣的方法，一開始先從股價淨值比（以及幾個相關的變化版本）下

手，然後評估有哪些變數可能會導致某些公司的股價淨值比高、某些公司的股價淨值比低。

定義股價淨值比

股價淨值比是在某個時點上，以每股市價除以每股淨值。

$$股價淨值比 = \frac{每股市價}{每股淨值}$$

估算股價淨值比時，分子常是每股現價，分母則是每股淨值，每股淨值是股權的帳面價值除以流通在外股數。不過，股價淨值比的變化版本比本益比少很多。你計算每股淨值時，確實可以根據實際流通在外股數（初步每股淨值），或者假設會履行選擇權，以潛在流動股數來算（稀釋後的每股淨值）。然而，這裡不像本益比，股價淨值比沒有目前、滾動和未來預期值，慣例上都是以你能找到的最新每股淨值指標來算。如果公司一年提報一次獲利，計算時就以上一年的股票價值為根據。如果公司每季提報一次，就可以用最近的季度資產負債表為股權基準。

會計師如何衡量帳面價值？

要了解帳面價值，你要先從資產負債表開始，如圖 4.1 所示。這張圖表摘要了一家公司在特定時間點上擁有的資產、資產的價值，以及用來為這些資產融資的財務操作、負債和股權組合。

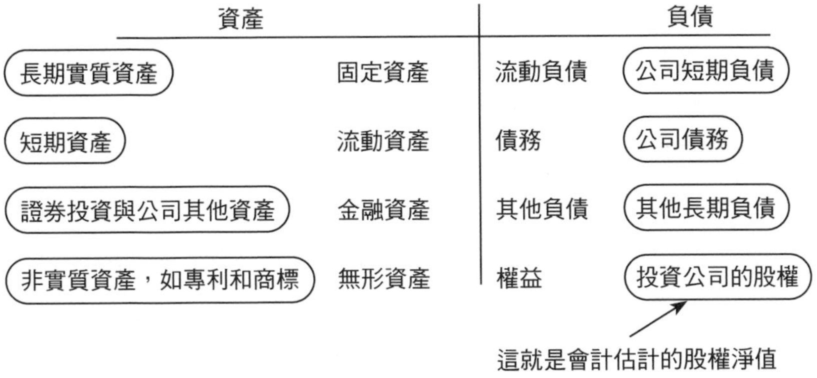

資產　　　　　　　　　　　　　　　負債

長期實質資產　　　　固定資產　　　流動負債　　公司短期負債

短期資產　　　　　　流動資產　　　債務　　　　公司債務

證券投資與公司其他資產　金融資產　其他負債　　其他長期負債

非實質資產，如專利和商標　無形資產　權益　　投資公司的股權

這就是會計估計的股權淨值

圖 4.1　資產負債表

這是美國常見的資產負債表格，全球其他地方的呈現會略有不同。在亞洲某些地方，資產項放在右邊、負債項放在左邊。而德國公司會將退休基金資產和負債整合到資產負債表裡。

　　什麼是資產？資產指未來可能會產生現金流入，或減少現金流出的資源。這個定義非常廣，幾乎可以納入所有類型的資產，但是會計師會加入但書，指稱資源要成為資產，公司必須在之前透過交易取得，而且能以合理的精準度量化未來的益處。會計觀點的資產價值，絕大部分基於歷史成本（historical cost）概念，即取得該資產的原始成本。如果購入資產之後價值上漲，數值就往上調；如果因為資產老化而出現價值耗損就往下調。這個歷史成本即稱為帳面價值。土地、建築和設備等固定資產尤其是這樣。會計師雖然比較願意用名為「按市值計價」（marking to market）的流程，以市值重估存貨與應收帳款等流動資產，以及某些有價證券，但資產負債表上所有的資產價值通常和市值不太相近。

　　既然資產根據歷史成本定價，負債的價值也因為同樣的理由很少與時俱進。因此，公司資產負債表上的負債，代表了向銀行或債券持有者借入的原始金額，而不是最新的市場價值。那麼，股權淨值又如何看呢？資產

負債表上的股權淨值，反映的是公司發行股票時取得的原始資金，再加上自此之後賺得的獲利（如果有虧損的話，則扣掉虧損），並扣除本段期間內支付出去的股利。這三個項目綜合起來就得出所謂的股權淨值，但是在這個估計值當中還有一些其他項目：

一、公司為了要重新發行股票或準備認股選擇權，而在短期買回自家股票。他們可以把買回的股票列示為庫藏股，不過這會壓低股權淨值。此外，公司不能長期把庫藏股掛在帳面上，執行買回庫藏股等行動時，必須從股權淨值扣除買回的股票價值。由於庫藏股是以現價買回，因此會導致股權淨值大幅下降。

二、長期虧損或執行大規模買回庫藏股行動的公司，很可能致使股權淨值為負。

三、如果一家公司大舉投資被歸類成可出售的有價證券，這些證券的任何未實現損益都會出現在損益表上，從而拉高或壓低股權淨值。

公司在財務報表中必須提出當期股東權益的變動綜合說明，所有會計（帳面價值）衡量上的股票價值變化都要摘要。

就像處理獲利時一樣，企業也可以影響資產的帳面價值，決定要把某些項目列為費用還是資本化（capitalize）項目，如果列成費用項目，就不會出現在資產項下。即便選擇把費用資本化，選擇不同的折舊方法也會影響資產的帳面價值。比方說，使用加速折舊法（前幾年多折舊一點、後幾年少折舊一點）的公司，提報的資產價值會比較低。而當企業認列重整或一次性費用，會對股權淨值造成更大衝擊。總而言之，任何以股權淨值為基礎的投資方法都必須因應這些問題。以很多公司來說，股價淨值比可能並非良好的價值指標。

決定股價淨值比的因素

且讓我們再來看上一章所提的評估企業股票價值模型，模型中設定支付的股利將永遠以固定比率成長。在這個模型中，股票價值可以寫成：

$$今天的每股價值 = \frac{明年的每股預期股利}{權益成本 - 預期成長率}$$

若要利用這個計算每股價值的模型算出股價淨值比，把兩邊都除以今天的每股淨值就可以了。這麼一來，就得出了現金流量折現等式，可說明一家穩定成長企業的股價淨值比。

$$\frac{今天的每股價值}{今天的每股股權淨值} = 股價淨值比 = \frac{\dfrac{預期每股股利}{今天的每股股權淨值}}{權益成本 - 預期成長率}$$

$$= \frac{\dfrac{預期每股股利}{明年預期的每股盈餘} \times \dfrac{明年預期的每股盈餘}{今天的每股股權淨值}}{權益成本 - 預期成長率}$$

$$= \frac{預期股利發放率 \times 股東權益報酬率}{權益成本 - 預期成長率}$$

就以上一章介紹的聯合愛迪生公司為例。且讓我們再重述一遍相關數據：明年要支付的股利為每股 2.20 美元（預期每股盈餘為 3.30 美元），公司的權益成本為 8%，長期的預期成長率為 3%。此外，假設目前每股股權淨值為 33 美元。你可以估計出聯合愛迪生公司的股價淨值比為：

$$\text{聯合愛迪生公司的股價淨值比} = \frac{\text{預期股利發放率} \times \text{股東權益報酬率}}{\text{權益成本} - \text{預期成長率}}$$

$$= \frac{(2.20 / 3.30) \times (3.30 / 33)}{(0.08 - 0.03)} = 1.33$$

預期成長率提高，股價淨值比也會水漲船高。而成長性更高的公司，股價淨值比應該比較高，這很符合直覺。如果這是一家高風險的公司，權益成本很高，股價淨值比就低。在成長率相同的條件下，股利發放率提高，股價淨值比也跟著高；效率更高、更能創造成長（賺得更高股東權益報酬率）的公司，股價淨值比也高。事實上，你可以把公式裡的股利發放率換成以下：

$$\text{股利發放率} = \frac{1 - \text{成長率}}{\text{股東權益報酬率}}$$

$$\text{股價淨值比} = \frac{(1 - \text{成長率} / \text{股東權益報酬率}) \times \text{股東權益報酬率}}{(\text{權益成本} - \text{成長率})}$$

$$= \frac{(\text{股東權益報酬率} - \text{成長率})}{(\text{權益成本} - \text{成長率})}$$

決定股價淨值比的關鍵因素，是各家公司的股東權益報酬率和權益成本的差異。一家公司從投資中賺得的利潤（股東權益報酬率），若持續少於你要求他們在特定風險下（權益成本）應賺得的利潤，那股價就應該低於淨值。

前一章提過，我們很輕易就能延伸這樣的分析，納入處於高成長階段

的公司。雖然公式會變得複雜一點，但是決定股價淨值比的因素不變，仍為：股東權益報酬率、預期成長率、股利發放率和權益成本。而股價低於淨值的股票，不見得就是便宜，特別是，你應預期股東權益報酬率低、風險高與成長潛力低的公司，股價淨值比會很低。因此，如果你想找到被低估的公司，你需要找到當中不相配之處。例如，低度或中度風險的公司股價淨值比低，但同時又能維持合理的股東權益報酬率。

檢視證據

有些投資人主張，股價淨值比低的股票被低估了，有幾項研究也支持買進這類股票。我們一開始會先看看美股長期報酬與股價淨值比之間的關係，然後延伸分析，討論其他市場。

美國的證據

要測試低股價淨值比股票是否為良好的投資標的，最簡單的方法就是，檢視這類股票相對於市場其他股票賺得的報酬。有一項研究檢視美國1973 年到 1984 年的股票報酬，發現挑選高淨值股價比（亦即低股價淨值比）股票的策略，每年可以創造 4.5% 的超額報酬。[1] 另一項研究則檢視1963 年到 1990 年的股票報酬，將公司根據股價淨值比分成十二組投資組合。在 1963 年到 1990 年間，股價淨值比最高的組合的平均月報酬為

1　Rosenberg, B., K. Reid, and R. Lanstein, 1985, *Persuasive Evidence of Market Inefficiency*, Journal of Portfolio Management, v11, 9-17.

0.30%，最低者的平均月報酬則為 1.83%。[2]

　　這項研究後來更新，繼續討論買進低股價淨值比股票從 1991 年到 2001 年的表現，並與前期的報酬做比較。對照時，計算的是十組根據前一年年底股價淨值比分類的投資組合年報酬率，結果摘要如圖 4.2 所示。

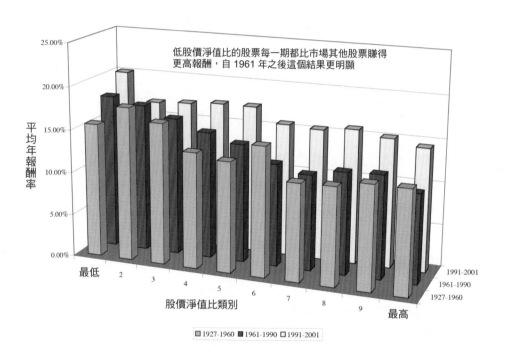

圖 4.2　1927-2001 年，根據股價淨值比分類的投資組合與報酬率

資料來源：法瑪和法蘭曲。這些股票根據年底的股價淨值比分類，並計算下一年的年報酬。圖中呈現的是各期間的平均年報酬率。

2　Fama, E. F., and K. R. French, 1992, *The Cross-Section of Expected Returns*, Journal of Finance, v47, 427-466. 本項研究檢視財務金融學裡各種不同風險報酬模型的效果，發現相較於市值等其他基本面變數，股價淨值比更能解釋股票報酬的差異。

研究分三段子期間檢視報酬，股價淨值比最低的股票賺得的報酬，在全部期間都高於股價淨值比最高組。從 1927 年到 1960 年，股價淨值比最高與最低的投資組合的年報酬率差了 3.48%。從 1961 年到 1990 年，兩個投資組合的差距拉大到 7.57%。從 1991 年到 2001 年，股價淨值比最低的股票持續賺得溢價，較股價淨值比最高的股票高了 5.72%。因此，低股價淨值比的股票長期持續賺得較高報酬。

　　然而，就像我們在討論本益比時提過，不應根據這些結果就下定論，認為低股價淨值比的股票，在每一個期間賺得的報酬率都能高於高股價淨值組。圖 4.3 呈現的是 1927 年到 2001 年，最低與最高股價淨值比組合每年報酬率的差異。

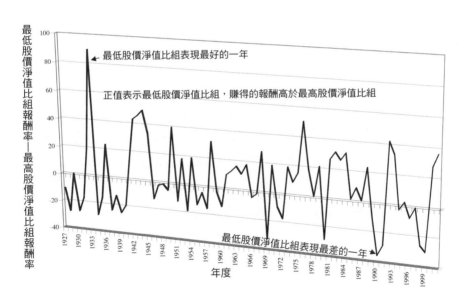

圖 4.3　1927-2001 年，股價淨值比最低與最高者比較

資料來源：法瑪和法蘭曲。這是股價淨值比最低組（最低 10%），與股價淨值比最高組（前 10%）的年報酬率差異。

平均而言，低股價淨值比的股票表現優於高股價淨值比的股票，但是也有些時候前者的績效比較差。事實上，檢視低股價淨值比股票表現最佳的期間（1930年代初期、二次大戰期間、1970年代末期，與1990年代初期）可以得出結論，指向當整體股市處於低迷狀態，低股價本益比的股票表現最佳，這正好反映出這類股票的防禦特質。

投資股票有一個要考慮的面向，那就是交易成本。一項研究去檢驗低股價淨值比的股票在扣除交易成本後，是否仍能創造超額報酬。[3] 作者群發現，如果投資低股價淨值比的小公司，在扣除1.0%的交易成本與年度重新調整之後，投資人在1963年到1988年期間賺得的報酬，比大盤高了4.82%。他們得出的結論為，要重新調整這些投資組合、讓最新的報酬超越投資成本，最適當的期間是每兩年一次。

美國以外的證據

低股價淨值比股票賺的報酬，長期高於高股價淨值比股票，這個結論並不僅限於美國。1991年有一項分析發現，在解釋日股平均報酬率的截面（cross section）數據時，淨值市價比（book-to-market ratio）扮演重要角色。[4] 將股價淨值比的評估擴大到其他國際市場，自1981年到1992年，低股價淨值比的股票在每個受檢視的市場都賺得超額報酬。[5] 各個受檢視

3　Dennis, Patrick, Steven B. Perfect, Karl N. Snow, and Kenneth W. Wiles, 1995, *The Effects of Rebalancing on Size and Book-to-Market Ratio Portfolio Returns*, Financial Analysts Journal, May/June, 47-57.

4　Chan, L. K., Y. Hamao, and J. Lakonishok, 1991, *Fundamentals and Stock Returns in Japan*, Journal of Finance, v46, 1739-1789. 他們的結論是，日股中的低股價淨值比股票可以賺得可觀的溢價，超越高股價淨值比股票。

5　Capaul, C., I. Rowley and W. F. Sharpe, 1993, *International Value and Growth Stock Returns*, Financial Analysts Journal, v49, 27-36.

市場的低股價淨值比股票，賺得高於市場指數之年化報酬預估值列於表
4.1。

表 4.1　依國別劃分的低股價淨值比投資組合報酬溢價

國家	低股價淨值比投資組合的超額報酬（%）
法國	3.26
德國	1.39
瑞士	1.17
英國	1.09
日本	3.43
美國	1.06
歐洲	1.30
全球	1.88

　　若將分析擴及新興市場，一份關於韓國股市的研究發現，低股價淨值
比與高報酬之間有相同的關係。[6]

　　因此，買進低股價淨值比股票的策略看來前景看好。你會問，那麼，
為什麼沒有更多投資人善加利用呢？我們會在下一節談到這項策略中的一
些可能問題，以及可以加入哪些做法以排除問題。

6　Mukherji Sandip, Manjeet S. Dhatt, and Yong H. Kim, 1997, *A Fundamental Analysis of Korean*
　Stock Returns, Financial Analysts Journal, May/June, v53, 75-80.

進行運算

本節我們一開始要檢視美國各家公司股票的股價淨值比分布，然後來討論不同產業的股價淨值比差異。最後，我們會得出一個市場中股價淨值比最低的股票組合，以便於下一節更深入檢視這些股票。

美股的股價淨值比分布

要知道股價淨值比是高、低，抑或是平均值，我們得先計算美國每一家上市公司的股價淨值比，圖 4.4 摘要 2002 年 10 月，美股的股價淨值比

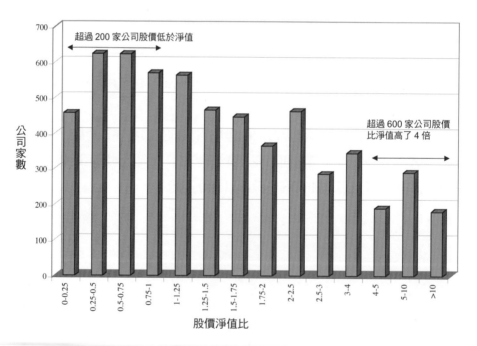

圖 4.4　2002 年 10 月，美國公司的股價淨值比

資料來源：價值線公司。圖中呈現美股每一個股價淨值比類別裡的公司家數。

分布。

2002 年 10 月時，美股的平均股價淨值比為 3.05 倍，但這是被扭曲的數字，因為有約 600 家公司的股價超過淨值 4 倍。比較有意義的指標是股價淨值比中位數 1.30 倍，而約有一半的美國上市公司股價淨值比低於此數。

另一個值得點出的指標值，是股價淨值比為負值的公司（因為不斷虧損所致），這些公司無法計算股價淨值比。在所有 7,102 家公司的樣本裡，有 1,229 家有這種情況。對照之下，有 2,045 家公司的獲利為負值，無法計算本益比。

不同產業的股價淨值比分析

市場裡不同產業的股價淨值比也大不相同。在某些產業內，有高比例的股票股價低於淨值，在另一些產業裡，股價高於淨值 5 到 10 倍也並不罕見。為了檢視不同產業的股價淨值比，我們計算了 2002 年 10 月，美國所有上市公司的平均股價淨值比。表 4.2 列出了十個股價淨值比最高與最低的產業。

表 4.2　股價淨值比最低與最高的產業

股價淨值比最低的產業		股價淨值比最高的產業	
產業名稱	股價淨值比	產業名稱	股價淨值比
發電	0.30	生物科技	4.27
投資公司（海外）	0.63	教育服務	4.50
海事	0.74	卡車／交通租賃	4.51
娛樂	0.83	資訊服務	4.83
公用電力事業（西部）	0.86	藥品服務	4.84

續表 4.2

股價淨值比最低的產業		股價淨值比最高的產業	
產業名稱	股價淨值比	產業名稱	股價淨值比
鋼鐵（整合型）	0.87	藥物	5.84
不動產投資信託	0.89	醫療用品	5.85
海外電信	0.94	飲料（酒精）	6.04
紡織	0.98	飲料（軟性飲料）	6.67
輪胎與橡膠	0.99	家用品	7.99

　　為何不同產業差距這麼大？答案就在於前述的決定股價淨值比的基本面分析中。特別是，你可以預期風險高、成長性低，以及最重要的，股東權益報酬率低的公司，股價淨值比就低。表 4.3 列出十個股價淨值比最高與最低產業的平均股東權益報酬率、貝他值、預期成長率，和以市值計的負債資本比（debt to capital ratio）。

表 4.3　**低股價淨值比與高股價淨值比產業的基本面比較**

	股東權益報酬率（%）	貝他值	負債資本比（%）	預期成長率（%）
低股價淨值比產業	1.90	0.93	50.99	12.28
高股價淨值比產業	13.16	0.89	10.33	20.13

　　結果符合預期。股價淨值比最低的產業，平均股東權益報酬率低於股價淨值比最高的產業，並暴露在更高的風險當中（尤其是財務槓桿），預期成長率也更低。換言之，不同產業的股價淨值比差異這麼大，是有道理的。

　　關於股價淨值比，還有一個重點要談。由於淨值是以會計判斷為準，那麼股價淨值比最高的產業，往往是把最重要的資產放在資產負債表外，就不讓人意外了。尤其是，生物科技與藥品公司會把研發成本費用化，導

致低報公司的淨值。換成飲料與家用品公司的話，最重要的資產通常都是品牌名稱，這是無形資產，其價值不會反映在資產負債表上。回過頭來，這或許可解釋為何這些公司提報的股東權益報酬率和股價淨值比都很高。

低股價淨值比的投資組合

如果從市場中挑出股價淨值比最低的股票，會構成什麼樣的投資組合？為了回答這個問題，我們檢視了 2002 年 10 月，所有美國上市公司中，可獲知交易價格且淨值為正數的公司，算出樣本中 5,883 家公司的股價淨值比，其中有 197 家公司的股價低於淨值的 50%，列示於表 4.4。

表 4.4 2002 年 10 月，美國股價淨值比最低的股票

公司名稱	股價淨值比	公司名稱	股價淨值比
SpectraSite Hldgs Inc	0.01	Alamosa Hldgs Inc	0.05
WorldCom Inc	0.01	UbiquiTel Inc	0.13
Vina Technologies Inc	0.18	Inktomi Corp	0.09
Jupiter Media Metrix Inc	0.11	Cylink Corp	0.31
Metawave Communications Corp	0.08	ATS Medical	0.10
Beacon Power Corp	0.20	T/R Systems Inc	0.20
DDi Corp	0.07	AHL Services	0.09
Mississippi Chem Corp	0.05	724 Solutions Inc	0.16
Sorrento Networks Corp	0.14	Gilat Satellite	0.05
BackWeb Technologies Ltd	0.14	Critical Path	0.35
Leap Wireless Intl Inc	0.02	Petroleum Geo ADR	0.05
SBA Communications Corp	0.02	Genaissance Pharmaceuticals	0.19
TranSwitch Corp	0.10	Synavant Inc	0.16
iBasis Inc	0.14	Evergreen Solar Inc	0.12

續表 4.4

公司名稱	股價淨值比	公司名稱	股價淨值比
Therma-Wave Inc	0.08	Travis Boats & Motors Inc	0.14
Corvis Corp	0.27	AES Corp	0.09
Finisar Corp	0.13	NMS Communications Corp	0.24
Airspan Networks Inc	0.15		
Seitel Inc	0.07	EOTT Energy Partners-LP	0.26
i2 Technologies	0.23	Ceres Group Inc	0.28
Mobility Electronics Inc	0.37	ACT Teleconferencing	0.37
Time Warner Telecom Inc	0.09	Atlas Air Inc	0.14
Vascular Solutions Inc	0.28	MetaSolv Inc	0.26
Optical Communication Prods	0.39	Management Network Grp Inc	0.35
Allegiance Telecom	0.15	Sapient Corp	0.37
SMTC Corp	0.14	Electroglas Inc	0.15
Dynegy Inc 'A'	0.06	SatCon Technololgy	0.38
Charter Communications Inc	0.15	KANA Software Inc	0.36
		Pegasus Communications	0.29
Lucent Technologies	0.24	SIPEX Corp	0.22
U.S. Energy Sys Inc	0.31	Factory 2-U Stores Inc	0.21
Braun Consulting Inc	0.32	Aspen Technology Inc	0.24
Latitude Communications Inc	0.24	America West Hldg	0.08
		Mail-Well Inc	0.28
AXT Inc	0.13	Pantry Inc	0.26
Digital Generation Sys	0.34	Armstrong Holdings	0.07
Titanium Metals	0.10	Mirant Corp	0.08
Pemstar Inc	0.22	Ditech Communications Corp	0.23
Digital Lightwave	0.33		
Net Perceptions Inc	0.32	eBenX Inc	0.37
PECO II Inc	0.16	Analysts Int'l	0.35
Ventiv Health Inc	0.26	Quovadx Inc	0.27
Lexent Inc	0.35	Aclara Biosciences Inc	0.37

續表 4.4

公司名稱	股價淨值比	公司名稱	股價淨值比
Metalink Ltd	0.34	Trans World Entertain	0.28
Value City Dept Strs	0.28	DiamondCluster Intl Inc	0.26
QuickLogic Corp	0.34	Dixie Group	0.37
Corning Inc	0.26	Sierra Wireless Inc	0.36
Artesyn Technologies Inc	0.28	FPIC Insurance	0.37
Digi Int'l	0.35	Alcatel ADR	0.20
MicroFinancial Inc	0.20	Park-Ohio	0.33
Calpine Corp	0.28	Aquila Inc	0.26
EXFO Electro-Optical Engr	0.25	Integrated Elect Svcs	0.28
MasTec Inc	0.30	AAR Corp	0.40
Hypercom Corp	0.37	Milacron Inc	0.33
Champion Enterprises	0.39	HealthSouth Corp	0.38
Tesoro Petroleum	0.15	Hi/fn Inc	0.38
Hawk Corp	0.32	MPS Group	0.35
Spectrian Corp	0.24	Three-Five Sys	0.37
Trenwick Group Ltd	0.35	Sierra Pacific Res	0.32
GlobespanVirata Inc	0.26	Allegheny Energy	0.20
Spartan Stores Inc	0.22	Advanced Micro Dev	0.34
SonicWALL Inc	0.35	Applica Inc	0.39
Discovery Partners Intl Inc	0.40	United Rentals	0.35
Integrated Silicon Solution	0.37	Cont'l Airlines	0.27
Quanta Services	0.15	Bally Total Fitness	0.39
REMEC Inc	0.40	AmeriCredit Corp	0.37
eXcelon Corp	0.39	Gentiva Health Services Inc	0.32
CyberOptics	0.32		
Olympic Steel Inc	0.28	Allmerica Financial	0.18
McDermott Int'l	0.29	Sea Containers Ltd 'A'	0.37
Qwest Communic	0.12	Avnet Inc	0.30
Metris Cos	0.15	Dura Automotive 'A'	0.36

續表 4.4

公司名稱	股價淨值比	公司名稱	股價淨值比
Westar Energy	0.39	SportsLine.com Inc	0.45
Delta Air Lines	0.28	Sonus Networks Inc	0.45
Carpenter Technology	0.38	Stolt-Nielsen ADR	0.45
TXU Corp	0.38	JNI Corp	0.45
Integrated Information Sys	0.22	Point 360	0.45
Click Commerce Inc	0.25	Books-A-Million	0.45
G't Atlantic & Pacific	0.41	Cirrus Logic	0.45
XETA Corp	0.41	Zygo Corp	0.46
Interface Inc 'A'	0.41	Edge Petroleum	0.46
RWD Technologies	0.41	Fleming Cos	0.46
Descartes Sys Group Inc	0.42	Goodyear Tire	0.47
TTM Technologies Inc	0.42	Callon Pete Co	0.47
Oglebay Norton Co	0.42	PDI Inc	0.47
Standard Management Corp	0.43	IMCO Recycling	0.47
Chart Industries	0.43	Chesapeake Corp	0.47
Technology Solutions	0.43	Docent Inc	0.47
Tweeter Home	0.43	Salton Inc	0.47
Captaris Inc	0.43	DigitalThink Inc	0.48
Net2Phone Inc	0.44	RSA Security	0.49
Resonate Inc	0.44	Deltagen Inc	0.49
Chartered Semiconductor Mfg	0.44	Applied Extrusion Tech	0.49
Massey Energy	0.44	Vignette Corp	0.49
Oregon Steel Mills	0.44	Marimba Inc	0.49
Caliper Technologies Corp	0.44	TELUS Corporation	0.49
Pinnacle Entertainment Inc	0.44	Arris Group Inc	0.50
Proxim Corp Cl A	0.44	MSC Software	0.50
Innotrac Corp	0.44	Answerthink Inc	0.50
R.J. Reynolds Tobacco	0.44	Ascential Software	0.50
		CNH Global NV	0.50
		Maxtor Corp	0.50

故事的其他部分

有些股票的價格與淨值相比之下很低，但並不代表被低估。本章之前提到，股價淨值比低可以歸因於高風險或股東權益報酬率低。在這一節，我們會討論低股價淨值比投資組合的特性，並檢視這套投資策略的潛在問題。

高風險股票？三大篩選風險指標

那能不能用股價淨值比低的股票風險高於平均，來解釋這些股票可以賺得高報酬？上一節提到的某些研究試著檢驗這個假說，做法是計算風險調整過的報酬、亦即超額報酬。之前的研究人員，是估計低股價淨值比股票的貝他值，並針對貝他值的差異調整報酬。他們得出的結論是，這些股票仍能賺得超額報酬。因此，如果使用傳統的風險報酬指標，例如貝他值，與高股價淨值比的股票相較之下，低股價淨值比的股票仍賺得較高的報酬率。

近年來，另有研究主張傳統的風險指標不完美、也不完整。事實上，低股價淨值本身就可以當作一個風險指標，因為股價低於淨值的公司比較可能陷入財務問題並退出業界。因此，投資人必須評估這些公司賺得的額外報酬，是否足以彌補投資這些公司的額外風險。

圖 4.5 是用上一節末建構的低股價淨值比投資組合，與市場裡其他股票做比較，基準為三個風險指標：

● **貝他值**：貝他值是衡量個股如何隨大盤變動的標準化指標。貝他值高於 1，表示個股的風險高於平均。

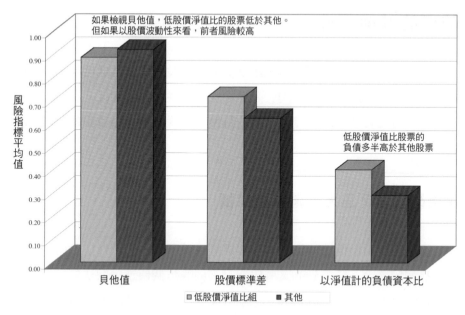

圖 4.5　低股價淨值比股票與其他股票之比較

資料來源：價值線公司。圖中提報低股價淨值比組合與市場其他股票，在三個指標上的平均值，
包含：貝他值、三年的股價標準差，以及以淨值計算的負債資本比。

- **過去三年的股價標準差**：標準差和衡量個股隨大盤變動的貝他值不
  同，標準差衡量的是個股股價的波動性。
- **以淨值計價的總負債資本比**：這是將總負債的帳面價值（包括短期
  與長期）除以負債與權益（資本）。這個指標衡量一家公司欠了多
  少錢，如果你擔心的是不良資產與破產問題，這個指標就很重要。

　　以貝他值來看，低股價淨值比股票的風險也不算太高。這些股票的貝
他值還比其他股票的平均值略低一點。如果換成其他兩個指標（股價波動
幅度和負債資本比）來看，低股價淨值比的股票就比其他危險的多。

若要從低股價淨值比的股票中，篩掉風險暴露程度過大的個股，你可以三個指標全用上，使用不同的數值水準當作篩選門檻。而會因為篩選而少掉的個股數目如表 4.5 所示。

表 4.5　因為風險太高而被篩掉的股票數目

篩選標準	無法通過篩選的公司家數
貝他值小於 1	162
貝他值小於 1.25	129
貝他值小於 1.5	93
標準差小於 60%	169
標準差小於 70%	152
標準差小於 80%	127
負債資本比小於 50%	61
負債資本比小於 60%	47
負債資本比小於 70%	21

使用標準差和貝他值當作篩選標準時，由 197 家公司構成的投資組合中有很多家會被刪掉，用負債資本比篩掉的公司則少很多。如果你採用納入三種篩選標準的綜合風險指標，要求貝他值低於 1.5、股價標準差低於 80%，且負債資本比小於 70%，低股價淨值比投資組合裡的個股會減至只剩 51 檔。

低價股的交易成本問題

股票的股價淨值比低常常是因為股價暴跌，也因此，大量的低股價淨

值比個股的價格很低，有些甚至低於每股 1 美元，也就不足為奇了。這一點為何重要？一般來說，買進低價股相關的交易成本，會高於買進一般或高價股，理由有三：

一、買進股票的佣金通常是支付一批的固定費用（一批為 100 股）。當股價下跌時，這個成本在投資金額所占的比重就會提高。如果你的券商收費方式是一批收取 30 美元，假設原本以每股 100 美元買進 100 股，變成以每股 10 美元買進 100 股，佣金的占比就從 0.3% 變成 3%；如果是以每股 1 美元買進 100 股，比例就變成 30%。儘管法人和散戶投資人買進更多股數時，或許可以協商調降佣金，但是成本比重還是會隨著股價下跌而提高。

二、當股價跌到一個程度以下，法人通常會捨棄這檔股票，導致此檔股票流動性下滑。因此，你交易時價格的影響力就變大：買進時會把股價推高，賣出時會壓低價格，即便成交量很小也有效果。

三、賣出（你可以賣出股票的價格）和買進（你可以買進股票的價格）之間的價差，占股價的比例會隨著股價下跌而提高。當投資人群起放棄這檔股票、導致失去流動性，問題會更嚴重。

買進低價股的交易成本有多高？如果考量成本的三個要素（佣金、買賣價差和價格衝擊），交易每股 1 美元以下股票的總成本很容易超過投資金額的 25%，交易每股 2 美元以下的股票則達到 15%。由於你是長期攤提這些成本，持有時間愈長，對於報酬造成的拖累效應就愈小。舉例來說，投資十年的投資人可以把成本分成十年攤提，原本為 25% 的首期成本就變成每年 2.5% 的成本。

圖 4.6 檢視這個低股價淨值比的投資組合，並將股票根據股價分組，

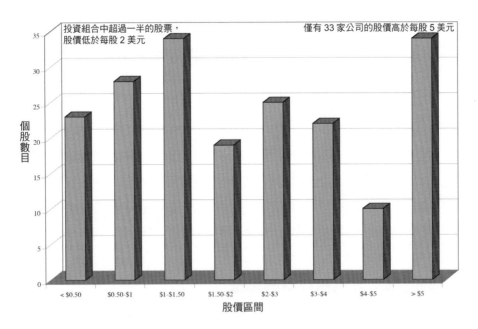

圖 4.6　低股價淨值比投資組合，依每股股價分組

資料來源：價值線公司。很多投資人會避免交易每股低於 5 美元的股票，因為交易成本太高。

圖中顯示不同價格水準的個股數目。

　　請注意，有 50 檔股票（在整個投資組合中約占四分之一）低於每股 1 美元，有 50 檔股價介於每股 1 到 2 美元之間。如果你投資這個組合，就要面對極大的交易成本，這項成本很可能抵銷掉本策略的任何優勢，至少短期是如此。因此，我們有很充分的理由，在這個投資組合中根據股價來做篩選。表 4.6 列出低股價淨值比組合中，無法通過各種價格篩選的股票數目。

表 4.6 股價篩選與低股價淨值比股票

篩選標準	無法通過篩選的個股數目
股價高於 10 美元	186
股價高於 5 美元	160
股價高於 2 美元	104

你要採用哪一種篩選標準？如果投資期間比較短，標準就要嚴格一點（最低股價要設高一點）。假設你預定的投資期間是五年，應該使用的標準是價格不得低於 2 美元。當我們將價格標準和風險篩選機制結合在一起，一開始做分析時篩出來的 197 檔股票投資組合，會減少到剩 39 檔。

糟糕的限制：股東權益報酬率低

採用低股價淨值比策略的最明顯限制，是如果公司賺得的股東權益報酬率很低，而且預料將持續低落，股價淨值比低可能自是理所當然。事實上，本章之前就已經討論過，股價淨值比與股東權益報酬率之間的關係。股東權益報酬率低的股票，股價淨值比就應該比較低。因此，綜合來說，身為投資者你想要的，是股價淨值比低，但股東權益報酬率就算不高也要合理、而且風險水準受限的股票。

再來看看之前選出的 197 檔低股價淨值比股票組合，檢驗這些公司最近一年的股東權益報酬率，圖 4.7 顯示各檔股票的股東權益報酬率分布情形。

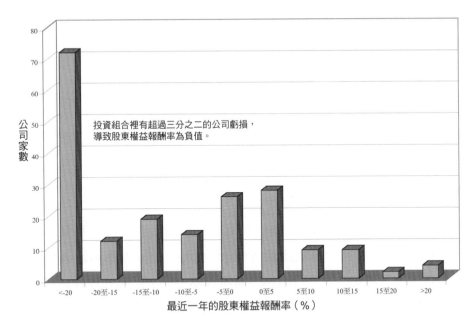

圖 4.7　低股價淨值比股票的股東權益報酬率

資料來源：價值線公司。計算各家公司的股東權益報酬率時，以最近四季的淨利除以年初的股權淨值。

　　非常明顯，投資組合裡有大量的股票這最近一年的獲利狀況很差，事實上，在 197 家公司裡有 143 家的股東權益報酬率為負值，其中有 71 家甚至來到 -20% 甚至更低。如果你將這些公司的股東權益報酬率，來和美國股市的整體平均數（約 10%）相比，樣本裡只有 15 家優於平均值。只看一年的股東權益報酬率確實可能造成誤解，尤其 2001 年又是經濟衰退的一年。你大可檢視過去五年的股東權益報酬率，但不太可能改變整體結論。低股價淨值比的股票之所以價格這麼低，是因為它們的股東權益報酬率很低、甚至為負值。

　　對於低股價淨值比策略感興趣的投資人，如果針對投資組合做股東權

益報酬率測試，會大有好處。表 4.7 摘要以不同的股東權益報酬率數值作為篩選標準的結果。

表 4.7　股東權益報酬率篩選與低股價淨值比股票

篩選標準	無法通過篩選的個股數目
股東權益報酬率高於 0%	143
股東權益報酬率高於 5%	171
股東權益報酬率高於 10%	180

如果要求股東權益報酬率最低為 10%，加上最低股價（不得低於 2 美元）的限制，然後再刪掉風險過高（貝他值大於 1.5、標準差超過 80%，或負債資本比高於 70%）的公司，原本樣本中的 197 家公司就僅剩下 7 家，列於表 4.8。

表 4.8　通過最低股價、成長性，與股東權益報酬率測試的低股價淨值比股票

公司名稱	股價（美元）	股價淨值比	股東權益報酬率（%）	貝他值	標準差（%）	負債資本比（%）
R.J. Reynolds Tobacco	42.20	0.44	7.41	0.70	44.01	17.26
McDermott Int'l	3.16	0.29	5.06	1.25	74.42	28.69
HealthSouth Corp	4.72	0.38	8.59	1.25	67.81	44.36
Bally Total Fitness	6.92	0.39	13.67	1.20	48.64	56.47
Allegheny Energy	5.86	0.20	11.77	0.80	40.56	64.05
Westar Energy	10.47	0.39	11.79	0.50	0.00	64.87
MicroFinancial Inc	2.09	0.20	14.74	0.75	46.20	65.20

即便在這精選的 7 家公司裡，還是可能藏有危機。以雷諾菸草公司來說，危險在於可能會出現和菸草訴訟有關的債務。至於其他能源公司，則有揮之不去的會計醜聞疑雲（因為安隆等其他能源公司之故）。

投資獲利心法

如果低股價淨值比的股票風險高於平均水準，或是股東權益報酬率比較低，那麼，假設你要據此打造出一套比較謹慎的策略，你需要從中找到不相配之處，像是：尋找股價淨值比低、風險低，但股東權益報酬率高的股票。如果你使用各種負債比率來代表違約風險、用上一年的會計股東權益報酬率，來代表未來可賺得的股東權益報酬，你要期待的則是股價淨值比低、違約風險低，且股東權益報酬率高的股票被低估。

而根據年底的股價淨值比和股東權益報酬率篩選 1981 年到 1990 年，紐約證券交易所的所有上市股票，每年可以得出兩個投資組合：股價淨值比低（在所有股票中的最低四分之一），但股東權益報酬率高（在所有股票中的最高四分之一）的「被低估」投資組合，以及股價淨值比高（在所有股票中的最高四分之一），但股東權益報酬率低（在所有股票中的最低四分之一）的「被高估」投資組合，之後估算各投資組合接下來這一年的報酬率，就可以檢驗部分上述的提議。表 4.9 摘要這兩個投資組合從 1982 年到 1991 年的報酬率。

在研究的十年期間，被低估的投資組合表現有八年都遠勝於被高估的投資組合。而從 1982 年到 1991 年間，前者的平均報酬率也比後者高了 14.99%，而且被低估組的平均報酬率也遠高於標普 500 成分股。雖然這項測試並未針對違約風險做調整，但你大可加進去，作為篩選流程中的第

表 4.9 股價淨值比與股東權益報酬率不相配投資組合的報酬率

年度	被低估的投資組合 （%）	被高估的投資組合 （%）	標普 500 成分股 （%）
1982	37.64	14.64	40.35
1983	34.89	3.07	0.68
1984	20.52	−28.82	15.43
1985	46.55	30.22	30.97
1986	33.61	0.60	24.44
1987	−8.80	−0.56	−2.69
1988	23.52	7.21	9.67
1989	37.50	16.55	18.11
1990	−26.71	−10.98	6.18
1991	74.22	28.76	31.74
1982-1991	**25.60**	**10.61**	**17.49**

三個變數。

回到最初的整個股票樣本，我們可以透過一系列的篩選，在 2002 年 10 月建構出滿足多重標準的投資組合：

第一步：僅考慮股價淨值比低於 0.80 倍的股票。這個篩選標準比我們在前一節篩出 197 檔股票的門檻寬鬆，但這樣就能套用比較嚴格的風險和股東權益報酬率標準。

第二步：為了控制風險，所有貝他值大於 1.5 或負債資本比（以市值計價）超過 70% 的個股都予以刪除。這裡選擇以市值計價而非帳面淨值，因為對於股權市值低於股權淨值的股票來說，市值是更嚴格的檢測。另一方面，你也可以考慮刪掉標準差低的股票，但能刪掉的個股數目相對少，因此就不納入本項篩選準則。

第三步：為了控制股價，刪掉每股低於 3 美元的股票。這個測試標準

同樣比上一節使用的最低股價 2 美元嚴格，但是能壓低策略的整體交易成本。

第四步：設定最低股東權益報酬率進行篩選，最近一個會計年度股東權益報酬率低於 8% 的公司予以刪除。

附錄 4.1 為最後篩選出來的 53 檔股票。

結語

很多投資人相信，股價低於淨值的股票物美價廉。他們的論點是，股權淨值是衡量公司股票價值的更可靠指標，或者認定淨值相當於清算價值。實證證據看來支持他們的看法，低股價淨值比的股票向來能比市場其他股票賺得更高的報酬。但這套策略的危險之處在於，帳面價值是一種會計衡量方法，很可能和公司握有的資產價值，或者公司在清算資產時能獲得的金額無關。特別是，會計上決定折舊的方法，以及某個項目究竟應該列為費用或是資本，都會嚴重影響帳面價值，買回庫藏股或認列重整費用等行動亦然。

檢視影響股價的基本面，你會預期風險高、成長前景低，以及股東權益報酬率低（甚至為負值）的公司股價淨值比低。但這些公司並非被低估了。也因此，身為投資人的你應該要找股價淨值比低，但風險不高、也沒有投資專案報酬低落等問題的股票。在本章中，我們討論如何用最佳的方法完成這項任務，以暴險度和專案報酬等基準，來篩選低股價淨值比的股票。最後得出的投資組合應能讓投資人享有更多低股價淨值比策略的好處，同時也保護他們避開一些壞處。

附錄 4.1　篩選股價淨值比得出的被低估股票

公司名稱	股票代號	股價（美元）	股價淨值比	股東權益報酬率（%）	以市值計價的負債資本比（%）	貝他值
Aecon Group Inc	ARE.TO	4.59	0.74	20.81	52.11	0.55
AirNet Systems Inc	ANS	4.70	0.71	9.49	38.82	0.85
Amer. Pacific	APFC	8.42	0.56	10.95	41.94	0.50
Americas Car Mart Inc	CRMT	13.68	0.72	15.06	35.46	0.80
Anangel-American Shipholdings	ASIPF	5.00	0.46	9.92	63.89	0.45
Andersons Inc	ANDE	12.70	0.68	9.29	67.81	0.45
Atl. Tele- Network	ANK	14.45	0.74	15.61	10.38	0.70
Badger Paper Mills Inc	BPMI	7.24	0.34	18.81	41.52	0.75
Building Materials	BMHC	14.06	0.62	8.78	50.39	0.85
California First Natl Bancorp	CFNB	10.75	0.76	11.96	56.93	0.75
Carver Bancorp Inc	CNY	10.89	0.58	8.60	0.00	0.70
Cascades Inc	CAS.TO	15.32	0.74	13.35	47.47	0.80
Chromcraft Revington	CRC	13.47	0.76	8.73	0.00	0.50
CKF Bancorp Inc	CKFB	18.61	0.75	8.17	0.00	0.55
Classic Bancshares	CLAS	24.49	0.75	10.00	0.00	0.40
Clean Harbors	CLHB	15.80	0.64	12.09	33.23	0.55
Cont'l Materials Corp	CUO	26.10	0.71	13.49	26.21	0.50
Department 56 Inc	DFS	13.51	0.72	10.18	34.29	0.95
Everlast Worldwide Inc	EVST	4.12	0.53	16.37	33.10	1.25
Finlay Enterprises Inc	FNLY	11.96	0.69	12.42	64.52	0.95
First Cash Inc	FCFS	10.05	0.76	10.81	31.32	0.65

續附錄 4.1

公司名稱	股票代號	股價 （美元）	股價 淨值比	股東權益 報酬率 （%）	以市值計價的 負債資本比 （%）	貝他值
Hampshire Group Ltd.	HAMP	20.40	0.47	12.58	22.93	0.60
Harris Steel	HSG/ A.TO	23.00	0.69	16.52	2.27	0.45
Hawthorne Fin'L Corp	HTHR	28.50	0.78	14.42	19.82	0.70
Ilx Inc	ILX	6.10	0.55	8.65	65.50	0.50
Integramed Amer Inc	INMD	5.83	0.41	20.95	13.58	1.05
Jos A Bank Clothiers Inc	JOSB	22.80	0.72	12.48	10.83	0.95
Korea Electric ADR	KEP	8.78	0.66	13.60	66.44	1.00
Lakes Entertainment Inc	LACO	6.03	0.48	14.86	12.62	0.85
Logansport Finl Corp	LOGN	17.00	0.77	8.03	7.44	0.45
Maxcor Finl Group Inc	MAXF	6.09	0.6	30.92	1.46	0.90
McGraw-Hill Ryerson Ltd	MHR.TO	32.00	0.67	12.17	0.00	0.50
National Sec Group Inc	NSEC	14.88	0.68	9.20	5.30	0.50
Northwest Pipe Co	NWPX	14.46	0.78	9.39	40.70	0.50
Novamerican Steel	TONS	6.84	0.51	8.04	59.92	0.40
Nutraceutical Intl	NUTR	9.75	0.49	10.75	23.32	0.95
O.I. Corp	OICO	4.06	0.73	12.65	0.00	0.40
Ohio Casualty	OCAS	13.19	0.64	12.19	0.00	0.75
Old Dominion Freight	ODFL	25.48	0.65	8.71	33.98	0.60
Paulson Capital	PLCC	4.80	0.49	21.24	0.09	0.95
PC Mall Inc	MALL	4.05	0.48	10.19	9.75	1.45

續附錄 4.1

公司名稱	股票代號	股價 （美元）	股價 淨值比	股東權益 報酬率 （%）	以市值計價的 負債資本比 （%）	貝他值
Q.E.P. Company Inc	QEPC	4.06	0.56	8.94	65.75	0.60
Racing Champions	RACN	15.50	0.63	12.84	23.29	1.35
Reitmans (Canada) Ltd.	RET.TO	23.50	0.79	11.94	0.00	0.45
Seaboard Corp	SEB	230.00	0.59	10.11	52.75	0.65
Sportsmans Guide Inc	SGDE	7.17	0.56	16.84	0.04	0.95
Stackpole Ltd	SKD.TO	23.05	0.75	9.11	11.99	0.75
Stratasys Inc	SSYS	8.30	0.66	8.02	5.66	0.75
Supreme Inds Inc	STS	4.50	0.72	8.91	25.87	0.80
Todd Shipyard Cp Del	TOD	14.20	0.67	10.63	0.00	0.50
Todhunter Int'l	THT	10.70	0.7	10.13	51.57	0.40
Tommy Hilfiger	TOM	7.28	0.77	8.98	48.50	1.30
United Auto Group	UAG	13.37	0.67	8.67	65.84	1.20

05
獲利穩定的公司，不是萬靈丹

如果你放棄成長以求取更穩定的獲利、但穩定的獲利無法降低市場風險，這樣的取捨可能更不利。

賴瑞的無風險股票投資策略

賴瑞一直想投資股票，但又認為股票風險太高。他很認真想了很久為何股票風險很高，得出的結論是，企業獲利的波動太大就是罪魁禍首。他深信，他可以建構一個由獲利穩定的股票組成的投資組合，在無風險的條件下為他帶來高報酬。賴瑞沒有費太多心力，就找到了每一個產業內，過去五年提報獲利波動幅度最小的公司，他把資金投資到這些股票上。

雖然他出手買了，但是他認為當中有些股票太貴、本益比很高，代表其他投資人和賴瑞一樣得出相同結論，看重這些股票的低風險和高品質。買下這些股票後，他也發現某些公司即便獲利穩定，股價也會大幅波動。賴瑞的投資組合裡有一檔金礦公司的股票，當金價因為中東危機而跳漲，賴瑞注意到該公司提報的獲利並未像其他金礦公司一樣跟著提高。當他向公司的管理階層問起這一

點，對方承認他們用了黃金期貨契約以避險。這些契約可以在金價下跌時降低他們的風險，但同時也壓低了金價上漲時的獲利。賴瑞在評估投資組合的最終結果時，他發現自己還是要面對風險，而且從中賺得的報酬極少。賴瑞搜尋免費午餐的工作也到此為止。

| 寓意：不跌，就不會漲。 |

　　投資一家公司，就要面對風險。畢竟這些公司的基本業務可能會遇到壞時機，而公司的獲利與股價也會反映出不景氣。即便該公司在業界雄霸一方，而且從事的也是大家眼中大有發展的事業，也避不掉這種事。要克服這種風險，有些公司會跨足不同事業多角化經營，在過程中分散暴險度，並降低獲利大幅下降的機率。美國的奇異就是一個很好的範例，很多歐洲企業也是。近幾年來，企業分散經營地區，以降低因為當地經濟下滑引發的風險。1980 年代，可口可樂公司就利用這套策略，就算美國本土飲料市場成長停滯，也能創造更高報酬。關於多元化可以降低風險的主張似乎無可挑戰，但順著邏輯推演下去，投資多元經營的公司會是一套好策略嗎？有些投資人認為是的。

　　然而，有些並未多角化經營的公司，即便在經濟混亂時期也努力交出了獲利穩定的成績單。這樣的穩定有時來自於使用衍生性金融商品以避險，有時候則是透過會計方法。然而，比較平緩的獲利流可以轉換成更高的股價嗎？市場會因為公司使用不同的方法拉平獲利，而用不同的態度對待他們的股票嗎？這些就是本章要討論的問題。

故事的核心

股票的風險高於債券，因為股權獲利（equity earnings）要等到其他順位的人都拿完錢後才拿剩下來的部分，因此波動更大。但如果你可以讓股權獲利更穩定，那又如何？這家公司的股票照理說會更安全，應該是更好的投資。繼續推論下去，如果你從這投資這類公司賺得的報酬，相當於你因為投資更多家獲利波動性更大的公司所得的報酬，你就可以主張你是一箭雙雕，同時擁有高報酬且面對低風險。這個故事裡有三大元素：

- **獲利穩定的股票風險低於獲利波動性高的股票**：這個故事要能講得下去，你必須先接受股權獲利的波動性是一個很好的股票風險衡量指標。對於傳播這個故事的人來說，很幸運的是，這個觀點不難讓人接受。財務金融裡用來衡量風險的指標還有股價波動性、貝他值，這些都是以整個市場為基礎的指標。對於不相信市場的投資人來說（舉例來說，他們覺得股市會受制於投資人的心情波動和投機），獲利穩定（或是獲利缺乏穩定性）是更可靠的股票風險指標。

- **獲利較穩定的股票為股東創造的報酬波動性較小**：根據這個主張，獲利穩定的公司比較不會發表讓投資人意外的獲利結果，而擾亂市場。獲利穩定帶來股價穩定，也因此，這些股票的報酬應該比市場其他股票更能預測，如果公司能善用更穩定的獲利每期支付大筆股利，更是如此。

- **市場多半低估獲利較穩定股票的價格**：這很可能是論點中最難成立的部分。有人提出的一個理由是，這類獲利穩定的公司通常很無趣、不太會炒作新聞，所以搜尋明星股的投資人對他們沒興趣。因此，相較於波動性較大的公司，獲利穩定公司的股價會被低估。

衡量獲利穩定性的三大方法

講到衡量獲利的穩定性或波動性時，你有三大選擇：

- 第一個、可能也是最直接的衡量方法，是檢視長期獲利的變化。在極端的情況下，你會看到股票年復一年創造出同樣金額的獲利，完全波瀾不興。也有時候，你會看到某些公司的獲利高低起伏，有時大賺，有時大虧，獲利的變異很大。用獲利金額來衡量變異性的問題，是獲利金額愈高的公司變異會愈大，獲利金額愈低的變異就愈小。

- 單純檢視金額時，如果你要降低誤差，可以檢視不同期間的獲利變化百分比，去找獲利變化的變異幅度小的公司。這麼做的話，你檢視的標的就從獲利的穩定性，變成獲利成長的穩定性。這種衡量方法在統計上說得通，但是和前一種方法一樣都大有問題。在衡量風險時，獲利的成長與衰退被視為相同的東西。[1]一般來說，投資者並不認為獲利成長有風險，而是擔心獲利下滑。

- 第三個衡量獲利穩定性的方法，是單純檢視獲利的下滑。一家年復一年、每年都能提報高於前一年獲利的公司，應被視為較穩定的公司。反之，一家某些年提報獲利成長、某些年獲利下滑的公司，則應視為有風險。其實，你可以建構一個只看獲利下滑的獲利變異指標，這稱為半變異數（semi-variance）。

1　為了便於說明，假設一家公司前三年的獲利變動幅度分別為：+5%、−5% 和 +5%，與前三年獲利變動幅度分別為：+5%、+15% 和 +25% 的公司相比，前者會被歸類在獲利比較穩定的類別裡。

選好衡量獲利穩定性的指標後，就得決定要把焦點放在哪一個獲利數值上，在這方面有幾個選擇。你可以選擇計算營業利益的變異性，這是紙上未扣除利息費用與非營業項目之前的獲利。雖然使用這個指標明顯有很多好處，但是如果你考量的是和買進股票相關的風險，而這家公司財務負擔又很重，這個獲利變異性指標很可能會造成誤導。如果談的是對股票投資人而言的獲利，你可以檢視淨利，這是留給股票投資人的總獲利。或者，你也可以檢視每股盈餘，這個指標會針對流通在外股數變動做調整。後者的好處，是你可以區分出一家公司的淨利成長是來自於發行新股並投資這些資金，還是靠著重新投資內部資金來拉抬獲利。在其他條件不變之下，後者應比前者更珍貴。

理論基礎：獲利穩定性與股價

獲利較穩定的公司比其他獲利波動幅度大的相類似公司價值更高，這種看法雖然符合直覺，但獲利穩定與股價之間的關聯性很弱。在本節中，一開始會先討論持有多元化投資組合如何影響你對風險的看法，並以檢驗獲利穩定性是否能帶來報酬、拉高公司股價作結。

多元化與風險

投資人總是受到告誡，把所有雞蛋放在同一個籃子裡（亦即，拿全部資金投資同一檔股票）是很危險的事。事實上，多元分散的主張正是現代投資組合理論的核心。諾貝爾獎得主哈利・馬可維茲（Harry Markowitz）在他開創性的投資組合風險論文中就提到，如果投資組合裡的各檔股票不

會一起變動（確實不會），投資組合的整體風險就會低於組成組合的個別股票風險。

　　如果你是分散投資型的投資人，你最關心的事會是投資組合的價值以及價值的變異。因此，在看任何一項投資的風險時，你要檢視的是這會如何影響投資組合的整體風險。事實上，財務金融學上多數風險報酬模型的基礎前提就是：透過大量交易來決定股價的投資人都分散投資，而且，一檔個股能為多元投資組合增添的風險，只有市場給的風險（稱為不可分散風險〔nondiversifiable risk〕或市場風險〔market risk〕）。這和獲利穩定性以及穩定性帶來的報酬（或是無法帶來的報酬）有何關係？你可以用 50 家獲利波動幅度大的公司組成投資組合，如果這些公司的獲利波動是來自於其營運或管理特有的因素，投資組合的整體獲利完全有可能達到很穩定的程度。如果是這樣，身為投資人的你就無須因為一家公司的獲利波動大，而折算該公司的價值，也無須因為一家公司獲利穩定而支付溢價。

　　那麼，穩定的獲利何時能為公司創造更高的價值？第一種情況，是獲利的穩定性能轉換成較低的市場風險，換言之，該公司的獲利有助於穩定投資組合的整體獲利。第二種情況，是投資人並未充分分散投資，他們以獨立投資的角度來評估公司的風險，而不是當作投資組合的一部分。

穩定獲利、風險與價值

　　要把穩定的獲利和價值連結起來，我們可以看看前兩章用來評估股票價值的簡單現金流量折現模型。模型中，股利永遠以固定比率成長，你可以把股票的價值寫成：

$$今天的每股價值 = \frac{明年的每股預期股利}{權益成本-預期成長率}$$

權益成本的基準,是你對於股權風險的評估。穩定的獲利要能影響價值,你首先要把股權風險想成是會隨著獲利穩定性變化,因此更穩定的獲利會壓低權益成本,波動的獲利則會拉高權益成本。如果遵循財務學裡的傳統風險報酬模型,假設投資人都會分散投資,市場風險高的公司權益成本就高,市場風險低的就比較低。如果你採用這類模型,就必須設定獲利波動性較大的公司市場風險也較高。

一旦你將權益成本和獲利穩定性連結起來,在其他條件不變之下,給定股利與成長水準,獲利愈穩定的公司價值愈高。但是,要如何維持其他條件不變?獲利要穩定,通常要投入比較成熟且安全,但少有、甚至沒有成長潛力的事業。這個時候,追求獲利的穩定性,意味著要在低風險(低權益成本)與成長性低(會拉低預期成長率)之間做取捨。如果你放棄的成長價值超過成為一家更安全的公司能獲得的價值,股票有可能在獲利更趨穩定時變得更無價值。

如果你放棄成長以求取更穩定的獲利、但穩定的獲利無法降低市場風險,這樣的取捨可能更不利。若是這樣,成長率會下跌,權益成本不變,價值反而會因為獲利穩定性提高而下降。

檢視證據

企業會試圖用很多方法減緩獲利的波動性。有些企業的獲利穩定,因為從事的是可預測且安全的業務,少有或沒有競爭。有些企業會透過多角化經營不同業務的策略來尋求穩定的獲利,期待某些面向的高獲利可以彌

補其他業務的低獲利。而多角化經營的另一個版本，是企業會分散經營地區，希望某些國家的高獲利能平衡其他地方的低獲利。也有些公司使用目前可用的各式各樣選擇權和期貨，以降低、甚至消除暴險度。最後，還有些公司會使用會計上的設計與選擇來緩和獲利的波動，這種現象稱為獲利管理（earnings management，按：或譯為盈餘管理），1990 年代很多人趨之若鶩。本節提到的每一種降低獲利波動性的方法，都會根據股價與報酬來做評估。

無人競爭的穩定業務

幾十年來，公用事業股票（電信、水利和電力公司）都因為獲利穩定與高額股利，而受到趨避風險投資人的讚賞。事實上，這些公司之所以有能力支付這麼高額的股利，是因為他們的獲利非常容易預測。獲利穩定的原因不難察覺。這些公司都是受規範的獨占事業，並提供必要的基礎服務。他們的產品與服務都是必要性消費，因此不受整體經濟環境影響，而沒有競爭更帶來了安穩的營收。為了回報無須面對競爭的環境，這些公司就把定價權力交到管理機關手上。

然而，對投資人來說，關鍵問題並非公用事業股票的獲利穩定性是否勝過其他，而是這種穩定的獲利能否轉化成更高的股票報酬。有一個很簡單的方法可以檢驗這個問題，就是將公用事業股票的報酬率和整體市場相比，圖 5.1 就做了這樣的比較。

公用事業股票的平均年報酬率，比整體市場的年報酬率低，但是這樣的比較對於公用事業股票來說不太公平。畢竟，這類股票的風險低於市場其他股票，賺得的報酬理應針對風險做調整。圖 5.1 裡也有用公用事業股票風險調整後的報酬和市場報酬相比，在後者的比較中，公用事業股票的

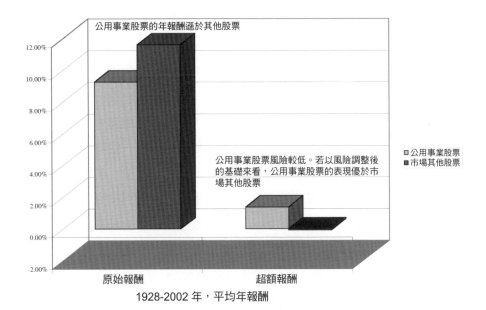

圖 5.1　公用事業股票與市場其他股票相比

資料來源：聯準會。計算風險調整後報酬時，是用這些股票的年報酬來和給定貝他值下的預期報酬相比。

表現就比較好，過去五十年來一年平均賺得的超額報酬約為 1.4%。值得一提的是，這個結果也對應了討論高股利殖利率股票（當中有極高比例的公用事業股票）時的發現。而我們在討論高股利殖利率策略時提到的很多但書，也很適合放在這裡。特別是，這項策略很可能引發較高的稅金負擔，也需要比較長的時間才能帶來回報。

多角化的業務組合：集團的魅力

無論經營多得法，每一家公司都還是有風險，因為所屬產業可能會經

歷艱困的時期。比方說，半導體產業下滑會影響到英特爾，電腦軟體需求下滑則會衝擊微軟。為了隔絕這種產業風險，公司很可能試著跨足多項產業，成為集團。過去幾十年來，策略專家反覆討論成為集團到底是創造價值還是摧毀價值。1960 年代以及 1970 年代許多時候，一般的看法認為，與旗下各家公司相較之下，集團可創造出更大價值，因為這可以結合個別公司的優勢，創造出一家更強大的公司。這些論點裡有一些隱藏的弦外之音，那就是集團之所以能比個別公司風險更低且更有價值，前提是他們可以分散風險。金融理論學家指出這項論點的謬誤，指個別投資人大可以用更低的成本就做到同等程度的分散。之後，這類主張的論點轉變成，優越的管理階層可將自身的技能移轉到不同事業體裡管理不當的公司，創造出很難說清楚的綜效。

研究人員從不同的角度切入這個問題，他們看的是集團的股價與旗下的公司相比是折價還是溢價。為能做出判斷，他們評估集團中的各個部分，用所屬產業中其他獨立公司的本益比做比較。這就是說，你可以把奇異分成九大部分，根據各子公司所屬業界內其他公司的交易價格，來衡量集團各子部分的價值。接著，把各子部分的價值加總，拿來和集團的價值做比較。在最後的比較當中，證據看來指向，集團的價值比起加總個別事業後的價值有明顯折價（幅度約為 5% 到 10%，不同的研究會有差異）。[2]你當然可以說這些折價的幅度都是估計誤差（說起來，考量配置與其他混合成本，要估計奇異資融〔GE Capital〕的真實獲利是很困難的事），畢竟，有一些旗下有多家公司的集團，價值顯然高於個別事業體的總和。如果集團的獲利比個別公司的獲利更穩定，為何集團會折價？理由至少有二。第一，會創造出集團，通常都是因為一家公司去收購另一家上市公

2　Lang, Larry H. P., and René M. Stulz, 1994, *Tobin's q, Corporate Diversification, and Firm Performance*, Journal of Political Economy, v102, 1248-1280.

司，並且支付明顯高於市場價值的溢價。而這筆過高的價金折損了價值，遠遠超過穩定獲利創造的價值。第二，集團常為不聚焦以及管理不當所苦，集團旗下分部的表現會劣於獨立行事的競爭同業。

雖然集團折價的情形可能存在，但這並未回答一個問題：投資人投資集團是否能創造可觀報酬？整體證據指出答案為否，但是還是有些地方透露出希望。如果你在集團出售和分割旗下子部分時，投資這些個別公司，你很可能會因為集團的折價消失，而享有更高的價值。換言之，當集團拆分，你有機會賺到比集團結為一體時更高的報酬。

全球化布局策略

除了業務上的多角化經營（這會形成集團）之外，另一個替代做法是地理區域上的分散經營。一家公司如果經營多個地區，一國業務的衰退可以用另一國的營運成長來抵銷，淨效果應是能降低營運獲利的變動。然而，能讓分散地區策略發揮作用的共變因素中，至少有一個在考量分散業務策略時不適用。畢竟，當你分散各地經營業務，獲利要面對匯率風險。例如，美國公司會發現美元的強勢與弱勢會影響獲利。不過，你可以使用期貨或是選擇權契約，保護獲利、免除部分的外匯風險。

同樣的，在全球分散經營的脈絡下，你也要回答兩個基本問題。第一，這樣的分散能否讓獲利更穩定；第二，投資分散全球的公司得到的報酬是比較高還是比較低。有一項研究檢視幾家分散全球的瑞典公司，結論是地理區的分散不同於產業上的分散，前者確實能提高價值。[3] 這和美國

3　Pramborg, B., *Derivatives Hedging, Geographical Diversification and Firm Value*, Working Paper, Stockholm University.

所做的另一項研究得出的結果一致。[4] 然而，這種做法的效果很小，而且，投資一家分散全球的公司能創造的超額報酬少之又少。你要在他們分散到全球之前先投資這些公司，才能獲得潛在益處。

避險的挑戰

有很多外部因素都會影響一家公司的營收、獲利和價值，包括利率、大宗商品價格和匯率。因此，當油價上漲，就連管理最出色的航空公司都可能出現獲利下滑的情況。近年來，企業使用各種金融工具和產品，已能針對這類風險做大量的避險。在本節中，我們要思考兩個問題，第一個和企業應否管理這類風險有關，第二則要檢視風險管理能為投資人帶來哪些好處。

應不應該管理專案的外部風險？

企業的投資要面對各式各樣的總體經濟風險。有時候，利率和匯率的變化可能拉高利益，有時候則相反，會壓低獲利。因此，一家公司的長期獲利變異會有一部分可以歸因於這些風險。經理人可以假設公司的股東都能自行分散投資以避開風險，任由公司暴露在這些風險當中。或者，經理人也可以使用各種金融工具來避險。

若要評估企業是否應該試著管理或避免這種風險，你需要考量三個因素。第一是風險的嚴重程度，以及對於公司整體獲利和價值的衝擊。舉例來說，航空公司的獲利變異有 30% 是來自油價波動，但鋼鐵公司只有 5%。由於獲利大幅變動會對企業造成嚴重問題（包括債務違約和破產），

---

4 Allayannis, G., J. Ihrig and J. P. Weston, 2001, *Exchange Rate Hedging: Financial versus Operational Strategies*, American Economic Review, v91, 391-395.

因此，企業比較可能針對重大風險避險，而不太去管小型風險。第二個因素，是若一家公司在世界各地有各種不同的投資，便可自動分散部分或大部分風險到某種程度。舉例來說，營運涵蓋幾十國的可口可樂和花旗集團可能會發現，某些國家的匯率波動、導致價格減損，會因為其他國家帶來益處的變動而抵銷。如果這些公司在每一個國家個別避險，就是採行了不必要的行動。第三個因素，是這些公司的投資人可以把自己的風險分散到一定程度。比方說，某些人會在投資組合中同時持有因匯率變動、而受到正面與負面影響的個股。像家得寶（Home Depot）和波音等股票的投資人廣大且多樣，這些公司會發現比較便宜的做法可能不是避險，而是把風險轉嫁給投資人，投資人自會用更低的成本避險。

此外，你也要考慮管理風險的成本。針對某些類型的風險（例如匯率、利率風險）做避險的成本會低於其他（像是政治風險），短期避險也比長期便宜。綜合來說，一家小型、封閉性持股的公司在考量重大專案（相對於公司目前規模而言）時，應試著管理專案的外部風險。若公司面對的是廣泛且多樣的股東群，又在多個國家營運，應較不傾向管理這類風險。

如何管理專案風險？

假設你的公司應該執行專案風險管理，而你也在考慮不同的可用方案。公司決定風險管理時，有許多選擇，像是用期貨契約、遠期契約，或選擇權來管理利率風險、匯率風險和大宗商品價格風險，也可以利用保險產品來管理事件風險（例如發生革命的可能性）。或者，企業也可以選擇用明智的方式為專案融資，藉以管理風險。

● 要避開專案上的某些外部風險，最簡單的方法就是選擇現金流可以

對應專案現金流的融資工具。也就是說，沃爾瑪超市可以用墨西哥披索計價的貸款融資，來支應在墨西哥拓展零售布局的行動。如果披索貶值，其資產（也就是在墨西哥的店面）價值就會下降，但負債（即貸款）也會減少，從而降低匯率變動的影響。雖然搭配資產進行融資只能降低部分風險，但它通常是成本很低、甚至全無成本的風險管理工具。所有公司都應盡量這麼做。

● 風險管理中最常使用的工具是期貨、遠期外匯、選擇權和交換交易，這些通常都被歸類成衍生性商品，因為其價值來自於交易的標的資產。現今，你可以買進期貨和選擇權契約，以規避大宗商品風險、貨幣風險和利率風險，不勝枚舉。

● 風險管理還有另一條路，那就是購買保險以因應特定的事件成本。屋主會為了房子買保險，以保障房子免因火災及其他災害受損，企業則可以購買保險以保護資產免受可能損失。事實上，我們可以說，在風險管理上雖然衍生性商品的應用大受關注，但傳統保險仍是風險管理的主要工具。保險無法消除風險，但它把風險從買保險的公司移轉給賣出保險的公司，而這麼做可以同時為兩方帶來好處，原因有幾個。第一，保險公司可以創造風險的組合，因此可以獲得投保公司無法獲得的分散益處。第二，保險公司有評估風險的專業。由於他們已經重複面對過此種風險，因此可以更有效率地處理理賠事宜。第三，保險公司也可以提供其他有利於雙邊的服務，例如查核與保全服務。當然，第三方也可以提供同樣的服務，但保險公司有誘因確保服務品質。

風險管理帶來的回報

企業可以運用各種產品來管理風險，這麼一來，他們可以減緩獲利的波動性。但是，這些公司的投資人能否雨露均霑得到好處？有一項研究評估[5]那些使用外幣衍生性商品避開匯率風險的公司，結論是這些公司的獲利更平順了，而且股價也比較高。[6]後續另一項驗證研究指出，多數益處都得自於規避短期的交易風險，針對轉換風險（這也會影響獲利），做避險能得到的好處很少。[7]另一項研究檢視為何某些公司比其他公司多做避險，找出了一些很有趣的因素。許多用衍生性商品來管理風險的公司，通常是為了減輕稅賦、維持必要的投資，以及減緩對於財務壓力的擔憂。在此同時，公司的管理階層在行事作風上是否採取趨避風險的態度，也大大決定了公司是否會使用衍生性商品。研究指出，經理人握有高比例的公司流通股數時，比較可能使用衍生性產品。簡言之，證據指出管理風險能帶來回報，管理風險的公司價值會高於不管的公司。但這裡要提出兩點警語。第一，這種報酬很低，除非投資人密切檢視，不然很可能根本沒注意到。第二，報酬會出現在這些公司轉向使用風險管理產品之際，而不是之後。

拉平獲利大作戰

企業非常精於滿足、甚至超越分析師每季的獲利預估。超越獲利預估

5　Allayannis, G., and J. P. Weston, 2000, *Exchange Rate Hedging: Financial versus Operational Strategies*, American Economic Review.

6　作者群將價值標準化，檢視市值占淨值的百分比。相較於不做避險的公司，使用衍生性商品針對外匯風險避險的公司，交易市價（相對於淨值）較高。

7　Pramborg, B., 2002, *Derivatives Hedging, Geographical Diversification and Firm Value*, Working Paper, Stockholm University.

可被視為利多，但有些公司是用可疑的會計手段以達目的。在評估這些公司時，你必須修正受會計操弄的營業利益。

有「管理獲利」這種事

　　1990 年代，微軟和英特爾等公司為科技業立下典範。事實上，在這十年間的 40 個季度裡，微軟有 39 個季度的表現都超越分析師的獲利預估，英特爾的績效也讓人刮目相看。其他科技公司也跟著他們的腳步，努力創造出高於分析師預測的獲利，多個幾毛錢也好，證據是，這種現象到處可見。從 1996 年到 2000 年的 18 個季度，超越共識獲利預測值的公司比達不到的更多，可說是前所未見。[8] 另一項代表獲利受到管理的指標，是公司提報給國稅局，與提報給股票投資人的獲利差距，過去十年幅度愈來愈大。

　　這些分析師提供的數字都是預測值，這一點又透露了哪些訊息？一個可能性是分析師不斷低估企業獲利，從來不從錯誤中學習。這種事雖然有機會發生，但不太可能整整十年都是這樣。另一個可能性是，科技公司在衡量與提報獲利時運用了更大的裁量權，靠著這種裁量超越估計值。特別是，他們將研究費用當成營業費用，讓這些公司在管理獲利上更具優勢。

　　管理獲利真的能提升一家公司的股價嗎？公司或許做得到一季又一季超越分析師的預估值，但市場好騙嗎？市場不好騙，於是出現了「耳語獲利預估」（whispered earnings estimate）來回應企業獲利不斷超越預期的表現。什麼叫「耳語獲利預估」？這是針對像英特爾和微軟等公司所做的隱性獲利預估，他們的表現要能超越這個門檻，才真的能讓市場驚喜。而這個數值多半比分析師的預估值高了幾美分。舉例來說，1997 年 4 月 10

8　這些預測值取自 I/B/E/S，該系統提供整合分析師獲利預估的服務。

日，英特爾提報每股盈餘為 2.10 美元，高於分析師預估的 2.06 美元，但是這檔股票卻下跌了 5 點，因為「耳語獲利預估」為 2.15 美元。換句話說，市場在預期時已經把英特爾過去超越市場預估值的金額算進去了。

管理獲利的技巧

企業如何管理獲利？良好的獲利管理有一個面向，就是要關注並導引分析師的預期，微軟在 1990 年代便精於此道。該公司的高階主管監督分析師的獲利預估，並在他們認為預估值過高時介入其中以壓低數值。[9] 另外還有幾個技巧可用，本節會討論幾種最常用的方法。這些方法不見得有損公司，有些還確實是很明智的管理手法。

一、**預先規劃**：企業可以先規劃投資與銷售，好拉高獲利的穩定度。
二、**延遲認列營收**：講到何時要認列營收，企業總是有些裁量空間。舉例來說，1995 年時，微軟採行極保守的會計做法認列 Windows 95 的銷售，選擇不顯示大部分他們有權（但無義務）列出的營收。[10] 事實上，這家公司在 1996 年底前累積了 11 億美元的預收收入（unearned revenue）。因此，在碰到表現比較差的季度時，他們就可以挪來補充獲利。
三、**提早認列營收**：這和前一種相反，指企業有時會在表現不佳季度的最後幾天出貨給經銷商與零售商，然後認列營收。1998 年掛牌的科技公司微策（MicroStrategy）就是這麼做的。1999 年最後

9　微軟也會在分析師的預估值過低時告知他們，以維護自家信用。一直用被動消極的態度面對分析師的企業，終究會失去信用，而他們在管理獲利方面的作為也終將失效。
10　1995 年時購買 Windows 95 的企業也買進了權利，在 1996 年和 1997 年時可以升級並獲得支援。微軟本來可以在 1995 年認列這些營收。

兩季，這家公司提報的營收成長分別達 20% 和 27%，但當中也很大部分都歸於季末前幾天才發布的大額交易。這套策略還有更巧妙的變化版本，即兩家都需要拉抬營收的科技公司，可以進行交換營收的交易。[11]

四、**營業費用資本化**：跟認列營收一樣，企業在考慮要把哪些費用歸類於營業費用、哪些歸為資本支出時，也有一定程度的審酌權，尤其是像軟體研發這類的項目。比方說，美國線上（AOL）把隨附雜誌贈送的 CD 與磁片成本資本化及沖銷的做法，使得該公司在 1990 年末期多數時候都能提報正值的獲利。

五、**沖銷重整與收購費用**：大筆的重整費用會導致近期獲利下降，但是對於認列費用的公司來說有兩項好處。首先，由於扣除重整費用之前與之後的營業利益都要提報，企業得以把重整費用和營業費用分開。其次，認列費用之後，以後幾季要超越獲利預期也比較容易。想了解重整如何拉高獲利，可以看看 IBM 的案例。IBM 在工廠關閉那一年沖銷了舊廠房設備，1996 年時的折舊費用降為營收的 5%，對比之下，從 1990 年到 1994 的平均值則為 7%。以 1996 年的營收來算，兩者的差異是 16.4 億美元，若以前一年公司的稅前利潤 90.2 億美元來算，占比為 18%。科技公司特別善於以「進行中研發」為名來沖銷高比例的收購成本，以在之後的季度拉抬獲利。有一項研究，檢視了 389 家在 1990 年與 1996 年間沖銷進行中研發成本的公司，沖銷金額平均達收購

---

11 《富比士》雜誌 2000 年 3 月 6 日登出一篇文章評論微策公司，摘錄如下：「10 月 4 日，微策和安迅資訊（NCR）宣布他們所謂的 5,250 萬美元授權與科技合約。安迅同意支付 2,750 萬美元給微策以取得其軟體授權，微策買下安迅一個原本為競爭對手的事業單位，為此支付 1,400 萬美元的股票，並同意支付 1,100 萬美元的現金買入一個數據儲存系統。微策第三季時提報了 1,750 萬美元的授權金營收，而這都是四天前才完成的交易。」

金額的 72%，在收購之後的第四季可以將收購方公司的獲利拉高 22%。[12]

六、**運用準備金**：企業可以針對壞帳、退貨，和其他潛在損失預提準備金。有些公司在景氣好的年分也估計得很保守，他們在這些年頭會多累積一點超額準備，以便在其他年度用來拉平獲利。

七、**投資收益**：持有大量有價證券或有投資其他公司的企業，帳面上紀錄這些投資的價值通常遠低於市價。因此，將這些投資變現可以創造大量的資本利得，拉抬當期獲利。如英特爾等科技公司就會用這種方法來超越獲利預估。

管理獲利能帶來回報嗎？

企業多半會管理獲利，因為他們相信，創造比較平穩的報酬且持續超越分析師的預估，將能獲得市場的獎勵。證據是，微軟和英特爾等公司的成功獲得讚賞，無法達成預期的公司則受到殘忍的懲罰，尤其是科技公司。很多基金經理人顯然也認同，投資人會相信表面的獲利數字，因此順應這個想法，努力達成獲利目標。這或許可以解釋，美國財務會計準則理事會（Financial Accounting Standards Board，FASB）為了改變獲利衡量方式所做的任何改變都無功而返，就算改變很有道理也一樣。舉例來說，該理事會試著以公平市價來估算這些公司發給經理人的選擇權，並針對這些收入課稅，或者，他們也曾改變計算合併的方式，但一直受到科技公司反對。這也可能是因為反對改變最符合公司經理人在管理獲利上的利益。經理人知道，如果獲利比起前幾期大幅下降的話，他們可能飯碗不保。此外，有些公司的管理階層薪酬是以獲利目標為核心，達到目標就能拿到豐

---

12 在之前的十年（1980 年到 1988 年），僅有三家公司沖銷進行中研發成本。

厚的分紅。

無論管理獲利背後有什麼理由，你都要回答幾個問題。第一，管理獲利公司的本益比是否高於未這麼做的類似公司？有一項研究討論股價淨值比與獲利穩定性的關係，得出的結論是，獲利波動性比較低的股票交易價值較高，而且指出即便獲利穩定性反映的是會計選擇而非營運的穩定，結果亦同。獲利比較穩定但現金流波動性大的公司，股票的交易價值也較高。[13]

進行運算

在本節中，一開始我們會先檢視市場裡獲利波動性的分布情形。具體來說，我們要看何謂獲利波動性高的公司，並拿來和獲利穩定的公司相對照。這一節最後，我們會建立一個通過「獲利穩定」測試的股票投資組合。

市場中的獲利波動狀況

本章稍早提到，獲利波動性尚無一個公認指標。我們當然可以建構一個波動性的統計指標，比方說獲利的標準差或變異數。但還是必須將數值標準化，才能比較不同的公司。考量多個標準化方法並一一排除之後，本書用獲利的變異係數來衡量獲利的變異性，以 1997 年到 2001 年間的獲利標準差除以期間內的平均獲利絕對值。

---

13 Barnes, R., 2001, *Earnings Volatility and Market Valuation,* London Business School, Working Paper.

$$獲利的變異係數 = \frac{獲利的標準差}{當期平均獲利的絕對值}$$

　　舉個例子來說，假設一家公司過去四年的每股盈餘分別為 1.75 美元、1.00 美元、2.25 美元和 3.00 美元，這四個數值的標準差是 0.84，平均每股盈餘 2.00 美元，得到的變異係數是 0.42。我們可以把每股盈餘的標準差轉換成每股盈餘每元標準差（standard deviation per dollar of earnings），這家公司的每股盈餘每元標準差是 42 美分。另外，期間獲利有可能是負值，因此必須使用絕對值以求得有意義的數值。

　　我們需要幾年的數據才能算出有意義的標準差，截至 2001 年年底，美國所有實質公開交易的上市公司至少都找得到五年獲利資訊，這就是全部的樣本。我們會針對三個獲利指標來計算變異係數，分別為息稅折舊攤銷前盈餘（earnings before interest, taxes, depreciation and amortization，EBITDA）、淨利和每股盈餘，圖 5.2 顯示市場裡的數值分布。

　　在圖 5.2 中，共有 6,700 家公司有五年、甚至更長期的獲利資料，其中約有三分之二的公司 EBITDA 的每元標準差低於 1 美元，約有一半的公司每元淨利或每股盈餘的每元標準差低於 1 美元。換言之，股權獲利（淨利或是每股盈餘）的波動性，比營業利益或現金流的波動性要高。

更直接的獲利穩定衡量指標

　　直覺上更直接的衡量獲利穩定性指標，是獲利連續成長的年分。假使一家公司過去五年提報的獲利年年成長，獲利就比同期間獲利忽上忽下的公司更可預測（也更安全）。圖 5.3 顯示在至少過去五年都找得到每股盈餘資料的公司裡，有多少家過去五年每年都提報每股盈餘成長，又有幾家連續四年、連續三年成長等等。

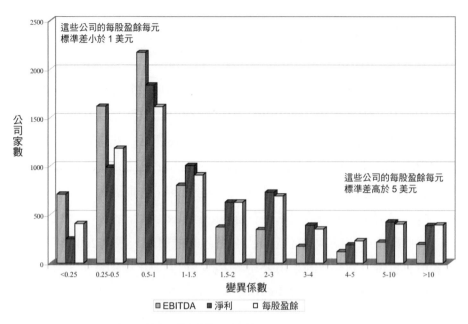

圖 5.2　至 2001 年，美股獲利變異係數

資料來源：電腦統計公司。變異係數是以過去五年的標準差除以當期的平均獲利。

　　由於 2001 年時經濟走緩，因此，多數企業在當年提報獲利下滑，也就不太讓人訝異了。然而，即便在這麼艱困的環境中，仍有 119 家企業連續五年提報每股盈餘成長、158 家企業連續四年提報成長。

獲利穩定公司的投資組合

　　要打造一個由獲利穩定公司組成的投資組合，我們檢視至少過去五年的獲利數據，並計算各家公司的每股盈餘變異係數。篩選公司時除了考量獲利變異係數低之外，還要做其他兩項測試：第一是公司在過去五年不得

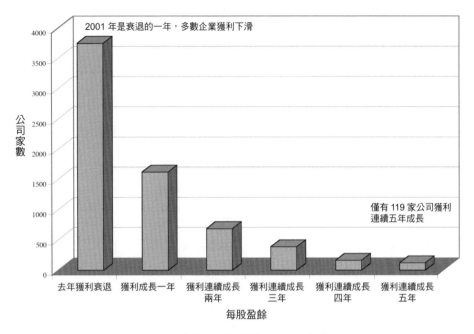

図 5.3 是 2001 年，獲利連年成長的美國公司家數

資料來源：電腦統計公司。檢視所有美國企業至 2001 年的數據，看看有多少家企業連續五年、四年、三年等等提報獲利成長。

有任何一年提報虧損，第二是至少過去兩年的每股盈餘都要成長，再加上每股盈餘變異係數最高不得超過 0.25 的條件，就組成了一個 120 家公司的投資組合，如表 5.1 所示。

　　深入檢視這個投資組合，你會看到金融服務業的公司比例甚高，在投資組合的個股裡占了約 25%。

表 5.1　2002 年 10 月，獲利穩定的美國公司

公司名稱	所屬產業
Progen Industries Ltd	生物製品，不含診斷
Nutraceutical Intl CP	藥物化學、植物製品
ASB Financial Corp	存款機構，聯準會特許
Griffon Corp	金屬門、框、鑄件、飾邊條
Arcadis N V	工程服務
TPG NV ADR	卡車、運輸服務，不含空運
Leesport Financial Corp	全國性商業銀行
Smucker (JM) Co	罐頭水果、醬菜、果醬、果凍
Landauer Inc	檢測實驗室
Corning Natural Gas Corp	天然氣輸配
Cintas Corp	男性、年輕男子、男童防火衣物、工作服
Horizon Financial Corp/WA	存款機構，無聯準會特許
Wal-Mart Stores	綜合商店
F&M Bancorp/MD	全國性商業銀行
Aquila Inc	電力與其他綜合服務
Eastern Amern Natural Gas Tr	油區權利金交易商
S Y Bancorp Inc	全州性商業銀行
National Penn Bancshares Inc	全國性商業銀行
Old Republic Intl Corp	火險、海事險、意外險
Compass Bancshares Inc	全國性商業銀行
Hospitality Properties Trust	不動產投資信託
Old Second Bancorp Inc/II	全國性商業銀行
Tompkinstrustco Inc	全州性商業銀行
Dominion Res Black Warrior	油區權利金交易商
CH Energy Group Inc	電力與其他綜合服務
Ameren Corp	電力服務
Healthcare Services Group	住宅服務、其他建築業
LSB Financial Corp	存款機構，聯準會特許
Wilmington Trust Corp	全州性商業銀行

續表 5.1

公司名稱	所屬產業
Harleysville Svgs Finl Corp	存款機構，無聯準會特許
Santa Fe Energy Trust	油區權利金交易商
Paychex Inc	會計、稽核、簿記服務
BOK Financial Corp	全國性商業銀行
Northern Trust Corp	全州性商業銀行
First State Bancorporation	全州性商業銀行
Allegiant Bancorp Inc	全州性商業銀行
Cash Technologies Inc	商業服務，不另分類
Home Depot Inc	木材與其他建材──零售
Southwest Bancorporation/TX	全國性商業銀行
Sigma-Aldrich	生物製品，不含診斷
Williams Coal Seam Ryl Trust	油區權利金交易商
Hillenbrand Ind-Pre Fasb	其他家具與設備
Realty Income Corp	不動產投資信託
Cambridge Heart Inc	電子醫療設備
Delta Natural Gas Co Inc	天然氣輸配
Firstbank NW Corp/DE	存款機構，聯準會特許
First Natl CP Orangeburg SC	全國性商業銀行
Voiceflash Networks Inc	套裝軟體
O Reilly Automotive Inc	汽車與家用品商店
Copytele Inc	電腦周邊設備，不另分類
American Water Works Inc	供水
Camco Financial Corp	存款機構，無聯準會特許
Skyepharma PLC ADR	生物製品，不含診斷
Family Dollar Stores	綜合商店
TBC corp	機動車輛零件、用品──批發
Midsouth Bancorp Inc	全國性商業銀行
Bedford Bancshares Inc	存款機構，聯準會特許
Pennfed Financial Svcs Inc	存款機構，聯準會特許

續表 5.1

公司名稱	所屬產業
Prima Energy Corp	原油與天然氣
Clarcor Inc	工業用商用風扇、風機、其他設備
Donaldson Co Inc	工業用商用風扇、風機、其他設備
South Jersey Industries	天然氣輸配
Sempra Energy	天然氣與其他綜合服務
Pacific Capital Bancorp	全州性商業銀行
Energen Corp	天然氣輸配
CVB Financial Corp	全州性商業銀行
Raven Industries Inc	其他塑膠製品
Bunzl Pub Ltd Co Spon ADR	紙與紙製品——批發
Alberto-Culver Co Cl B	零售商店
First Merchants Corp	全國性商業銀行
NSD Bancorp Inc	全州性商業銀行
WPS Resources Corp	電力與其他綜合服務
Webster Finl Corp Waterbury	存款機構，聯準會特許
FST Finl Corp Ind	全國性商業銀行
First Long Island Corp	全國性商業銀行
Suntrust Banks Inc	全州性商業銀行
Hancock Hldg Co	全州性商業銀行
MAF Bancorp Inc	存款機構，聯準會特許
Wesbanco Inc	全國性商業銀行
First Bancorp P R	商業銀行，不另分類
Interchange Finl Svcs CP/NJ	全州性商業銀行
Norwood Financial Corp	全州性商業銀行
Monro Muffler Brake Inc	汽車維修、服務、停車
Mocon Inc	測量控制裝置，不另分類
Synovus Financial CP	全國性商業銀行
FIrst Fed Cap Corp	存款機構，聯準會特許
Bancfirst Corp/OK	全州性商業銀行

續表 5.1

公司名稱	所屬產業
First Busey Corp Cl A	全州性商業銀行
Teco Energy Inc	電力與其他綜合服務
Affymetrix Inc	電子醫療設備
Community First Bankshares	全國性商業銀行
Viewcast,Com Inc	收音機、電視、廣播、通訊設備
S&T Bancorp Inc	全州性商業銀行
R&G Financial Corp Cl B	全州性商業銀行
Texas Regl Bcshs Inc Cl A	全州性商業銀行
Royal Bancshares/PA Cl A	全州性商業銀行
Amcore Finl Inc	全國性商業銀行
First Mutual Bancshares Inc	存款機構，無聯準會特許
Bancorp Conn Inc	存款機構，無聯準會特許
Suffolk Bancorp	全國性商業銀行
Mercantile Bankshares Corp	全州性商業銀行
Teleflex Inc	集團
Public Service Entrp	電力與其他綜合服務
Spectrx Inc	商用生理、生物研究
Bostonfed Bancorp Inc	存款機構，聯準會特許
UST Inc	菸草產品
Allied Capital CP	其他商業信用機構
Mississippi Vy Bancshares	全州性商業銀行
Roper Industries Inc/DE	工業用量測設備
Fresh Brands Inc	雜貨與相關產品——批發
Utah Medical Products Inc	電子醫療設備
Logansport Financial Corp	存款機構，聯準會特許
First UTD Corp	全國性商業銀行
Gorman-Rupp Co	幫浦與幫浦設備
Wayne Bancorp Inc/OH	全國性商業銀行
New Jersey Resources	天然氣輸配

續表 5.1

公司名稱	所屬產業
FPL Group Inc	電力服務
Park National Corp	全國性商業銀行
Washington Reit	不動產投資信託
TTX Co	交通服務

故事的其他部分

比起獲利波動幅度較大的公司，獲利穩定的公司是否為更安全的投資？還有，更重要的是，是否為更佳的投資？要回答這些問題，就要考量投資穩定獲利公司的策略中，四個可能的缺點。首先，這些獲利穩定的公司很可能仍是波動幅度大的投資標的；其次，獲利穩定公司的成長潛力可能極低，因此要在穩定獲利與高成長之間取捨；再來，這些公司很可能是利用會計花招讓獲利看來更穩定；最後，獲利穩定的公司價格可能很高，能創造高報酬的機會極少。

獲利穩定，卻是高風險的投資？

獲利穩定的公司，不必然就是安穩的投資標的，這是因為除了公司的獲利資訊之外，還有很多因素也會影響股價。比方說，成長前景與管理階層變動等非關獲利的消息，還有利率、經濟成長等總體經濟消息，以及同產業競爭對手發布的消息等。就算獲利穩定，上述這些也會導致股價波動。投資人最終是以股價波動來衡量風險，獲利穩定但股價波動的公司，

會被歸類成風險高的股票。

你可以根據兩個股票風險指標，來檢視獲利穩定投資組合裡的公司，分別是：衡量個股隨大盤變動幅度的貝他值，以及過去五年的股價標準差。為了便於對照，圖 5.4 也檢視了獲利穩定公司投資組合與市場其他公司，在這兩個指標上的平均值差異。

平均而言，與市場裡其他公司相比之下，獲利穩定的公司波動性較小，貝他值較低。然而，穩定獲利公司的樣本裡也有幾家貝他值很高（大於 1.25）、標準差高於市場平均值（約 60%）。如果你用這些風險值當作篩選標準，從獲利穩定的公司裡剔除貝他值高於 1.25 或是標準差超過 60% 的公司，你會從原來的 120 家公司裡刪掉 8 家，列示於表 5.2。

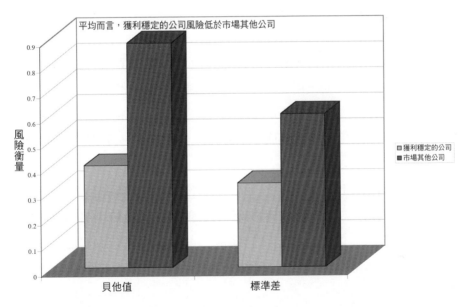

圖 5.4　風險比較：穩定獲利的投資組合與市場其他公司

資料來源：價值線公司。針對獲利穩定投資組合裡的公司以及市場其他公司，估算過去五年的平均貝他值與標準差。

表 5.2　無法通過風險測試的獲利穩定公司

公司名稱	股票代號	五年貝他值	五年標準差（%）
Northern Trust Corp	NTRS	1.28	31.4
Home Depot	HD	1.29	36.73
Progen Industries Limited	PGLAF	0.48	62.38
Fresh Choice	SALD	0.62	70.72
SpectRx Inc	SPRX	0.73	70.82
Cambridge Heart Inc	CAMH	1.86	79.28
CopyTele Inc	COPY	1.48	96.29
Affymetrix Inc	AFFX	1.84	97.54

放棄成長機會

在其他條件不變之下，風險低的公司價值應高於風險高的公司，這是沒錯。但投資人經常必須用低成長來換得低風險，這也是真的。期待獲利穩定的公司也有高成長性並不切實際，但是你應該小心提報極低、甚至全無成長的獲利穩定公司。說到底，年復一年獲利相同的公司股票會開始像債券一樣，其股價亦如是。

如果從獲利成長性來說，上一節末整理出來的穩定獲利投資組合與市場其他公司相較之下表現又如何？我們針對獲利穩定投資組合中的公司以及市場其他公司，估算過去五年的平均每股盈餘成長以及營收成長，以及未來五年的每股盈餘預期成長（根據分析師估計），圖 5.5 顯示了比較結果。

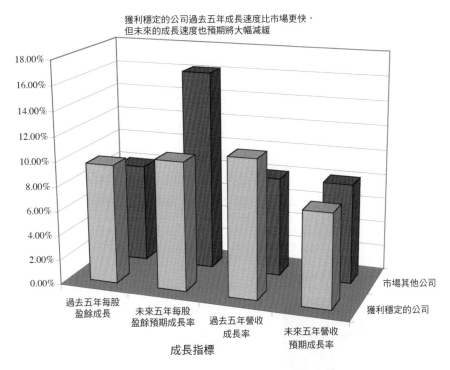

獲利穩定的公司過去五年成長速度比市場更快，
但未來的成長速度也預期將大幅減緩

圖 5.5　成長性：比較穩定獲利的公司與市場其他公司

資料來源：價值線公司。未來獲利與營收的預期成長率來自於分析師預估。

　　獲利穩定的公司，過去五年的每股盈餘與營收成長率，均高於市場其他公司。然而，前者未來五年的每股盈餘和營收預期成長率都比較低，這指向當投資人購買獲利穩定公司的股票，要承受某種成本。

　　若要確保投資組合裡的股票至少有一定程度的成長，任何未來五年每股盈餘預期成長率低於 5% 的公司都要剔除。在這項篩選標準之下，投資組合裡剩下的 112 家公司會再少掉 8 家。如果再要求未來五年的每股盈餘預期成長率要達到 10% 以上，又會再從樣本裡刪掉 20 家公司。

股價對了嗎？

　　就算你找到一檔獲利穩健且成長率合理的股票，如果股價不對的話，也不保證一定是好的投資。換言之，如果你為了獲利的穩定性和成長性而付出高倍數的本益比，大有可能抵銷掉一開始讓你選擇這檔股票的優勢。

　　我們針對獲利穩定的公司計算本益比，包括使用以目前盈餘為基準的本益比，以及用預期未來成長率計算的本益比，稱為本益成長比（PE to the expected growth rate，PEG），圖 5.6 比較獲利穩定的股票和市場其他股票的本益比以及本益成長比。

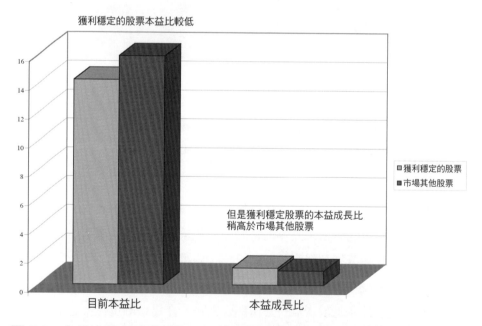

圖 5.6　本益比與本益成長比：比較獲利穩定的股票與市場其他股票

資料來源：價值線公司。本益比是以目前的股價除以目前的每股盈餘，本益成長比是以目前的本益比除以未來五年的每股盈餘預期成長率。

獲利穩定的公司本益比稍低於市場裡其他公司，但是本益成長比稍高。

要篩選股價是否過高，要刪除所有本益比超過 15 倍與本益成長比超過 1 倍的股票。如果搭配本節之前列出的風險與成長篩選標準，投資組合就只剩下 8 檔個股。表 5.3 所列的公司通過所有測試：成長率超過 5%、貝他值小於 1.25、標準差小於 60%、本益比小於 15 倍，且本益成長比小於 1 倍。

而這些公司主要來自公用事業或金融服務業。

表 5.3　低風險、高成長潛力且定價合理的獲利穩定公司

公司名稱	預期 成長率 （%）	目前 本益比	本益 成長比	過去五年 貝他值	過去五年 標準差 （%）
Prima Energy Corp	23.50	12.25	0.52	0.53	52.37
First BanCorp PR	14.00	11.43	0.82	0.44	30.37
R&G Financial Corp	12.00	10.25	0.85	0.48	40.22
Sempra Energy	7.50	6.84	0.91	0.66	38.16
Dominion Resources	15.50	14.35	0.93	0.26	24.61
Public Svc Enter	6.00	5.62	0.94	0.26	29.94
BOK Financial	15.10	14.40	0.95	0.53	26.08
Allied Capital Corp	11.00	10.71	0.97	0.81	31.45

判斷獲利品質的關鍵指標

營運動盪卻還得以提報穩定獲利的企業，很可能使用會計花招來拉平獲利。如果是這樣，紙終究包不住火，買進這些公司股票的投資人早晚都要面對重大（而且讓人不樂見）的意外。

檢視每一家公司的財報以找出拉平獲利的跡象並不務實，但我們可以用一個比較簡單的測試方法。除了獲利的變異係數之外，還可以去看 EBITDA 的變異係數。後者是通用的營運現金流指標，你可以主張提報獲利穩定、但現金流大幅波動的公司涉入了會計花招，因此不應視為獲利穩定的公司。如果套用在我們的投資組合上，某些證據顯示，至少有某些個股有從事獲利管理的嫌疑，有些公司提報的 EBITDA 的標準差很高，但每股盈餘的標準差很低。

投資獲利心法

獲利穩定的公司不一定就是好的投資標的。最起碼，你要考慮這些公司是否有任何成長潛力、穩定的獲利能否轉換成穩定的股價，以及最後市場是否正確定出了這些股票的價格。買進獲利穩定、成長性低（甚至不成長）、股價波動性大且本益比高的股票，並非價廉物美的好交易。回過頭來講，我們以美國所有上市公司為樣本，並用以下的標準來篩選：

- 每股盈餘的變異係數必須落在整個樣本數裡的最低 10%。你可以使用其他的獲利穩定性指標來判斷，但我們在本章早先已經談過捨淨利或營業利益、改採每股盈餘的理由。你也可以加入額外的篩選條件，例如過去幾年的獲利必須連年成長。
- 過去三年貝他值必須低於 1.25，股價的標準差必須低於 60%。雖然多數獲利穩定的公司風險都不太可能太高，但仍有些公司獲利雖然穩定、股價卻起起伏伏，風險篩選條件可以篩掉這些公司。
- 本益比必須低於 15 倍。用太高的價格買進好公司的股票，並非物

美價廉的好交易。因此，你必須確認自己沒有因為獲利穩定性付出你不願意支付的溢價。

● 未來五年的預期成長率必須達 10% 以上。獲利成長永遠是加分項。一家獲利穩定而且能夠成長的公司，比起獲利穩定但成長停滯的公司來說，顯然是更好的投資。

以 2003 年 1 月可取得的數據為基準，總共篩選出 36 家接近條件的公司，如附錄 5.1 所示。

結語

某些投資人認為，提報穩定正值每股盈餘的公司是好的投資標的，因為這些股票很安全。在這方面，理論與實證證據的支持力道很薄弱。有些公司會砸重本（購買風險管理產品或從事併購），以降低或消除投資人不費吹灰之力就能分散的風險，但這麼做其實是在損害股東的利益。即便獲利穩定，也不應預期這些公司就一定會是好的投資標的。在本章中，我們首先檢視了衡量獲利波動性的最好辦法。但在建構一個由獲利最穩定的公司構成的投資組合時，其他問題也會跟著浮出檯面，包含：第一，其中某些公司儘管獲利很穩定，但股價起伏甚大，看來風險很高。第二，當中有大量的公司成長率很低、甚至為負值。最後，剩下來的公司裡，則有很多本益比甚高，顯然並非價廉物美的標的。

附錄 5.1 獲利穩定、具成長潛力且低風險的股票

公司名稱	股票代號	獲利可預測度	股價（美元）	目前每股盈餘（美元）	目前本益比	貝他值	標準差（%）	未來五年每股盈餘預期成長率（%）
Ametek Inc	AME	95	38.49	2.66	14.47	0.90	33.24	11.50
Applebee's Int'l	APPB	100	23.19	1.58	14.68	0.95	40.35	14.50
Baxter Int'l Inc	BAX	100	28.00	2.06	13.59	0.70	32.56	14.50
BB&T Corp	BBT	95	36.99	2.89	12.80	1.05	27.01	12.00
BJ's Wholesale Club	BJ	95	18.30	2.09	8.76	0.95	37.65	12.50
City National Corp	CYN	95	43.99	3.69	11.92	1.00	28.92	14.50
Fannie Mae	FNM	100	64.33	6.52	9.87	0.95	31.71	11.00
First Midwest Bancorp	FMBI	100	26.71	1.91	13.98	0.85	19.98	11.50
Fortune Brands	FO	90	46.51	3.29	14.14	0.90	30.64	14.50
Freddie Mac	FRE	100	59.05	5.31	11.12	1.00	28.76	12.00
Gen'l Electric	GE	100	24.35	1.72	14.16	1.30	30.47	11.00
Golden West Fin'l	GDW	90	71.81	5.98	12.01	0.90	32.21	16.00
Horton D.R.	DHI	90	17.35	3.10	5.60	1.35	42.39	17.50
Household Int'l	HI	100	27.81	4.79	5.81	1.45	36.90	11.50
IHOP Corp	IHP	100	24.00	2.05	11.71	0.80	30.49	11.50
Johnson Controls	JCI	95	80.17	6.67	12.02	1.00	29.13	11.00
Kroger Co	KR	100	15.45	1.66	9.31	0.95	31.68	12.50
Lincoln Elec Hldgs	LECO	90	23.15	1.86	12.45	0.75	37.04	11.00
Magna Int'l 'A'	MGA	95	56.15	6.49	8.65	0.90	27.29	10.50
Moog Inc 'A'	MOG.A	95	31.04	2.67	11.63	0.80	50.50	10.50
North Fork Bancorp	NFB	90	33.74	2.60	12.98	1.05	26.36	12.50
PMI Group	PMI	100	30.04	3.97	7.57	1.05	39.16	12.00
Polaris Inds	PII	100	58.60	4.60	12.74	1.00	33.72	12.00
Popular Inc	BPOP	100	33.80	2.68	12.61	0.85	29.27	12.00
Roslyn Bancorp	RSLN	90	18.03	1.85	9.75	1.00	30.14	14.50
Ruby Tuesday	RI	95	17.29	1.35	12.81	0.80	39.72	19.00

續附錄 5.1

公司名稱	股票代號	獲利可預測度	股價（美元）	目前每股盈餘（美元）	目前本益比	貝他值	標準差（%）	未來五年每股盈餘預期成長率（%）
Ryan's Family	RYAN	100	11.35	1.16	9.78	0.70	34.86	11.50
Safeway Inc	SWY	95	23.36	2.57	9.09	0.80	31.50	12.00
SouthTrust Corp	SOTR	100	24.85	1.89	13.15	1.00	32.02	11.00
TCF Financial	TCB	90	43.69	3.30	13.24	1.05	28.52	12.50
Teleflex Inc	TFX	95	42.89	3.13	13.70	0.95	32.89	10.50
Universal Forest	UFPI	90	21.32	2.08	10.25	0.80	34.15	12.00
Washington Federal	WFSL	90	24.85	2.32	10.71	0.90	32.91	11.50
WellPoint Health Ntwks	WLP	95	71.16	4.85	14.67	0.80	29.66	21.50
Wendy's Int'l	WEN	95	27.07	1.95	13.88	0.60	34.37	14.50
Zions Bancorp	ZION	100	39.35	3.82	10.30	1.05	31.19	10.50

06
好公司與壞股票

好公司不一定是好投資，壞公司有時候卻是絕佳投資。

裴卓的搜尋卓越策略

　　裴卓熱衷於閱讀管理策略相關書籍，她深信自己能找到用股票獲利的方法。畢竟，她讀的那些暢談策略的書，通常都附有管理最出色與最糟糕企業的案例研究，也會談到那些公司裡的經理人具備（或不具備）哪些技能。她只要找到市場裡營運最成功的公司，把錢投進去，報酬自然跟著來。憑著一點運氣，裴卓在《財富》雜誌上找到了一張列有全美 20 家最出色公司的清單，很快地，她就把這 20 家公司全加進她的投資組合當中。裴卓買進這些股票時，注意到三件事。第一，這些股票的本益比與競爭對手相較之下很高。第二，共同基金和退休基金大量持有這些股票。第三，股票分析師預期這些公司未來還有很高的獲利成長性，裴卓認為這是一件好事。

　　一年後，裴卓很失望。雖然投資組合裡的多數公司還是人們眼中經營得當、管理完善的公司，但股價表現不佳。事實上，她發現

市場以負面的反應來對待她認為的公司好消息。比方說，獲利成長 25% 通常被歸類成壞消息，因為投資人預期成長率能達 35%。更糟糕的是，投資組合裡有兩家公司的經理人終於露出無能的真面目、一點都不優秀，這兩家公司因此跌落神壇，裴卓在這兩檔股票上也虧了很多錢。裴卓從這次的經驗裡學到教訓，她決定明年要把投資組合換成美國最差勁的 20 檔公司。

｜寓意：當大家覺得你的表現最出色，只做到很好就還不夠好。｜

買進有好產品與好管理的公司，投資報酬自然跟著來。這是多數無可挑剔的資訊來源對你說過一遍又一遍的故事。例如，巴菲特就說過一句名言，他說他買的是企業而非股票。就像其他投資故事一樣，這種說法也很能引起共鳴，因為這很符合直覺，也很有道理。畢竟，誰能反駁管理完善的企業比管理不當的更值錢這個主張？在本章，我們會發現從不同角度看問題時，這個故事就變得複雜許多。到底要投資眾人眼中管理妥善的好公司，還是名聲不佳的公司，才會讓你賺到錢？在本章，我們會討論為何投資好公司的策略可能無法幫你賺到錢，以及如果你要操作這種策略需要注意哪些地方。

故事的核心

　　管理出色的好公司長期來說應該是更佳的投資標的，這很符合直覺，說這套故事給投資人聽時，通常不太需要說什麼就能讓人信服。來看看以下買進好公司股票的理由：

- **有過去的績效當後盾**：如果去看長期在股票市場裡表現出色的那一群公司，你一定會發現管理得當、能為顧客提供所需產品的公司都榜上有名。據此，有些投資人與投資顧問就主張，你應該把資金投資在有好產品與好管理的公司上，長期自然能因為這些投資而有收穫。你會聽說，好管理長期能創造更高的報酬成長，同時也替公司找到新的投資機會。
- **管理得當的公司風險較低**：鼓吹買進管理得當的公司還有第二個理由。投資時你要面對的其中一個風險，是經理人很可能做出不當或時機錯誤的決策，導致公司損失價值。而管理完善的公司在這方面的風險就比較低。因此，成長性較高加上風險較低，長期下來應是勝利組之一。

什麼叫做好公司？

　　何謂好公司？這很難有定見，因為你可以用很多面向來衡量一家公司是否出色。有很多人用財務成績來衡量公司好不好，而好公司可以賺得高投資報酬率，並且明智地再投資手上的資金。有人相信好公司是指，經理人會傾聽並因應股東的最佳利益，在這方面，企業治理是關鍵。最後，還

有人相信好公司不僅會回應股東，也重視包括客戶、員工和社會在內的其他利害關係人。因此，你很可能會發現有些公司以某些標準來說有上榜，但在另一些標準上卻表現不佳。比方說，奇異在傑克・威爾許（Jack Welch）治下財務成果豐碩，但是企業治理卻很薄弱。反之，1990 年代，班傑利冰淇淋（Ben & Jerry's）在社會責任方面表現名列前茅，同期的財務結果卻慘不忍睹。

財務表現

要衡量一家公司好不好、該公司的管理階層在經營公司上表現如何，最簡單直接的指標就是公司的財務表現。經營得法的公司應能以最便宜的價格籌得資本，把資金花在刀口上，替資本找到值得的標的。在這個過程中，就能讓公司的投資人富起來。

多數想要衡量公司成就的品質指標，著重的就是這些面向。要評估一家公司籌措與投資資本的成績，你可以檢視公司投入資本賺得的報酬率與資本成本，兩者的差異便是公司創造的超額報酬，同時也能反映出其競爭優勢。這項超額報酬的金額稱為經濟附加價值（economic value added），是 1990 年代經理人和顧問服膺的指標，定義如下：

經濟附加價值＝（投資資本報酬率－資本成本）×（已投資資本額）

舉例來說，一家公司的資本報酬率為 15%、資本成本為 10% 並投資了 1 億美元，經濟附加價值就是：

經濟附加價值＝（15% － 10%）×（1 億美元）＝ 5 百萬美元

經濟附加價值為正值，意指該公司的資本賺得的報酬高於成本，數值的大小則代表這段期間內公司創造的超額價值。比起化成百分比形式的指標，這個指標會讓投資資本額大又賺得超額報酬的公司數字看來更漂亮，而這本來就是一件很難達成的成就。

要估計一家公司的股票是不是優質的投資標的，會比較簡單。你可以衡量你持有股票期間能賺得的報酬，只要把股價上漲的部分加上股利即可。但是，這麼做本身並無太大意義，因為你還必須掌握這段期間的大盤表現。你必須拿這個報酬，和同期間投資市場內風險相當的股票能賺到的報酬相比。而利用風險調整後的報酬，才能指出考量當期大盤的表現以及該檔個股的風險值後，這檔股票比起應得的報酬是多賺還是少賺。

企業治理

公開上市公司的經理人常忘了他們是替股東經營公司，反而將企業視為個人的疆土。衡量企業表現的指標之一，是經理人是否勤於回應股東。愈是樂於回應股東的公司，會比不聞不問的公司更受市場青睞。

不過，什麼才是衡量管理階層回應熱度的最佳指標？去聽聽經理人怎麼說根本是無益之舉，因為幾乎每一個人都會說他們心存股東的最佳利益。從經理人的所作所為當中尋找蛛絲馬跡也非易事。有一個實務上的替代方案是去看公司董事會如何組成，亦即公司高階經理人願意把多少權力讓給董事會。有些執行長採行世界通訊（Worldcom）和安隆等公司的戰術，找來親近人士組成董事會，其中董事很少、甚至根本不花時間去監督經理人在做什麼。反之，有些公司會找來資訊充分的專家，藉由董事讓自己保持警惕，要求他們提出尖銳的問題。

近年來，《商業週刊》（*Business Week*）根據幾項標準對美國大型企業

的董事會排名。他們考量董事人數、董事會裡內部人員（員工或顧問）的人數、執行長是否為董事長、董事會是否在沒有執行長介入之下定期獨立開會以評估表現並制定獎酬，以及董事在做決策時是否持有適量的公司股票。以 1997 年為例，企業董事會排名第一的是金寶湯公司（Campbell Soup），董事會裡僅有一名內部人士、執行長不干涉薪酬決策，且每一位董事都至少要買進 3,000 股公司股票。當年排名最低的是迪士尼的董事會，時任執行長麥可・艾斯納（Michael Eisner）用聽話的人填滿董事會，十七名董事中有七人都是公司裡的人，而執行長不僅是董事長，同時也是薪酬制定委員會中的一員。表 6.1 是 2002 年《商業週刊》列出的最好和最差董事會，以及各家公司上榜的理由。

表 6.1 2002 年《商業週刊》董事會排名

最佳董事會	最差董事會
1. 3M：九人董事會裡僅有一名公司內部人士，任何董事都與執行長無私人關係。	1. 蘋果：該公司的執行長也擔任董事，有利益衝突。
2. 阿帕力醫療保健公司（Apria Healthcare）：董事會裡有三名行動派股東（Shareholder activeist），執行長不兼任董事長。	2. 康塞科保險公司（Conseco）：執行長必會出席董事會。
3. 高露潔棕櫚：董事持有大量股份，也不擔任其他公司董事。	3. 迪拉德百貨（Dillard's）：七位董事（包括執行長的子女）和公司有關。
4. 奇異：近日董事會納入支持企業治理的人士。威爾許的退休配套方案仍是問題。	4. Gap：有大量董事與公司之間的交易，以及錯誤複雜的連鎖關係。
5. 家得寶：十二人董事會裡僅有兩人為公司內部人員。獨立董事定期在管理階層不出席的情況下開會。	5. 凱馬特（Kmart）：公司深陷泥淖時，董事會很被動。
6. 英特爾：沒有公司內部人士，另設首席董事來制衡。	6. 奎斯特通訊（Qwest）：外部董事均無奎斯特核心業務的相關資歷。
7. 嬌生：董事持有大量股票，若有擔任其他公司的董事，兼任不超過四家。	7. 泰森食品（Tyson Foods）：十五名董事裡有十名和公司有私人關係。
8. 美敦力（Medtronics）：董事定期開會，執行長不出席。	8. 全錄：太多董事擔任過多其他公司的董事。

續表 6.1

最佳董事會	最差董事會
9. 輝瑞：審計、提名或薪酬董事會裡都沒有任何公司高階主管。	
10. 德州儀器（Texas Instruments）：董事大力投資公司。	

資料來源：《商業週刊》。

2002 年出現幾樁企業醜聞，許多公司的投資人發現功能不彰的董事會容許執行長胡亂經營，之後就催生出很多其他服務，以因應企業治理的需求。隨著這些服務機構自行設計出企業治理的指標，《商業週刊》無疑將遭遇競爭。

社會責任

公司好壞大大影響股東，但也有其他群體會受到經理人的決策影響，比方說員工和顧客，當公司決定要善待股東可能會對這些人造成負面衝擊，社會也可能會因為讓股東致富的決定而承擔成本。事實上，支持所謂平衡計分卡（balanced scorecard）的人主張，傳統財務分析太看重公司如何服務股東，過於忽略他們為公司的其他利害關係人做了什麼。他們說，好公司要在財務上交出好成績給股東，但同時也要為員工、顧客和社會帶來益處。

如果接受這個論點，你就要面對一個實務上的問題：如何衡量公司為社會創造的利益？很多人嘗試量化這些益處，但當中有很多是質化的益處，這一點代表任何衡量社會的指標都都是質化的，而且很主觀。事實上，多數「企業公民」（corporate citizen，按：企業視自己為社會公民，不僅

為社會提供價值，也履行應盡的義務與責任）的排名都是以調查為基礎，有些以一般大眾為受試者，有些則是以同業的其他公司為對象。就以《財富》雜誌編製其知名的年度十家最受推崇公司列表為例，負責調查的是顧問公司合益集團（Hay Group），他們選擇 58 個產業裡的前十大企業（以營收為根據），也納入海外公司的大型子公司。之後，他們會請 1 萬名高階主管、董事與證券分析師，選出自己最讚賞的十家企業，不分產業。受試者也要替自己所屬產業內的公司評分，標準有八項：創新、財務穩健度、員工人才、公司資產的運用、長期投資價值、社會責任、管理品質，以及產品和服務的品質。為了算出各家公司最後的分數（這個分數決定他們在所屬產業裡的排名），他們會把受試者針對八項標準打出來的分數加以平均。2002 年十家最受尊重的公司如表 6.2 所列。

表 6.2　2002 年最受人推崇的公司，《財富》雜誌調查

排名	公司
1	奇異
2	西南航空
3	沃爾瑪超市
4	微軟
5	波克夏海瑟威
6	家得寶
7	嬌生
8	聯邦快遞
9	花旗集團
10	英特爾

資料來源：《財富》雜誌。

這張列表發布的時間是 2002 年初，表上有些公司在當年陷入麻煩，比如花旗集團在安隆危機中扮演的角色、奇異的某些財務決定，和威爾許

的薪資問題等等。等到 2003 年時，其中一家可能無法再上榜，甚至兩家都可能落馬（按：2003 年時奇異第五名，花旗已掉出榜外）。

理論基礎：將品質變成價值

管理良好又擁有出色產品的公司，應該比不具備這些特質的公司更有價值，少有人反對這種說法。事實上，多數估值方法都納入這些效應作為參考，得出的價值也會反應出這些因素。

現金流量折現估值法的影響因素

不管任何公司，其價值會隨著這家公司從現有投資創造的現金流、現金流的預期成長率，以及投資所需的資本成本而變化。在估值中，擁有出色經理人與做出好投資選擇的公司，能在幾個面向上得到肯定：

● 首先，最明顯的是目前的獲利。有好專案與出色經理人的公司，提報的現有投資獲利應該比較高，而更高的獲利應能提高價值。

● 公司的獲利成長取決於公司如何將資金重新投入業務，以及投資選擇有多明智。能找到更多高報酬投資機會的公司，成長率較高，價值也就更高。

● 每一家公司都會在某個時間點成為成熟的企業，只能賺到資本的成本（沒有超額獲利），成長率也低於整體經濟。而做出正確策略性選擇並累積出可觀競爭優勢的公司，或許得以延遲或拒絕這一天的到來，隨之而來的高成長率將會提高價值。

● 最後，擁有出色經理人的公司，或許可以改變債務和股票的組合及使用的債務類型，以降低資產的融資成本（資本成本）。

微軟和沃爾瑪就被視為典範，因為這兩家公司即便規模極大，看來仍能以很健康的成長率提升獲利。如果你認為這是傑出管理帶來的成果，在假設出色的管理將繼續帶動公司成長並賺取高額報酬的前提下，你很可能會看重卓越管理，而這又回過頭來帶動了他們的價值。

當你在估值中納入卓越管理與出色產品的影響，就可以避免估算公司價值時最嚴重的一項危機，亦即把不理性、也無法長久持續下去的成長率合理化。也就是因為這樣，你會聽到有人說網路零售商一年成長率可達60%，因為他們的線上零售市場極大；可口可樂一年能成長20%，因為公司有很出色的品牌。說法裡當然有部分屬實，但是，去思考這些質化觀點如何轉化為成長的量化元素，是達成一致性估值的重要一步。

不同的投資人會不會考慮了同樣的質化因素卻得出不同結論，對於這些因素如何影響資本報酬率、毛利率、再投資報酬率，和隨之而來的成長意見分歧？當然會。事實上，你可以預期眾人對於未來的看法大相逕庭，並得出不同的價值估計值。以現金流量折現法估出的公平估值中，都已經將公司的管理比較好或是擁有的品牌比較強大等因素納入考量，最後轉換成價值。因此，沒有理由再為了出色的管理支付額外的溢價。

經濟附加價值與超額報酬模型

前一節定義了經濟附加價值由投資資本報酬率、資本成本以及已投資資本額決定。若想了解經濟附加價值與公司價值之間的關係，我們可以從已投入現有資產的資本額、預期從這些資產以及未來新投資當中獲得的超

額報酬來看：

公司價值＝現已投資的資本＋未來幾年的預期經濟附加價值現值

公司的價值是已投入於資產的資本，以及未來經濟附加價值現值這兩者的加總。

假設一家公司投入現有資產的資本為 1 億美元，並假設公司預期本項投資能賺得 1,500 萬美元的稅後營業利益，長期的資本成本是 10%。我們可以使用這些數字，估算出每年得出的經濟附加價值。

經濟附加價值 ＝ 1,500 萬美元 － 10%×1 億美元 ＝ 500 萬美元

先估算長期的預期經濟附加價值現值，就可以估算公司從這些要素當中創造出來的價值。由於預期都會有 500 萬美元的經濟附加價值，而資本成本為 10%，現值就是：

加總後經濟附加價值的現值＝ 500 萬美元 / 0.10 ＝ 5,000 萬美元

把這個數值和公司已經投資的 1 億美元資本相加，就得出公司的價值為 1.5 億美元。

公司價值＝已投資資本＋加總後經濟附加價值的現值
＝ 1 億＋ 5,000 萬美元＝ 1.5 億美元

若預期公司未來的專案可以產生超額報酬，計算就會比較複雜一點，

但估值的基本架構不變。當中的重要洞見是，一家公司是藉由賺得高於資本成本的報酬來創造價值。如果一家公司可以從投資當中賺得遠高於成本的報酬，成長率將會很可觀，會成為一家規模更大、但不見得更有價值的公司。

另一種呈現相同結果的方法是，檢視市場附加價值（market value added）。市場附加價值指的是公司價值與已投資資本之間的差額，這個範例中公司價值是 1.5 億美元、已投資資本為 1 億美元，當中的差額就是 5,000 萬美元。唯有投資報酬率高於資本成本時，這個數值才會是正值，而且是兩個數值差額的遞增函數。反之，如果資本報酬率低於成本，這個數值就為負值。

如果你得出結論，認為擁有更好的管理、優越的產品，或更高效董事的企業的最終回報，是賺得更多、更長久的超額報酬。那麼，你應該要看到，一家擁有這些特質的公司，其價值高於不具備這些特質、但其他方面相似的公司。

檢視證據

由於何謂好公司的定義眾說紛紜，必須將證據依定義分門別類，也就不足為奇了。本節一開始要先檢視，公司從專案中賺得的超額報酬，與這些公司股票賺得的報酬之間有何關係。之後，我們要檢視更強效的企業治理或社會良知，是否能為投資人轉換成更高的股票報酬。這一節到結尾時，會檢視相關服務機構在尋找出色投資標的時的表現，看看他們如何根據品質來替企業排名（大致上可想而知都是各種因素的綜合）。

預期心理與股票報酬

經濟附加價值提高，是否能帶動市場股價？答案是，經濟附加價值高通常會提高公司的價值，但可能、也可能不會拉高股價，這是因為市場已經把對於未來經濟附加價值的預期，納入價格當中。因此，像微軟這樣的公司，市場定出價格時就已經做了假設，預期公司長期會賺得高額、而且愈來愈高的經濟附加價值。

公司發布賺得更高的經濟附加價值，會導致市場價值上漲還是下跌，大致上端看市場預期經濟附加價值如何變動。以成熟公司來說，市場可能預期經濟附加價值不會增加、甚至還會下降。因此，發布成長訊息就會是好消息，帶動市場價值上漲。有些公司則被視為成長機會大，他們背負著要提報經濟附加價值成長的期待。因此，如果公司發布的成長幅度不如預期，市場價值就會下跌。投資人對此不應訝異，因為他們幾十年來早就從每股盈餘上看到了同樣的情形：一家公司發布的獲利訊息要根據預期值來判斷，能帶動股價的是意外消息。

因此，我們不應期待經濟附加價值的金額大小和股票報酬、甚至經濟附加價值的變動值與股票報酬之間有相關性。提報經濟附加價值成長金額最高的股票，不一定能為股東帶來最高報酬。[1] 美林證券（Merrill Lynch）的李察·柏恩斯坦（Richard Bernstein）做了一項研究，檢視經濟附加價值與股票報酬之間的關係，確認了這些假說。

1　Kramer, J. R., and G. Pushner, 1997, *An Empirical Analysis of Economic Value Added as a Proxy for Market Value Added*, Financial Practice and Education, v7, 41-49. 本項研究發現，營業利益的差額比經濟附加價值的差額更能解釋市場價值。但在 1996 年，歐拜恩（S. F. O'Byrne）發現，經濟附加價值可以解釋五年期間超過 55% 的市場價值變動（*EVA and Market Value,* Journal of Applied Corporate Finance, v9(1), 116-125）。

- 一個由 50 家經濟附加價值絕對值最高的公司組成的投資組合，自 1987 年 2 月到 1997 年 2 月間的平均年報酬率為 12.9%，而標普 500 指數同期間的年報酬率為 13.1%。[2]
- 一個由 50 家前一年經濟附加價值成長率最高的公司組成的投資組合，同期間年報酬率為 12.8%。[3]

簡而言之，只是因為公司前一年賺得高額超額報酬，或前一年超額報酬成長幅度最大而投資，並非贏家策略。

企業治理的報酬

擁有強大的董事會和堅守企業治理原則的公司，比起缺乏這些特質的公司，是否為更好的投資標的？整體而言，雖然回答這個問題的證據正反皆有。但是，當公司賦予股東更多權力，股價顯然多半會上漲。

先來看印證董事會與價值之間關係的證據。研究人員指出，規模較小、比較積極的董事會，相較於規模龐大、比較被動的董事會，前者的股價較高。資誠（Price Waterhouse）檢視各國的企業治理情形，總結認為，與企業治理較弱的國家相比之下，企業治理較強國家的公司股票交易價格有明顯溢價。[4] 但是，少有證據支持買進企業治理較強公司的股票，就能創造較高的報酬。

最支持根據企業治理原則做投資大有可為的研究，都是檢視強化或弱化企業治理的行動，以及這些行動對股價造成的結果。舉例來說，當公司

2　請見 1997 年 12 月 19 日美林證券發布的《量化觀點》（*Quantitative Viewpoint*）。

3　請見 1998 年 2 月 3 日美林證券發布的《量化觀點》。

4　Price Waterhouse, *The Opacity Index*, www.pricewaterhouse.com.

採行嚴格的反收購修正案，或為了給現任經理人更多投票權利，而改變股份投票權制度，都會造成股價下跌，因為這兩項行動都會弱化企業治理。反之，當更換經理人或宣布發動委託書爭奪戰，這兩種行動都會強化治理，股價多半會上漲。

社會責任的報酬

過去十年，很多基金成立時以特定投資人為訴求，這些人的希望是避開心目中無視於社會責任的企業。雖然社會責任的定義會因為基金不同而有所差異，但這些基金的經理人都主張，投資「有道德」的公司長期能創造更高的報酬。也有很多人反對，後面這群人認為，限制投資選擇只會壓低報酬，而非提高。

有一項研究的結果讓這兩群人都不滿意，該研究檢驗 103 檔美國、英國和德國的道德基金從 1990 年到 2001 年的績效，發現這些基金和傳統基金的超額報酬無明顯差異。[5] 對於期待社會責任能帶來經濟報酬、而投資這些基金的人來講，這是個壞消息。然而，對於出於利他理由而投資這類基金、並預期要履行社會承諾一定得付出代價的人來說，卻是好消息。

更廣義的好公司

我們可以用好公司的定義太過狹隘這個理由，來非議以上引用的所有研究。這些研究所說的好公司，都是指能夠賺取超額報酬、擁有更高效董事會，或更能善盡社會責任的公司。你可以主張好公司必須具備上述所有

5　Bauer, R., K. Koedijk and R. Otten, 2002, *International Evidence on Ethical Mutual Fund Performance and Investment Style*, Working paper, SSRN.

特質，但採用更廣泛的好公司定義，或許能為投資人創造更出色的成果。

投資卓越公司

湯姆・彼得斯（Tom Peters）多年前寫過一本很多人讀過、關於如何尋找卓越公司的書。他在書裡列出一些他認為讓卓越公司有別於市場其他企業的特質。[6] 蜜雪兒・克萊曼（Michelle Clayman）不質疑他的標準，而是另闢蹊徑，找出在各項標準之下都排不進榜的公司。她集結一群和卓越完全沾不上邊的公司，拿來和出色的公司相比。表 6.3 是這兩群公司的統計數據摘要。[7]

表 6.3　財務表現比較：卓越與非屬卓越企業的對比

	卓越企業	非屬卓越的企業
資產成長率（%）	10.74	4.77
股價成長率（%）	9.37	3.91
資本報酬率（%）	10.65	1.68
股東權益報酬率（%）	12.92	-15.96
淨利率（%）	6.40	1.35

卓越的公司顯然財務狀況較佳，獲利能力也高於非屬卓越的公司，但這些是更好的投資標的嗎？圖 6.1 比較卓越與非屬卓越公司股票產生的報酬。

卓越的公司或許財務狀況較佳，但非屬卓越的公司是比較好的投資標的，至少在研究期間（1981 年至 1985 年）是如此。1981 年用 100 美元投資非屬卓越的公司，到了 1986 年會增值為 298 美元，在此同時，投資

6　Peters, T., 1988, *In Search of Excellence: Lessons form America's Best Run Companies*, Warner Books.

7　Clayman, Michelle, 1994, *Excellence Revisited*, Financial Analysts Journal, May/June, 61-66.

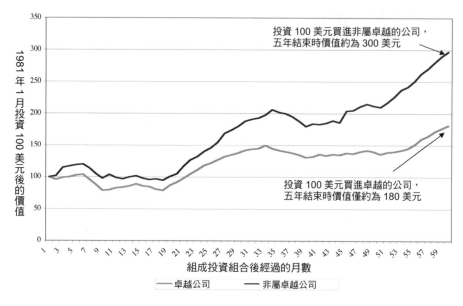

圖 6.1 卓越與非屬卓越公司比較

資料來源：克萊曼。本圖顯示拿100美元各投資卓越與非屬卓越公司，六十個月後的價值。

100美元買進卓越公司，只增值為182美元。雖然本項研究並未控制風險，但確實提出一些證據指出，好公司不一定是好投資，壞公司有時候卻是絕佳投資。

標準普爾的股票評等

評等機構標準普爾會像評定債券一樣，也給股票一個品質評等。而根據標準普爾的準則，A級股票的品質優於B+級股票。這些評等的基礎是財務指標（例如獲利率和財務槓桿），以及標準普爾對於該公司的主觀評等。圖6.2摘要不同評等股票賺得的報酬。評等最低的股票報酬最高，評等最高的股票報酬最低。

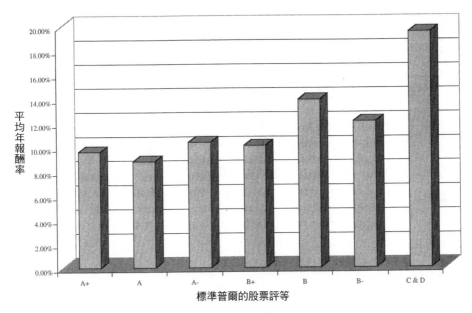

圖 6.2　1982-1991 年，標準普爾不同評等股票的年報酬率

資料來源：標準普爾評等。圖中顯示各評等股票的年報酬率。

　　同樣的，這些結論都非決定性的。因為低評等股票的高報酬，很可能正好反映了這些公司在投資人眼中風險較高。但確實點出了買進高評等股票、並期待賺進高報酬的投資人，很可能只賺到失望。

《財富》雜誌的評等

　　之前有一節提到《財富》雜誌如何編製每年最受推崇的企業清單，過程中，《財富》雜誌也會提報財富 500 大企業的分數（根據對高階主管與分析師的調查結果）。有一項研究檢視，從 1983 年到 1995 年，投資《財富》雜誌每年所列 50 家最受推崇與 50 家最不受推崇企業的報酬，結果很有看頭。最受推崇的公司在組成投資組合後的五年報酬率達 125%，最不

受推崇的報酬率則為 80%。即便針對風險以及公司特性差異進行調整，兩者的報酬仍有差異。在研究的十一年期間，有八年都是最受推崇企業的投資組合報酬率，勝過最不受推崇的企業。

這些結果和其他檢視卓越公司以及標準普爾評等公司的研究相反。一個可能的解釋是，《財富》雜誌透過調查納入了更多質化因素，這些質化因素很可能正是附加價值的來源。不論理由為何，這的確給了偏愛優質公司的投資人希望，相信得出一個代表品質的綜合指標，或許真的可能帶來高報酬的回報。

進行運算

檢視市場裡的各家公司賺得的超額報酬，或許可以讓我們一探好公司應具備的特質。一開始，我們要先來看美國各家公司的超額報酬與經濟附加價值的分布情形，之後再來討論其他的公司指標品質，以及以各個指標來說，又有哪些公司可以上榜。

不同產業的超額報酬概況

和公司管理品質關係最緊密的財務指標，是一家公司賺得的投資超額報酬率，亦即投資資本報酬率和籌資資本成本間的差額。這個指標涵蓋所有管理層面。畢竟，做出好投資的能力會反映在資本報酬上，而如能善用不同的資本來源，則可以降低資本成本。

資本報酬率高於資本成本就能創造正值的超額報酬，有些公司更能賺得遠高於成本的溢價。在另一個極端，則有某些公司的資本報酬率不僅為

負值,數值還極大,在此同時更面臨高昂的資本成本。圖 6.3 顯示 2001
年美國公司賺得的超額報酬分布情形。

你應該注意到這僅是一年的數據,圖表上是 2001 年的統計資料。在
這個案例中,當年的衰退影響了許多週期性產業的公司獲利(以及資本報
酬率),導致這些公司的超額報酬為負值。即便有前述的限制,但仍能看
出各家公司在超額報酬上的表現大相逕庭。

不同產業的超額報酬大不相同。表 6.4 列出 2001 年正值與負值超額
報酬絕對數值最大的產業。

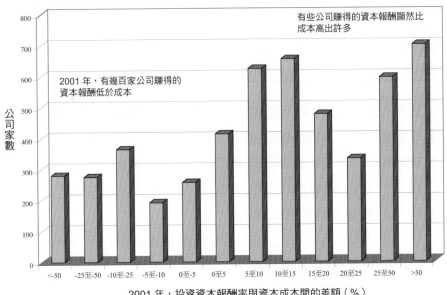

圖 6.3　美國股市裡各企業的超額報酬分布

資料來源:價值線公司。超額報酬指最近一年資本報酬率(帳面價值)與資本成本間的差額。

表 6.4　超額報酬最高與最低的產業

產業	投資資本報酬率 – 資本成本（%）	產業	投資資本報酬率 – 資本成本（%）
網路	-32.76	飲料（無酒精飲料）	13.94
電子商務	-17.78	家電	14.10
無線網路	-11.80	醫療用品	15.42
娛樂科技	-8.07	電氣設備	15.79
電信設備	-8.00	半導體資本設備	16.33
保險（產險／意外險）	-7.11	飲料（酒精飲料）	17.12
投資公司（海外）	-6.85	石油（整合型）	17.46
醫療保健資訊系統	-3.77	家用品	19.53
娛樂	-2.46	石油（生產）	19.92
預製房屋／休閒娛樂用車輛	-1.28	衛生用品／化妝品	20.30
不動產投資信託	-1.04	菸草	24.47
有線電視	-0.63	藥品	24.93

　　更深入檢視各個產業，能讓我們找到線索，指出超額報酬指標出現偏誤且有所限制。較年輕產業裡的企業多半處於生命週期早期，例如電子商務和無線網路，這些產業的超額報酬多半為負值，而且絕對數值很大。反之，進入門檻高的產業，比方說品牌響亮的飲料業和家庭用品業，以及有專利的藥品業，正值的超額報酬最高。

成功預測報酬的時機排行榜

　　為了平衡僅看最近一年超額報酬引發的偏差，你可以檢視更多代表公司很好的品質指標。許多曝光率很高的排名指標，像是《財富》雜誌的最受推崇企業排名，在考慮之後被排除了，因為這些都僅納入有限的公司家數。以《財富》雜誌的排名為例，僅列出 500 家公司。反之，這裡選用的

是價值線公司的時機排行榜（Timeliness Ranking），涵蓋近 1,700 家公司，歷史已經超過三十年。事實上，很多人研究過這個排行榜，並且證明這是一個很能成功預測期間內股票報酬的指標。價值線公司的分析師考量了各種因素，包括獲利能力、獲利成長率和獲利動能，得出整合性的時機排名，從表現最佳的第一級股票（時機最好）到表現最差的第五級股票（時機最差）。圖 6.4 呈現的是各個等級的公司家數。

從圖 6.4 可以看出，價值線公司追蹤的公司裡，約有半數都屬於平均水準，落入時機排名第三級。列在第一級的公司不到 100 家，排名最差的公司家數也相當。

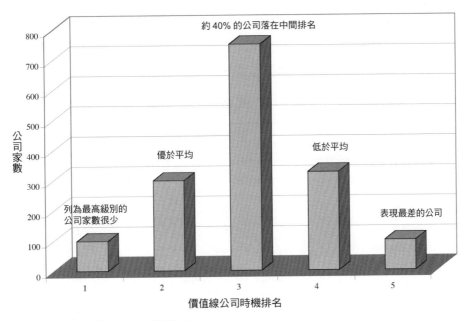

圖 6.4　價值線公司時機排名

資料來源：價值線公司。本圖列出價值線公司在每一個時機級別（1 代表最好，5 代表最差）的公司家數。

卓越公司清單

　　代表公司品質的指標五花八門，很難據此建構出一個好公司的投資組合。你可以找去年創造出最高超額報酬率的公司，但這樣做的風險就是得出一個由小公司（而且承擔高風險）組成的投資組合。我們要想到的是，小公司要賺得 50% 的資本報酬率，比大公司容易多了。為了平衡這一點，你可以選經濟附加價值最高的公司。然而，經濟附加價值的單位是金額，這會造成偏差、導致你偏向能創造高額超額報酬的極大型公司，並有把所有權重放在一年的財務表現上，忽略了其他質化因子之虞。

　　你可以融合量化與質化指標，去找最近一個會計年度（以本文來講的話，是 2001 年）經濟附加價值至少達 5,000 萬美元、同時超額報酬至少5%，且價值線時機排名第一級的公司。表 6.5 的清單列出了滿足以上條件的公司，這是我們在下一節要檢視的「好公司」投資組合。

表 6.5　經濟附加價值大於 5,000 萬美元，且時機排名第一級的公司

公司名稱	超額報酬 （%）	經濟附加價值 （百萬美元）
Dean Foods	5.55	280.10
MGM Mirage	7.82	610.87
Coca-Cola Ent	8.14	1,197.72
Walter Inds	9.36	240.59
AnnTaylor Stores	10.24	71.85
Nissan ADR	10.73	4,323.34
KB Home	11.04	277.90
Jo-Ann Stores	11.56	50.32
PepsiAmericas	11.76	317.98
Dentsply Int'l	12.03	157.27
Mandalay Resort	12.22	410.25

續表 6.5

公司名稱	超額報酬 （%）	經濟附加價值 （百萬美元）
Moog Inc 'A'	12.48	74.22
Constellation Brands	12.92	307.04
Harrah's	13.10	620.06
STERIS Corp	13.22	78.21
Sicor Inc	14.10	58.11
Hovnanian	14.23	125.55
Quanex Corp	14.53	68.36
Stericycle Inc	15.95	79.68
Watts Inds 'A'	16.05	58.44
Alliant Techsys	16.12	228.99
Schein (Henry)	16.71	125.08
PETsMART Inc	18.66	98.89
RARE Hospitality	19.39	50.68
Universal Health	19.39	292.11
Career Education	19.90	70.97
Amer Axle	20.10	281.46
Ball Corp	20.12	298.84
Lennar Corp	20.52	622.60
Fisher Scientific	21.89	214.53
Dollar General	22.09	315.66
Michaels Stores	22.45	186.67
AutoZone Inc	23.06	480.64
Tenet Healthcare	23.14	2,197.94
Whole Foods	23.18	153.96
Fortune Brands	23.18	705.54
Express Scripts	23.62	236.32
eBay Inc	24.27	178.11
Charles River	24.67	95.65

續表 6.5

公司名稱	超額報酬 （%）	經濟附加價值 （百萬美元）
ITT Industries	24.72	550.82
Reebok Int'l	25.64	171.71
IDEXX Labs	26.40	60.88
Winn-Dixie	26.94	373.02
Moore Corp	27.10	114.28
Lincare Holdings	27.41	261.41
Education Mgmt	28.13	81.27
Bio-Rad Labs 'A'	28.63	124.57
Anheuser-Busch	29.97	2,962.04
Procter & Gamble	30.04	7,514.72
Williams-Sonoma	32.92	160.95
Fossil Inc	33.43	69.25
First Health	35.85	186.59
Patterson Dental	36.28	132.71
Dial Corp	37.71	187.70
Sysco Corp	38.59	1,218.96
Forest Labs	40.90	414.55
Int'l Game Tech	42.40	386.49
Techne Corp	43.04	54.87
UnitedHealth	43.14	1,581.15
Block (H&R)	45.45	845.93
Winnebago	47.29	53.76
Varian Medical	47.66	111.58
Electronic Arts	51.68	227.13
Ross Stores	53.03	267.33
Humana Inc	63.67	334.55
CDW Computer	64.59	248.20
Chico's FAS	69.61	68.17

續表 6.5

公司名稱	超額報酬 （%）	經濟附加價值 （百萬美元）
Right Mgmt	74.04	51.89
Polaris Inds	76.33	165.18
NVR Inc	79.42	356.98
Apollo Group 'A'	171.27	183.58

故事的其他部分

　　買進經營得法的優質公司、期待這些公司的獲利成長能帶高股價，這種投資策略很危險，因為公司目前的股價已經反應了管理以及公司的品質。如果目前的價格正確（代表市場已經為了品質支付溢價），最大的危險就是公司長期下來逐漸失去光環，已經付出去的溢價也就付諸流水。如果市場誇大了優質管理的價值，就算公司交出預期中的成長成績，這套策略也會導致低報酬。唯有市場低估公司品質的價值，這套策略才有機會創造出超額報酬。

投資，是一場「預期」賽局

　　如果股價過高，公司再好也是壞投資。要理解這個看起來有所衝突的概念，關鍵是要認知到，投資是參與一場關於「預期」的賽局。如果投資人預期一家公司管理出眾並且據此決定了該公司的股價，但假設公司的管理水準僅是很好、還搆不上出眾的標準，投資人很可能就會下調價格。因此，若要衡量價格中納入了多少的期待，你可以檢視你買的股票與其他同

業相比之下的本益比。而明智的做法是，避開背負過高期待的公司（即本益比過高），就算那是一家好公司也不要輕易出手。圖 6.5 拿上一節建構的好公司投資組合以及市場其他公司，來比較平均本益比和股價淨值比。

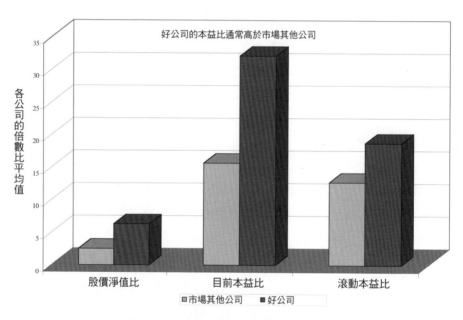

圖 6.5　好公司和市場其他公司的價格差異

資料來源：價值線公司。圖中顯示好公司與市場其他公司的各種倍數比平均值。

以圖中考量的每一種倍數比來看，市場顯然已經為被歸類為好公司的股票支付了溢價。以目前本益比來看，好公司的本益比約為市場其他公司平均值的 2 倍，至於目前股價淨值比，則為市場其他公司平均值的 2.5 倍。滾動本益比的差距小一點，但同樣明顯。

若要從 71 家好公司的樣本裡刪掉定價過高的公司，可以引進價格篩選標準。如果公司的股價淨值比超過 4 倍，或是目前本益比高於 25 倍，

就從樣本裡淘汰，剩下的 22 家公司如表 6.6 所示。

表 6.6　通過價格測試的好公司

公司名稱	股票代碼	所屬產業	股價淨值比	目前本益比
KB Home	KBH	住宅營造	1.67	8.51
Lennar Corp	LEN	住宅營造	2.15	8.54
Amer Axle	AXL	汽車零組件	2.05	9.53
Nissan Motor ADR	NSANY	汽車	2.59	11.26
Walter Inds	WLT	多元	1.16	11.85
Reebok Int'l	RBK	鞋類	2.06	14.41
Moog Inc 'A'	MOG.A	國防	1.75	14.76
Watts Inds 'A'	WTS	機械	1.83	15.16
Winn-Dixie Stores	WIN	雜貨	2.79	15.46
Constellation Brands	STZ	飲料（酒精飲料）	2.25	15.56
Hovnanian Enterpr 'A'	HOV	住宅營造	2.78	16.41
Fossil Inc	FOSL	零售（特殊產品線）	3.07	17.42
Rare Hospitality	RARE	餐廳	2.19	19.60
Fortune Brands	FO	多元	3.51	19.69
Humana Inc	HUM	醫療服務	1.56	20.08
Quanex Corp	NX	鋼鐵	2.14	20.78
Harrah's Entertain	HET	旅館／博弈	3.60	20.99
Mandalay Resort Group	MBG	旅館／博弈	2.13	21.13
Sicor Inc	SCRI	藥品	3.53	22.74
Bio-Rad Labs 'A'	BIO	醫療用品	3.66	23.53
Mgm Mirage	MGG	旅館／博弈	2.12	24.02
PepsiAmericas Inc	PAS	飲料	1.57	24.94

　　如果更嚴格緊縮條件，比方說股價淨值比不得高於 2.5 倍，個股數目
又會再少一點。

避開均值回歸的兩大準則

就算好公司的價格以目前的績效來看為公允定價，但你必須考量公司長期的變動可能性。事實上，有一種很強大的趨勢會使得部分公司隨著時間過去慢慢回歸平均，這個過程稱為均值回歸（mean reversion）。而這對於投資一般認為優於平均水準公司（比方說，範例中的好公司投資組合）的人而言，可能是一大危害。如果這些公司的表現往平均水準靠攏，價格也會隨之下滑。

要以避開均值回歸這一點來篩選投資組合，會比用避開定價過高作為標準更困難，但是有兩個可行的準則。第一是定價篩選，你可以只買進價格如一般公司的好公司。從實務上來說，這意味著你只能在公司的本益比或股價淨值比低於所屬產業的平均水準時才買進。第二是僅買進可以長期保有地位的公司，論點就是這些公司必然握有不會輕易消失的優勢。從實務上來說，如果是用經濟附加價值與價值線的時機排名，你可以僅買進過去三年，每年的正值經濟附加價值都高於 5,000 萬美元、且每一年都名列價值線時機排名第一級的公司。

若要篩選好公司投資組合、避開均值回歸，我們就刪去目前本益比高於所屬產業平均值的公司。表 6.7 用產業目前本益比的平均值來比對樣本裡的 22 家公司，進行一般性的定價篩選。

表 6.7　產業平均定價測試

公司名稱	股票代碼	所屬產業	目前本益比	產業目前 本益比平均值
KB Home	KBH	住宅營造	8.51	13.84
Lennar Corp	LEN	住宅營造	8.54	13.84
Amer Axle	AXL	汽車零組件	9.53	16.29
Nissan Motor ADR	NSANY	汽車	11.26	18.83
Walter Inds	WLT	多元	11.85	16.43
Reebok Int'l	RBK	鞋類	14.41	23.30
Moog Inc 'A'	MOG.A	國防	14.76	24.40
Watts Inds 'A'	WTS	機械	15.16	22.91
Winn-Dixie Stores	**WIN**	雜貨	**15.46**	**14.95**
Constellation Brands	STZ	飲料（酒精飲料）	15.56	23.97
Hovnanian Enterpr 'A'	**HOV**	住宅營造	**16.41**	**13.84**
Fossil Inc	FOSL	零售（特殊產品線）	17.42	27.63
Rare Hospitality	RARE	餐廳	19.60	22.77
Fortune Brands	**FO**	多元	**19.69**	**16.43**
Humana Inc	HUM	醫療服務	20.08	32.43
Quanex Corp	NX	鋼鐵	20.78	52.29
Harrah's Entertain	HET	旅館／博弈	20.99	23.59
Mandalay Resort Group	MBG	旅館／博弈	21.13	23.59
Sicor Inc	SCRI	藥品	22.74	24.20
Bio-Rad Labs 'A'	BIO	醫療用品	23.53	27.77
Mgm Mirage	**MGG**	旅館／博弈	**24.02**	**23.59**
PepsiAmericas Inc	PAS	飲料	24.94	34.64

　　4 家未通過測試的公司特別標示出來，這樣一來，能同時通過定價與
均值回歸測試的公司就剩下 18 家。

投資獲利心法

如果要簡單說明何謂高效的「好公司」策略，那就是你想要買進還未受市場肯定的好公司。畢竟，好公司的表現勝過同業，財務成績也非常傑出，市場怎麼可能看不到？答案很可能就藏在市場對於短期事件的反應。首先，面對好公司的利空消息時，就算訊息並不會顯著影響公司的長期價值，市場仍常常反應過度。假設可口可樂公司因為匯率波動（美元走強，導致海外獲利價值下跌），導致提報的每股盈餘下降，但是營業成果仍然出色（營收上揚、銷售的產品量增加等等）。如果可口可樂的市場價格因此大幅下滑，這就代表了反應過度，因為匯率效應長期下來會拉平。在股價反彈回來之前，你或許有機會以低廉的價格買進這檔股票。第二，整個產業、甚至整個市場很可能會因為業內或市場裡幾家公司的壞消息，而被拖累。舉例來說，2002 年時，所有能源公司都因為業內某些公司（安隆和世界通訊）發生一些災難性的大事，而蒸發高比例的市值。如果業內有些管理得宜的能源公司（一定有），你或許就能在整個產業都下滑時用低價買進。同樣的道理也適用於，新興市場中因為全國性的政經問題而出現波動的管理得當、經營得法公司。比方說，2002 年多家營運極為出色的巴西企業蒸發了四到五成的價值，原因是大家認為巴西動盪不安。你可以把這些公司加入投資組合中，當投資人體悟到自己犯了錯、市場反彈時，你便可從中獲利。

要組成一個由股價低廉的管理完善公司組成的投資組合，我們要用上一系列的刪選標準：

一、2001 年的經濟附加價值高於 5,000 萬美元：這個財務測試篩選標準找出在已投資資本專案中賺得超額報酬的公司。

二、2002 年 10 月要名列價值線公司時機排名的第一級或第二級：把標準放寬，也將列入第二級的公司納入樣本，是有必要的，因為時機第一級裡的公司僅有 99 家。加上這一條，你就能在其他面向上套用更嚴格的篩選條件。

三、股價淨值比低於 2.5 倍：這會刪掉股價淨值比明顯高於市場的公司。

四、本益比低於產業目前本益比的平均值：除了找到定價合理的公司以外，你也希望萬一公司的表現開始向業界的平均值靠攏，你能在下跌時獲得一些保障。

最後得出的 61 家公司如附錄 6.1 所示。

結語

管理得當、經營得法的公司，價值應高於不具備這些特色的公司，但這並不代表前者一定是好的投資標的。一家公司要成為好的投資，你要在正確的價格買入，本章的大部分討論，都意在落實這一點。

怎麼樣才叫好公司？由於你會檢視公司的多個面向，包括財務績效、企業治理和社會良心，看到不同的服務和機構提出各式各樣的優質公司列表，也就不讓人吃驚了。假設你建立一個綜合性的指標，納入所有因素並得出一張好公司的清單，你還要完成後續的步驟，針對定價是否合理來篩選這些公司。你也需要明白公司會朝向產業平均水準靠攏的長期趨勢，並且保障自己免因這種現象而遭受損失。

附錄 6.1　價格合理的好公司

公司名稱	股票代碼	所屬產業	經濟附加價值（百萬美元）	股價淨值比	預期未來成長率（％）	目前本益比	產業平均本益比
Omnicare Inc	OCR	藥局	154.81	1.71	19.50	21.99	57.31
Quanex Corp	NX	鋼鐵	68.36	2.14	11.50	20.78	52.59
Hercules Inc	HPC	化學（特殊）	332.42	1.48	8.50	0.00	23.48
Sunrise Asst. Living	SRZ	醫療服務	84.03	1.14	24.00	9.87	32.42
Korea Electric ADR	KEP	公用事業（海外）	5,046.16	0.57	7.50	4.22	26.29
Cendant Corp	CD	金融服務	1,225.77	1.67	16.50	12.12	34.14
Crown Cork	CCK	包裝	528.85	1.07	23.00	0.00	21.44
Shopko Stores	SKO	零售	122.82	0.52	4.00	12.78	30.08
US Oncology Inc	USON	醫療服務	125.38	1.15	14.50	15.62	32.42
Pacificare Health	PHSY	醫療服務	171.78	0.44	2.50	15.85	32.42
Owens-Illinois	OI	包裝	636.25	1.02	2.00	4.88	21.44
AutoNation Inc	AN	零售（特殊產品線）	266.62	0.89	17.00	11.71	27.63
Burlington Coat	BCF	零售（特殊產品線）	90.90	1.16	8.00	12.55	27.63
Brown Shoe	BWS	鞋類	58.36	1.11	8.00	10.02	23.30
Russell Corp	RML	服飾	91.31	1.02	7.50	12.75	25.87
Pep Boys	PBY	零售（特殊產品線）	117.30	0.87	20.00	14.84	27.63
Humana Inc	HUM	醫療服務	334.55	1.56	21.50	20.08	32.42
Dress Barn	DBRN	零售（特殊產品線）	63.02	1.88	9.00	15.78	27.63
Norsk Hydro ADR	NHY	化學（多元）	3,107.41	1.16	9.50	10.98	22.24
PepsiAmericas Inc	PAS	飲料	317.98	1.57	19.00	24.94	34.64
Moog Inc 'A'	MOG.A	國防	74.22	1.75	10.50	14.76	24.40
Ikon Office Solution	IKN	辦公設備／用品	142.25	0.75	15.00	14.36	23.62
Reebok Int'l	RBK	鞋類	171.71	2.06	15.00	14.41	23.30
Global Imaging Sys	GISX	辦公設備／用品	60.35	2.13	16.00	14.92	23.62
Jones Apparel Group	JNY	服飾	340.06	2.14	11.00	17.30	25.87
Constellation Brands	STZ	飲料（酒精飲料）	307.04	2.25	16.00	15.56	23.97
Paxar Corp	PXR	電子	52.04	2.05	12.50	18.01	26.09
Universal Forest	UFPI	建築	64.01	1.32	12.00	9.23	17.01
Watts Inds 'A'	WTS	機械	58.44	1.83	14.00	15.16	22.91
Republic Services	RSG	環境	409.77	1.83	11.00	15.17	22.75

公司名稱	股票代碼	所屬產業	經濟附加價值（百萬美元）	股價淨值比	預期未來成長率（%）	目前本益比	產業平均本益比
Dillard's Inc	DDS	零售	178.60	0.56	16.50	22.79	30.08
Centex Corp	CTX	住宅營造	444.67	1.27	17.00	7.02	13.84
Amer Axle	AXL	汽車零組件	281.46	2.05	14.50	9.53	16.29
Ryland Group	RYL	住宅營造	226.34	1.75	15.50	7.21	13.84
Ralcorp Holdings	RAH	食品加工	77.16	1.59	15.50	16.04	21.78
Kerzner Int'l Ltd	KZL	旅館／博弈	60.64	0.98	9.00	17.96	23.59
Pulte Homes	PHM	住宅營造	282.63	1.13	15.00	8.49	13.84
Kb Home	KBH	住宅營造	277.90	1.67	15.00	8.51	13.84
Lennar Corp	LEN	住宅營造	622.60	2.15	18.50	8.54	13.84
Coors (Adolph) 'B'	RKY	飲料（酒精飲料）	250.65	2.36	12.50	18.74	23.97
Pactiv Corp	PTV	包裝	395.74	1.60	17.00	16.38	21.44
Walter Inds	WLT	多元	240.59	1.16	20.00	11.85	16.43
Int'l Speedway 'A'	ISCA	遊憩	131.27	1.88	15.50	22.28	26.84
Honda Motor ADR	HMC	汽車	4,514.05	2.02	11.50	14.33	18.83
Beazer Homes USA	BZH	住宅營造	116.93	2.20	17.50	10.22	13.84
Harris Corp	HRS	電子	62.91	1.62	15.00	22.49	26.09
Horton DR	DHI	住宅營造	265.60	2.14	17.50	10.47	13.84
Rare Hospitality	RARE	餐廳	50.68	2.19	15.50	19.60	22.77
Exelon Corp	EXC	公用電力事業（東部）	4,153.18	1.77	10.50	9.93	12.99
Manor Care	HCR	醫療服務	323.75	1.94	19.50	29.60	32.42
BorgWarner	BWA	汽車零組件	196.46	1.06	8.50	13.70	16.29
Union Pacific	UNP	鐵路	2,060.02	1.56	10.00	15.44	17.93
Mandalay Resort Group	MBG	旅館／博弈	410.25	2.13	17.50	21.13	23.59
Albertson's Inc	ABS	雜貨	2,200.98	1.72	7.50	12.81	14.95
Johnson Controls	JCI	汽車零組件	1,167.42	2.47	11.00	14.80	16.29
Lear Corp	LEA	汽車零組件	759.97	1.53	15.50	14.87	16.29
Toro Co	TTC	家電	96.60	2.11	13.00	14.31	15.58
Teleflex Inc	TFX	多元	198.77	2.21	10.50	15.28	16.43
AnnTaylor Stores	ANN	零售（特殊產品線）	71.85	1.72	16.00	26.74	27.63
La-Z-Boy Inc	LZB	家飾／家具	101.50	1.82	10.50	17.25	17.97
Raytheon Co	RTN	國防	1,175.28	1.04	21.00	23.98	24.40

07
股票，成長吧！

所有投資人都夢想買進一家年輕的成長型公司，順勢搭上成長的列車賺得天價報酬。

茵美達的成長型投資組合

茵美達是很保守的投資人，她投資的先鋒 500 指數基金（Vanguard 500 Index）年年成長，但她很忌妒鄰居瑪莎。去年，瑪莎的投資組合報酬翻倍，因此跑來對茵美達示威。「妳的投資組合很無趣。」她說，「妳怎麼能期待靠這檔基金致富？」最後，茵美達請瑪莎提供一些建議，瑪莎說了自己的成功祕訣，她建議茵美達買進成長型股票。茵美達反對，指這類股票的價格已經很高，瑪莎要她別擔心，明年公司獲利也會成長，高本益比是助力，而非阻力。茵美達最後信服了，拿錢投資她找得到的最具成長性公司。

茵美達運氣不好，隔年的市況不佳，大盤下跌了 20%，茵美達的投資組合跌幅更大。其中某些公司提報的獲利有成長，但是不足以讓市場滿意，股價因此受挫。有些公司則隨著經濟走緩由盈轉虧。茵美達的投資組合損失超過一半，她唯一的安慰是瑪莎更慘。

茵美達學乖了，賣掉她的成長型股票，又把錢放回指數基金。

| 寓意：成長型股票上通常貼著高昂的標價。|

成長型股票讓人熱血澎湃，想大賺的投資人也因此受到吸引。如果你成功挑出正確的成長型公司並買進，報酬會很可觀。在微軟及思科還是成長型小公司時買入股票的投資人，會看到自己的投資在十年間成長 50 倍。那麼，遵循投資高成長率股票的策略，真的能帶來高報酬嗎？你在本章中會看到，成長型的投資策略很難成功，原因有幾個。第一，成長很可能是空想，非常少成長型的公司能不斷成長。第二，並非所有成長都有同樣的效果，有些成長可以創造價值，有些成長卻會毀了價值。最後，如果你支付了過高的價格，就算是世界上最具吸引力的成長，很可能也不值得買。

故事的核心

在活絡的市場裡，投資人相信成長很可能出現、甚至一定會出現，此時最容易推銷成長型股票。在這些樂觀的時刻，投資人很願意傾聽成長型的故事，他們至少會聽到兩個主題：

● **如果想要賺大錢，就買成長型股票**：如果你想要很快就有現金流進來，那就買債券。股票的誘惑力在於公司會隨著時間成長，營收與獲利可能成長兩倍、甚至三倍。你或許無法立刻收到股利、分享公

司的成長，但是隨著持股價值上揚，你就能分到一杯羹。高報酬可以讓你的小投資組合變大，你也可以從窮人變成富人，這就是應該買進成長型公司的理由。

- **如果你買對成長型的公司，就不用承擔額外的風險**：擁護成長型股票的人早就料到，你會擔心成長型公司的風險高於成熟企業，所以主張如果你挑對成長型公司投資，就沒有額外風險。畢竟，有很多公司都像可口可樂、微軟和沃爾瑪等企業一樣，找到持續成長的金鑰。如果你找出這些公司的共同模式或主題，就能在他們還是年輕成長型公司的時候先挑出來。

- **買進成長型股票能在稅務上享有更大的效益**：從歷史資料來看，股價增值的稅率比股利低很多。由於成長性高的股票的多數報酬來自於價格上漲，你不但能等到真正賣掉股票之後才繳稅，而且還可以少繳很多。

如果你不趨避風險、反而是尋求高報酬的人，就會受到吸引投資成長型股票，期望你的投資組合也可以中大獎、撈一票。這個故事也有比較溫和的版本，讓擔心一開始花了太高的價錢買進成長型股票的投資人安心：如果你買進價格合理的成長型股票，你從高成長當中得到的報酬遠足以支付你為了買股票花的錢。這套策略通常名為價格合理成長型策略（growth at a reasonable price，GARP），是許多成長型投資大師，如彼得·林區（Peter Lynch）的投資策略基礎。

理論基礎：成長型與價值型

　　一家未來應能創造高獲利成長的公司，基本上價值應高於成長性沒這麼高的公司。在其他條件不變之下，更高的成長性可以提高價值。但是，沒有其他條件不變這種事。要能用更快的速度成長，多半必須在業務上投資更多，就因為有這個條件，才導致出現「創造價值的成長」與「毀滅價值的成長」兩種不同的結果。區分兩者是良好成長型投資策略的重點。

現金流量折現估值中的成長

　　成長很有價值的主張無可辯駁，但投資人很可能為了追求成長支付過高的代價。本節一開始要先檢視決定成長的基本因素，之後延伸討論，檢視現金流量折現模型與相關估值中的成長價值。

決定成長的因素

　　嘗試估計一家公司的獲利預期成長時，我們多半會去看公司過去的歷史（以前的獲利成長性），以及追蹤該公司的分析師對於未來的獲利成長預估。然而，不管是歷史數據還是分析師的預估值，成長率這個變數都會影響價值，而且也會與企業的營運細節脫鉤。因此，要將成長納入價值當中，最穩當的方式是把成長想成：隨著企業為了未來所做的再投資以及再投資的品質而變化。上一章提過，一家公司的營業利益預期成長率，是由再投資比率（將稅後營業利益再投資到新資產上的比例，長、短期投資都算），以及公司的投資資本報酬率所導出。

營業利益預期成長率＝再投資比率 × 資本報酬率

利用衡量公司再投資多少金額以及公司再投資表現的股權指標，前述公式也可以類推到每股盈餘或是淨利。舉例來說，我們可以捨營業利益，改以淨利為基準，看看公司把多高比例的淨利再投資回業務中，同時僅看專案中的股權投資報酬率。前面這個比率稱為盈餘保留率（retention rate），後者也就是股東權益報酬率。

$$股權利益預期成長率＝盈餘保留率 \times 股東權益報酬率$$

為何要把成長連結基本面？這在兩個層面有用處。第一，是可以清楚說明成長絕對要付出代價。要加快成長速度，你必須再投入更多，這樣一來，能留做股利或是買回庫藏股的資金就少了。第二，這能讓你區分出什麼成長能創造價值、什麼則會摧毀價值。

現金流量折現模型裡的成長價值

為了簡化分析，我們先從前幾章提過的永久性成長模型開始。假設你投資一家公司，公司明年的預期淨利為 1 億美元，股東權益報酬率為 10%，權益成本為 10%。進一步假設你期望獲利成長率為每年 3%。要評估股權的價值，你要先估算這家公司要再投資多少，才能維持 3% 的成長率：

$$盈餘保留率＝股權獲利預期成長率／股東權益報酬率＝3\% / 10\%＝30\%$$

換言之，這些公司每年可以把 70% 的獲利拿來分配。這樣的話，股票價值可以寫成：

股票價值＝淨利 × 股利發放率 / （權益成本－預期成長率）
＝1億美元 ×0.70 / （0.10 － 0.03）＝ 10 億美元

接下來我們可以問一個很有用的問題：如果獲利不如預期，做不到永遠成長（假設獲利每年都是 1 億美元），公司的股票價值會怎樣？首先，我們要考慮維持零成長需要的盈餘保留率：

盈餘保留率＝ 0% / 10% ＝ 0%

公司可以把全部獲利拿來發放股利，所以你能根據以下公式來評估公司的股票價值：

股票價值＝淨利 × 股利發放率 / （權益成本－預期成長率）
＝1億美元 ×1.00 / 0.10 ＝ 10 億美元

換言之，這家公司的成長並未替公司的股票增值。

如果成長能拉高獲利，為何對價值毫無影響？如果你想一下股東權益報酬率和權益成本之間的關係，就能輕鬆解答這個問題。假設有一家公司就像這個案例一樣，股東權益報酬率恰好等於權益成本，那麼，公司從成長賺得的報酬（也就是未來更高的獲利），會剛剛好被為了成長必須支付的代價（為了維持成長所需的再投資資本）抵銷掉。

成長何時能創造價值？以前述的例子來說，假設公司的股東權益報酬率是 15% 而非 10%（同時，權益成本維持在 10%），並且獲利永遠以每年 3% 的比率成長。盈餘保留率和股票價值計算如下：

盈餘保留率＝ 3% / 15% ＝ 20%

股票價值＝ 1 億美元 ×0.80 /（0.10 － 0.03）＝ 11.43 億美元

這一次，股票價值就增加了 1.43 億美元，而這僅是因為公司賺的報酬率高於權益成本。

最後再來舉一個例子，假設這家公司投資的股東權益報酬率為 6%，獲利永遠以每年 3% 的比率成長：

盈餘保留率＝ 3% / 6% ＝ 50%

股票價值＝ 1 億美元 ×0.50 /（0.10 － 0.03）＝ 7.14 億美元

在這裡，成長反而導致股票價值減損了 2.86 億美元，這是因為公司的投資報酬低於權益成本。

在分析成長到底會增加還是減損價值時，重點是公司的投資品質，衡量品質的指標是投資報酬率與資金取得成本的兩者之差。一般來說，公司能賺得的股東權益（資本）報酬率若高於權益（資本）成本，將會為投資人創造價值。反之，公司賺得的股東權益（資本）報酬率若低於權益（資本）成本，就會減損價值。非常常見的情況是，投資人把焦點放在所謂的會計帳面獲利成長，卻忽略了前述的關聯，不太去關注公司在創造成長時到底有沒有效率。不讓人意外的是，提報高獲利成長的公司股價節節高升。但是，在某個時間點就得算總帳了。當那個時候到來，留下的就只剩失望的投資人。

相對估值中的成長價值

許多投資人喜歡用各種倍數比來衡量公司，比方說本益比或股價淨值比，不太喜歡現金流量折現模型。而高成長性公司的本益比也和基本面有關，這個結論和上一節相同。如果其他條件不變，預期獲利成長率高的公司本益比，應低於獲利成長率低的公司。但是，其他條件不變的前提並不成立，本益比和成長之間的關係也更複雜：

- 如果比較兩家成長率和風險概況相似、但股東權益報酬率不同的公司，你應預期股東權益報酬率較高的公司本益比，遠高於股東權益報酬率較低的公司。這個結論直接來自於上一節的討論：一切取決於公司創造成長的效率與對價值造成的效果。股東權益報酬率高的公司，創造成長的效率高於股東權益報酬率低的公司（指用較少的再投資金額即可達成相同的成長）。
- 如果比較兩家成長與股東權益報酬率相似、但風險水準不同的公司，你應預期風險水準較高的公司本益比較低。這是因為風險較高的話折現率就高，回過頭來會折損未來的價值。

成長、股東權益報酬率和風險之間錯綜複雜的關係，指向投資人應謹慎使用價值的基本原則。舉例來說，有一條廣為人應用的基本原則是，如果一檔股票的本益比低於預期成長率，這代表股票被低估了。這對於風險水準為平均值的股票來說或許成立，但高風險的股票可就不然了（這類股票的本益比應該要低許多）。

檢視證據

比起成熟的公司，成長型的公司是比較好還是比較差的投資標的？我們可以從幾個方面來回答這個問題。比方說，有研究員檢視投資高本益比的股票是否能賺得高報酬，而這類股票常常都是成長性高的股票。也有人採用比較精緻的方法，檢視定價合理的獲利高成長股票是否優於大盤。

高本益比策略

最簡單、但也是風險最大的成長型策略，是買進市場裡本益比最高的股票，背後的假設是成長型公司的未來成長性，將能帶來超額報酬。

整體證據

整體證據不太支持買進高本益比股票的策略。第三章在檢視股票時提過，買進低本益比的股票看來比買進高本益比股票的績效更好，而且好很多。圖 7.1 呈現從 1952 年到 2001 年，買進低本益比與高本益比股票投資組合的年報酬率差額。請注意，挑選這些股票的基準都是每年年初的本益比，報酬則是接下來這一年的報酬。

計算報酬時使用兩種不同假設。在等權重法裡，各個投資組合裡的各檔股票投資金額相同；在價值加權法裡，投資的比重根據公司的市值決定。不管是等權重基礎或是價值加權基礎，高本益比的股票表現都遜於低本益比的股票。事實上，正因為高本益比股票的表現持續落後，你才會看到學術界與實務界的研究都偏向價值投資。

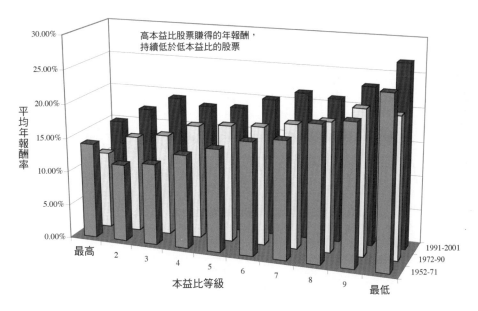

圖 7.1　1952-2001 年，不同本益比類別的報酬率

資料來源：法瑪和法蘭曲。股票根據每年年初的本益比分等級，衡量的是接下來這一年的報酬。

成長型策略擁護者的論點

　　既然前面已經點到了成長型策略績效不彰，你或許會好奇，為何這套策略能吸引到投資人？答案在於經濟循環。高本益比股票的表現也能長期優於低本益比股票。舉例來說，成長型投資在市場整體的獲利成長性很低時表現極佳，價值投資則在獲利成長性高的時候表現出色。我們可以從圖 7.2 中，看到每個期間低本益比和高本益比的報酬差額以及獲利成長。

　　比較成長型與價值型股票的表現時，我們看的是由本益比前 10% 股票（成長型）投資組合，與本益比後 10% 股票（價值型）投資組合的報酬差額。差額為正值，代表當年高本益比股票勝過低本益比股票。成長型投

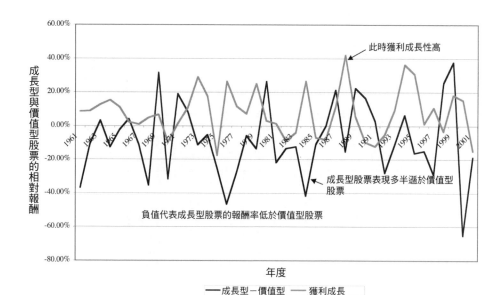

圖 7.2　成長型與價值型股票的相對績效與獲利成長

資料來源：法瑪和法蘭曲。圖中顯示本益比最高股票（成長型）和本益比最低股票（價值型）的年報酬差異。

資策略在獲利成長性低的年頭表現最好，這可能是因為這些期間成長型股票物以稀為貴，更受青睞；如果市場的獲利成長性低，預期獲利成長率高的公司就更少了。同樣的道理，當所有公司都提報高獲利成長時，投資人就不願意支付成長溢價。

　　成長型投資在長期利率接近、甚至低於短期利率（殖利率曲線斜率下降）時，表現也比較好。圖 7.3 顯示殖利率曲線斜率，與成長型／價值型股票表現之間的關係。

　　然而，支持成長型投資最有意思的證據，是打敗追蹤指數的主動式管理基金經理人比例。如果以投資經理人各自追蹤的基準指標衡量，勝過成長型指數的主動型成長股投資經理人比例，高於勝過價值型指數的價值投

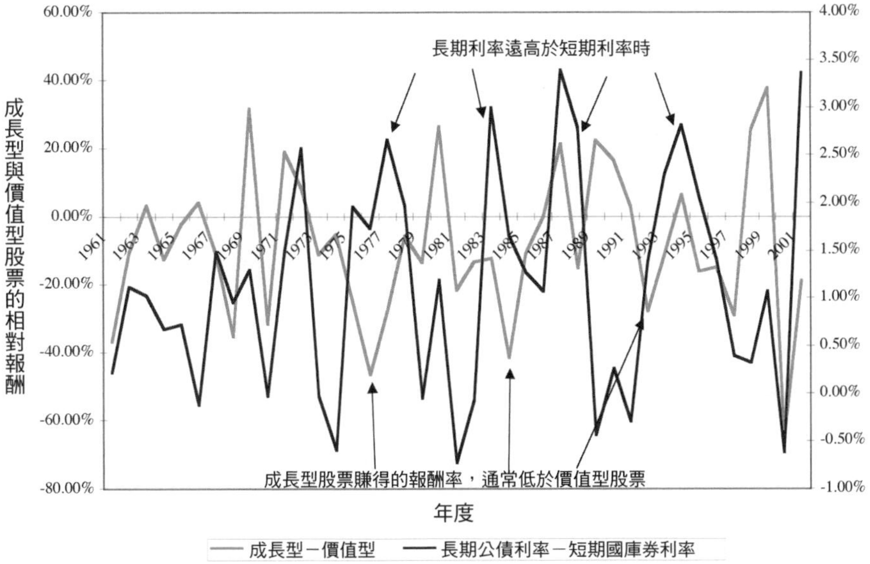
60.00%
40.00%
20.00%
0.00%
-20.00%
-40.00%
-60.00%
-80.00%
4.00%
3.50%
3.00%
2.50%
2.00%
1.50%
1.00%
0.50%
0.00%
-0.50%
-1.00%
成長型與價值型股票的相對報酬
長期公債利率－短期國庫券利率
長期利率遠高於短期利率時
成長型股票賺得的報酬率，通常低於價值型股票
1961
1963
1965
1967
1969
1971
1973
1975
1977
1979
1981
1983
1985
1987
1989
1991
1993
1995
1997
1999
2001
年度
成長型－價值型
長期公債利率－短期國庫券利率

圖 7.3 成長型與價值型股票的相對績效與殖利率曲線

資料來源：法瑪和法蘭曲。圖中畫出本益比最高股票（成長型）和本益比最低股票（價值型）的年報酬差異，對照長、短期利率的利差。

資經理人。墨基爾（Burton Malkiel）1995 年時以共同基金寫了一篇報告，提出更多證據佐證這種現象。[1] 他提到，在 1981 年到 1995 年間，就主動式管理基金而言，價值型基金的績效平均每年僅勝過成長型 16 個基點。但以指數而言，價值型指數平均每年比成長型高了 47 個基點。他認為這 31 個基點的差額是主動式成長型經理人相對於價值型經理人的貢獻。

1 Malkiel, B. G., 1995, *Returns from Investing in Equity Mutual Funds 1971 to 1991,* Journal of Finance, v50, 549-572.

GARP 策略

買進高本益比股票的策略，會讓很多成長型投資人卻步。他們主張，自己要做的是買進成長遭到低估的高成長股票。為了找出這類股票，他們發展出諸多同時考慮預期成長性和目前股票定價的策略。本節會討論其中兩種：買進本益比低於預期成長率的股票，以及買進本益成長比低的股票。

本益比低於預期成長率

最單純的 GARP 策略，是買進本益比低於預期成長率的股票。假設一檔股票本益比為 12 倍、預期成長率是 8%，就是一檔被高估的股票。反之，假設本益比 40 倍、但預期成長率為 50%，那就是一檔被低估的股票。這套策略最明顯的優勢是簡單，但也因為幾個理由變得很危險：

● **利率效應**：成長率創造的獲利要等到未來才能實現，因此，成長的價值要換算為現值。換言之，要評估未來預期獲利的投資人，要折現到現在。在成長率不變之下，利率很低時（會讓現值變高）換算下來的現值，會高於利率很高的時候。因此，一檔在利率為 7%、本益比 40 倍且預期成長率 50% 的股票，現值和利率為 5%、預期成長率不變但本益比為 60 倍一樣。運用這套策略的投資組合經理人，在利率高漲時找到更多更具吸引力的股票，也在新興市場（新興市場的利率多半較高）找到很多物美價廉的標的，也就不奇怪了。

　　檢視本益比低於預期成長率（預期成長率受政府公債利率影響）的公司比率，可以說明利率效應對於本益比和成長之間的關

係。1981 年時，美國政府公債利率來到 12%，超過 65% 的公司本益比低於預期成長率。1991 年，利率下跌至約 8%，股票本益比低於預期成長率的公司比率也減至約 45%。到了 1990 年代結束時，政府公債利率跌至 5%，本益比低於預期成長率的股票減至僅剩 25%。

● **成長率預估值**：運用這套策略從大量股票中篩選時，必得用上別人估計出來的成長預估值。有時候，是從數據服務機構取得所有追蹤該公司的分析師共識成長預估值。用這種方法時，必須思考：不同分析師的成長預估值品質會有差異，以及這些數值是否可以相容。由於預估成長率的時間最長不過五年，僅把眼光放在五年期的成長率，很可能會懲罰較長時間能創造更高成長率的公司。

　　另外也可能出現一種情況，那就是在利率低的環境下，很少股票能通過本項篩選標準，最後根本沒什麼投資標的。

本益成長比：定義與使用原則

　　相較於純粹對照本益比和預期成長率，另一種方法更有彈性，那就是用本益比除以預期成長率後得出的比值。這稱為本益成長比，廣受追蹤成長型公司的分析師和投資組合經理人應用。

　　本益成長比的定義，是本益比除以每股盈餘預期成長率：

$$本益成長比 = \frac{本益比}{預期成長率}$$

　　舉例來說，如果一家公司的本益比是 40 倍，預期成長率為 50%，本益成長比就是 0.80。有些人主張唯有在本益成長比低於 1 時才要多看，但

這樣的策略就相當於拿本益比和預期成長率相比。

考慮到一致性，這個估計式中使用的成長率是每股盈餘的預期成長率。不過，本益比的定義有很多種，估計本益成長比時要用哪一種？答案取決於你計算預期成長率時，用的是哪一種基礎。如果每股盈餘的預期成長率是以最近一年的獲利為基礎（目前盈餘），本益比就應該用目前本益比。如果基礎是滾動盈餘，本益比就應該使用滾動本益比。做本項計算時通常不會使用預期本益比，因為這會導致重複計算成長兩次。[2] 為了遵循一致性，在估算本益成長比時，樣本裡的所有公司都要使用同樣的成長估計值。這表示，不可以某些公司使用五年成長率，某些又用一年成長率。有一個辦法可以確保一致性，那就是群體裡所有公司都使用相同的獲利成長預估值。而像 I/B/E/S 或 Zacks 等資訊服務，都能為投資人提供分析師預估、多數美國企業的未來五年每股盈餘成長率。

那麼，分析師如何使用本益成長比？低本益成長比的股票被視為廉價，是因為你支付的成長代價比較低。本益成長比被當成一個不受成長數值影響的指標，可以用來比較預期成長率不同的股票。1998 年，摩根士丹利銀行在一項研究中納入這個指標，發現買進低本益成長比股票的策略能夠賺得高報酬，遠高於標普 500 指數。研究人員的結論來自於檢視從 1986 年 1 月到 1998 年 3 月，美國與加拿大各證券交易所 1,000 檔最大型股票的每年表現，並根據本益成長比分成十個級別。他們發現，本益成長比最低的 100 檔股票在這段期間賺得 18.7% 的年報酬率，比大盤的 16.8% 高了許多。雖然沒提到針對風險調整報酬，但摩根士丹利指出，不管是怎樣的風險調整方式，報酬差距只會更大。

本項研究後來有更新，檢視這套策略從 1991 年到 2001 年的表現，根

2　如果預期本益比很高，是因為明年的成長性也高，這種高成長性又會導致未來五年的成長率很高，就會低估了本益成長比。

據每年年初的本益成長比建構了五組投資組合，然後檢視接下來這一年的報酬率。圖 7.4 摘要說明從 1991 年到 1996 年，以及從 1997 年到 2001 年，根據本益成長比分級的投資組合平均年報酬率。

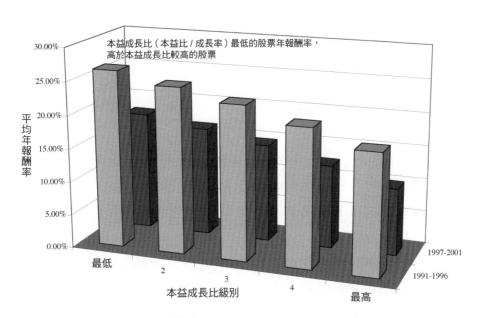

圖 7.4　本益成長比和年報酬率

資料來源：價值線公司。股票根據每年年初的本益成長比（本益比除以未來五年的預期獲利成長）。

　　買進低本益成長比股票的策略，創造出的未針對風險調整報酬率，平均比高本益成長比的股票多了約 3%。然而，在決定採行這套策略之前，請先注意這套分析還有另一項發現：低本益成長比的股票風險，比高本益成長比股票高了約 20%。事實上，若針對風險調整投資組合的平均報酬率，所有的超額報酬都不見了。

進行運算

那整體市場裡的成長率分布情況又如何？什麼才叫高成長率？要能回答這些問題，就要檢視整體市場，看看過去的獲利成長以及未來的預期成長率。接下來順理成章的問題是，思考市場價格如何成長。而要回答這個問題，就要比較各家預期成長率不同的公司的本益比。

整體市場的獲利成長分布

美國股市廣大又多元，不同的公司獲利成長有很大的差異，毫不讓人意外。無論你看的是過去的（歷史）獲利成長還是未來預期成長，這句話都成立。圖 7.5 中可以看到 2002 年初，美國企業的歷史與未來每股盈餘預期成長率的分布狀況。

預期成長率來自數據服務系統 I/B/E/S 呈報的分析師預測數值，代表未來五年預估的每股盈餘年成長率。預期獲利成長率的中位數約為 15%，但也有公司的預期成長率超過 50%。歷史成長率是 1997 年到 2001 年的每股盈餘成長率，中位數約為 12%。有很多公司無法計算其中一種成長率，也有兩種都不可得。比方說，你無法取得不在分析師追蹤範圍內的公司預期成長率，而規模較小、流動性較低的公司這方面的問題特別明顯。同樣的，你也無法估算每股盈餘為負值或是上市未滿五年公司的歷史成長率。

成長率會隨著時間而改變，就像經濟和市況也會改變一樣。1990 年代後期經濟繁榮期間，整個市場的獲利成長率普遍上揚，漲幅最大的是科技類股。未來五年預期獲利成長率達 25% 的股票，在這個期間很可能算不上高成長股票。到了 2003 年初期，歷經三年經濟停滯與金融市場更加

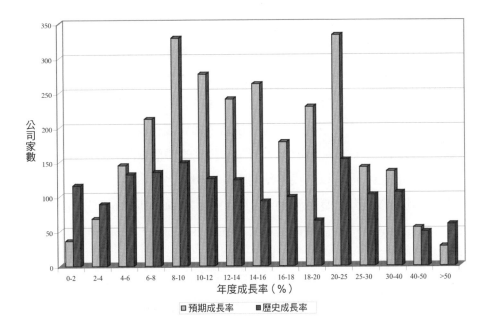

図 7.5　獲利成長：過去與未來

資料來源：價值線公司。過去的獲利成長是前五年的每股盈餘成長率，預期獲利成長率是分析師的估計值。

委靡不振之後，未來五年預期獲利年成長率達 15% 的股票，就可列為高成長股票。

市場如何估算成長的價值？

　　上一節紀錄的美國各企業獲利成長狀況差異很大，那麼，市場要如何估算這些差異的價值呢？就算你接受一般的看法，同意在目前獲利水準相同之下，成長性高的公司價格應較高，但你還是要回答一個問題：那要高多少？為了回答這個問題，我們根據未來五年的預期獲利成長率，將公司

分成六個級別，然後計算每一個級別在 2002 年初的平均本益比，包括目前本益比和滾動本益比，結果如圖 7.6 所示。顯然，市場非常重視獲利成長，可以看出高成長的公司本益比，明顯比低成長的公司高出許多。

這些價格差異到底有何重要？如果你採行買進獲利高成長公司的策略，買進時很可能支付了非常高的本益比。就算獲利成長真的實現了，不代表身為投資人的你就能有收穫，因為你買進的股價很高。

上一節提過，你可以去找與預期成長率相比之下本益比低的公司。這種低本益比可以視為「價格合理的成長」。圖 7.7 顯示圖 7.6 所分析的六種成長等級股票的平均本益成長比。和本益比不同的是，成長性高的公司本益成長比不一定高。事實上，這裡的趨勢是本益成長比會因為預期成長率

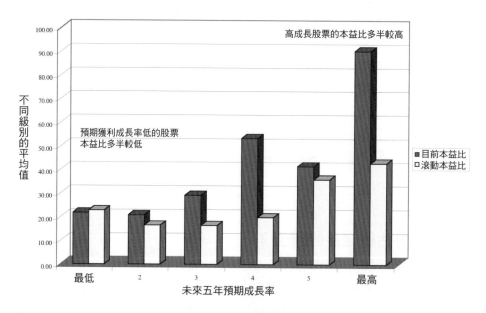

圖 7.6　2002 年，美股的本益比與預期成長率

資料來源：價值線公司。未來五年的每股盈餘預期成長率，來自於分析師的預估值。本益比為目前本益比。

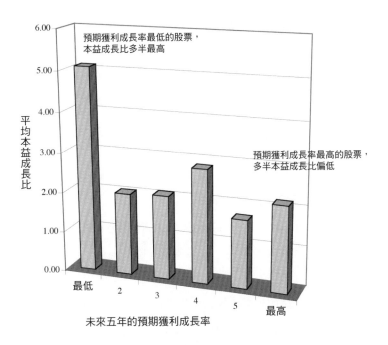

圖 7.7　根據成長級別區分的本益成長比

資料來源：價值線公司。根據未來五年的預期獲利成長率將股票分成六級，並計算每一級的平均本益成長比。

提高而下跌，而非提高。這是因為價格並不會隨著成長等比例上漲。當成長率從 10% 倍增至 20%，本益比也會上漲，但不會加倍。然而，成長性最低的股票的本益成長比偏差最明顯。請注意，與成長性最高的公司相比，這一級的本益成長比高了兩倍。

高成長性投資組合的兩大組成條件

　　圖 7.6 說得很清楚，投資獲利成長性高的公司會讓你面臨支付過高價格的風險。要避開這個問題，可用以下兩個門檻條件，來建構高成長公司投資組合：

- 未來五年每股盈餘預期成長率大於 15%：這會刪掉出現虧損，以及沒有受到分析師追蹤的公司。
- 本益成長比小於 0.5：在本益成長比上加限制，可以降低支付過高股價的機會。

　　最後得出的 98 家公司投資組合如表 7.1 所示。這個投資組合非常分散，納入了來自三十一種產業的公司。不過，重點是，這個投資組合有沒有任何你可能要面對的隱性問題。

表 7.1　2002 年 10 月，美國低本益成長比的高成長公司

公司名稱	股票代碼	所屬產業
Optical Communication Prods	OCPI	電信設備
Petroleum Geo ADR	PGO	油田服務／設備
Mail-Well Inc	MWL	辦公設備／用品
Carrizo Oil & Gas	CRZO	石油（生產）
SRI/Surgical Express Inc	STRC	醫療用品
Houston Expl Co	THX	石油（生產）
Comtech Telecomm	CMTL	電信設備
United Rentals	URI	機械
Ryland Group	RYL	住宅營造
HealthSouth Corp	HRC	醫療服務
Brigham Exploration Co	BEXP	石油（生產）

續表 7.1

公司名稱	股票代碼	所屬產業
Skechers U.S.A.	SKX	鞋類
Rockford Corporation	ROFO	電子
Metro One Telecom	MTON	工業服務
Centex Corp	CTX	住宅營造
Acclaim Entertainment	AKLM	娛樂科技
Nash Finch Co	NAFC	食品批發
Tweeter Home	TWTR	零售（特殊產品線）
Quaker Fabric	QFAB	紡織
Radiologix Inc	RGX	醫療服務
Gadzooks Inc	GADZ	零售（特殊產品線）
D&K Healthcare Resources	DKWD	藥局
MSC Software	MNS	軟體
Lennar Corp	LEN	住宅營造
Entegris Inc	ENTG	半導體
Varian Semiconductor Equip	VSEA	半導體
TTI Team Telecom Intl	TTIL	海外電信
Seitel Inc	SEI	資訊服務
XETA Corp	XETA	電信設備
Global Power Equipment Group	GEG	機械
Norstan Inc	NRRD	電信服務
Innotrac Corp	INOC	工業服務
Orthodontic Centers	OCA	醫療服務
Shaw Group	SGR	金屬製工
Sportsmans Guide Inc	SGDE	零售（特殊產品線）
Green Mountain Pwr	GMP	公用電力事業（東部）
NVR Inc	NVR	住宅營造
Microsemi Corporation	MSCC	電子
Universal Electronics	UEIC	電子
Micromuse Inc	MUSE	軟體

續表 7.1

公司名稱	股票代碼	所屬產業
Sonic Automotive	SAH	零售（特殊產品線）
Somera Communications Inc	SMRA	電信設備
Ohio Casualty	OCAS	保險（產險／意外險）
Meridian Resource Corp	TMR	石油（整合型）
LTX Corp	LTXX	精密儀器
Fleming Cos	FLM	食品批發
EXFO Electro-Optical Engr	EXFO	電信服務
Atlantic Coast Airlines	ACAI	空運
Mobile Mini Inc	MINI	金屬製工
AmeriCredit Corp	ACF	金融服務
ClearOne Commmunications Inc	CLRO	電信設備
TTM Technologies Inc	TTMI	電子
First Cash Inc	FCFS	金融服務
Wet Seal 'A'	WTSLA	零售（特殊產品線）
Flowserve Corp	FLS	機械
Charlotte Russe Holding Inc	CHIC	零售（特殊產品線）
Newpark Resources	NR	油田服務／設備
QLT Inc	QLT.TO	藥品
Sunrise Asst. Living	SRZ	醫療服務
Smart & Final	SMF	雜貨
CryoLife Inc	CRY	醫療用品
ECtel Limited	ECTX	電信服務
Gulfmark Offshore	GMRK	海事
Ace Cash Express Inc	AACE	金融服務
Hanover Compressor	HC	油田服務／設備
Steelcloud Co	SCLD	電腦／周邊
Grey Wolf Inc	GW	油田服務／設備
Medamicus Inc	MEDM	醫療用品
AsiaInfo Holdings Inc	ASIA	網路

續表 7.1

公司名稱	股票代碼	所屬產業
Amedisys Inc	AMED	醫療服務
Sanchez Computer Assoc	SCAI	軟體
TRC Cos	TRR	環境
Administaff Inc	ASF	人力資源
Nautilus Group Inc	NLS	零售（特殊產品線）
Performance Tech Inc	PTIX	電信服務
Advent Software Inc	ADVS	軟體
Rubio's Restaurants Inc	RUBO	餐廳
U.S. Energy Sys Inc	USEY	公用電力事業（東部）
NVIDIA Corp	NVDA	半導體
Superior Energy Svcs	SPN	油田服務／設備
Famous Dave's of America	DAVE	餐廳
First Horizon Pharmaceutical	FHRX	藥品
Integra LifeSciences Corp	IART	醫療用品
Culp Inc	CFI	紡織
Fischer Imaging Corp	FIMGE	醫療用品
Sierra Pacific Res	SRP	公用電力事業（西部）
Edge Petroleum	EPEX	石油（生產）
Tripos Inc	TRPS	軟體
National-Oilwell Inc	NOI	油田服務／設備
University of Phoenix Online	UOPX	教育服務
Parexel Int'l	PRXL	藥品
Century Casinos Inc	CNTY	旅館／博弈
Cholestech Corp	CTEC	醫療用品
Lam Research	LRCX	半導體設備
Warrantech Corp	WTEC	工業服務
McDermott Int'l	MDR	多元
DaVita Inc	DVA	醫療服務
Labor Ready Inc	LRW	人力資源

故事的其他部分

成長型投資策略有三大潛在危機。第一，要找到未來獲利成長性高的公司是很困難的事，過去的成長或分析師對未來的估計值都不是可靠的未來獲利成長預測值。第二個問題和本章一開始提到的一點有關：如果成長來自於報酬率低的項目，反而有損價值。第三，你常看到成長性高的公司風險也高，成長的好處很可能因為高風險而全被抵銷。

尋找成長型公司

想尋找未來獲利能有高成長的公司，通常會回頭去看過去的獲利成長或是分析師對於未來成長的預估。遺憾的是，在這方面，兩種指標都各有限制。

歷史獲利成長與未來獲利成長

過去的成長率是良好的未來成長率指標嗎？不必然。過去成長率可用來預測未來的成長，但要考慮到兩個問題。

- 第一是過去的成長率波動性極大，並非絕佳的未來成長率指標。1960 年，經濟學家李特爾（I. M. D. Little）曾檢視美國公司在之前十年的獲利成長，之後他發明了一個詞「亂七八糟成長」（Higgledy Piggledy Growth），因為他發現少有證據支持過去一段期間快速成長的公司，在接下來的期間也能延續下去。[3] 他檢驗長短不一的先

3　Little, I. M. D., 1962, *Higgledy Piggledy Growth*, Institute of Statistics, Oxford.

後兩期成長率的彼此關係，過程中發現前後兩期之間的成長關係為負相關，而任兩期間平均的相關係數接近於 0（數值為 0.02）。[4] 以許多公司而言，過去的獲利成長並非可靠的未來成長指標，小公司的相關性更低。小公司的成長率波動性會比市場裡其他公司更高。依市值分類的美國企業的前後兩期獲利成長相關性（每期期間為五年、三年和一年），如圖 7.8 所示。

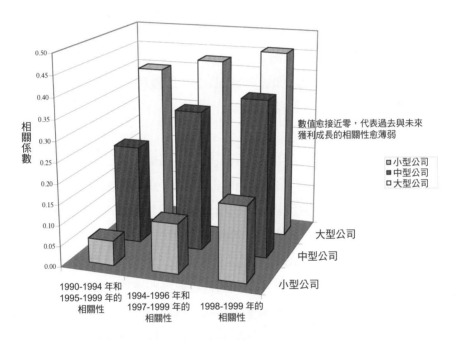

圖 7.8　按市值劃分的企業獲利成長相關性

資料來源：電腦統計公司。計算的是連續兩個期間的獲利成長相關性。

4　相關性為 1 的話，代表上一期獲利成長性高的公司，下一期的獲利成長性篤定也高；相關性為 0，代表兩者無明顯關係；相關性為負值指向高獲利成長之後，隨之而來的很可能是低獲利成長。

一年的獲利成長率相關性普遍高於三年、五年的獲利成長相關性。同時，小型公司的相關性也低於市場中其他公司。這指向使用過去的獲利成長率當作這些公司的未來成長率預測值時，要更加小心。

● 第二個問題是，公司的獲利成長率會傾向於回歸市場平均值。換言之，現正快速成長的公司終將減速，趨向於市場平均值，低於平均值的公司有一天則會加速成長。卓曼（Dreman）和盧佛金（Lufkin）兩人追蹤獲利成長最高與最低公司的投資組合在組成後五年，各家公司的績效表現，寫到了前述的傾向。在建構投資組合的當年，獲利成長率最高的公司的平均成長率，比獲利成長最低的公司高了20%，但五年後差額接近於零。

如果過去的獲利成長並非未來成長的可靠指標，那有什麼替代選項？一種辦法是使用分析師的成長預估值（這在下一節會討論），但只有分析師追蹤的公司才會有相關資料。另一項是不用獲利成長，改用過去的營收成長率作為成長指標。一般來說，營收成長會比獲利成長更一致，也更可預測。這是因為會計方法的選用對於營收造成的影響會小於獲利。圖 7.9 比較美國企業一年、三年和五年期間的營收與獲利成長相關性。

長期來看，營收成長的相關性一向高於獲利成長，這代表談到預估未來成長性，營收的歷史成長率會比獲利的歷史成長率有用。

檢視上一節建構的高成長公司投資組合。雖然這個投資組合使用的是分析師預測的獲利成長，但你也可以進行額外的測試。如果你接受「過去營收成長率高的公司，未來很可能維持獲利成長」的概念，你可以進行篩選，刪掉過去營收成長率低的公司。門檻值可設為過去五年的營收成長率不得低於 10%，如此可從 98 家公司裡刪掉 24 家。

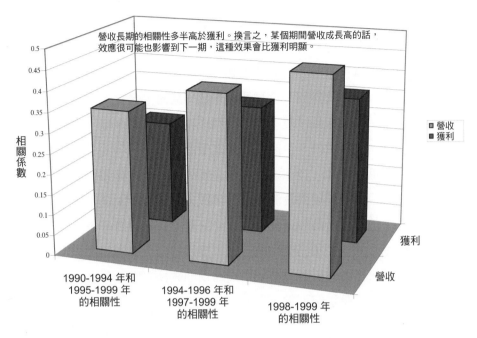

圖 7.9 營收與獲利的相關性

資料來源：電腦統計公司。僅計算有足夠獲利和營收資料的公司相關性。

分析師的成長率估計值

帶動價值的終究是未來的成長，而非過去。因此，我們可以合理地主張，投資預期獲利成長率高的股票績效較佳。在這裡，你會遭遇一個實務上的問題。在一個廣大如美國股市的市場裡，你無法預估每一家公司的預期成長率，反之，你必須仰賴分析師的預估值。雖然目前多數投資人都可以輕易拿到本項資訊，你也可以買進預期獲利成長率高的股票，但這套策略真的能帶來超額報酬嗎？

來看看如果要讓這套策略成功還需要哪些因素。首先，分析師必須善

於預測長期的獲利成長。第二，市場股價應該尚未反映成長或尚未因為成長而加價。如果股價已經計入成長，你的高成長投資組合就無法創造超額報酬。以這兩個條件來說，證據都不利於本策略。講到預測成長，分析師傾向於高估成長，他們做的長期預測更是錯的離譜。事實上，有些研究發現，如果要預估長期成長，參考過去獲利成長數字的準確度和分析師的預估值不相上下、甚至更好。至於為成長定價這件事，市場向來都比較容易高估、而不是低估成長，在市場獲利成長率高的時期尤其如此。

你可以用一個可能的篩選測試，來掌握分析師對於預期成長率的不確定性有多高。追蹤分析師預測數值的資訊服務平台，會提報各分析師對於某家公司做出來的成長預測平均值，也會提報各分析師對於這個平均數的意見有多分歧。當各分析對於某家公司的預期成長平均數莫衷一是，就不如大家有高度共識時這麼可靠。

風險篩選

成長性股票不一定風險就高，但成長性股票通常比成熟公司的股票波動性更高、風險也更大。這一點不令人驚訝，因為你投資成長型公司時著眼的是對未來的預期，但你在分析成熟企業時根據的是已經做出的投資。投資人要面對的實務問題，就是成長型公司會讓他們暴露在極大的風險之下。

你可以用上一節建構的高成長性公司投資組合和市場其他公司做個比較，用來對照成長型和穩定型公司之間的差異。圖 7.10 呈現這兩群股票在兩個風險指標（前三年的股價標準差和貝他值）的差異。

以這兩個指標來衡量時，高成長公司的風險都較高，股價多半波動性較大，貝他值也較高。

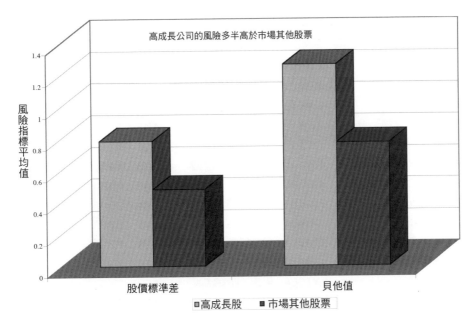

圖 7.10　高成長股票與市場其他股票的風險差異比較

資料來源：價值線公司。計算投資組合裡的公司及市場內其他股票三年報酬的貝他值和股價標準差。

　　你可以在高成長投資組合裡篩選，刪去風險過高的公司。假設我們要淘汰的是股價標準差超過 80%，或貝他值高於 1.25 的公司，投資組合就會從 74 家公司（符合歷史營收成長率超過 10% 這一篩選條件的公司）減至 23 家，列於表 7.2。

表 7.2 通過營收成長及風險篩選標準的公司

公司名稱	股票代碼	所屬產業	貝他值	標準差（%）	營收成長率（%）
Sierra Pacific Res	SRP	公用電力事業（西部）	0.61	47.99	13.00
Ryland Group	RYL	住宅營造	0.93	45.4	13.50
TRC Cos	TRR	環境	1.15	61.85	14.00
Centex Corp	CTX	住宅營造	1.01	42.05	14.00
Newpark Resources	NR	油田服務／設備	0.73	54.37	14.50
Gulfmark Offshore	GMRK	海事	0.95	65.34	15.50
Mail-Well Inc	MWL	辦公設備／用品	1.44	70.75	16.50
SRI/Surgical Express Inc	STRC	醫療用品	-0.15	57.92	17.50
Comtech Telecomm	CMTL	電信設備	0.96	72.59	18.50
D&K Healthcare Resources	DKWD	藥局	1.16	79.37	19.00
Wet Seal 'A'	WTSLA	零售（特殊產品線）	1.03	78.87	19.50
Gadzooks Inc	GADZ	零售（特殊產品線）	0.81	65.15	19.50
Ace Cash Express Inc	AACE	金融服務	0.32	35.22	21.00
Lennar Corp	LEN	住宅營造	0.71	38.1	24.50
Shaw Group	SGR	金屬製工	1.44	69.2	25.00
Meridian Resource Corp	TMR	石油（整合型）	0.94	70.82	25.50
Houston Expl Co	THX	石油（生產）	0.62	48.53	27.00
Cholestech Corp	CTEC	醫療用品	1	75.77	29.00
NVR Inc	NVR	住宅營造	0.59	49.11	34.00
DaVita Inc	DVA	醫療服務	0.78	70.12	34.00
Labor Ready Inc	LRW	人力資源	-1.65	62.62	41.50
QLT Inc	QLT.TO	藥品	1.21	72.38	52.50
Famous Dave's of America	DAVE	餐廳	1.14	61.3	54.00

劣質的成長

　　之前有一節談到價值和成長之間的關係，我們講到如果成長是來自於投資報酬率低於權益成本的資產，高成長有時候會摧毀、而不是創造價值。因此，明智的投資人不只要考量預期成長率，也要顧及成長品質。

　　最簡單的成長品質衡量指標，就是股東權益報酬率與權益成本的差額。在其他條件不變之下，你可以說賺得股東權益報酬率更高的公司，成長品質優於股東報酬率低的公司。圖 7.11 對比高成長投資組合裡的公司與市場其他股票，最近一年的股東權益報酬率。

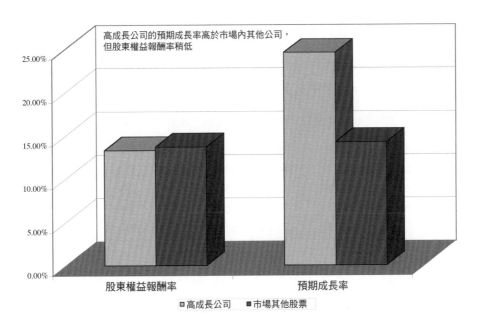

圖 7.11　高成長公司與市場其他股票的成長品質比較

資料來源：電腦統計公司。未來五年的每股盈餘預期成長率來自分析師的預測，股東權益報酬率為淨利除以股權淨值。

平均而言,高成長公司的股東權益報酬率稍低於市場內的其他股票,以這些股票的高預期成長率大占優勢這一點來看,前述的結果頗讓人訝異。這代表高成長投資組合的公司股東權益報酬率偏低、甚至為負值。如果你設定條件,認為高成長投資組合內的公司股東權益報酬率至少要達到 10% 才算好投資的話,表 7.2 列出的 23 公司就剩下表 7.3 中的 11 家。

表 7.3　通過營收成長、風險與優質成長篩選條件的公司

公司名稱	股票代碼	股東權益報酬率 (%)	預期成長率 (%)	目前本益比	五年營收成長率 (%)	三年貝他值	三年標準差 (%)
Ryland Group	RYL	27.93	15.50	7.21	13.5	0.93	45.4
Centex Corp	CTX	18.65	17.00	7.02	14	1.01	42.05
TRC Cos	TRR	14.03	25.00	12.37	14	1.15	61.85
Gulfmark Offshore	GMRK	20.39	25.00	7.09	15.5	0.95	65.34
D&K Healthcare Resources	DKWD	10.81	18.43	5.86	19	1.16	79.37
Ace Cash Express Inc	AACE	15.28	25.00	8.31	21	0.32	35.22
Lennar Corp	LEN	26.96	18.50	8.54	24.5	0.71	38.1
Shaw Group	SGR	14.42	20.00	8.90	25	1.44	69.2
Houston Expl Co	THX	12.33	15.00	7.49	27	0.62	48.53
Cholestech Corp	CTEC	15.53	40.00	14.52	29	1	75.77
DaVita Inc	DVA	21.74	52.00	15.90	34	0.78	70.12

投資獲利心法

僅以過去獲利成長率或分析師的預期成長率為本的投資高成長公司策略,基於幾個理由可能很危險。因此,需要在投資組合中做篩選,以確保

不會為了成長支付過高的價格、成長可以長久維繫下去、面對的風險水準不至於過高，而且公司創造的是優質成長。要達成這些目標，我們用以下的標準在美國股市裡做篩選：

- **成長篩選**：唯有未來五年的預期獲利成長率達 15% 的公司，才考慮納入投資組合中。這個條件會刪去未獲得分析師追蹤的小企業，而且這套策略的未來預期成長率太重要，不能僅以過去的獲利成長率為準。
- **價格篩選**：唯有本益比低於預期獲利成長（亦即本益成長比小於 1）的公司，才考慮納入投資組合中。雖然這個條件不像本章之前用的篩選條件這麼嚴格，但是也呼應了廣泛應用的定價標準（亦即，本益比低於預期成長率的股票價格遭到低估）。
- **成長的持續性**：持續性不容易檢測，但證據看來指出，過去營收成長率高的公司，未來比較可能維繫成長。因此，唯有過去五年年營收平均成長率 10% 以上的公司，才列入考慮。
- **風險水準**：為了將投資組合的風險限制在合理範圍內，唯有貝他值低於 1.25、股價標準差低於 80% 的股票，才列入考量做分析。
- **優質成長**：唯有最近一個會計年度股東權益報酬率高於 15% 的公司才列入考量，納入最後的投資組合。這比上一節的標準嚴苛，但優質成長攸關這套策略的最終成敗。

2003 年 1 月接近這些篩選標準的 27 檔股票，列於附錄 7.1。

結語

所有投資人都夢想買進一家年輕的成長型公司，順勢搭上成長的列車賺得天價報酬。成長無疑能為公司增添價值，但高成長不必然能轉換成高價值。公司的價值會隨著預期成長率提高而增加，但前提是成長來自於投資高股東權益報酬率的資產。

即便公司的成長料能創造價值，如果市場已經高估了成長的價格，這檔股票就不是好的投資標的。換言之，假使支付了過高的價格，或者實際上的成長並未滿足高期待，即便是最具成長性的公司也會變成糟糕的投資。買進高成長公司這套策略要能成功，根本上在於價格要合理。事實上，明智的成長型投資人不僅要考慮成長率的高低，也要去思考成長能持續多久（長期下來，高成長率通常有回歸正常標準的傾向），並考量成長品質。此外，成長型公司多半風險高，因此在設計投資組合時也要控制風險。

附錄 7.1　成長可長久、優質、低風險，且定價合理的高成長公司

公司名稱	股票代碼	股價（美元）	目前本益比	貝他值	三年標準差（%）	預估獲利成長率（%）	普通股股東權益報酬率（%）	五年營收成長率（%）
AutoZone Inc	AZO	70.65	15.1	0.95	39.43	18	62.12	24.5
Barr Labs	BRL	65.09	16.6	0.95	46.9	19	31.55	20.5
Bio-Rad Labs 'A'	BIO	38.7	13.58	0.85	52.12	25.5	15.56	12
Biovail Corp	BVF	26.41	13.34	1.35	54.86	23.5	17.13	46.5
Block (H&R)	HRB	40.2	13.01	1.1	33.48	15.5	31.72	24
Cardinal Health	CAH	59.19	18.5	0.9	28.13	19	18.98	12
Catalina Marketing	POS	18.5	15.68	1.05	39.32	16	24.27	25
CEC Entertainment	CEC	30.7	11.9	0.85	40.47	16	18.96	13
Centex Corp	CTX	50.2	6.04	1.2	41.03	17	18.05	14

續附錄 7.1

公司名稱	股票代碼	股價（美元）	目前本益比	貝他值	三年標準差（%）	預估獲利成長率（%）	普通股股東權益報酬率（%）	五年營收成長率（%）
Darden Restaurants	DRI	20.45	13.91	0.8	40.93	16	20.92	11
DaVita Inc	DVA	24.67	12.21	0.95	69.9	59.5	19.47	34
Enzon Inc	ENZN	16.72	13.38	1.75	62.27	41	19.28	15
Express Scripts 'A'	ESRX	48.04	16.57	1.05	58.35	26.5	15.03	57
GTECH Holdings	GTK	27.86	11.1	0.85	39.63	18	41.81	11
Harrah's Entertain	HET	39.6	12.65	1.05	32.54	19	17.13	15
Health Mgmt. Assoc	HMA	17.9	16.27	0.95	44.11	17.5	15.55	22
Lennar Corp	LEN	51.6	6.44	1.3	38.39	18.5	25.18	24.5
Lincare Holdings	LNCR	31.62	16.47	0.75	50.33	21.5	19.6	21.5
Lowe's Cos	LOW	37.5	19.95	1.25	40.22	22	15.33	17.5
Manitowoc Co	MTW	25.5	11.18	1.2	44.52	15.5	18.52	22
NVR Inc	NVR	326.5	8.55	1.2	46.76	21	67.82	34
Oxford Health Plans	OHP	36.45	9.8	1.25	42.81	19	63.38	13
Ryland Group	RYL	33.35	5.21	1.35	45.55	15.5	24.24	13.5
Sonic Corp	SONC	20.49	16.01	0.8	31.72	18	20.67	19
UnitedHealth Group	UNH	83.5	17.77	0.75	25.52	23.5	23.46	30
Universal Health Sv. 'B'	UHS	45.1	15.34	0.75	41.17	19	16.21	19
WellPoint Health Ntwks	WLP	71.16	14.67	0.8	29.66	21.5	19.44	30.5

08
最壞的已經過去！反向投資思維

抄底可能帶來豐厚獲利，但也非常危險。投資人要堅毅撐過逆境，才能成功賺取報酬。

最後的理性投資人

　　傑克獨來獨往，不太相信人性。他深信，其他人都不理性，而且這種情況有愈來愈嚴重的跡象，因此他覺得從眾行為已經變成規則，而非例外。當他聽到一家績優股公司因為提出的財報成績達不到預期而遭到拋售、導致股價從五十二週的高點 45 美元暴跌到 8 美元，他就對自己說，這檔股票不可能再跌了。畢竟，公司已有約五十年的歷史，一度是眾人心中的市場領頭羊。他打電話給營業員，用 8 美元買進 1,000 股，深信股價早晚會反彈。幾個星期之後他又查了股價，發現已經跌到了 5 美元，於是他又買了 1,000 股，更堅信反彈的時候不遠了。兩個月後，股價來到 2 美元，傑克毫不遲疑，又買進 1,000 股，等待收益。四天後，這家公司宣布執行長離職，股票下市。傑克唯一的安慰是股價來到了零，不會再跌了。

| 寓意：群眾對的時候比錯的時候多。 |

猜測某一檔股票何時觸底經常是華爾街閒聊的話題，也常常是投資策略的基準。反向操作型的投資人通常願意在長期股價下跌之後買進，期望價格會反彈。他們的想法是，當一檔股票從高點跌了 80% 到 90%，對投資人來說可能是物美價廉的標的。在本章中，我們要探討這套策略的根基以及其潛在限制。我們會看到，抄底（bottom fishing）可能帶來豐厚獲利，但也非常危險。投資人要堅毅撐過逆境，才能成功賺取報酬。

故事的核心

　　從反向操作的本質看，這種操作方式有百百種。有些人在判斷時訴諸投資人的心理，有些人則憑著直覺。這些人都同意，最近跌幅最深的股票通常都是最好的投資。簡化反向操作的主張有其風險，以下簡單說兩項：

● **黎明之前永遠最黑暗**：買進股票的最佳時機不是利多消息出來之際，而是利空消息壓低股價、讓某檔股票跌到很划算之後。這種說法的假設是，無論是利多還是利空，一般投資人通常都會反應過度，而較不受情緒影響的投資人（先假設你我都是反向操作型的人）便能善用這股不理性。這套故事很能打動根本不相信人有理性的投資人，至少在抽象的純理論層面很說得通。「投資人會反應過度」這個假設，緊扣著「群眾深受情緒影響、而且很容易因為同儕壓力，而動搖做出不理性行為」這個廣為人接受的觀點。而價格泡沫（從 1600 年代的南海泡沫事件到 1990 年代的網路泡沫）不斷出現，更強化了金融市場對這番觀點的認同。
● **低價股比較便宜**：反向操作故事背後還有一個比較不理性的因素，

那就是：股價大跌的股票通常價格很低，有些投資人會覺得低價股比高價股便宜。因此，當一檔股票從 30 美元跌到 3 美元時，很多投資人會認為從絕對數值來看變得很便宜，每股價格不到 1 美元的美分股（penny stock）更划算到不得了。當然，這裡的風險就是，股票的價值（這是你應該拿來和股價做比較的基準）在這段期間很可能早就從 35 美元掉到 1 美元了。

理論基礎：反向投資的故事

要理解推動反向操作者的因素，首先要先知道價格和資訊有所關聯。當公司有什麼消息，股價一定會變動。不過重點是變動多少，以及什麼才叫做反應過度。這一節要先回答這些問題。之後，我們會去檢視另一種觀點：股價不可預測，是一種隨機漫步（random walk）型態。而這種觀點代表不認同市場會過度反應新資訊。本節最後要檢視反向操作投資法的心理基礎，換言之，哪些人類行為導致市場在一開始過度反應？

資訊與股價

任何關於市場到底會不會過度反應新資訊的辯證，一開始都要先討論股價與資訊的關係。說到底，不管是哪一個市場，新資訊都會引發股價波動。驚喜的利多訊息通常會拉高股價，意外的利空消息則會導致股價下跌。如果市場的評估錯誤，價格就會偏離標的資產的真實價值。

如果以資產價格和真實價值的偏離程度來定義市場是否有效率，那麼，偏離度愈小、偏離時間愈短，市場就愈有效率。所謂市場有效率，並

非要求市場隨時都要讓價格等於真實價值，只要市場價格的錯誤是公正的就可以了。也就是說，價格可以高於或低於真實價值，只要偏差是隨機性的，都算是有效率。另一種評估市場效率的方法，是檢視市場回應資訊的速度有多快、多精準。當市場上出現任何會影響到價值的參數（例如現金流、成長性或風險）的資訊時，資產價值也應隨之變動。在一個有效率的市場裡，資產價格應馬上調整，平均來說，會正確地回應新資訊。圖 8.1 說明效率市場裡驚喜的利多消息，會對股價造成的衝擊。

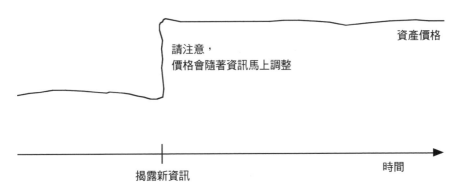

請注意，
價格會隨著資訊馬上調整

資產價格

揭露新資訊

時間

圖 8.1　效率市場裡的價格調整

　　然而，關鍵是，引起價格上漲的並非好消息本身，而是意外的好消息。換言之，一家公司就算提報了 20% 的獲利成長，假設投資人預期的成長率是 30%，股價也會下滑。反之，假設有一家公司提報的獲利狀況是下滑 10%，如果投資人預期的跌幅是 20%，股價反倒可能上漲。

　　如果投資人在評估資訊對於價值的衝擊時速度很慢，價格的調整也會跟著慢下來。圖 8.2 是資產價格慢慢回應好消息的示意圖。在揭露資訊之後，股價慢慢上揚（這稱為價格飄移〔price drift〕），代表這是一個慢慢學習的市場。

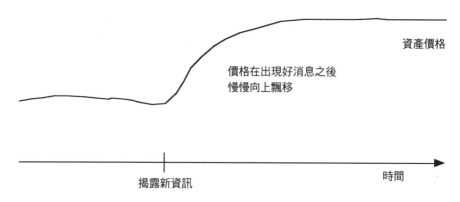

價格在出現好消息之後
慢慢向上飄移

資產價格

揭露新資訊

時間

圖 8.2　緩慢學習的市場

　　相反的情況是，市場可以馬上回應新資訊，但是高估了資訊對於價值
的影響。那麼，如果是利多的話，資產價格的漲幅會超過好消息對於價值
造成的影響。如果是利空的話，跌幅則會超過應有的水準。圖 8.3 顯示在
一開始的反應之後，價格往反方向飄移。

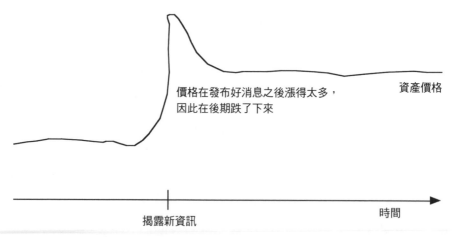

價格在發布好消息之後漲得太多，
因此在後期跌了下來

資產價格

揭露新資訊

時間

圖 8.3　反應過度的市場

這就是反向操作者的世界觀。他們相信，投資人反應過度的可能性高於反應不足，價格往某個方向大幅變動之後，接著而來的就是反向價格修正。因此，他們深信應該買進市場裡跌幅最深的股票，因為這些股票未來最可能上揚。

隨機漫步的世界

四十年來，學術界都主張，以市場會反應過度或反應不足為前提設計出來的投資策略終將失敗，因為市場價格遵循的是一種「隨機漫步」模式。事實上，墨基爾就以投資為題寫了一本影響深遠的巨作《漫步華爾街》（*A Randon Walk Down Wall Street*），把這個主張講得最有說服力。

要懂隨機漫步的論點，要先從前提切入：投資人隨時都根據對未來的預期估計資產價值，而且，以投資人當時所得到的資訊來說，這些預期都是**公正**且**理性**的。在這些條件下，資產價格僅會在出現相關的新資訊時變動。如果市場價格在任何時間點都是公正的價值估計值，不偏上也不偏下，代表隨後會出現的資產相關訊息是隨機的，可能有好有壞，而且應該機率各半。[1] 因此，接下來價格上漲的機率和下跌的機率也相同。當中隱含的意義是，每一次的價格變動和前一次的變動是互相獨立的，知道資產過去的價格並無助於更精準預測未來的價格變化。圖 8.4 摘要了相關假設。

隨機漫步並非魔法，要有兩個前提才能成立。第一是投資人很理性，而且能根據當時能取得的所有資訊，對未來形成公正預期。如果預期一直太低或太高（換句話說，如果投資人太過樂觀或太過悲觀），出現好消息

1　如果好消息的機率大於壞消息，在消息出來之前價格應該會先上漲。從技術面來說，接下來揭露的消息帶來的預期價值應為零。

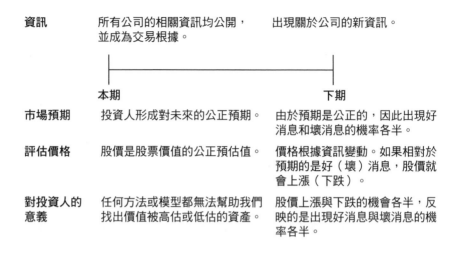

	本期	下期
資訊	所有公司的相關資訊均公開,並成為交易根據。	出現關於公司的新資訊。
市場預期	投資人形成對未來的公正預期。	由於預期是公正的,因此出現好消息和壞消息的機率各半。
評估價格	股價是股票價值的公正預估值。	價格根據資訊變動。如果相對於預期的是好(壞)消息,股價就會上漲(下跌)。
對投資人的意義	任何方法或模型都無法幫助我們找出價值被高估或低估的資產。	股價上漲與下跌的機會各半,反映的是出現好消息與壞消息的機率各半。

圖 8.4 理性市場裡的資訊與價格變化

與壞消息的機率就不再是各半,價格也不會再呈現隨機漫步的模式。第二是新資訊會導致價格變動。假設就算並未出現新資訊,投資人也可以僅透過交易來引發價格變動,那麼,你就可以讓價格往同方向變動,而不是遵循隨機漫步的型態。

反向操作的基礎

為什麼市場會對新資訊過度反應?如果這種情形不斷出現,那根源想必是人的心理。研究人類行為的人通常會提出以下三個理由:

● **過度看重最新的資訊**:實驗心理學界的研究人員指出,人獲得新資訊並要據此修正想法時,通常會太過看重最新的資訊、看輕之前的數據。因此,一家公司如果近期提報的獲利數據不佳,就算整體基

本面良好,該公司也會因為提報不佳的近期績效而受到過度懲罰。

- **恐慌**:有些研究人員主張,一些投資人在聽聞新資訊時通常會很恐慌,而這份恐懼也感染了市場裡的其他人。
- **無力消化複雜資訊**:認同這個觀點的人主張,雖然市場確實能妥善評估簡單資訊(例如獲利下滑)的衝擊,但不善於評估複雜資訊(例如重大的企業重整)的影響。如果是後者,市場常會因為無力妥善消化訊息而反應過度。

如果市場反應過度,代表價格往某個方向大幅移動之後,接下來價格就會往反方向修正。此外,一開始的價格波動愈極端,後續的調整幅度就愈大。如果市場真的會反應過度,這裡就有了一條明確路徑可以邁向成功投資。在其他人對未來絕望並開始拋售時,你反向買進;其他人最樂觀買進時,你反其道而行賣出。如果市場反應過度的假設是正確的,在市場隨著時間修正時,你應該可以賺到報酬。

檢視證據

市場到底會不會對新資訊反應過度,又會不會遵循隨機漫步模式?理論上的主張從來都無法解決相關的爭論。正反兩方都堅持己見,也都不太會被對方的想法左右。然而,我們可以檢視實證證據,看看證據比較支持哪一種假說。在這一節,我們就要去看兩組或能在這個問題上,帶來一些啟發的研究。第一組檢驗某個期間的價格變動是否和前期的價格變動相關,間接回答市場是否會隨著時間自我修正。第二組研究試著直接回答問題,檢驗投資近期跌幅最深的股票,是否為值得落實的策略。

序列相關性

今天某一檔股票大漲，這件事能對你透露哪些關於明天的線索？一般來說有三種看法。第一種是今天的動能會帶進明天，明天上漲的機率會高於下跌的機率。第二種是將會出現所謂的獲利了結，投資人在高點變現，這番修正導致隔天下跌的機率變高。第三種是每一天都是新的開始，會有新的資訊與新的憂慮，今天發生的事不影響明天的發展。

統計上使用序列相關性（serial correlation）衡量連續期間（不管用小時、日或週等等期間來計算都可以）的價格變動關係，這個指標衡量任何期間的價格變動與前期價格變動有多相關。時間序列的相關性為零，代表連續期間的價格變動彼此不相關，因此可視為駁斥「投資人能從過去的價格變化了解未來變動」的假說。序列相關性為正值、而且在統計上具顯著性，可視為市場存在價格動能的證據，並指向如果前期的報酬為正值（負值）、本期的報酬也比較可能為正值（負值）。序列相關性為負值、而且在統計上具顯著性，則可視為相反的證據，而且符合報酬為負值之後，比較可能為正值（反之亦然）的市場。換言之，這符合本章所述的反向操作投資策略。

從投資策略的觀點來看，有時候可用序列相關性來賺取超額報酬。遵行股票上漲後買進、下跌後賣出策略的投資人，可以善用正序列相關性；操作股票下跌後買進、上漲後賣出策略的投資人，可以善用負序列相關性。由於這些策略都有交易成本，相關性必須夠大，才能讓投資人從中賺到的利潤足以支應成本。也因此，報酬具序列相關性、但多數投資人並無機會賺到超額報酬，是絕對有可能的事。

最早期的序列相關性研究檢視的都是美國大型股，得出的結論是股價

的序列相關性很低。[2] 舉例來說，1965 年時其中一項最早期的研究發現，道瓊 30 檔成分股中有 8 檔的序列相關性為負值，大多數則接近於零。其他研究也呼應這些結論（相關性無論為正值或負值都非常低），美國的小型股如此，其他股市亦然。雖然統計上的相關性可能不是零，但是短期報酬的相關性不太足以創造出超額報酬。

早期多數的價格行為分析都聚焦在短期間的報酬，但近年來已經有更多人關注較長期間（六個月到五年）的價格動態。這裡出現兩種很有趣的不同結果。當長期的定義為幾個月而非幾年時，看來有一股偏向正序列相關性的趨勢：過去六個月上漲的股票，接下來六個月也多半會持續上漲；過去六個月下跌的股票，接下來六個月通常也會繼續下跌。而歐洲各股市的動能效應很強，但新興市場較弱。[3] 那麼，是什麼因素引發這股動能？一個潛在的解釋，是共同基金很可能買進之前表現好的、倒出過去表現不好的，因而引發價格動能。[4] 因此，如果你看的是短期間（從幾天到幾個月），沒有證據支持反向操作策略有用。

然而，如果長期的定義是以年為單位，報酬的負序列相關性就很明顯，指向市場在非常長的期間會自我修正。法瑪和法蘭曲兩人檢驗 1941

2 Alexander, S. S., 1964, "Price Movements in Speculative Markets: Trends or Random Walks," in *The Random Character of Stock Market Prices*, MIT Press; Cootner, P. H., 1962, *Stock Prices: Random versus Systematic Changes*, Industrial Management Review, v3, 24-45; and Fama, E. F., 1965, *The Behavior of Stock Market Prices*, Journal of Business, v38, 34-105. 以上三項研究都在估計價格的序列相關性。由於取得數據很困難，他們處理的都是短期間的小樣本。

3 Rouwenhorst, G. K., 1998, *International Momentum Strategies*, Journal of Finance, v53, 267-284. 他研究十二個歐洲市場，在每一個市場都發現動能的證據。1999 年，他提出證據指出新興市場也有動能。Bekaert, G., C. B. Erb, C. R. Harvey and T. E. Viskanta. 1997, *What Matters for Emerging Market Equity Investments*, Emerging Markets Quarterly (Summer 1997),17-46. 本研究指出動能投資無法在新興市場持續獲利。

4 Grinblatt, M., S. Titman and R. Wermers, 1995, *Momentum Investment Strategies, Portfolio Performance, and Herding: A Study of Mutual Fund Behavior*, American Economic Review, v85, 1088-1105.

年到 1985 年的股票五年報酬率，提出支持這種現象的證據。[5] 他們發現五年報酬率的負序列相關性要大於一年報酬率，小型股的負相關性要大於大型股。圖 8.5 摘要紐約證交所掛牌股票（按市值規模劃分）的一年和五年報酬序列相關性。

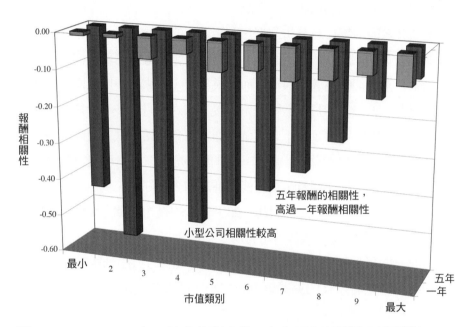

圖 8.5　1941-1985 年，按市值劃分的一年與五年報酬序列相關性

資料來源：法瑪和法蘭曲。圖中為各市值類別（從最小到最大）企業的連續期間平均相關性。

　　以市值最小的股票來說，有很強力的證據指出，在長期的報酬為負值之後，會出現長期的正值報酬。他們也檢視其他市場裡有沒有這種情形，得到的結論很類似，有證據顯示股票長期間會自我修正。

5　Fama, E. F., and K. R. French, 1992, *The Cross-Section of Expected Returns*, Journal of Finance, v47, 427-466.

整體而言，這對於反向操作來說有什麼意義？第一、也是最重要的是，這套策略要有機會收效，你必須做長期投資。第二，從小型公司（以市值計算）賺到報酬的機率高於大型公司。

輸家股票

如果策略是買進過去幾年跌幅最深的股票，成效又是如何？有一項研究建構了兩個極端的投資組合，從 1933 年到 1978 年，以每年年底為基準，一是由前一年漲幅最大的 35 檔股票組成的贏家組合，另一個是由前一年跌幅最大的 35 檔股票組成的輸家組合，預估組成投資組合六十個月後的報酬，藉此分離出價格修正的效應。[6] 圖 8.6 畫出贏家與輸家組合的報酬率。

本項分析指出，買進前一年表現最差的 35 檔股票並持有五年的投資人，可以比大盤多賺到 30% 的超額報酬，也比買進贏家投資組合的人多賺 40%。本項證據符合市場會過度反應的說法，並指出買進去年或前幾年跌幅最深的股票這套簡單的策略，長期或可創造超額報酬。由於這項策略完全以過去的價格為準，你可以主張這套策略比較像是利用線圖投資（把價格走勢圖當成長期的反向操作指標），價值投資的成分比較少。

無論是學術界還是實務界，有很多人說這些結論很有意思，但是高估了「輸家」投資組合的潛在報酬率，列出的理由如下：

● 證據顯示，輸家投資組合中更有可能包含低價股（股價低於 5 美元）。這種投資組合的交易成本較高，也比較可能帶來更極端的報

6　DeBondt, W. F. M., and R. Thaler, 1985, *Does the Stock Market Overreact?*, Journal of Finance, v40, 793-805.

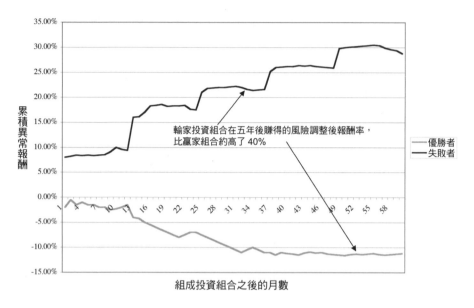

圖 8.6　贏家投資組合與輸家投資組合的累積異常報酬比較

資料來源：德邦特（W. F. M. DeBondt）和塞勒。這兩個投資組合分別為 35 檔表現最佳的股票（贏家組合）與 35 檔表現最差的股票（輸家組合），報酬率則是組成投資組合之後六十個月的累積報酬率。

酬，亦即，超額報酬來自幾檔股票的高額報酬，而不是普遍的好表現。

● 研究也發現，在 12 月建構的輸家投資組合報酬率，大幅高於 6 月時建構的組合。這代表本策略和投資人的節稅賣壓（tax loss selling，按：指資本損失可以抵稅，賣出虧損的股票可透過資本損失抵減稅金）之間有交互關係。投資人很可能在每一個課稅年度截止前（多數人的課稅年度都是算到 12 月結束）賣出，或許因此壓低了股價。

● 報酬數值的大小會產生規模效應。如果不控制公司規模，輸家股票

的績效會優於贏家股票，但是如果以相當的市值來區分輸家組合和贏家組合，輸家組合股票只有在 1 月時會勝過贏家組合。[7]

- 最後一點和時間長短有關。在談序列相關性的那一節有提到，雖然或有證據支持價格長期（三到五年）會修正，但如果考量的是比較短的期間（六個月到一年），則有證據支持有價格動能：正在跌的股票很可能繼續跌，正在漲的股票很可能繼續漲。之前提到的一項支持價格動能研究，[8] 追蹤持有投資組合不同月數時，贏家和輸家組合之間的報酬差異，發現時間的長短對於買進輸家股票的策略來說很重要。[9] 相關發現摘要如圖 8.7 所示。

圖 8.7 有兩個很有趣的重點。第一，贏家投資組合在組成組合後的前十二個月表現確實優於輸家組合。第二，輸家組合在十二個月後開始追趕贏家組合，但在 1941 年到 1964 年期間花了快二十八個月才超越，在 1965 年到 1989 年期間，輸家組合甚至在三十六個月內都沒有贏過贏家組合。買進輸家組合的報酬，大幅取決於你有沒有辦法長期持有這些股票。

7　Zarowin, P., 1990, *Size, Seasonality and Stock Market Overreaction*, Journal of Financial and Quantitative Analysis, v25, 113-125.

8　Jegadeesh, N., and S. Titman, 1993, *Returns to Buying Winners and Selling Losers: Implications for Stock Market Efficiency*, Journal of Finance, 48(1), 65-91.

9　與圖 8.6 所繪製的圖表相比，這項研究中的贏家和輸家投資組合的定義稍有不同。建構投資組合時，根據的是建構之前六個月的報酬。

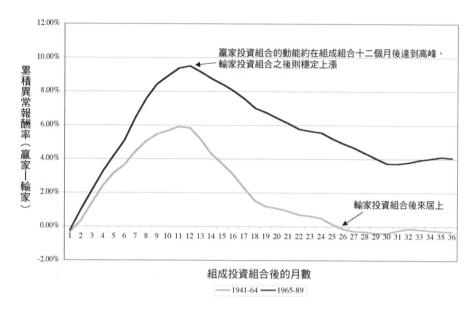

図 8.7　贏家與輸家投資組合的報酬差異比較

資料來源：耶哥迪西（N. Jegadeesh）和提特曼（S. Titman）。圖中追蹤各段期間內，贏家與輸家投資組合累積報酬差異的月度變化率。

進行運算

　　一檔股票要跌到什麼地步才能歸類成「輸家股票」？答案有很大一部分取決於你看的市場期間。在萬股齊漲的期間，股價下跌 40% 就可以算是「輸家」了。但是，當大盤跌了 15% 到 20%，股價可能要下跌 80% 以上才會落到排序的底部。本節要檢視市場裡各種股票的報酬分布，以及各類股的顯著報酬差異。

整體市場：表現最糟的股票

　　要找到某個期間市場裡表現最糟的股票，需要做兩個判斷。第一個和計算報酬的期間有關，去年敬陪末座的股票可能並非過去六個月或過去五年表現最差的。第二個影響選擇的因素，是你如何定義市場。如果看的是美國所有股市表現最差的股票，標普 500 成分股中的股票跌幅再深，也上不了榜。圖 8.8 是四段期間，美國所有上市股票的年化報酬率分布情形：2002 年 1 月到 10 月（九個月）、2001 年 10 月到 2002 年 10 月（一年）、1999 年 10 月到 2002 年 10 月（三年），和 1997 年 10 月到 2002 年 10 月（五年）。

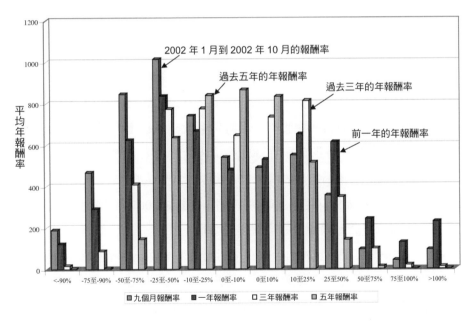

圖 8.8　歷史報酬率分布

資料來源：價值線公司。圖表代表各年報酬率級別的股票數目。

注意，這幾個期間整體股市的報酬率均為負值，分布情況也反映出這一點。報酬率為負值的股票多過正值，如果檢視較短期間（九個月和一年），這股趨勢又更明顯，這是因為市場在這些較短期間表現更糟。

另一個很有趣的重點，是某些股票的虧損幅度。有些股票在短短九個月內就跌掉了 90% 以上（比方說，2001 年 9 月到 2002 年 10 月就約有 200 檔股票有這種情形），這可以說是股票的風險耐力測試。以長期來看，虧損幅度這麼大的股票數目會減少，原因之一是，價值減損超過 90% 上的股票會一年一年慢慢下市。

類股效應

大盤上上下下，有些類股的漲跌幅度高於大盤，有些則比較小。有時候是因為基本面，有些類股的表現比大盤好，有些比較差；有時候是因為投資人的心理，請想一想 1990 年代眾人搶著投資新經濟公司、到了 2001 年初又紛紛掉頭離去的歷史。這為何重要？如果你的策略是買進某段期間跌幅最大的股票，而有些類股的表現就是會比其他更糟，那麼，先不管是好是壞，表現最差的類股就會在你的投資組合裡占太高的比重。

就像個股一樣，哪些是表現最好、哪些又是最差的類股，會因為你檢視報酬的期間不同而有差異。表 8.1 列出的是從 2001 年 10 月到 2002 年 10 月這十二個月間，表現最好與最差的類股。

表現最好的類股是貴金屬，這段期間金價上漲，類股也跟著水漲船高。表現最好與最差的十種類股兩相對照之下天差地遠，表現最好的類股全都上漲超過 20%，表現最差的同期間則下跌超過 20%。

如果把期間延長到五年，檢視 1997 年 10 月到 2002 年 10 月的股市動態，會發現這段期間表現最差的類股是科技和電信類股，在這五年期間每

表 8.1　2001 年 10 月到 2002 年 10 月，表現最好與最差的類股

所屬產業	一年報酬率（%）	所屬產業	一年報酬率（%）
家用品	22.86	電力	-73.07
休閒娛樂	23.79	無線網路	-48.25
汽車零件	25.35	有線電視	-45.51
儲貸銀行	25.79	電信設備	-40.62
卡車／交通租賃	26.26	半導體資本設備	-40.24
住宅營造	28.91	藥品	-35.47
旅館／博弈	29.96	電信服務	-32.55
家具／家飾	35.37	電子商務	-28.67
建材零售	37.13	生物科技	-26.25
貴金屬	157.10	電氣設備	-23.01

年平均跌幅超過 18%。值得一提的是，這些類股都是 1990 年代股市熱時
飆高的類股。如果你看的是上一個五年期間，這些表現絕對名列前茅。表
8.2 列出從 1997 年 10 月到 2002 年 10 月，表現最好與最差的類股。

表 8.2　1997 年 10 月到 2002 年 10 月，表現最好與最差的類股

所屬產業	五年總報酬率（%）	所屬產業	五年總報酬率（%）
能源（加拿大）	3.82	無線網路	-27.44
銀行（加拿大）	4.59	網路	-22.47
儲貸銀行	4.64	電信服務	-22.30
銀行	4.78	電信設備	-22.03
銀行（中西部）	5.27	電腦與周邊	-21.30
公用電力事業（東部）	6.64	煤	-20.91
藥品服務	7.05	鋼鐵（整合型）	-19.63
菸草	7.27	電腦軟體與服務	-19.51
建材零售	8.29	半導體	-19.38
公用水利事業	15.05	醫療保健資訊系統	-18.30

如果你是反向操作的投資人，要在 2002 年 10 月組成一個輸家股票投資組合，看到清單上都是科技與電信公司，應該不用太訝異。

輸家投資組合

若要組成一個輸家股票投資組合，首先要選擇欲估計報酬的期間。你當然可以提出論點、主張要看較長期間的報酬，但許多實證研究都以一年期的報酬為核心。如果要配合這一點，就會選擇自 2001 年 10 月到 2002 年 10 月間，表現最差的 300 檔股票。在預覽這套策略、檢視可能會發生哪些潛在問題時，會看到有 153 檔股票價格都不到 1 美元。買進這類股票的交易成本很可能極高，因此投資組合內僅納入 147 檔股價高於 1 美元的股票，摘要如表 8.3。一如預期，表 8.2 中找到的表現最差類股在投資組合占有極高比例。

表 8.3　2001 年 10 月到 2002 年 10 月，輸家股票

公司名稱	股票代碼	公司名稱	股票代碼
VerticalNet Inc	VERT	Digital Lightwave	DIGL
Nucentrix Broadband Networks	NCNX	Openwave Systems	OPWV
Genzyme Molecular Oncology	GZMO	Medwave Inc	MDWV
Golf Trust of America	GTA	Tumbleweed Communications	TMWD
Bell Canada Intl	BCICF	Conexant Systems	CNXT
Antenna TV S A	ANTV	Cygnus Inc	CYGN
Beta Oil and Gas Inc	BETA	Vitesse Semiconductor	VTSS
Data Systems & Software	DSSI	Classica Group Inc	TCGI
Biotime Inc	BTX	3DO Co	THDO
Nortel Networks	NT	Ventiv Health Inc	VTIV
Childtime Learning Ctrs	CTIM	AES Corp	AES

續表 8.3

公司名稱	股票代碼	公司名稱	股票代碼
ACT Teleconferencing	ACTT	MIIX Group Inc	MHU
Corvas Intl Inc	CVAS	Harmonic Inc	HLIT
Student Advantage Inc	STAD	EntreMed Inc	ENMD
Amer. Tower 'A'	AMT	Biomira Inc	BRA.TO
Atlas Air Inc	CGO	Broadwing Inc	BRW
Miller Exploration	MEXPD	EMCORE Corp	EMKR
Williams Cos	WMB	Optical Cable Corp	OCCF
KeyTronicEMS Co	KTCC	SuperGen Inc	SUPG
Sapient Corp	SAPE	Global Thermoelectric Inc	GLE.TO
Electroglas Inc	EGLS	Corning Inc	GLW
CNET Networks	CNET	Beverly Enterprises	BEV
SatCon Technololgy	SATC	MIPS Technologies Inc	MIPS
KANA Software Inc	KANA	Artesyn Technologies Inc	ATSN
InterVoice Inc	INTV	WHX Corp	WHX
Genome Therapeutics Inc	GENE	Rite Aid Corp	RAD
Hollywood Mediacorp	HOLL	Alpha Hospitality Corp	ALHY
Pegasus Communications	PGTV	Calpine Corp	CPN
Atmel Corp	ATML	Sanmina-SCI Corp	SANM
DuraSwitch Inds Inc	DSWT	Novadigm Inc	NVDM
SIPEX Corp	SIPX	ANADIGICS Inc	ANAD
Elan Corp ADR	ELN	Bioject Medical Tech	BJCT
Factory 2-U Stores Inc	FTUS	BroadVision Inc	BVSN
Razorfish Inc	RAZF	Aphton Corp	APHT
DMC Stratex Networks Inc	STXN	Solectron Corp	SLR
SpectRx Inc	SPRX	Iona Tech PLC ADR	IONA
Dusa Pharmaceuticals	DUSA	Titan Pharm Inc	TTP
Visible Genetics Inc	VGIN	Quantum Corporation	DSS
Actuate Corporation	ACTU	UAL Corp	UAL
Mail-Well Inc	MWL	Tesoro Petroleum	TSO

續表 8.3

公司名稱	股票代碼	公司名稱	股票代碼
Zarlink Semiconductor Inc	ZL	Aquila Inc	ILA
Pharmacyclics	PCYC	Providian Fin'l	PVN
GlobespanVirata Inc	GSPN	Emisphere Tech Inc	EMIS
Covansys Corp	CVNS	RSA Security	RSAS
Crown Castle Int'l	CCI	ABIOMED Inc	ABMD
Starbase Corp	SBAS	Powerwave Techn	PWAV
Collins & Aikman Corp	CKC	ILEX Oncology	ILXO
Hemispherx Biopharma Inc	HEB	HealthSouth Corp	HRC
Western Wireless 'A'	WWCA	Championship Auto Racing	MPH
Quanta Services	PWR	Magnum Hunter Resources	MHR
Kulicke & Soffa	KLIC	Biopure Corp	BPUR
Amkor Technology	AMKR	Cell Therapeutic	CTIC
Gemstar-TV Guide	GMSTE	PerkinElmer Inc	PKI
CyberOptics	CYBE	TriQuint Semic	TQNT
Lumenis Ltd	LUME	AMR Corp	AMR
Vical Inc	VICL	Med-Design Corp	MEDC
PLX Technology Inc	PLXT	Administaff Inc	ASF
Commerce One Inc	CMRC	National Service Ind	NSI
Metris Cos	MXT	PDI Inc	PDII
Concurrent Computer	CCUR	Fleming Cos	FLM
Medarex Inc	MEDX	DVI Inc	DVI
CuraGen Corp	CRGN	Cubist Pharm Inc	CBST
Sprint PCS Group	PCS	Microsemi Corporation	MSCC
Nanometrics Inc	NANO	Amdocs Ltd	DOX
ClearOne Commmunications Inc	CLRO	AmeriCredit Corp	ACF
SmartForce ADR	SKIL	Neose Technologies	NTEC
CryoLife Inc	CRY	Footstar Inc	FTS
Alcatel ADR	ALA	El Paso Corp	EP
Stellent Inc	STEL	ImClone Systems	IMCL

公司名稱	股票代碼	公司名稱	股票代碼
Sepracor Inc	SEPR	Genesis Microchip Inc	GNSS
VeriSign Inc	VRSN	CSG Systems Int'l	CSGS
Allmerica Financial	AFC	Electronic Data Sys	EDS
EPCOS AG	EPC	Power Corp	POW.TO
Polycom Inc	PLCM		

故事的其他部分

　　雖然長期持有輸家股票看來可以賺得高於平均水準的報酬，但這套投資策略有些明顯的風險。首先，投資組合中隨處可見低價股，會導致投資人的交易成本很高。其次，輸家股票可能面對更高的風險，從價格波動性以及財務槓桿兩方面來說都是，因為輸家股票通常負債比率較高。再來，會出現負報酬率是有原因的，無論理由是管理不當或失去市占率，倘若不去修正問題，很可能就沒有能帶動未來股價上漲的刺激因素。

交易成本

　　採行投資輸家股票策略會遭遇的第一個、可能也是最嚴重的問題，是這些股票價格很低。買賣這些股票的交易成本之所以很高，理由至少有三點：

- 買賣這些股票的價差與股價相對之下很高。以 50 美元的股票來

說，50 美分的價差為股價的 1%，但對一檔股價 2.50 美元的股票來說，占比卻高達 20%。

- 股價下跌時，佣金和其他固定交易成本占投資金額的比例也會提高。買進 1 萬股 2 美元股票的佣金，遠高於買進 1,000 股 20 美元的股票。

- 股價下跌時，法人多半會避開，導致波動性和成交量雙雙降低，進一步墊高交易成本。

雖然表 8.3 的投資組合已經設限，僅納入股價高於 1 美元的股票，但整個投資組合的平均股價也才每股 3.36 美元，而市場其他股票的平均價格則高於 26 美元。此外，輸家股票的平均市值為 3.88 億美元，遠低於市場其他股票的平均值 17 億美元。在組成投資組合時如果是低價股加小市值，會推高交易成本。圖 8.9 示意交易小型股與大型股時要面對的交易成本比較。

交易總成本中包括買賣價差和佣金成本，以市值最小類別裡的公司來說，占比可能超過 5%。如果都是低價股，成本占比無疑更高。[10]

那麼，在組成投資組合時，最低股價應設為多少？如果你採用的門檻股價為 5 美元，投資組合的 147 家公司就只剩下 26 家，如表 8.4 所示。

---

10 Kothare, M., and P. A. Laux , 1995, *Trading Costs and the Trading Systems for NASDAQ Stocks*, Financial Analysts Journal, March/April, v51,42-53.

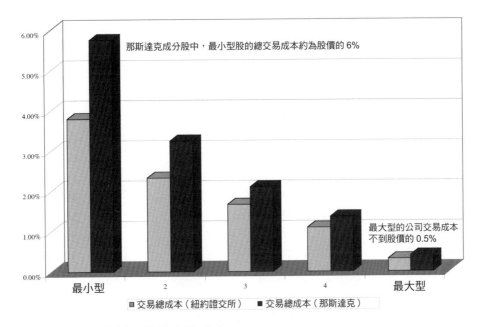

圖 8.9　按市值劃分的總交易成本

資料來源：柯塔爾（M. Kothare）和雷克斯（P. A. Laux）。成本包括佣金、價格衝擊以及買賣價差。

表 8.4　股價高於 5 美元的輸家股票

公司名稱	股票代碼	所屬產業	股價（美元）
DVI Inc	DVI	醫療服務	6.30
Power Corp	POW.TO	金融服務	36.85
Footstar Inc	FTS	零售（特殊產品線）	7.56
Electronic Data Sys	EDS	軟體	13.72
National Service Ind	NSI	多元	5.75
Fleming Cos	FLM	食品批發	6.14
Sepracor Inc	SEPR	藥品	7.81
Neose Technologies	NTEC	生物科技	7.52

續表 8.4

公司名稱	股票代碼	所屬產業	股價（美元）
ImClone Systems	IMCL	藥品	7.79
Allmerica Financial	AFC	保險（產險／意外險）	8.14
CSG Systems Int'l	CSGS	工業服務	11.39
El Paso Corp	EP	天然氣（多元）	7.61
AMR Corp	AMR	空運	5.15
PDI Inc	PDII	工業服務	5.91
Administaff Inc	ASF	人力資源	5.42
PerkinElmer Inc	PKI	精密儀器	5.00
EPCOS AG	EPC	電子	9.28
Polycom Inc	PLCM	電信設備	9.85
Amdocs Ltd	DOX	工業服務	6.93
Cubist Pharm Inc	CBST	藥品	6.83
TriQuint Semic	TQNT	半導體	5.07
Genesis Microchip Inc	GNSS	電子	9.87
Microsemi Corporation	MSCC	電子	6.85
VeriSign Inc	VRSN	網路	7.91
AmeriCredit Corp	ACF	金融服務	6.98
Med-Design Corp	MEDC	醫療用品	5.23

波動性與違約風險

　　前一年大跌的股票，風險通常都比其他股票高，理由之一是股價愈低，波動幅度愈大。[11] 第二是股價快速暴跌，通常會提高公司的財務槓桿

11　每股 2 美元的股票，波動幅度占股價和報酬的比率通常高於每股 20 美元的股票。這一點沒有理論根據，但實際上的確如此。

與違約風險。[12]

　　圖 8.10 顯示輸家投資組合和市場其他股票在三個風險指標上的差異，分別為：貝他值、股價標準差和負債資本比。

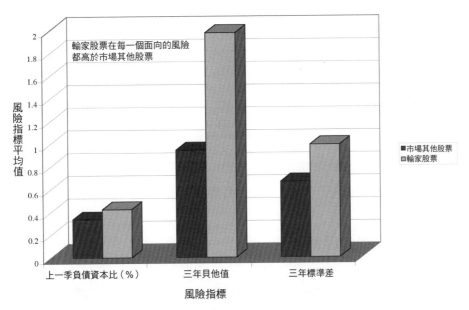

圖 8.10　輸家股票與市場其他股票的風險指標比較

資料來源：價值線公司。圖中顯示輸家股票與市場其他股票過去三年的平均貝他值、標準差，以及負債資本（帳面）比。

　　以這三個風險指標來說，輸家股票的風險遠比市場其他股票高，以股價為基準的指標（貝他值和標準差）更是如此。

　　你可以從通過股價篩選標準（每股 5 美元以上）的 26 檔股票中刪掉

12　假設一家公司有 10 億美元的負債與 10 億美元的股權，如果股權價值下跌 80%，通常會看到公司的負債比率從原本的 50% 大幅提高。因為負債價值減少的幅度，不會像股權價值減少的幅度這麼大。事實上，如果負債價值不變，負債比率會變成 83.33%。

風險太高的。事實上，如果你加入年標準差不可高於 80%（這會刪掉這項指標中的前 25% 企業）、貝他值不得大於 1.25，且以市值計價的負債資本比要低於 80%，就只剩下 3 檔股票，如表 8.5 所列。

表 8.5　股價大於 5 美元，且風險水準合理的輸家股票

公司名稱	股價（美元）	標準差（%）	貝他值	負債資本比（%）
Power Corp	36.85	50.07	0.64	16.43
Electronic Data Sys	13.72	55.03	1.24	41.81
Footstar Inc	7.56	50.53	0.10	47.95

設定股價低標與風險限制條件之後，投資組合裡的股票數目大減，這代表即便相信反向操作的基礎主張，但實務上很難操作輸家投資策略。

強化表現的刺激因素

買進輸家股票時，最後、可能也最難考量的因素，是導致報酬率為負值的根本問題能否解決。儘管考慮投資組合時可能無法一探各家公司的內部運作情形，但你可以找出有以下行動的公司，以增加成功機會：

- **管理變革**：舉例來說，可以看看公司的管理近來是否有變化。而換上新的管理團隊的公司，多半比較會承認前人犯的錯並進行修正。
- **重整行動**：你也可針對最近做出重整決定的公司，包括改變業務組合的撤資與收購行動，來進行刪選。
- **主動型投資人**：公司深陷泥淖時，經理人通常需要買進公司股票的主動型投資人推一把。而退休基金經理人和私人投資人經常在這類有麻煩的公司占一席之地，推動改變。公司裡有一、兩個這類投資

人，可以視為有希望的信號。

- **生存**：公司需要時間整備，來修正可能是長期且結構性的問題。而沒有財務違約威脅罩頂的公司，比較可能爭取到這個時間。因此，你可以僅限於持有負債水準可控的公司，而這不僅可作為風險篩選條件，也能提高公司生存下去的機會。
- **獲利趨勢**：輸家股票的長期獲利趨勢很可能為負向，但在短期趨勢中很可能找到正向的蹤跡。比方說，可以僅投資前一季有提報獲利的公司。雖然一季的數據並不足以扭轉大勢，但這或許是公司已經甩開部分麻煩的徵兆。

投資獲利心法

從紙上談兵的角度來看，買進近期大幅下跌的股票可能是贏家策略，但有很多相關風險。如果你是明智的投資人，投資期間長並抱持著反向投資的原則，你應買進交易成本可控與暴險水準有限的股票。要達成這些目標，你可以根據以下條件篩選美國所有股票：

- **過去報酬**：僅有前一年報酬率落在最低四分之一的股票，才考慮納入投資組合。這會比本章之前所用的篩選條件更寬鬆（之前在 7,000 檔股票中選擇報酬率最低的 500 檔），但這樣一來，就可以使用比較嚴格的風險與交易成本篩選條件。
- **交易成本**：若要壓低投資組合的整體交易成本，僅考慮價格高於 5 美元的股票。
- **風險**：刪去樣本裡標準差高於 80%、貝他值高於 1.25，或負債資

本比超過 50% 的公司。前兩項條件純粹是風險標準，最後一項既是風險標準也是生存標準。

- **強化表現的刺激因素**：僅考慮將最近一季有提報獲利、且過去一段期間獲利有提高的公司，納入整體投資組合。這麼做的理由是，有賺錢的公司風險比較低，而且更有餘裕從事必要變革，健全公司體質。

用這些條件在 2003 年 1 月篩選所有美國企業，得出 20 檔股票，投資組合如附錄 8.1 所示。

結語

很多反向操作型的投資人相信，買進最近一段時間大幅下跌的股票是好策略。這套策略的根據是，投資人會對新資訊過度反應，導致在出現利空消息（發布糟糕的獲利數字、調降股利）後，將股價壓得太低，而在利多消息之後則將股價推得太高。研究指出，如果長期持有，最近一段期間跌幅最深的股票可以帶來高報酬。然而，使用這套策略時，買賣的股票多半股價很低、交易成本很高，而且風險水準也高於平均值。

如果想成功運用這套策略，你首先必須有長期投資的打算，而且要承受得起波動。你在建構投資組合時要謹慎，盡量壓低交易成本和風險。你會發現，通常在開始賺之前都要先虧。即便到了開始賺的時候，這也不是一套誰都可以做得好或沒有風險的策略。

附錄 8.1　股價高於 5 美元，且風險水準和違約率有限的輸家股票

公司名稱	股票代碼	所屬產業	股價（美元）	一年總報酬率（%）	三年貝他值	三年標準差（%）	上一季每股盈餘（美元）	以市值計價的負債資本比（%）
Almost Family Inc	AFAM	醫療服務	6.56	-55.23	0.07	56.66	0.12	46.85
Ambassadors Intl Inc	AMIE	產業服務	9.18	-57.17	0.4	52.76	0.02	0.22
BJ's Wholesale Club	BJ	零售商店	15.52	-58.50	0.73	37.70	0.38	8.40
CAE Inc	CAE.TO	航太／國防	5.18	-55.19	1.21	60.03	0.11	40.56
Convergys Corp	CVG	產業服務	12.59	-59.59	1.12	46.25	0.34	5.06
Crawford & Co 'B'	CRD.B	金融服務（多元）	5.05	-55.55	0.32	56.68	0.11	21.48
Cytyc Corp	CYTC	醫療用品	10.81	-60.92	0.95	66.52	0.11	0.00
Enzon Inc	ENZN	藥品	17.8	-70.29	1.01	60.11	0.29	33.46
Fab Industries	FIT	紡織	8.9	-55.22	0.22	49.33	0.19	0.71
Footstar Inc	FTS	零售（特殊產品線）	9.42	-77.76	-0.05	51.38	0.69	42.70
Kendle Intl Inc	KNDL	醫療服務	8.52	-56.35	0.52	65.58	0.16	12.71
Ohio Art Co	OAR	休閒娛樂	17	-55.96	0.19	59.26	1.18	31.05
On Assignment	ASGN	人力資源	7.5	-62.91	1.17	61.87	0.14	0.00
QLT Inc	QLT.TO	藥品	12.33	-66.91	1.11	71.34	0.13	0.00
SRI/Surgical Express Inc	STRC	醫療用品	5.02	-64.56	-0.33	65.68	0.05	40.78
Tenet Healthcare	THC	醫療服務	18.22	-58.11	-0.38	46.65	0.68	30.45
THQ Inc	THQI	娛樂科技	12.2	-58.99	0.68	67.04	0.12	0.00
TRC Cos	TRR	環境	13.99	-60.61	0.67	66.06	0.26	11.72
Vans Inc	VANS	鞋類	5.06	-55.42	0.52	51.73	0.3	7.64
Veritas DGC Inc	VTS	油田服務／設備	7.65	-57.30	1.21	64.72	0.05	34.93

09
抓住下一條大魚！新企業與年輕公司

每一個投資人都夢想找到別人沒找到的珍寶：擁有出色商業模式、
但其他投資人尚未發現或忽略的小型公司。

尋找價廉物美的標的

　　葛斯很自豪自己總能找到價廉物美的東西。他跳過房地產仲
介，直接聯繫房東，在紐約市租下了一處便宜的公寓。他的房子裡
到處都是用划算價格從小型家具店買來的古董，他也只去自己研究
過、有口碑的餐廳，從不去《紐約時報》點評過的地方。在成功找
到好物的激勵之下，葛斯決定要把這套策略炮製到投資上。他先去
找還沒有被任何大型投資銀行的股票研究分析師追蹤的小公司，然
後把搜尋目標擴大到正計畫 IPO 的公司，買入他們的股票。由於他
沒時間做分析，所以隨意選了幾家。他甚至考慮把一部分的資金投
資到朋友創立的前景看好新公司。

　　投資時，他注意到他支付的價格比掛牌價格高了很多，他的營
業員解釋說這是因為買賣價差大的關係。買進股票幾個星期後，他
注意到這些股票有時候根本沒有成交量、價格也沒動過，他也發現

出現新消息時這些股票價格大幅波動，但是跌的比漲的多。當他賣出一些有賺的股票，他發現自己拿到的錢比預期中少。葛斯判定，在租公寓、買家具和上餐館時好用的策略，用在買賣股票是無效的。他不太清楚理由何在，他把問題歸咎於營業員。

| 寓意：有時候看來划算的東西其實很貴。 |

在第七章，我們討論的是投資成長前景看好的上市公司。雖然挑對成長型的股票報酬可以很豐厚，但一旦這些公司被視為高成長公司之後，就很難以合理的價格買進。有些投資人相信，最好的投資機會是還沒有被分析師追蹤到或是還沒有公開上市的小公司。他們主張，在年輕的公司與新事業還是非公開發行公司或第一次要上市時投資，是賺得高報酬的最佳機會。本章要討論這些策略的潛在報酬與成本。

故事的核心

每一個投資人都夢想找到別人沒找到的珍寶：擁有出色商業模式、但其他投資人尚未發現或忽略的小型公司。有些投資人試著落實這個想法，去找法人持股很少且沒有被分析師追蹤的小公司，在當中撿便宜。有些人則在股票一上市或沒多久之後就買進，希望藉此贏過大盤，他們主張這些將會是未來的成長型股票。還有些擁有更多可動用資源的投資人，以創投或私募股權投資的形式，投資前途光明的非公開發行公司，寄望能搭著他們的成功大賺一筆。

投資小型上市公司、IPO 公司或非公開發行公司的人採用的可能是不同的策略，對市場的看法也迥異，但有一些共同的信念。

- **法人與分析師不太追蹤、甚至全然忽視的公司，價值最有可能被錯估**：當公司規模愈大，就會引來法人和分析師，雖然這些人不見得永不出錯，但是他們很善於挖掘相關資訊，充分掌握自己追蹤與投資的公司，受青睞的公司價值也因此比較不會出現嚴重的錯估。然而，你把注意力放在尚未開放一般人投資的公司（非公開發行公司與 IPO 公司），或相對少有大型投資人的公司，盼望著辛苦的研究搜尋能提高報酬。若從市場效率的觀點來說，這代表你相信在這些市場區塊更可能找到無效率的漏網之魚。
- **出色的獨立研究有助於區分出輸家與贏家**：就算你接受少有追蹤的股票價值比較可能被錯估，也要有能力區分哪些股票是價值被低估了，哪些又被高估了。收集資訊並研究少有人追蹤的公司（如果是私募股權投資的話，是以非公開發行公司為標的。其他則是尚未公開發行的公司，以及少有人追蹤的上市公司），能擁有其他投資人沒有的優勢，提高搭上起漲順風車的機會，同時也對下跌風險設限。

換言之，這些策略背後的信念是：在人跡罕至之處，很有可能找到最價廉物美的投資標的。

理論基礎：風險與潛在報酬

相信投資非公開發行公司、IPO 或是規模較小、比較少人追蹤的公司能創造高報酬的策略背後有理論基礎嗎？你大可理直氣壯地說，這些公司的風險可能比規模較大、歷史更悠久的公司高，長期應能期待賺得更高的報酬。然而，這種說法本身並不足以撐起策略，因為你不僅要拿出高報酬，還要拿出超額報酬才算證據，亦即，由於風險較高，報酬也應該高於你的預期。

額外風險

投資非公開發行公司或小型公開上市公司的額外風險來自何處？首先，與較大型公司相比，投資這些公司能得到的相關資訊較少。第二，這些公司的價值來自未來成長的部分較多、出自現有資產的部分較少，前者的不確定性本來就比較高。第三，投資非公開發行公司或是小型上市公司，流動性可能低於投資大型上市公司。因此，有人會主張買賣這類投資標的比較昂貴。

資訊風險

這套投資策略最首要、也是最重要的風險，就是你想投資的這類公司相關資訊很少，而且也不可靠。非公開發行公司提供的資訊比上市公司少，前者無須遵守證管會的要求，也不用提供相關報表。儘管上市公司適用的會計準則有其限制，但還是有些數據可以拿來針對不同公司做比較。反之，非公開發行公司使用的是非常不同的會計準則，這就很難比較了。投資時，我們也需要用到私有資訊，這是指也有在關注公司的其他人得到

的消息。但非公開發行公司沒有這類資訊，小型上市公司僅有一些零碎消息，大型上市公司則有各式各樣的相關訊息。

非公開發行公司或小型上市公司能取得的資訊比較少，會導致投資這類公司的風險較高嗎？是否因為這樣，投資這些公司就能預期更高的報酬率？答案看起來顯然為是，但理論學家在這個問題上卻出奇地莫衷一是。很多理論學家勉強同意投資小型或非公開發行公司的不確定比較高，但他們接著斷言，投資組合裡的這種風險有很大一部分都可以分散。他們主張，一個由小型上市或非公開發行公司構成的投資組合的整體風險，低於組合裡個別成分公司的風險。他們認為，分散得宜的投資人不應認為這些投資風險較高，預期報酬率其實也反映了這一點。

我們可以從兩個層面來辯駁這種樂觀的風險觀點。第一，非公開發行公司或小型上市公司的投資人無法輕易分散投資。舉例來說，不論何時，私募股權和創投的投資多半集中在幾種產業上。第二，即便投資人有能力分散投資，可能也無法分散投資風險。這是因為公司比較可能隱藏利空消息。畢竟，公司有誘因在表現好的時候昭告天下。因此，即便是由非公開發行公司或小型公司組成的大型投資組合，驚嚇也很可能多於驚喜。

成長風險

投資年輕的小型公司，就是寄望它未來能更快速成長。在投資時，你可能憑據著大量的研究分析來作決策，但成長本身難以預測。每一百家新創的成長型公司裡，能走到上市這一步的少之又少，就算真的上市了，能實現承諾、長期交出高成長好成績的，更是鳳毛麟角。換言之，你可能要先投資上千家公司，才能找到一家微軟（如果你真的找得到的話）。

雖然無法精準挑出哪些公司能在成長賽局裡勝出，但是你在投資成長潛力較高的公司時可以要求更高的報酬，高於從現有資產創造價值的公

司。你可以把你對前者要求的額外報酬，當成彌補無法預測成長的風險溢價。

市場性與流動性

太常見的狀況是，買進一檔股票之後你就後悔了。如果這是一檔公開上市股票，具有流動性，你買進之後轉個身就想賣掉，要承擔的成本相對低。首先，你要支付買賣兩邊的交易佣金，但如今各大券商紛紛推出折扣，換算下來可能也只有幾十美元，還不到百位數。第二，你必須承擔買賣價差。就算股價在你買進之後都沒動過，你賣出時收到的價款（賣價），也會少於你買進時支付的價格（買價）。但如果是大型的上市股，這個價差在股價中的占比極低。

然而，如果是交投清淡的小型股，你改變心意時要付出的成本就會提高。雖然佣金可能不會太高，但買賣價差在股價中的占比會比較高。此外，你會影響股價，買進時推高價格，賣出時壓低價格。

交易非公開發行公司股票的成本更大。由於你持有的股票並無便利的市場可供交易，通常你必須去找有意的買家。但因為這項投資缺乏流動性，對方願意支付的價格，會遠低於你當初買進股票的價格。而流程中安排交易的中間商，會比公開交易資產市場裡的中間商從中拿走更多。

你的投資策略會如何反映前述的低流動性風險？如果標的是上市股票，你為了流動性低的股票願意支付的價格，會低於流動性高的股票，也因此推高了前者的預期報酬率。說到底，你預期了較高的交易成本，你要在這方面獲得補償。如果是非公開發行公司，這一點又更明顯。在實務上，估算非公開發行公司價值的人慣用「無流動性折價」（illiquidity discount），範圍從 20% 到 30% 不等。因此，一家非公開發行公司的價值如果有 1,000 萬，等到要出售時很可能只拿得到 700 到 800 萬。

創造超額報酬的潛力

上一節的討論指出，投資非公開發行公司或小型流動性低的公司的預期報酬，應該高於較大型、流動性高的公司。那麼，前者會基於這一點變成好的投資標的嗎？不見得，因為「預期報酬率應該比較高」的前提，是這些股票的風險比較高。要讓投資小型或非公開發行公司變成好的策略，你要提出論據，指出這些標的的預期報酬率會高於其他風險也較高的股票。而基於以下幾個理由，這一點有可能成立：

一、**收集與被忽略的股票相關的資訊並進行分析，能夠創造更高的報酬**：你可以主張，這些公司的公開資訊和分析比較少，所以只要肯去收集並分析就能帶來報酬。換言之，你比較可能在這些股票裡找到划算的標的。

二、**沒有法人參與**：這一點強化了前一點。法人通常擁有更多可供運用的資訊（分析、資訊資料庫等等），你可以把他們歸類為周詳的投資人（informed investor）。當你和比你擁有更多資訊的投資人交手，你很可能會輸。相反地，交易比較小型、少有人追蹤的股票或非公開發行公司，你會更有勝算。

三、**投資人憂慮未知**：有一個不理性的因素會影響小型公司的股價。那就是投資人喜歡留在清楚且熟悉的領域之內（通常是眾人投資的股票），遠離比較小型、少有人追蹤的標的。在市場混沌不明期間，這很可能導致眾人紛紛走避後者，使股價跌破你認為的合理價格。

如果你基於以上任何或全部理由，得出結論認為投資小型公司可以賺

得比相應風險水準更高的報酬，下一步就要檢驗證據是否支持這套策略。

檢視證據

本節要檢視過去幾十年來累積的證據，看看以年輕小型公司為核心的投資策略的成效與其他面向。第一部分要比較投資小型上市公司和大型上市公司的報酬。第二部分則要檢視投資剛上市股票的報酬，包括在上市時與上市之後投資。第三部分要檢視投資非公開發行公司（以創投或私募股權的形式），能否創造高報酬。

小型公司

大型交易所有幾千檔股票掛牌，規模大大小小，範疇很廣，有像奇異和微軟這種市值幾千億美元的極大公司，光譜的另一端也有幾千萬美元的小型上市公司。事實上，也有市值幾百萬美元、沒有掛牌上市的公開發行公司。那投資小型公開上市公司的策略可行嗎？各類研究都有一致性的結論，認為小型公司（以股權市值來看）賺得的報酬，高於風險相當的大型公司。圖 9.1 摘要不同市值等級的股票年報酬，涵蓋的期間從 1927 年到 2001 年。[1] 組成投資組合的期間是每年年底，基準為股票當時的市值，然後在接下來這一年持續持有。而計算報酬時，同時使用價值加權法（每一家公司的投資金額與公司的市值成比例），和等權重法（投資組合裡每一家公司的投資金額都相等）。

1　年報酬率數據取自法蘭曲和法瑪根據市值類別，所做出來的年報酬率資料組。

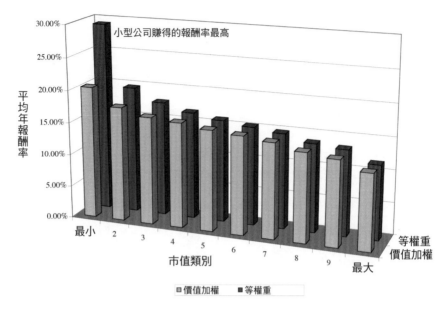

圖 9.1　1927-2001 年，根據市值區分等級的年報酬率

資料來源：法瑪和法蘭曲。各公司在每年年底根據市值分成十個類別，並計算每一個投資組合接下來這一年的報酬率。

　　如果檢視價值加權的投資組合，規模最小的股票期間內賺得的報酬率約為 20%。相較之下，規模最大的股票年報酬率為 11.74%。如果檢視等權重投資組合，小公司的溢價更高，溢價代表了最小型股票賺得的報酬。換言之，如果要賺到這些溢價，你必須投資市場裡規模最小的公司。無論如何，這些結果很驚人，也為買進小型股的投資組合經理人提供了論據。

　　平均而言，這段期間小型股的表現勝過大型股嗎？沒錯。但是，不能保證這項策略在每個期間都可以成功。小型股的報酬高於大型股的期間比較多，但是如果期間拉長，小型股的表現就遜於大型股了。圖 9.2 畫出小型股在 1927 年到 2001 年，每年賺得高於大型股的溢價。

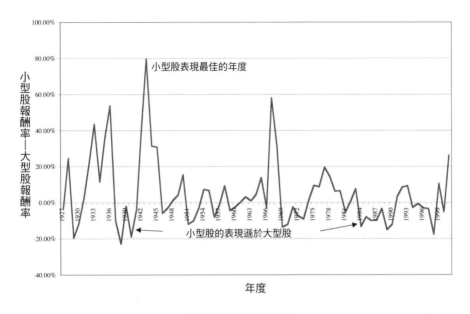

小型股表現最佳的年度

小型股的表現遜於大型股

圖 9.2　1927-2001 年，小型股長期間的溢價

資料來源：法瑪和法蘭曲。圖示為市值最小的股票（排名後 10%）與市值最大的股票（排名前 10%），年報酬率的差額。

　　請注意，有很多年這項溢價都是負值，代表這些年小型股賺的報酬低於大型股。事實上，在 1980 年代，大型股的表現遠遠勝於小型股，這就引發了小型股溢價是永遠、還是暫時消失的爭論。華頓商學院教授傑諾米・席格爾（Jeremy Siegel）寫了一本討論股票長期表現的書。他在書中主張，小型股的溢價幾乎全部都來自於 1970 年代末期小型股的表現。[2] 這十年通貨膨脹率高，那麼，小型股的溢價是否和通貨膨脹有關？投資組合經理人站在另一邊，他們主張 1980 年代的各種事件都是異常，小型股溢價會重現。恰好，1990 年代小型股溢價再現，如圖 9.3 所示。

2　Siegel, J., 1998, *Stocks for the Long Run*, McGraw Hill, New York.

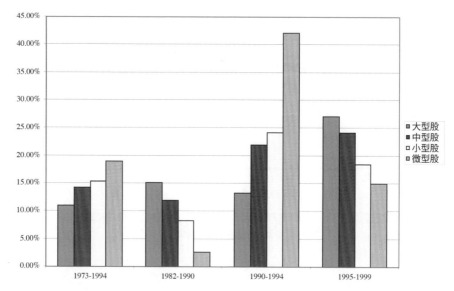

圖 9.3　長期的小型股效應

資料來源：普拉德修曼（S.Pradhuman）。圖中以美林證券的標準為依據，分為微型股、小型股、中型股和大型股。

有些研究人員試著更深入探討小型股效應，[3] 以找出溢價的源頭，以下是一些結論：

- 微型公司的小型股效應最顯著。微型公司是指規模極小的公司，當中有很多市值為 2.5 億美元以下。這些公司有很多都是低價且流動性很低的股票，股票分析師根本不追蹤。
- 小型股溢價有很高比例都出現在 1 月。[4] 圖 9.4 顯示 1935 年到 1986 年間，小型股和大型股在 1 月份以及年度其他時候的報酬對比。事

3　Pradhuman, S., 2000, *Small Cap Dynamics*, Bloomberg Press.

4　Chopra, N, and J. Ritter, 1989, *Portfolio Rebalancing and the Turn-of-the-year Effect*, Journal of Finance, v44, 149-166.

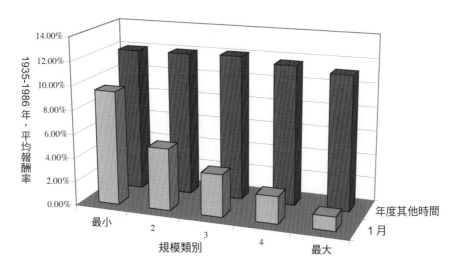

圖 9.4　1 月的小型股效應

資料來源：查波拉（N. Chopra）和瑞特（J. Ritter）。針對根據市值大小分級的股票，計算 1 月以及年度其他時間的報酬率。

實上，我們無法駁斥 2 月到 12 月沒有小型股溢價的假說。

- 證據也顯示，美國以外的市場有小型股溢價的現象。研究發現，從 1955 年到 1984 年，英國的小型股溢價約為 7%、[5] 法國約為 8.8%、德國的小型股效應小一點、[6] 日本從 1971 年到 1988 年，小型股溢價為 5.1%。[7]

- 顯然，當短期利率相對高於長期利率，以及通貨膨脹率高的時期，

---

[5]　Dimson, E., and P. R. Marsh, 1986, *Event Studies and the Size Effect: The Case of UK Press Recommendations*, Journal of Financial Economics, v17, 113-142.

[6]　Fama, E. F., and K. R. French, 1998, *Value versus Growth: The International Evidence*, Journal of Finance, v53, 1975-1999.

[7]　Chan, L. K., Y. Hamao, and J. Lakonishok, 1991, *Fundamentals and Stock Returns in Japan*, Journal of Finance, v46, 1739-1789.

小型股表現較佳。這很可能和這些類股在 1970 年代表現出色有關。

小型股會出現溢價，原因是否為小型公司不像大公司那樣，經常被股票研究分析師緊盯著？有些研究檢視年報酬率和公司受到追蹤（以追蹤的分析師人數和法人持股來代表）之間的關係，他們發現，證據指出當追蹤某檔個股的分析師人數減少時，報酬通常會上揚。即便去控制「小型公司比較少受到分析師追蹤」這個變因，前述的效果仍在。

IPO

非公開發行公司透過 IPO，向大眾發行股票，轉變成為公開交易的公司。已是公開交易的公司也會發行股票，此時股票已經有可以作為依歸的市價。而 IPO 的公司，則由投資銀行根據認知到的供需動態定價。有些投資人相信，他們可以借助流程中的不確定性，以及投資銀行家在定價時的偏差，藉此賺取高報酬。

IPO 的四大步驟

當一家公司從非公開發行轉為公開交易，主要能獲得的益處是，更便於進出金融市場及取得進行專案所需的資本。能取得新資本，對成長性高、擁有大型且獲利豐厚投資機會的企業來說非常重要。第二項益處是，當非公開發行公司業主的持股有了市值，便可將事業成就變現。不過，著眼於這些益處的同時，也必須考量轉換成公開交易的成本。其中最明顯的，就是成為公開交易公司之後，業主很可能會失去掌控權。成為公開交

易公司的其他成本還包括，要遵循資訊揭露規定以及法律規定。[8]

假設利大於弊，公司接下來就是要遵循 IPO 的四大步驟。第一步，是選擇一家投資銀行帶領公司走向公開市場，這個決定通常根據對方的聲譽和行銷技能。在多數公開市場發行案中，投資銀行會承銷發行並明確保證股票的價格。之後，投資銀行會請來幾家銀行組成承銷團（syndicate），以分散公開發行的風險並擴大行銷範疇。第二步，是評估公司的價值並設定發行細節。發行的定價基準通常都是已公開交易的對應公司，[9] 並探詢潛在的股票買家，檢視他們的購買意願。第三步，是遵循證管會的要求，提交公開說明書以說明公司狀況，以及發行公司計畫如何運用發行股票所得的資金。最後一步，是以發行價分配股票給申購的人。如果股票供不應求（若發行價定得太低就會出現這種情況），就必須分配股份。如果供過於求，投資銀行就必須履行承銷保證，以發行價購買剩下的股票。

IPO：定價與投資策略

投資銀行定出的 IPO 價格有多精準？衡量方法之一，是比較股票一開始的交易價和發行價。雖然估計的精準度每年都不同，但平均而言，IPO 的價格都被低估了 10% 到 15%。而規模較小的公司，價格遭低估的幅度更大。一項研究檢驗 1990 年到 1994 年、1,767 件 IPO 案中，低估價格與發行所得金額的關係，所得結果如圖 9.5 所示。[10]

發行規模愈小，低估幅度愈大。規模最小的發行，價格被低估的幅度

8　這是一種雙重成本，其一是要擔負編製與發布資訊的成本，第二是無法控制要向市場揭露多少資訊以及何時揭露。

9　有一種常見的做法，是找到市場上可以對應的公開交易公司，使用其獲利相關比值或營收相關比值的平均數，為 IPO 定價。

10　Lee, I., S. Lockhead, J. R. Ritter and Q. Zhao, 1996, *The Costs of Raising Capital*, Journal of Financial Research, v19, 59-74.

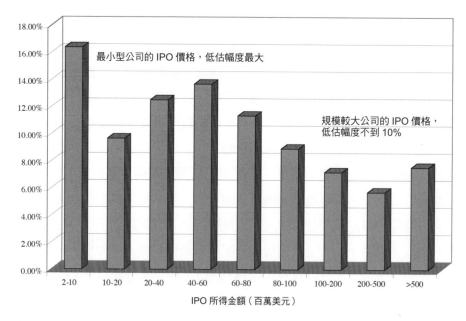

最小型公司的 IPO 價格，低估幅度最大

規模較大公司的 IPO 價格，低估幅度不到 10%

IPO 所得金額（百萬美元）

圖 9.5 平均初始報酬與發行規模

資料來源：李仁茂（Inmoo Lee，音譯）、洛克希德（S. Lockhead）、瑞特和趙泉水（Quanshui Zhao，音譯）。初始報酬是如果可以用公開發行價申購、然後在交易第一天出售的價差報酬。

通常高於 17%，而規模較大的發行，價格遭低估的幅度就比較小。

我們可以把 IPO 細分為幾個面向，以檢驗價格被低估的理由。有一項調查 IPO 的研究[11] 提出了全面性的假說摘要，試著解釋為何價格會被低估並拿出了實證證據，當中的一些結論摘要如下：

- 以全部 1 萬 3,308 件 IPO 案而言，整體的平均初始報酬為 15.8%。然而，約有 15% 的 IPO 價格被高估。換言之，在發行當天股價就

---

11 Ritter, J. R., 1998, *Initial Public Offerings*, Contemporary Finance Digest, v2, 5-31.

低於首次發行價。因此，就算每一次都能以發行價格配到股票，投資 IPO 股票絕非無風險或保證獲利的策略。

- 在發行前上調發行價格的 IPO 案，會比下調發行價格者更可能被低估。表 9.1 比較 1991 年到 1996 年，這兩個類別的初始報酬，以及被低估的發行價格百分比。

表 9.1　平均初始報酬，以發行價格調整來區分

發行價格	IPO 件數	平均初始報酬率（%）	發行價被低估的百分比（%）
下調	708	3.54	53
上調	642	30.22	95

雖有強力證據顯示 IPO 價格會在發行日上漲，但並不確定這些股票在幾年後是否仍是好的投資標的。有一項研究 [12] 追蹤 5,821 件 IPO 案五年後的報酬，並與風險與規模相應的非公開發行公司報酬相比，結果如圖 9.6 所示。

請注意，IPO 公司的表現一直落後於非公開發行的公司，在發行後幾年的差距最大。這種現象在規模較大的 IPO 案上比較不明顯，但仍然存在。這項發現有何重要？答案是，買進 IPO 股票的投資人能賺多少報酬，取決於他們的投資期間：持股太久很可能把發行日賺得的報酬都吐回去了。

12　Loughran, T. and J. R. Ritter, 1995, *The New Issues Puzzle*, Journal of Finance, v50, 23-51.

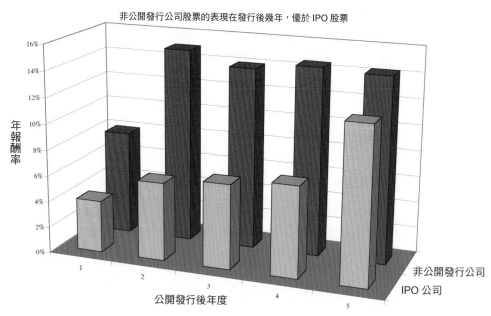

非公開發行公司股票的表現在發行後幾年，優於 IPO 股票

圖 9.6　公開發行後報酬：IPO 與非公開發行相比

資料來源：勞藍（T. Loughran）與瑞特。以 IPO 後每一年的報酬率，和如果投資非公開發行公司能賺得的報酬相比。

非公開發行公司

　　如果是透過創投投資，則是提供股權融資給小型且通常風險很高的公司，交換公司部分的所有權。獲得的所有權多寡由兩個因素決定。第一，至少可根據出資資本與公司總價值的相對數值，要求所有權占比。舉例來說，如果你拿出 200 萬，而公司的預估價值是 1,000 萬，你可以預期至少擁有公司 20% 的股權。第二，如果公司可以從其他地方籌得資金，講價的能力就比較強，很可能將你的占比壓到僅稍高於前述最低門檻，溢價幅度很低。但如果企業別無他法，沒有其他地方可募得資金，討價還價的立場就弱了。企業主很可能放棄極高比例的所有權，以取得必要資金。一般

而言，隨著公司規模壯大，從其他地方籌資或走向公開市場的能力就比較強，前景的不確定性也會降低。因此，規模較小、風險較高的企業比較可能去找創投，收到創投資金時也比較可能被要求放棄較高比例的公司價值。

私募股權與創投市場

過去創投只有相對少數的人提供資本，但幾十年前情況開始變化。創投多半專精於某種產業，投資的公司相對少，在公司營運上扮演主動的角色。但近幾十年來，創投的市場漸漸拓展，以下三種類型的創投開始結合在一起。

第一種是創投基金（venture capital fund），歷史可以追溯回 1950 年代。美國研究發展公司（American Research and Development）是第一批創投公司之一，他們提供資金幫忙創立了數位設備公司迪吉多（Digital Equipment）。在 1960 年代與 1970 年代，這類基金倍增，幫忙許多公司創業與擴張，後來更公開上市，比方說英特爾和蘋果。第二種是 1980 年代蓬勃發展的槓桿收購基金（leveraged buyout fund），運用大量債務收購公開交易的公司，然後把這些公司私有化。他們引發的話題好壞都有，反映在他們的個人形象、書籍以及電影裡，影響了一個世代的人對於收購的看法。[13] 較近期，則可看到私募股權基金（private equity fund）壯大，這類基金集結散戶的財富，投資前景看好的非公開發行公司，投資人可以在無須放棄分散投資原則、也無須主動管理公司的前提下，投資非公開發行公司。退休基金與法人受到投資非公開發行公司的高報酬吸引，也在整體

---

13 《華爾街》（*Wall Street*）和《搶錢世界》（*Other People's Money*）等電影，以及《門口的野蠻人》（*Barbarians at the Gate*）等書（改編為電影《登龍遊術》），都是講述以槓桿收購為業的掠奪者故事。

投資組合中撥出部分資金投資私募股權。

　　創投在非公開發行公司的各個階段都能助其一臂之力。比方說，種子基金創投（seed-money venture capital）或天使融資（angel financing）的對象是想要測試概念或開發新產品的新創公司；新創創投（start-up venture capital）幫助已經有產品和概念的公司進行開發與行銷。而追加的創投募資，則讓已有產品和市場的非公開發行公司能擴張。

　　多數私募股權的基金架構都是私有有限合夥（private limited partnership），基金經理人是普通合夥人，基金的投資人（包括散戶和法人）是有限合夥人。普通合夥人有權決定投資的時間與地點，收取豐厚的薪酬，年度的薪酬約為總投資資本的 1.5% 到 2.5%，外加高額的績效獎金。合夥關係通常持續十到十二年，有限合夥人必須同意提出五到七年的資本承諾。

創投與私募股權投資的報酬

　　要注意的一點是，尋求與接受創投資本純屬自願，兩邊都是期待從中獲利而締結關係。企業的好處是能得到用其他方法拿不到的資金，而這些資金或許能使公司弭平差距、推動其進入公開交易的市場。創投資本家很可能會拿出管理與組織技能來幫助企業，同時為企業提供必要的可信度以籌得更多資金。創投資本家也可以為公司提供最終要公開發行股權的必要知識。另一方面，創投資本家也有好處。如果創投資本家向對的公司出資、並予以適當的管理技能與建議，初始投資有可能賺到極高報酬。創投資本業者能從非公開發行公司營運當中有所斬獲，如果企業能進入公開市場，創投資本家將股權以市價變現，此時的報酬最高。

　　相較於股市，創投和私募股權投資人的報酬表現如何？總有很多小道消息流傳，說某些私募股權的投資人在某些交易中大賺一筆、長期績效出色，也有些時期私募股權投資整體賺得非凡的報酬。舉例來說，1990 年

代創投基金的平均報酬率為 29.5%，相比之下，標普 500 指數的年報酬率為 15.1%。但是這樣的比較有三個潛在的問題。第一，更適宜的比較對象為那斯達克。1990 年代那斯達克蓬勃發展，當中的成分公司和創投組合裡的公司很相似，都是年輕的科技公司。第二點和第一點也相關，就是這些報酬率（創投基金和那斯達克皆然）都還沒有針對投資組合成分公司的高風險，進行調整。第三，這些創投基金的報酬率並不可靠，因為其基準是評估未公開交易投資標的的價值（通常由創投資本家評估）。事實上，很多創投基金在 2000 年與 2001 年時被迫面對風險與自我評估的問題，因為他們很多投資都遭減值到真實價值，尤其是新科技業的投資。舉例來說，從 2000 年 9 月到 2001 年 9 月，創投基金的價值損失了 32%，私募股權基金損失了 21%，收購基金則損失了 16%。

若檢視過去二十年私募股權投資的報酬，就浮現了讓人比較冷靜的證據，指向創投確實創造了報酬，但並不如某些投資人所想的這麼高。風險經濟學（Venture Economics）是一家追蹤私募股權報酬的數據服務公司，其提報截至 2001 年 9 月私募股權投資的長、短期報酬，如表 9.2 所示。

表 9.2　風險經濟學的美國私募股權績效指數（Private Equity Performance Index）報酬率，截至 2001 年 9 月 30 日（%）

基金類型	一年	三年	五年	十年	二十年
早期／種子創投	-36.3	81	53.9	33	21.5
平衡型創投	-30.9	45.9	33.2	24	16.2
後期創投	-25.9	27.8	22.2	24.5	17
所有創投	-32.4	53.9	37.9	27.4	18.2
所有收購基金	-16.1	2.9	8.1	12.7	15.6
夾層融資（mezzanine）	3.9	10	10.1	11.8	11.3
所有私募股權	-21.4	16.5	17.9	18.8	16.9
標普 500	-15.3	13.6	14.8	15.6	13.9

平均而言，私募股權與創投基金的表現優於標普 500，但是差距小到令人意外。以 1991 年到 2001 年為例，所有私募股權基金賺得的平均年報酬率，僅比同期標普 500 指數的報酬率高了 3.2%。由於這些投資的風險很高，這應該算不上明顯的超額報酬。

進行運算

上一節的證據指出，投資規模較小、較少人追蹤的公司或非公開發行公司可以為投資人帶來報酬。本節要先檢視市值的差異以及法人追蹤公開交易公司的情形，接下來會看最近一季的 IPO 狀況，最後則去看如果決定要實踐這些投資策略，會得出什麼投資組合。

市值、分析師追蹤與法人持股

什麼叫小公司？答案會因為你問的對象以及他們投資的股票範疇不同而大不相同。對於只投資標普 500 成分股的人來說，市值 10 億美元的公司叫小公司。如果看的是那斯達克裡規模比較小的股票，門檻會更低一點。此外，定義也會隨著市場漲跌而有改變。1999 年股市走到高點，有幾十家公司的市值超過 1,000 億美元。到了 2002 年，歷經了三年熊市之後，這等規模的公司寥寥可數。

評估大、小公司差異性的最好方法，是看整個市場的公司市值分布狀況。圖 9.7 顯示 2002 年年底，落在不同市值級別的美國上市公司家數。

請注意，有極多企業（超過 1,200 家）市值不到 500 萬美元。這代表了兩種現象的整合：1990 年代有大量的小公司進入公開市場，隨著科技

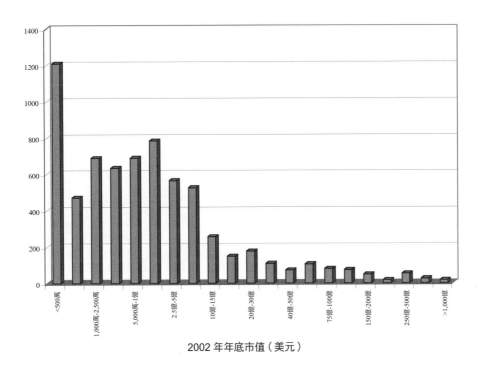

1400

1200

1000

800

600

400

200

0

<500萬　1,000萬-2,500萬　5,000萬-1億　2.5億-5億　10億-15億　20億-30億　40億-50億　75億-100億　150億-200億　250億-500億　>1,000億

2002 年年底市值（美元）

圖 9.7　市值分布

資料來源：價值線公司。圖示為各市值級別中的企業家數。

泡沫破裂，這些公司的價值大幅下跌。事實上，我們大可說很快就會有很多最小型的公司不再是公開交易的實體了。如果採用常見的小型公司標準（例如市值 2.5 億美元以下者），我們會發現超過三分之二的上市公司都可以列為小型股。

　　如果說什麼叫小型很難定義，那什麼叫少有人追蹤就更難說了。要衡量有沒有人追蹤，就是去看有多少分析師追蹤某家公司。而投資銀行或投資組合經理手下有很多這類分析師。圖 9.8 根據公司在 2003 年初受到多少分析師追蹤來分級別，並顯示各級別有多少家公司。

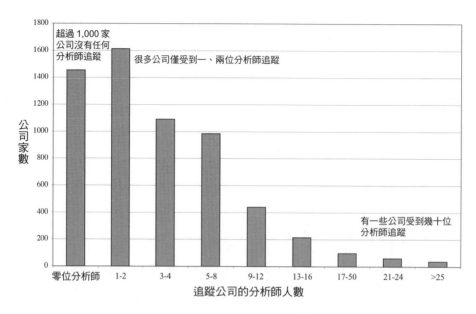

圖 9.8　2003 年 1 月，美國各家公司有提供每股盈餘預估值的分析師人數分布

資料來源：Zacks。以上為 2003 年 1 月，各家公司獲得多少賣方分析師追蹤的分布狀況。

　　同樣也請注意，約 1,400 家公司沒有任何分析師追蹤，約 1,600 家公司僅受到一位分析師追蹤。另一個衡量追蹤的指標，是法人（包括共同基金和退休基金）的投資狀況。圖 9.9 根據 2003 年初，法人持股比率將公司分級。

　　法人很可能是某些公司的大股東，但也有大量的公司法人持股不到流通在外股數的 10%。

　　整合市值、分析師追蹤以及法人持股等三個指標之後，無疑會發現這些指標有重疊之處。法人最不可能持有小型公司，追蹤小型公司的分析師也最少。但是，也有某些小型公司的法人持股比率高，且有很多分析師追蹤。

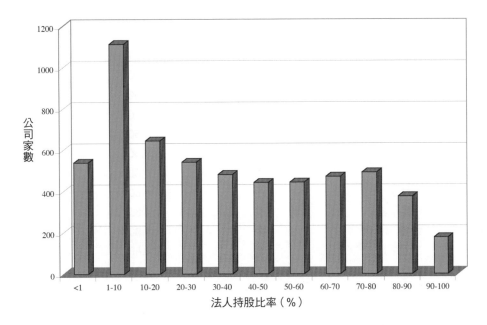

圖 9.9　法人持股比率

資料來源：價值線公司。圖示為法人（包括共同基金和退休基金）的持股，占公司流通在外股數的比率。

IPO：留在桌上的錢

　　不同期間的 IPO 案件多寡也不同，大致上取決於市場氣氛和接受度。以 2002 年第四季為例，當季共有 21 件 IPO 案，合計市值達 37 億美元。細分這 21 家公司，所屬產業分布如表 9.3 所示。

表 9.3　2002 年第四季，按產業劃分的 IPO 數目

所屬產業	IPO 件數	占公開發行比率（%）
保險	4	19.00
銀行	3	14.30
電腦軟體與服務	2	9.50
休閒	2	9.50
保健產品與服務	2	9.50
電腦硬體	1	4.80
房地產	1	4.80
特殊零售	1	4.80
金屬與礦冶	1	4.80
多元服務	1	4.80
能源	1	4.80
製造	1	4.80
金融服務	1	4.80

　　相較之下，2001 年第四季共有 26 家公司公開發行，總市值達 100 億美元。在 1990 年代末期股市高峰期，每年有幾百家公司公開發行，累積市值達幾百億美元。那麼，2002 年第四季公開發行的這 21 家公司，對投資人來說表現如何？表 9.4 列出了每家公司的公開發行價、當季末的股價，還有當季的報酬指標。

表 9.4　2002 年第四季，IPO 公司的當季報酬

公司名稱	公開發行價格（美元）	收盤價（美元）	報酬率（%）
Dick's Sporting Goods, Inc	12.00	19.20	60
Montpelier Re Holdings Ltd	20.00	28.80	44
Portfolio Recovery Associates, Inc	13.00	18.25	40
VistaCare, Inc	12.00	16.01	33
Chicago Mercantile Exchange Holdings Inc	35.00	43.66	25
IMPAC Medical Systems, Inc	15.00	18.52	23
Newcastle Investment Corp	13.00	15.97	23
Safety Holdings, Inc	12.00	14.38	20
U.S.I. Holdings Corporation	10.00	11.75	18
Platinum Underwriters Holdings, Ltd	22.50	26.35	17
Taylor Capital Group, Inc	16.50	18.60	13
Commercial Capital Bancorp, Inc	8.00	8.87	11
Natural Resource Partners LP	20.00	20.70	4
Wynn Resorts, Limited	13.00	13.11	1
Constar International Inc	12.00	11.75	-2
WellChoice, Inc	25.00	23.95	-4
Harrington West Financial Group, Inc	12.00	11.25	-6
Martin Midstream Partners LP	19.00	17.75	-7
Seagate Technology Holdings	12.00	10.73	-11
Cosí, Inc	7.00	5.56	-21
SI International, Inc	14.00	10.81	-23

　　有一點值得強調是，如果你在第一個交易日買進的話，無法賺得表上的報酬，因為有些公司第一天的交易價和公開發行價格並不相同。表 9.5 列出上一張表裡多數公司的發行價和第一天的交易收盤價。

表 9.5　2002 年第四季，IPO 公司第一天的價格波動

公司名稱	公開發行價格 （美元）	第一天收盤價 （美元）	報酬率 （%）
VistaCare, Inc	12.00	15.05	25
Chicago Mercantile Exchange Holdings Inc	35.00	42.90	23
Portfolio Recovery Associates, Inc	13.00	15.45	19
IMPAC Medical Systems, Inc	15.00	17.72	18
Montpelier Re Holdings Ltd	20.00	23.50	18
Platinum Underwriters Holdings, Ltd	22.50	24.99	11
Dick's Sporting Goods, Inc	12.00	13.15	10
WellChoice, Inc	25.00	27.20	9
Cosí, Inc	7.00	7.60	9
Safety Holdings, Inc	12.00	12.90	8
Martin Midstream Partners LP	19.00	17.70	-7
Seagate Technology Holdings	12.00	11.50	-4
Newcastle Investment Corp	13.00	12.50	-4
Natural Resource Partners LP	20.00	19.40	-3
Constar International Inc	12.00	11.85	-1

　　當承銷商低估了 IPO 價格，比方說維斯塔保健公司（VistaCare）的情況，投資人或許能因為價格被低估而獲利，但公開發行公司就有損失了。發行價格實際籌得的資金和如果定價正確可以籌得的資金，兩者之差稱為「留在桌上的錢」（money left on the table）。表 9.6 摘要表 9.4 所列某些公開發行公司的「留在桌上的錢」。

表 9.6　留在桌上的錢：2002 年第四季 IPO 的公司

公開發行公司	投資銀行	公開發行價格（美元）	公開發行所得（百萬美元）	交易價格（美元）	交易所得（百萬美元）	留在桌上的錢（百萬美元）
Platinum Underwriters Holdings, Ltd	高盛	22.50	675.90	25.00	751.00	75.10
WellChoice, Inc	瑞士信貸第一波士頓（Credit Suisse First Boston）	25.00	346.50	28.50	395.00	48.50
Montpelier Re Holdings Ltd	摩根士丹利	20.00	190.50	22.00	209.50	19.00
Chicago Mercantile Exchange Holdings Inc	摩根士丹利	35.00	166.30	39.00	185.30	19.00
VistaCare, Inc	雷曼兄弟	12.00	72.00	13.05	78.30	6.30
Portfolio Recovery Associates, Inc	威廉布萊爾公司（William Blair & Company）	13.00	45.10	14.75	51.20	6.10
Taylor Capital Group, Inc	基非、布業提與伍德公司（Keefe, Bruyette & Woods, Inc）	16.50	45.80	17.75	49.30	3.50
Cosí, Inc	威廉布萊爾公司	7.00	38.90	7.50	41.70	2.80
IMPAC Medical Systems, Inc	湯瑪斯韋瑟合夥事業（Thomas Weisel Partners LLC）	15.00	32.80	16.05	35.10	2.30
Dick's Sporting Goods, Inc	美林證券	12.00	87.50	12.25	89.30	1.80

　　總而言之，即便市況如文中所檢視的季度那般步調緩慢，證據仍顯示，投資銀行會低估 IPO 價格，至少有部分投資人能從中獲益。

私募股權投資

　　要取得個別私募股權交易的相關資訊，比尋找 IPO 的資訊還困難。我們可以檢視私募股權基金的資金出入情況，以衡量整體私募股權投資的成果。2002 年，創投資本家總共在 3,011 件交易上投資了 211.79 億美元，對照之下，2000 年他們在 8,221 件交易上投資了超過 1,000 億美元。表 9.7 摘要 1992 年到 2002 年的創投交易流量（deal flow）。

表 9.7　創投投資的交易件數與交易金額

年度	公司家數	交易件數	投資金額（百萬美元）
1992	1,065	1,415	3,594.6
1993	955	1,212	3,876.3
1994	992	1,241	4,202.2
1995	1,583	1,902	7,683
1996	2,126	2,660	11,598.2
1997	2,612	3,251	15,548.7
1998	3,495	4,208	21,525.4
1999	4,514	5,686	55,136
2000	6,478	8,221	106,556.5
2001	3,878	4,712	41,296.5
2002	2,495	3,011	21,179

　　無須訝異的是，創投資本多數流向成長性高的產業。表 9.8 將 2002 年第四季的交易根據產業細分。

表 9.8　2002 年第四季，根據產業細分的創投投資

所屬產業	公司家數	交易件數	投資金額 （百萬美元）
軟體	183	183	869.3
電信	79	79	561.8
生物科技	61	61	474.4
醫療儀器與設備	57	57	486.1
網路與設備	48	48	467.7
工業／能源	38	38	140.7
資訊科技服務	33	33	217.7
媒體與娛樂	32	32	142.4
半導體	28	28	242.7
商業產品與服務	27	27	81
電腦與周邊	26	26	134
消費產品與服務	18	18	68.4
醫療保健服務	17	17	98.2
金融服務	17	17	52
零售／經銷	16	16	61.6
電子／儀器	11	11	53
其他	1	1	2
總計	**692**	**692**	**4,152.9**

　　大多數的交易都在軟體與科技領域（包括醫療和其他面向）。前幾年交易偏向科技的傾向更是明顯。

少有人追蹤的小型股投資組合

　　利用上一節的資訊，我們可以使用以下條件組成一個少有人追蹤的小型股投資組合：

- **市值門檻**：從圖 9.7 可知，就算把小型股的最低市值門檻拉高到 1,000 萬美元，仍有超過千家公司。由於市值小的公司很可能陷入麻煩，或是股票很難買到，因此，將最小市值設定在 1,000 萬美元是有必要的。最高市值則設定為 5,000 萬美元，以方便在投資組合中加入其他限制條件。
- **分析師追蹤**：投資組合裡僅考慮未被任何分析師追蹤的公司。雖然這看起來很嚴格，但如圖 9.8 所示，沒有任何分析師追蹤的公開交易公司也夠多了。
- **法人持股**：投資組合不考慮法人持股超過 5% 的公司。同樣的，小型公司的法人持股通常很低，因此可以加上這條限制。
- **最低股價**：買賣股價低於 1 美元的成本極高，因此投資組合僅考慮股價高於 1 美元的股票。

彙整以上的篩選條件（市值低於 5,000 萬美元，但高於 1,000 萬美元、沒有被任何分析師追蹤、法人持股不超過 5%，以及最低股價為 1 美元），總共得出 123 家公司，如表 9.9 所列。

更深入檢視此投資組合，無須訝異的是裡面沒有任何知名企業，因為這些都不是受到很多人追蹤的公司。但讓人意外的是，這些公司經營的業務非常多元。小型公司並非主要都是科技公司，也有很多是傳統的製造業與服務業公司，這一點和一般的想法相反。

表 9.9　2002 年年底，少有人追蹤的小型股投資組合

公司名稱	所屬產業	公司名稱	所屬產業
American Bio Medica Corp	醫療服務	Dynamic Materials	建築
B+H Ocean Carriers	海事	Energy West Inc	天然氣（輸配）
Williams Industries Inc	機械	Golden Enterprises	食品加工
Capital Title Group Inc	多元保險	America First Apt Inv L P	投資公司
American Ecology Corp	環境	Gallery of History Inc	零售（特殊產品線）
Educational Development	出版	Sussex Bancorp	銀行
Merrill Merchants Bancshares I	銀行	VSE Corp	工業服務
Wellco Enterprises Inc	鞋類	Covista Communications Inc	電信服務
Citizens First Finl	儲貸銀行	Pizza Inn Inc	食品批發
First Regional Bancorp	銀行	Transgene SA	藥品
Tofutti Brands	食品加工	Bnccorp Inc	銀行
Britton & Koontz Capital	銀行	Cowlitz Bancorp	銀行
BF Enterprises	住宅營造	Canterbury Pk Hldg Corp	旅館／博弈
Midsouth Bancorp	銀行	Codorus Valley Bancorp	銀行
Jameson Inns Inc	旅館／博弈	National Sec Group Inc	保險（壽險）
Community Finl Corp VA	銀行	Chad Therapeutics	醫療用品
Guaranty Bancshares Inc Tex	銀行	Big Foot Finl	金融服務
Peoples-Sidney Finl	儲貸銀行	Elamex S.A.De C.V. CL I	電子
Falmouth Bancorp	銀行	Tag-It Pacific	服飾
United Finl Corp Minn	儲貸銀行	Carmel Container Sys Ltd	包裝
RGC Resources Inc	天然氣（輸配）	Halifax Corp	軟體
Chester Bancorp	銀行	1st Fedl Bancorp Ohio	銀行
Goodrich Petro Corp	石油（生產）	Abigail Adams Natl Bncrp	銀行
Capital Environmental Resource	環境	Barnwell Industries	石油（生產）
Elmer's Restaurants Inc	餐廳	ML Macadamia Orchards LP	食品加工
Dwyer Group Inc	多元	Antenna TV S A	娛樂
Nicholas Financial Inc	金融服務	Poore Brothers	食品加工
Lifeway Foods	食品加工	Int'l Remote Imaging	醫療用品
Annapolis Natl Bancorp Inc	銀行	Aristotle Corp NEW	服飾
Laser-Pacific Media Corp	遊憩	Boston Biomedica	精密儀器
Community Bk Shs Ind Inc	銀行	Amcon Distributing Co	食品批發
Birmingham Utilities Inc	水利	Catalyst Semiconductor Inc	半導體

續表 9.9

公司名稱	所屬產業	公司名稱	所屬產業
Impreso.com	紙業	Computer Motion	醫療用品
Crystal Systems	化學（特殊）	Penn Octane Corp	天然氣（輸配）
Valley Forge Scientific Corp	醫療用品	Global Payment Tech	金融服務
C2 Inc	卡車運輸	Fountain Power Boat	遊憩
Innovo Group	零售（特殊產品線）	Canada Southern Petroleum Ltd	能源（加拿大）
Ameritrans Cap Corp	金融服務	Merisel Inc	零售（特殊產品線）
Leather Factory Inc	家用品	Magic Software Enterprises	軟體
Double Eagle Pet & Min	石油（生產）	Netsmart Technologies	軟體
Food Technology Service Inc	醫療用品	Century Casinos Inc	旅館／博弈
Navarre Corp	軟體	Immtech Intl Inc	藥品
Cohesant Technologies Inc	化學（多元）	Insightful Corp	軟體
Palatin Technologies Inc	醫療服務	Net Guru Inc	軟體
CECO Environmental	環境	I-Flow Corp	醫療服務
Micronetics Wireless	電子	Dyntek Inc	軟體
Vita Food Prods	食品加工	Jacada Ltd	軟體
American Technology	電子	NEON Systems Inc	軟體
Rotonics Mfg Inc	包裝	Optibase Ltd	電腦／周邊
XATA Corp	電子	Mannatech Inc	藥品
TFC Enterprises	金融服務	Cryo-Cell Intl Inc	醫療服務
Trans Inds Inc	電子	DPAC Technologies Corp	電腦／周邊
Siebert Finl Corp	金融服務	Pacific Internet Limited	網路
Beta Oil and Gas Inc	石油（生產）	Datatec Sys Inc	電信服務
Encore Med Corp	醫療用品	Dialysis Corp Amer	醫療服務
ASTA Funding Inc	金融服務	Focus Enhancements	軟體
Quotesmith.com Inc	工業服務	Logility Inc	軟體
Credo Pete Corp	石油（生產）	Certicom Corp	軟體
Creative Host Svcs	食品批發	New York Health Care	醫療保健資訊
Cardiotech Intl Inc	醫療服務	Ross Systems Inc	軟體
Amerigon Inc 'A'	汽車零組件	Extended Systems	無線網路
Boston Life Sciences Inc	藥品		

故事的其他部分

本章提出了三種不同的投資高成長小型公司策略。第一種可能是風險最低的策略，那就是投資還沒有太多分析師追蹤的小型公開交易公司。第二種風險或許高一點，即在公司 IPO 或不久之後投資這些股票。第三、也是風險最高的一種，就是在年輕的非公開發行公司尚未走進公開市場之前就先投資。每一套策略或許都有前景樂觀之處，但也都有潛在問題。

少有人追蹤的小型股

小型股向來有溢價，不過很多人主張一旦計入交易成本，並適當地衡量公司的風險後，研究裡看起來像溢價的部分就消失了。這些主張當然有一部分屬實，但並不確定考量上述因素之後，小型股的溢價是否真的會消失。

交易成本

投資小型股的交易成本遠高於投資大型股，小型股買賣價差占股價的比例很高。此外，由於小型股流動性較低，交易對價格造成的影響也比較高，買進時常會拉高價格，賣出時又壓低價格，下單數量大時效果尤其明顯。那交易成本的差距會抵銷掉小型股溢價嗎？答案要視投資組合的規模與投資期間而定。期間短時，交易成本很可能會抵銷掉一般認為會有的小型股公司超額報酬。但是，如果拉長投資期間，就可以把成本分攤在持有期間，因此還是有機會賺取超額報酬。而規模較大的投資組合也有利於壓低某些交易成本（券商的費用和佣金成本），但可能會拉高其他交易成本（影響價格造成的成本）。

有一個範例很能說明，要在現實世界裡複製研究中觀察到的小型股溢

價有多困難。範例中拿假設性的小型股投資組合（芝加哥大學證券價格研究中心小型股〔CRSP Small Stocks〕）的報酬，和被動投資相同小型股的共同基金（維度基金顧問公司小型股基金〔DFA Small Stock Fund〕）的實際報酬相比，如圖 9.10 所示。

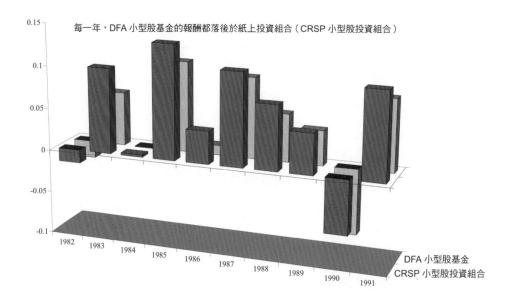

圖 9.10　CRSP 小型股投資組合與 DFA 小型股基金的報酬比較

資料來源：晨星和CRSP。圖示為DFA共同基金，以及CRSP的假設性小型股投資組合的每年報酬。

　　請注意，DFA 的基金報酬幾乎都比假設性投資組合低了約 2%，反映出基金要面對的交易與執行成本。

　　現在來看看表 9.9 中的少有人追蹤小型股投資組合。雖然投資組合僅考慮價格高於 1 美元的股票，但裡面還是有很多低價股。圖 9.11 將投資組合裡的股票根據股價細分。

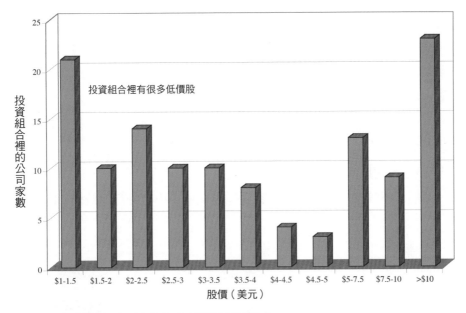

圖 9.11　根據股價劃分的小型股投資組合

資料來源：價值線公司。圖示為各價格級別的小型股數目。

　　投資組合裡約有三分之二的股票價格低於每股 5 美元，這個價格以下的交易成本多半很高。如果僅投資股價 10 美元以上的股票，投資組合裡的個股數目會減少約 80%。

未考慮流動性與估計風險

　　很多發現小型股溢價的研究，在衡量股票風險時使用傳統的風險與報酬模型來計算及控制風險，這些模型大有可能低估了小型股的真實風險。因此，小型股溢價或許確實反映了財務金融學中風險與報酬模型的失敗。而小型股的相關風險可能來自幾個地方。第一，在估算小型股的風險參數時，估計風險（estimation risk，按：指投資人在估算資產價值時，因不確定

創造報酬或現金流的流程，而衍生的風險）會高於估算大型股的風險參數。小型股的溢價很可能是補償這種額外的估計風險。[14] 第二，投資小型公司的流動性風險比較大。傳統的風險與報酬模型無法掌握到這種風險（這種風險也是導致前一節所提交易成本較高的部分理由）。

有一個指標可以衡量股票的流動性，那就是成交量。透過這個指標，可以看到少有人追蹤的小型股流動性，比市場其他股票低很多。圖 9.12 比較小型股投資組合與市場其他股票的三個月、六個月和一年的成交量。

顯然，不管是流通在外的股數還是成交量，小型股都比較低。即便是

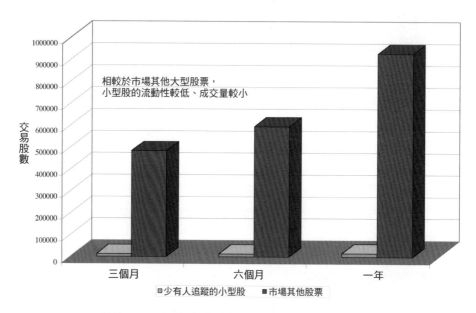

圖 9.12　小型股與市場其他股票的成交量比較

資料來源：價值線公司。圖示為小型股與市場其他股票的平均成交量，單位為交易股數。

---

14 這個論點的問題是，不容許估計風險有正有負（事實上，有些股票的貝他值被高估，有些則被低估），而且這種風險應可以分散掉。

小量下單，都可能引發股價波動，壓低可能的報酬。

假設你決定在篩選小型股投資組合時，要加上最低成交量這個條件，僅投資年成交量超過流通在外股數的股票。在這個條件之下，你的投資規模一下子就少了一半。事實上，這個條件再加上股價要超過 5 美元，會讓投資組合裡的股票數目從 123 檔減少為 25 檔。

資訊風險

投資少有分析師追蹤、法人持股量低的小型公司策略，要面對資訊風險。你會更加仰賴投資的標的公司自己提供的資訊，而且沒有大量的分析師替你探查公司的弱點，在出現意外時先提出警示。

這種資訊風險會用什麼方式顯現？當少有人追蹤的小公司發布獲利與股利消息時，會比很多人追蹤的大公司引發更大的價格反應。從圖 9.13 就可以明顯看出這一點，圖中畫出表 9.9 中的少人追蹤小型股投資組合的股價，在發布季度獲利之後的漲跌變化百分比，並和標普 500 的成分股公司做同指標比較。

圖中有兩點需要特別說明。第一，這代表的是股價變動的幅度。換言之，這張圖指向少有人追蹤的小型股在發布獲利消息之後，比較可能出現大幅的價格波動，但沒說是漲還是跌。這些公司的股票可能漲很多，也可能跌很多。第二，較小的公司的價格變動可能偏往上，因為這些公司的股價也比較低。

那要如何針對這項風險加以篩選？你可以去做一些麻煩的工作，檢視樣本裡各檔股票過去在發布獲利消息之後的股價反應，然後只投資反應平淡的個股。另外還有一個比較沒那麼技術性、但也較不麻煩的降低風險方法，就是僅投資獲利穩定且有成長的公司。會這麼做，是基於假設投資這些公司比較沒有意外。

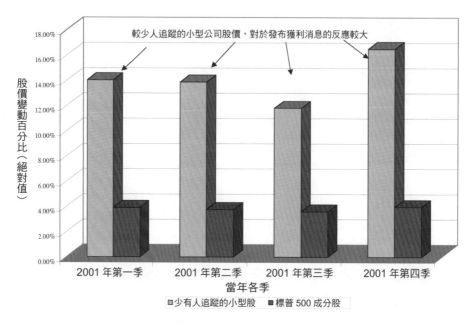

圖 9.13　發布獲利消息後的價格反應

資料來源：電腦統計公司和CRSP。圖示為股票價格在發布獲利訊息當天的絕對變動（包括漲或跌），以百分比表示。

IPO：配售賽局與市況起伏

　　如果檢視你用公開發行價，投資 IPO 公司可以賺得的平均報酬，投資 IPO 公司看來是很不錯的策略，但有兩點要注意。第一，如果 IPO 的定價太高，可配售的股票就太多；如果定價過低，可配售的股票則太少。在前者，你可以買到所有想買的股票，但如果是後者，能買到的就比理想中少很多。第二，IPO 的市場也有高低起伏，有幾年會有很多 IPO 的案子，之後幾年卻稀稀落落。如果投資組合的大部分組成都要靠 IPO，你會發現在後面這種交投清淡的時期很難挑選標的。

配售流程

如果平均來說 IPO 的價格遭到低估,那麼,顯然投資策略是要大量申購 IPO,再根據這些發行配售組成投資組合。然而,配售流程中會有偏離傾向,這很可能會阻礙投資組合賺得研究中說應該存在的超額報酬。申購 IPO 股票時,你能配到的股數取決於當次發行價格被低估的程度。如果被嚴重低估,你僅能買到部分申購的股份。反之,如果發行的定價精準、甚至價格被高估,你申購多少就能買到多少。如此一來,你的投資組合裡被低估的股票會比期望中的少、被高估的股票卻高於你的預期。檢視 2002 年最後一季 IPO 的 21 家公司,就能看出這種效應。如果拿出 1 萬美元申購每一家公司的股票,你可以買到其中五家發行價格高於市價的股票。至於其他公司,你能配到的股數會低於你申購的數字。而配售到的股數最少的公司,是被低估程度最大的公司,如維斯塔保健公司。

你有兩個方法可以在配售賽局中勝出。第一是成為偏頗配售制度的受益方,讓投資銀行賣給你更多發行價格遭低估的股票,超過你的要求。這在美國屬非法行為,[15] 但在很多國家是合法的。第二種方法比較正當,就是去開發出一套分析系統,利用公開說明書與證交所其他文件中的公開資訊,分辨出哪些發行價格被低估、哪些又被高估,然後只申購你找出來價格遭到低估的 IPO 案。如果你的判斷精準到一定程度,最後得出的投資組合就能更接近、甚至超越以所有 IPO 組成的假設性投資組合。

---

15 雖然實務上這種做法會受限,但在 1990 年代,投資銀行利用 IPO 配售作為推介手段,以帶動客戶進行其他業務往來。因此,大型投資組合的經理人通常拿到的 IPO 配售額度,都高於他們的要求。

IPO 循環

IPO 會隨著整體市況上上下下，有時候市場裡一天到晚有企業從事 IPO，也有的時候幾乎無消無息。比方說，1990 年代末期是鼎盛時期，當時公司走進公開市場的腳步快得不得了。對照之下，等到進入 2001 年，IPO 活動減緩，只剩三三兩兩。此外，各時期的 IPO 多半都會有共同的產業焦點。舉例來說，1999 年代的 IPO 就以年輕的科技公司為大宗。以僅聚焦在 IPO 的投資策略而言，這會引發兩個問題。第一，很多時期的投資組合都無法適度分散，會過度集中在當時偏好的產業上。第二，你會有很長的時間發現自己找不到投資標的，因為那時少有、甚至根本沒有公司要進行 IPO。

有一項研究針對 IPO 做了一次全面性的檢驗，整理出 1960 年到 1996 年，每年的 IPO 件數，以及這些發行的平均初始報酬率。[16] 結果摘要於圖 9.14。

請注意，在 1970 年代早期，發行件數幾乎掉到零，發行報酬也隨之下跌。僅著眼於 IPO 的投資組合經理人，在這段期間必須退出這一行。

2002 年第四季的發行件數說明了 IPO 的循環。當季有 21 家公司走進公開市場，與 1999 年第四季的 178 家公司公開發行相比，落差極大。產業的更迭也很明顯。1999 年第四季有 75% 進行 IPO 的都是科技公司，2002 年第四季則僅剩一家科技公司。

---

16 Ritter, J. R., 1998, *Initial Public Offerings*, Contemporary Finance Digest, v2, 5-31.

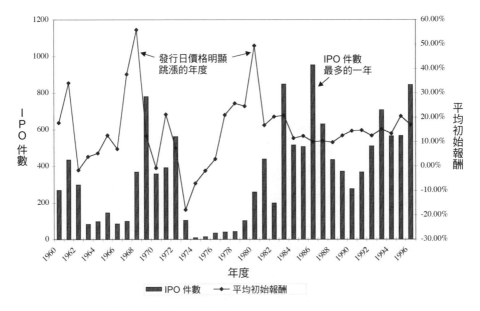

圖 9.14　IPO 件數與平均初始報酬

資料來源：瑞特。圖中顯示每一年的IPO件數與發行首日報酬。

非公開發行公司：成本與風險

本節之前討論過和投資小型股有關的問題，如果投資的對象是非公開發行公司，上述問題都有過之而無不及：

- **交易成本和流動性**：投資非公開發行公司的交易成本很高。你必須對自己可能的股權投資標的做實質審查、和公司的管理人員會談並評估他們的計畫。不僅如此，你要退出投資時也要承擔大筆成本。如果你改變心意，想要退出你最近才做的投資，你會發現自己從投資中能拿回來的遠低於拿出去的錢。

- **資訊風險**：就像小型公開交易公司一樣，小型非公開發行公司也會扣住重要資訊。身為私募股權投資人的你，如果不做功課，你沒有掌握到的資訊很可能會傷了你。

關於私募股權和創投投資，還有一點也值得一提。就算你看到整體產業報酬率的成績還過得去，但這很可能是因為幾樁極高報酬的投資案，推高平均報酬。事實上，多數私募股權和創投投資都以失敗告終，中位數報酬率（而非平均報酬率）便指出了這個傾向。就讓我們來看從 1997 年到 1999 年這個輝煌的時代。一般認為私募股權投資在這幾年表現出色。1999 年，私募股權投資的加權平均內部報酬率為 119%，但當年的中位數報酬率僅為 2.9%。1997 年和 1998 年的中位數也離平均數很遠。

2000 年到 2002 年股市下跌，私募股權和創投的機會也跟著下滑。而部分原因或許是那幾年經濟情況普遍疲弱，但是，這也說明了私募股權投資人要靠著活躍的股市才能獲利了結。畢竟，私募股權最高的報酬來自於公司走進公開市場時。

投資獲利心法

投資少有人追蹤的小型公司、IPO，和從事私募股權投資時，你會遇到的問題都很類似，只是程度上的差別。你無法避開這類投資組合的風險，但可以針對明顯的問題進行篩選。

如果要組成一個由少有人追蹤的小型公司構成的投資組合，可以考慮以下的篩選條件：

- **規模要小但不能太小**：如果你想投資小公司、但又想避免小公司可能會下市的問題，應該明確設定最高與最低的市值門檻。例如，你可以投資市值低於 1 億美元，但高於 1,000 萬美元的公司。隨著投資組合愈來愈大，你可能需要修正這些篩選條件，提高最高與最低市值標準，以符合需求。

- **流動性與交易成本**：檢測流動性最簡單的方法是股價（股價高於 5 美元是適當的標準），以及成交量（年成交量超過流通在外股數）。其他的流動性衡量標準則有流通量（float），即實際可用來交易的股數占流通股數的比例。你可以限制自己僅交易流通量夠大的股票，交易起來比較輕鬆。

- **定價篩選**：如果說，投資小型股的策略論點是基於，這些股票的定價會比廣受追蹤的大型股更有可能出錯，那就要進一步篩選，確保你最後找到的是遭嚴重低估的公司，而不是被高估幅度最大的公司。有一個簡單的方法可以落實這個概念，就是投資本益比很低的股票，比方說，你可以要求本益比低於 10 倍。

由 18 家接近條件（市值高於 1,000 萬美元，但低於 1 億美元、股價高於 5 美元、年成交量超過流通在外股數，以及本益比低於 10 倍）的公司組成的投資組合，列於附錄 9.1。

如果你考慮投資 IPO 的股票，那應該至少試著做以下三件事：

- **盡力在配售賽局中勝出**：要成為 IPO 投資的贏家，關鍵是獲得多一點價格被低估、少一點價格被高估的 IPO 股票（或者沒有也可以）。假設投資銀行並沒有給你優惠待遇，那麼你就要好好閱讀發行公司的公開說明書，而且還要針對公司做初步估值。

- **考慮將這套策略搭配其他分散度更高的策略**：投資 IPO 股票的策略會出現有些年標的很多、有些年少有，或根本沒有公開發行案件的情況。即便在熱烈的年頭，發行案件也常集中在幾個產業，因此你可能會想把這套策略和其他比較多元的策略組合在一起。比方說，你可以把 75% 的投資組合放在少有人追蹤的小型公開發行公司，25% 投資 IPO 股票。
- **謹守紀律**：IPO 的數據指出，如果你持股時間太長，在 IPO 之後出現的價格上漲都會消失。事實上，如果你在 IPO 後長期持有這些公司（超過一年），並無法創造出高額報酬。

如果你有意從事私募股權或創投投資，要先體認到你無法以散戶的身分直接參與。你必須選擇一檔私募股權基金接受你的投資，而多數私募股權基金都有高額的最低投資門檻限制。在選擇私募股權基金時，你應該考慮過去的績效與風險。畢竟，出色的績效紀錄代表，這檔基金能挑對適當的公司投資。而高風險基金可能很快就從天堂掉到地獄。

最後，你應預期要支付更多管理手續費和相關費用，你的投資也要面臨很多限制。

結語

本章所討論的投資策略基礎，是投資隱世珍寶非常誘人，這指的是其他投資人還沒有發現或忽視的投資標的。投資少有人追蹤的小公司是散戶最能採行的策略。當你投入資金到法人持股占比低、且分析師不太追蹤的小市值股票上，或許能賺到更高的報酬。然而，更高的報酬究竟只是補償

了這些股票更高的風險（小型股的流動性較低，也可能無法隨意取得相關資訊），還是真的賺得超額報酬，是遵循這套策略的投資人必須回答的問題。如果你專注在交易成本較低、獲利較穩定，且定價具吸引力的股票上，勝率會比較高。

另一種風險比較高的策略，是在公司要 IPO 時去競標股票。實證證據指出，這些股票的價格通常被低估（約低了 10% 到 15%），但此策略有三個問題。第一，如果公司發行價被高估，你比較可能買到全部你想買的股票，被低估時就買不到這麼多。因此，你最終的投資組合賺得的報酬會低於實證證據所指。第二個問題，是僅投資 IPO 股票的策略必須是短期策略（幾乎所有價格跳漲都出現在交易第一天，如果你持股過久，漲價的幅度就沒了），而且會導致投資組合過度集中於 IPO 的熱門產業（像 1999 年時是科技業）。最後，一年有多少 IPO 件數反應的是市場氣氛，所以熊市時件數會大減，牛市時則大增。身為投資人的你，在市場交投清淡時可能會發現投資標的全無覓處，到了市場火熱時又有太多的發行案可供探索。

本章討論的風險最高策略，是在公司尚未公開發行前就先投資，然後慢慢培養公司到被人收購，或走進公開市場（此時你就可以將投資變現）。這就是私募股權和創投投資人在做的事。這套策略需要篩選（你必須檢視多家非公開發行公司之後，才決定要投資哪一家），與主動的監督管理（以確保你挹注給該公司的資金不會被亂花），這是多數散戶投資人能力所不及的。私募股權和創投基金擁有資源可以篩選與監督投資，但是成敗不一。只有極少數的基金能創造高報酬，但是，就算是這些成功的基金，能不能延續好成績都是未定之天。

附錄 9.1 2003 年 1 月，少有人追蹤的小型股投資組合

公司名稱	股票代碼	所屬產業	股價（美元）	十二個月滾動本益比	市值（百萬美元）	法人持股比率（%）	成交量
American Community Bancshares	ACBA	銀行	8.30	10.80	25.00	1.06	1,200
ASTA Funding Inc	ASFI	金融服務（多元）	14.91	6.60	64.10	3.06	3,800
B+H Ocean Carriers	BHO	海事	7.11	2.90	29.10	0.32	100
BFC Financial Corp	BFCFA	金融服務（多元）	5.25	4.90	44.80	0.86	1,100
Britton & Koontz Capital	BKBK	銀行	14.61	9.50	30.40	4.59	100
Community Bancorp Inc	CMBC	銀行	9.20	12.00	34.40	1.73	5,600
Crescent Banking Co	CSNT	銀行	16.90	4.00	37.60	2.59	400
ECB Bancorp Inc	ECBE	銀行	19.51	12.00	38.80	0.72	1,300
F.M.S. Financial	FMCO	儲貸銀行	12.73	10.80	85.60	1.39	200
Hungarian Tel & Cable Corp	HTC	電信服務	7.90	8.00	89.70	0.62	2,700
Monarch Cement Co	MCEM	水泥與粒料	18.15	9.30	75.50	3.73	400
Nortech Syst	NSYS	電子	6.85	7.50	18.60	3.56	9,700
Pelican Financial Inc	PFI	銀行	5.72	2.40	25.50	3.98	100
RGC Resources Inc	RGCO	天然氣（輸配）	19.49	11.90	38.00	3.06	900
Security Cap Corp	SCC	零售（特殊產品線）	6.50	11.30	46.40	0.1	2,400
Thousand Trails Inc	TRV	休閒娛樂	9.20	5.70	63.20	4.3	800
Washington Savings Bank FSB	WSB	儲貸銀行	8.93	11.90	40.10	4.09	2,300
WVS Financial Corp	WVFC	儲貸銀行	15.94	9.50	41.70	1.24	500

10
搭上併購的獲利順風車

一家公司可以併購另一家被市場低估的公司，然後利用市場犯下的錯獲利。在這過程中，也能替投資人賺得財富。

重讀龜兔賽跑

　　彼得沒什麼耐性。他的投資組合裡都是穩健型的股票，每年緩慢但穩定地成長，也能創造不錯的報酬。然而，彼得並不滿意。他會閱讀書報雜誌，以了解他擁有的股票。他注意到每天見報的是那些透過併購而成長的公司。這些公司在雄心勃勃的執行長領導之下，藉由吃下競爭對手以及進入截然不同的新業務，達成指數型的成長。彼得讀到這些收購案之後大吃一驚，這才發現原來分析師都很喜歡這類公司以及他們充滿活力的策略。他已經厭倦了自己持股公司的穩健管理，因此把手上的投資都賣掉，大量投資登上媒體版面的併購型公司。

　　幾個月過去了，這套策略看來讓他荷包滿滿。這些公司持續發布驚人的營收與獲利成長率，在分析師強力的買進建議帶動之下，股價也快步上漲。然而，當其中某家公司必須重編會計報表的消息

一出後，麻煩就開始了。事實證明，該公司並沒有用適當的會計方法記載收購活動，公司前幾年的獲利因此下調，而公司的股價也不免下跌。而且，這件事還影響其他的公司，有損彼得的投資組合。他的投資組合裡有很多公司也和那家陷入泥淖的公司一樣，使用相同的會計手法，帳務問題的謠言甚囂塵上。當這些公司的股價大跌，各家的執行長也從英雄變成壞蛋，沒多久之前還看好這些公司的分析師也順勢火上澆油。這次的經驗讓彼得很不好受，但也讓他更明智了。他把股票賣了，把錢放回波瀾不興的公司。

｜寓意：緩慢但穩定，可以打敗快速的成長。｜

公司的成長不會不請自來。一家公司要能快速成長，不僅要找到大量的新投資，這些投資還要能很快帶來回報。但亟欲成長的公司不想慢慢等待回收，反之，他們會試著透過併購其他公司來成長。由於這些公司可以透過發行新股募得從事併購所需的資金，因此，除了股市走弱之外，沒有什麼實質因素可以限制公司能從事多少併購案，或他們能以多快的速度成長，在股市活絡時尤其如此。採行這種策略的小公司能以非常快的速度茁壯成大企業，在這過程中，也能替投資人賺得財富。

併購是大消息，財經媒體也都以大篇幅報導。由於發布併購訊息能引發股價震盪，會有投資策略以此為據也就不足為奇了。有些投資人把賭注下在併購這一方，希望能搭上併購的成長順風車以及其他相關益處（比方說綜效），以賺得高報酬。有些投資人則在發布併購消息之前或之後投資被併購的目標公司。本章要檢視這兩種策略的潛力，以及當中牽涉到的某些風險。

故事的核心

到底要投資主動併購的公司還是被併購方，有很多不同的主張。先來看看以下這些主張投資併購方的論點：

- **投資找到方法加速成長的小公司**：過去四十年來，像世界通訊、泰科（Tyco）和思科等公司，都採行以併購為核心的策略來加速成長，過去十年這種情況尤其明顯。世界通訊是一家小型的電信公司，在 1990 年代末收購了大好幾倍的 MCI 公司，證明了規模小並不會造成阻礙。同一時期，泰科也收購了幾家不同的公司，快速擴張業務組合並改變公司的本質。最著名的是思科，1990 年代它還是一家小公司，到了 1999 年已經迅速成為全世界市值最高的公司之一，總值接近 5,000 億美元。這三家公司的投資人在這段期間都拿回了極高的報酬。

- **成長性高，而且很便宜（至少在會計報表上是如此）**：要理解為何從事併購的公司會引來投資人，要先體認到多數投資人都希望看到獲利成長，而且多半不在乎成長是來自於內部投資，還是併購。但首先，你要了解財務報表上如何記載併購，才能理解這一點。如果會計規則容許公司提報更高的營收和獲利，展現併購的成長益處，但是可以隱藏（至少部分）併購的成本，我們就完全無需訝異，主動併購的公司在會計數字上看起來表現出色。而且，不太需要額外做太多投資（至少從財務報表上衡量是如此），就能讓獲利和營收快速成長。幾十年來，在美國，公司在會計上處理併購可以使用「結合法」，前提是要符合幾個要件。[1] 如果符合結合法的條件，

1　要合乎使用結合法的條件之一，是併購案必須完全用股票融資。另一個是，你在併購幾年後出售被併購公司資產會受到限制。

資產負債表上僅會顯示被併購公司資產的帳面價值，而非以收購價表示的市值。假設有一家公司以 100 億美元收購另一家公司帳面價值為 10 億美元的公司，資產負債表上會出現 10 億美元（帳面價值）新收購的資產，至於收購價中的其他 90 億美元則隱藏到注腳去了。

- **併購公司的執行長是天才**：你常會看到併購方有一個共同特質，那就是都有高調的執行長，具備自我推銷的天賦。比方說，很多人會想到世界通訊的貝爾納‧埃柏斯（Bernard Ebbers）、泰科的丹尼斯‧科洛斯基（Dennis Kozlowski）和奇異的威爾許。你會聽到別人說這些執行長是併購賽局中的天才，經常能以低價併購其他公司然後逆轉局面，創造出高價值。

投資被併購的目標公司的論點又是什麼？說起來，併購活動中真正的價格上漲發生在被併購的一方，而非主動併購的一方。無須意外的是，以目標公司為核心的投資策略都聲稱有辦法在消息發布之前，先找出這些公司：

- **擁有私下的消息來源**：當然，最常見的推銷話術是他們有私下（且可靠）的管道，會透露消息告知即將發生的併購活動。如果這些說法屬實，那大概可以確定是不合法的，因為任何有相關資訊的人（公司員工或參與交易的投資銀行家）都被證管會列為內部關係人士。如果不是真的，你就只是追逐市場上的另一樁流言而已。
- **分析模型**：有些投資人主張，可以使用分析裝置或指標找到潛在的併購目標。這些指標包羅萬象，從成交量突然大增（代表有人正在大量買進公司股票），到基本面（低本益比與管理不當）都有。雖

然不見得每一個潛在目標都會被併購，但如果你投資的公司裡有一小部分成為併購目標，還是可以賺到高額報酬。

有些投資人則屈就於沒這麼野心勃勃的策略，他們在公司成為併購目標後才出手投資，希望在交易價格確定或是喊價戰爭中（如果有兩家併購方）賺到錢。

理論基礎：併購與價值

如果併購能創造價值，那麼，在交易之後，併購方和被併購方的股東應該都能賺到更多錢。但就算併購能創造價值，決定併購方與被併購方的股東如何分割價值的關鍵因素是併購價格。如果收購方買進目標公司時支付了過高的價格（相對於併購能創造的價值），自家股價未來將會下滑，但目標公司的股東則能賺到這個部分。

併購與創造價值

一家公司能藉由併購其他公司創造價值嗎？就算對這項主張存疑，我們至少可以從理論面檢視併購如何提高價值。一家公司可以併購另一家被市場低估的公司，然後利用市場犯下的錯獲利。他們扮演的角色，就好比精明的投資組合經理人。併購可以藉由創造綜效發揮功效，綜效是併購活動中很多人拿來講的理由，也常常被誤用。最後，一家公司可以買進管理不當、經營不善的公司，然後扭轉局面，藉此創造價值。本節要談每一種創造價值的動力。

併購價值被低估的公司

如果市場在訂定公司的價值時犯了錯，併購方理所當然會以划算的價格（相對於價值）買進公司，之後可以賺得價值與買價之間的差額。然而，這套策略要能收效，必須具備三項基本要素：

一、**有能力找到交易價格低於真實價值的公司**：要做到這一點，必須比市場裡其他投資人取得更優質的資訊，或是擁有比其他市場參與者更好的分析工具。

二、**可取得完成併購必要的資金**：就算知道哪一家公司的價值被低估，也不一定代表能輕鬆找到資金進行併購。能否取得資金取決於併購方的規模，而大公司比小企業或個人更能進入資本市場，或拿出自有的資金。此外，併購方過去的成績也是一大考量。那些曾經成功找到並併購價值被低估標的的公司，之後進行併購會比較容易。

三、**執行技巧**：如果併購方在過程中帶動股價上揚且超過預估價值，併購活動就無法創造出價值。為了說明這一點，且假設一家公司的預估價值為 1 億美元，目前的市場價格為 7,500 萬美元。併購方併購公司時必須支付溢價，如果溢價超過市價的 33%，就高於預估價值，那這項併購案對併購方來說，就沒有任何價值可言。

買進價值被低估的公司這套策略很符合直覺，但也很讓人卻步，如果要併購的對象是效率市場裡的公開交易公司，更是如此。在這樣的市場裡，併購方支付的市價溢價很可能讓剩餘的估值快速消失。而在效率比較

低的市場或併購非公開發行公司，勝率會比較高。

產生營運或財務綜效

最常用來解釋多數併購案支付高額溢價的理由，是綜效。綜效是指結合兩家公司可能創造的額外價值，可以來自營運面，也可以來自財務面。

營運綜效是指讓兩方公司都能提高營業利益、提高成長或兩者皆有的效果。營運綜效可以分為四種：

- **規模經濟**：併購會帶來規模經濟，讓結合起來的公司更具成本效益，獲利能力更高。當兩家處於相同產業的公司合併成更大的公司時，最可能出現這種效果。
- **更強大的定價能力**：由於競爭減少與市占率提高，故可以提高利潤率以及營業利益。要產生這種效果，與併購創造出的公司相較之下，產業內的競爭必須疲弱且破碎。
- **結合不同的職能優勢**：譬如，行銷技巧強的企業併購另一家產品線出色的公司時，就有這種效果。這是預設合併之後的公司保有雙方的長處，而且能把各自的長處帶進新的公司。
- 結合兩家公司後，**提高在新市場或現有市場的成長性**：比方說，當一家美國的消費性產品公司收購一家新興市場裡的公司，後者已有現成的經銷網與品牌知名度，併購方就可利用這些優勢提高產品銷量。

營運綜效可以提高利潤率與預期成長率，併購交易裡的公司就可以藉此提高價值。

至於財務綜效，帶來的回報可能是更高的現金流或更低的資本成本，

包括以下各項：

- 一家擁有**超額現金**（或說是爛頭寸〔cash slack〕），但專案機會有限的公司，和一家握有高報酬專案，但沒有足夠現金可充作資金的公司，兩者結合在一起可以為合併後的公司帶來報酬。這些本來無法從事的投資因為有了超額現金而能開工，也因此提高了價值。當大公司併購小企業，或者公開交易公司併購非公開發行公司時，最常出現這種綜效。
- 由於兩家公司結合在一起，獲利和現金流很可能因此變得更穩定且可預測，**舉債能力**就更強了。回過頭來，這一點又讓公司可以借到的資金高於本來分頭可借得的加總資金，並因此讓新的合併公司享有稅務上的利益。稅務上的利益可能以現金流提高的形式表現，也可能是合併後的公司資本成本降低了。
- 善用稅法好處的併購或是利用損失以保護獲利，都可以帶來**稅務利益**。因此，一家有獲利的公司併購另一家虧損的公司，或許可以利用後者的虧損來減輕稅賦。

顯然，很多併購活動都有潛在的綜效。比較重要的問題是，綜效的價值能不能計算出來？如果答案為是，又該如何估算。

推動管理變革

有些公司管理不善，就會有外人自認可以比現任經理人更好地經營公司。因此，併購管理不良的公司並辭退現有經理人、或至少改變現有的管理政策與做法，應能帶動公司的價值，讓併購方賺得增值部分。這種增值通常稱為管控的價值（value of control）。

這套說法可以作為溢價大幅高於市價的理由，但是該說法要有效，需仰賴以下幾個因素：

- 被併購方的表現不佳可歸咎於目前公司的管理不當，而不是管理層面上無法控制的市場或產業因素。
- 併購之後得推動管理變革，而且變革必須能增添價值。而能提高價值的行動包括：提高現有資產的現金流、提升成長率，或降低資本成本。
- 併購的市場價格應反映現狀，要符合標的公司目前的管理以及業務績效不佳。如果市價已經計入了控制權溢價（control premium，按：收購方為取得經營控制權，付給被收購方超過市場價值之溢價），併購方就很難賺得這種溢價。

過去二十年來，愈來愈多人把公司控制權當成惡意併購的理由。

併購與價值切分

併購有善意也有惡意。在善意併購案中，被併購方的經理人歡迎併購，某些時候還主動尋求被併購。在惡意併購中，目標公司的經理人不希望被併購。收購方在併購前提出高於目標公司市價的價格，請目標公司的股東用這個價格賣出手上的股份。

無論是善意還是惡意併購，併購價與併購前市價的差額，都叫併購溢價（acquisition premium）。在併購案中，併購價指的是為了併購目標公司而支付的每股價格。併購價的依據通常是併購方與被併購方協商的結果。如果是公開收購（tender offer），併購價指的是，併購方收購到足量股份

以控制目標公司時付出的價值。如果還有別的公司也競標目標公司，或是股東以原始出價賣出的股份不夠多，這個價格可能會高於併購方一開始的出價。就像 1991 年，AT&T 一開始提議要用每股 80 美元收購 NCR 的股票，這個出價比當時的股價高了 25 美元。AT&T 為了完成併購最終支付的價格是每股 110 美元。我們還可以做一個最終的比較，那就是為了併購支付的價格與被併購公司的資產帳面價值。這個差額在併購方的帳目記載為商譽，在之後幾年沖銷。[2] 圖 10.1 將收購價細分為不同部分。

當你是併購方的股東，併購最後可能讓你賺錢，也可能害你賠錢，決定的因素並非併購能否創造價值，而是併購方支付多少錢給被併購方。最簡單的理解方式，是把併購想成一項大型專案。如果一家公司在某個專案

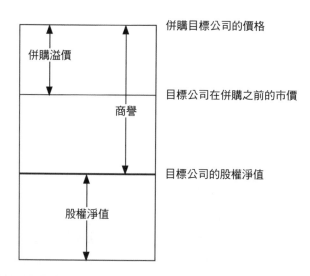

圖 10.1 細分併購價

市價與淨值的差額通常歸類為商譽。但有時候，你可以增記目標公司在併購時的帳面價值。

2　在新的會計法規之下，商譽的攤銷基準是被併購資產的會計估計值。如果併購方認為價值受到嚴重損害，可以強迫提早沖銷商譽。

上投資 1 億美元、但僅從投資中拿回 9,000 萬美元，價值就少了 1,000 萬美元。如果一家公司併購另一家，支付的價金高於未來能拿回的現金流（其中包括上一節列出的綜效、控制權以及其他益處），超額支付的部分就是減損的價值。

來舉個例子說明。假設 A 公司的市價為 3,000 萬美元，決定買下一家市價 2,000 萬美元的 B 公司，認為綜效能創造出 500 萬美元的價值。如果 A 公司能以低於 2,500 萬美元的價格收購 B 公司，兩家公司的股東都能從併購當中得利。如果併購價格為 2,500 萬美元，A 公司的股東不賺不賠，B 公司的股東能享有綜效的全部價值。如果 A 公司支付給 B 公司的金額超過 2,500 萬美元，A 公司的股票就會下跌，幅度等於超額支付的部分，B 公司的股東則會得到相應的利益。

檢視證據

本節一開始要先進行分析，檢視宣告併購如何影響併購公司與被併購公司在併購日的股價，之後在看併購方在併購之後的表現（營運和股價）。

併購與股價表現

併購引發的劇烈價格波動，大約發生在宣布併購日，而不是真正執行時，實際執行日可能是數月之後。併購案中有很多人關注的都是目標公司，但併購公司的變化也同樣有意思，有過之而無不及。

目標公司

　　證據指出，目標公司的股東顯然是併購案中的贏家，他們不僅在發布併購案時可賺到高報酬，[3] 之後幾個星期也還有賺頭。1983 年有人彙整十三項檢視發布併購訊息後報酬變化的研究，指出成功的公開收購案中，目標公司股東的平均報酬率為 30%，成功的合併案裡目標公司股東的平均報酬率為 20%。[4] 1988 年有一項研究，檢視 1962 年到 1985 年的 633 件公開收購案，提到 1960 年代的溢價平均為 19%、1970 年代為 35%、1980年到 1985 年為 30%。[5] 圖 10.2 取自前述其中一項研究，說明宣布併購十天前、當天，以及十天後的典型併購案中，目標公司的價格行為。[6]

　　請注意，發布併購消息當日的價格中已含併購的相關溢價。這代表某些投資人在市場聽聞消息之前已先收到併購訊息，並搶在消息發布前先做交易。在發布併購案前，股價還有一波上漲，但少有證據指向之後價格會再明顯上漲。

　　如果根據併購方付款的方式來做分類，會發現目標公司股價在發布現金併購（指併購方僅支付現金購買被併購方的股票）消息之後的漲幅，勝過股票收購案。惡意併購的溢價高於善意併購，公開收購的溢價微高於併購。圖 10.3 顯示各種差異的幅度。[7]

3　目標公司在發布併購時的超額報酬很高，就算使用不同的風險報酬模型，都不影響整體結論。

4　Jensen, M. C., and R. S. Ruback, 1983, *The Market for Corporate Control*, Journal of Financial Economics, v11, 5-50.

5　Jarrell, G. A., J. A. Brickley and J. M. Netter, 1988, *The Market for Corporate Control: The Empirical Evidence since 1980*, Journal of Economic Perspectives, v2, 49-68.

6　Dennis, D. K., and J. J. McConnell, 1986, *Corporate Mergers and Security Returns*, Journal of Financial Economics, v16, 143-188.

7　Yen-Sheng Huang and R. Walkling (1987), *Acquisition Announcements and Abnormal Returns*, Journal of Financial Economic, v19, 329-350.

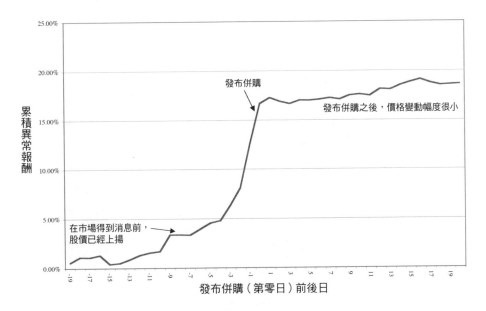

圖 10.2　目標公司股票的累積超額報酬

資料來源：丹妮絲（D. Dennis）和麥康諾（J. McConnell）。目標公司股票的報酬率，為發布併購消息前後日的累積報酬率。

　　無論是哪一種併購，目標公司的股東沒什麼好抱怨的，因為他們能賺到不錯的價格漲幅。

出價公司

　　宣布併購消息後對於出價公司股價造成的影響，不像目標公司那樣明確。一項研究調查 1983 年的併購案，發現出價公司的股價在公開收購前後上漲約 4%，但找不到併購前後股價會波動的證據。[8] 另一項研究檢視 1962 年到 1985 年的公開收購案，指出出價公司股東的報酬從 1960 年代

8　Jensen, M. C., and R. S. Ruback, 1983, *The Market for Corporate Control*, Journal of Financial Economics, v11, 5-50.

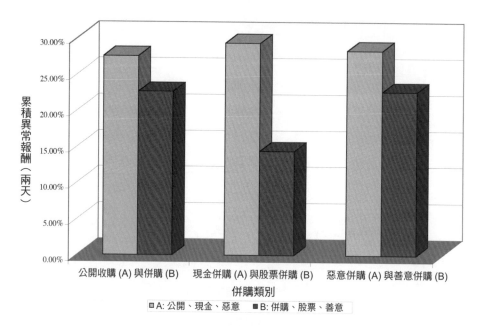

圖 10.3　各種併購案中目標公司的溢價

資料來源：黃彥聖（Yen-Sheng Huang）和沃金（R. Walkling）。圖中為不同類型併購中，目標公司股東的累積報酬率。

的 4.4%、1970 年代的 2%，到了 1980 年代下跌為 -1%。[9] 其他研究指出，約有一半的併購案中，出價公司的股價在發布併購時下跌，指向在很多併購案中，投資人質疑併購是不是真的有價值。

　　參考這些證據後，會發現顯然出價公司的股東通常不像公司裡的經理人對併購這麼熱情。經理人會說，這是因為投資人無法取得僅有內部人士才能知悉的私密資訊。本章稍後會談到很多併購以失敗收場，而股東可能比經理人更有先見之明。

9　Jarrell, G. A., J. A. Brickley and J. M. Netter, 1988, *The Market for Corporate Control: The Empirical Evidence since 1980*, Journal of Economic Perspectives, v2, 49-68.

市場會估算綜效的價值嗎？

　　綜效是很多併購案裡明白宣示的動機。有一項研究檢驗 1985 年到 1986 年 77 件併購案背後的動機，指出營運綜效是其中三分之一併購案的主要動機。[10] 有許多研究去探討綜效是否存在，如果存在，又價值多少。假如認為併購能帶來綜效，合併之後的公司價值應該高於出價公司與目標公司各自營運時的價值總和。舉個例子，假設 A 公司是併購方，在併購前的總交易價值為 1.5 億美元，B 公司為目標公司，總交易價值為 1 億美元。如果兩家公司合而為一且產生綜效，合併後的公司價值應高於 2.5 億美元。因此，如果合併後的公司總交易市值為 2.75 億美元，代表本次合併的綜效價值為 2,500 萬美元。

　　檢視發布併購消息前後的股價報酬，得出的結論通常是，在多數併購案中，合併後的公司價值確實會提高，而且提高幅度很大。1988 年一項研究檢視 1963 年到 1984 年間、236 件不同公司間的公開收購案，指出平均而言，在發布併購消息時，目標公司與出價公司合併後的公司價值提高了 7.48%（以 1984 年的美元價格計算為 1.17 億美元）。[11] 但是，解讀這個結論時要小心，因為許多其他用來解釋併購的假說也能說明，為何合併後的公司在併購之後提高了價值，包括價值被低估和企業管理出現變化。因此，這是綜效假說的弱檢定。

10　Bhide, A., 1989, *The Causes and Consequences of Hostile Takeovers*, Journal of Applied Corporate Finance, v2, 36-59.

11　Bradley, M., A. Desai and E. H. Kim, 1988, *Synergistic Gains from Corporate Acquisitions and Their Division between the Stockholders of Target and Acquiring Firms*, Journal of Financial Economics, v21, 3-40.

從發布到行動

請注意，以上提到的研究看的都是發布併購消息的當天，而非幾星期、甚至幾個月後的併購交易執行日。很顯然，在這兩個日期之間可能會出現很多變化。比方說，某些併購案會有新的出價公司出現，開始進行喊價戰爭，將目標公司的價格推到遠高於初始收購價。有些併購案會失敗，可能是因為目標公司使用法律與財務手段擊退出價方，或是因為併購方臨陣退縮，撤回出價。最後，在某些併購案中，由於很難用宣告的價格收購到足以控制目標公司的股權，因此被迫加價。

多家出價公司

當有多家公司對同一家目標公司出價，對目標公司的股東來說大概都是好消息，但對於出價公司的股東來說則很不利。有多家出價公司時，支付給目標公司的溢價通常更高。有證據指出，贏得價格戰的出價公司在併購成功後，股價下跌的機會高於上漲。然而，在併購戰中出價失敗的公司通常也會受到懲罰。一項針對失敗併購案所做的分析指出，輸給對手的出價公司股東要承受股價的大幅下跌（約 8%），如果失敗並不是因為出現對手出價公司，則不會反應在股價上。[12]

出價失敗

出價失敗，可能是因為捲入惡意併購的目標公司設法反擊，或者是出價公司改變心意，不管是哪一種，出價公司的股票都會因為宣布失敗而受害。儘管目標公司的股價在這兩種情形下也會下跌，但是跌幅不如當初說

---

12 Bradley, M., A. Desai and E. H. Kim, 1983, *The Rationale behind Interfirm Tender Offers,* Journal of Financial Economics, v11, 183-206.

要併購時的漲幅。當一家公司成為併購目標時，投資人會因此重新評估該公司的價值，他們會假設出價公司擁有市場裡其他人不得而知的資訊，或者隨後還會有其他出價公司出現。一項研究檢驗併購失敗對於目標公司股東造成的影響，得出的結論是：雖然一開始宣布失敗時價格會出現負面反應，但幅度很小，有大量的目標公司在第一次併購失敗後的六十天內被成功併購，因此目標公司股東最終仍賺得超額報酬（50%到66%）。

併購套利或風險套利

有些投資人（以法人居多）相信，他們可以在宣布惡意併購之後買進目標公司的股票，藉此賺取報酬。上一節提過，目標公司的股價在發布併購之後會跳漲，但是，與併購方提出的價格相比，這些股票通常還是折價交易。發布併購消息後的價格和收購價格之間的差額，稱為套利價差（arbitrage spread），有些投資人試著利用所謂的併購套利（merger arbitrage）或者風險套利（risk arbitrage）策略從價差中獲利。如果併購成功，投資人就能賺到套利價差；如果失敗，投資人則可能遭受大量虧損。在另一種比較巧妙的股票併購（收購方用股票交換目標公司的股票）中，套利的人除了買進目標公司的股票之外，還會放空收購方的股票。

這套策略被稱為「風險套利」顯然是錯誤的說法，因為該策略並不保證能獲利（保證獲利正是套利的定義），至於為何要冠上「風險」二字，理由並不確定。儘管這個詞引發諸多爭端，但我們還是可以檢驗風險套利策略能否像你平常聽聞的傳言一樣，創造出高報酬。如果可以的話，這是因為補償了風險（併購可能會不順利），還是真的是超額報酬？有人彙整了 4,750 件併購案來回答這個問題。[13] 這項分析的結論是，在發布併購消息之後買進目標公司的股票，確實有 9.25% 的超額年報酬，但如果加計

---

13 Mitchell, M., and T. Pulvino, 2001, *Characteristics of Risk in Risk Arbitrage*, Journal of Finance, v56, 2135-2175.

交易成本以及交易時造成的價格影響（如果是流動性較低的公司，效果尤其明顯），大概會損失其中的三分之二。

雖然策略的整體報酬看來極具吸引力，不過分析結果也指出，這裡有一個不討喜的面向是，這套策略多數時候能賺得還可以的正值報酬，但一旦併購失敗，就會發生嚴重虧損。那麼，這套策略就因此變成一套糟糕的策略嗎？完全不是這麼說，只代表如果僅把風險套利策略用在幾檔知名的併購股票上（通常都是這樣），採行策略的投資人只要碰上一次大失敗，大致上就要大虧了。如果投資人是借錢來執行該策略，風險就更大。

併購之後：綜效的陷阱

大量研究檢視企業完成併購之後的成敗。一般的結論是，併購通常無法達成原本在效率與綜效方面的承諾，即便做到了，也絕少能為收購公司的股東創造價值。

有綜效通常意味著在併購之後，合併後的公司比原來各自營運的公司獲利能力更高，或是成長速度更快。有一項研究便是透過評估公司在併購之後**相對於競爭對手**的表現（如獲利能力與成長性），來檢驗是否有綜效。比方說，麥肯錫公司檢視 1972 年到 1983 年的 58 件併購案，試著回答兩個問題：第一，用於併購的資本報酬是否高過成本？其次，併購是否有助於母公司在競爭中勝出？他們得出的結論是，在 58 個併購案中，有 28 個案子無法通過這兩個測試，有 6 件無法通過至少其中一個測試。在後續研究中，麥肯錫公司又探討了英國與美國 1990 年的 115 件併購案，得出的結論是，60% 的交易賺得的資本報酬低於成本，僅有 23% 賺得超

額報酬。[14] 1999 年，安侯建業（KPMG）檢視 1996 年到 1998 年的 700 樁最昂貴的交易，總結是僅有 17% 替合併後的公司創造了價值，30% 沒有差異，53% 減損了價值。[15]

有一項研究檢視 1995 年八件最大型的銀行併購案，得出的結論是僅有兩件（大通曼哈頓銀行〔Chase Manhattan Bank〕併購華友銀行〔Chemical Bank〕、芝加哥第一銀行〔First Chicago〕併購 NBD 銀行）在併購之後的表現能優於銀行股指數。[16] 規模最大的富國銀行（Wells Fargo）併購第一州際銀行（First Interstate）一案，是一大失敗。1996 年有一本書名很犀利的書叫《綜效的陷阱》（*The Synergy Trap*），作者馬克‧希洛爾（Mark Sirower）詳細檢視綜效的光明面與失敗處，得出了讓人沮喪的結論，指出綜效通常前景看好，但很少能達成。[17]

對於併購成果殺傷力最大的證據，是有大量的併購在很短期間內又反轉。1990 年有一項分析 [18] 指出，1982 年到 1986 年進行的併購案中，有 20.2% 到了 1988 年又再度分拆。1992 年發布的一項研究發現，他們所研究的併購案中有 44% 會反轉，主要是因為收購方支付了太高的代價，或是因為兩公司的營運無法契合。[19] 幾項長期（十年或更長期）追蹤併購案的研究發現，併購之後又分拆的情形幾乎達到 50%，這代表少有公司能

---

14 1998 年 4 月 20 日《霸榮周刊》（*Barron's*）刊載的〈併購騷亂〉（Merger Mayhem）中，有提到本項研究。

15 安侯建業衡量創造價值的指標，是比較在併購交易完成後一年，合併公司的股價表現與相關產業整體股價的表現。

16 執行本研究的為基非、布業提與伍德投資銀行。1998 年 4 月 20 日《霸榮周刊》刊載的〈併購騷亂〉中，也有提到本項研究。

17 Sirower, M. L., 1996, *The Synergy Trap*, Simon & Schuster.

18 Mitchell, M. L., and K. Lehn, 1990, *Do Bad Bidders Make Good Targets?*, Journal of Applied Corporate Finance, v3, 60-69.

19 Kaplan, S., and M. S. Weisbach, 1992, *The Success of Acquisitions: The Evidence from Divestitures*, Journal of Finance, v47, 107-138.

享受到併購時承諾的好處。以綜效來說，大概只有相對少數的公司享有綜效，而且效果通常不如預期。

進行運算

併購有多種形式，很難有一套所謂的典型併購模式。在本節中，第一部分會先檢視各種併購，看看能否找到共通的成敗模式。第二部分則要試著組成一個由收購公司組成的投資組合，以及一個目標公司投資組合。

併購公司與目標公司

有所謂的典型併購公司嗎？在併購交易的另一端，又有所謂的典型目標公司嗎？如果想要以併購為核心建構投資策略，至少必須想辦法回答這些問題。

併購公司：成功的特徵

併購公司、尤其是成功的併購公司，有沒有什麼共同特色？如果檢視小型的併購樣本，或甚至看一年期間內的所有併購案，很難找到收購方有什麼共通之處。然而，研究人員檢視更長期間的幾百件併購案，他們發現長期下來，成功的收購方確實有一些相同特徵：

- 相較於從事**規模類似**併購（通常稱之為對等併購〔mergers of equals〕）的收購方，著眼於收購規模較小的目標公司，成功的機率更高。[20]

---

20 這很可能反應了，相較於大／小公司組合併購案，失敗的對等併購案更常見。　•

也因此，奇異的收購成功機率（該公司在 1990 年代，每年收購幾十家小公司），高於美國線上與時代華納（Time Warner），後面這個案子的兩家公司市值都很高。

- 如果帶動併購的動機是**精簡成本**，會比出於希望或預期成長而進行的併購案更可能成功。收購當時若已經制定了周密的成本精簡方案並有執行計畫，更容易成功。以 1990 年代最成功的併購案來說，有一些就是銀行為了節省成本及獲得規模經濟而合併。

- 併購案若著眼於買進**小型非公開發行公司**以便整合，會比聚焦於收購公開交易公司更容易成功。比方說，殯葬業的服務公司（Service Industries）、影片出租的百視達，和廢水處理的布朗寧費里斯公司（Browning Ferris），都是靠著併購小型非公開發行公司而成長。

至於綜效這個問題，安侯建業評估[21] 了 1996 年到 1998 年 700 件最大型的併購案，得出以下結論：

- 收購方如果在併購之前做過審慎評估，成功機率會比未做評估的公司高 28%。

- 以成本精簡綜效來說，減少員工人數的效果會比開發新產品或研發的效果更容易出現。舉例來說，僅有四分之一到三分之一的公司能落實後面這種綜效，而約有 66% 的公司能在併購之後減少員工人數。

有些研究人員發現，併購之後能提升營運效率，在惡意併購案中尤其

---

21 KPMG, 1999, *Unlocking Shareholder Value: The Keys to Success*, KPMG Global Research Report.

明顯。[22] 1992 年一項研究指出，相關公司在併購之後的現金流報酬率中位數提高了，但有 25% 的合併後公司在交易之後表現低於產業平均值。[23] 1999 年，另一項研究檢視 1982 年到 1987 年的 197 樁併購交易，根據交易時管理階層是否有換人（123 家公司有），以及交易的動機將各家公司分類，[24] 得出的結論是：

- 平均而言，併購交易後五年，合併後的公司獲利比業界平均值高 2.1%。
- 出現這些超額報酬的公司，共通點是併購後一年內目標公司的執行長幾乎都遭到撤換。這些公司賺得的獲利，比業界平均水準高了 3.1%。然而，若目標公司的執行長續任，合併後的公司表現就並未優於產業平均。

此外，還有幾項研究檢驗併購相關業務（亦即綜效導向的併購），是否比與收購無關的業務（亦即集團式併購）更能創造報酬，最後得出互相衝突的結論，無法達成共識。[25] 一項研究檢視 260 樁股票交換交易，將併

---

22 1989 年，希利（P. M. Healy）、帕勒普（K. G. Palepu）和盧巴克（R. S. Ruback）檢視了 1979 年到 1983 年的 50 件大型併購案之後的表現，總結認為合併後的公司，其營運效率（定義為 EBITDA / 營收）與同業相比之下有所提升。

23 Healy, P. M., K. G. Palepu and R. S. Ruback, 1992, *Does Corporate Performance Improve after Mergers?*, Journal of Financial Economics, v31, 135-176.

24 Parrino, J. D., and R. S. Harris, *Takeovers, Management Replacement and Post-Acquisition Operating Performance: Some Evidence from the 1980s*, Journal of Applied Corporate Finance, v11, 88-97.

25 Michel, A., and I. Shaked, 1984, *Does Business Diversification Affect Performance?*, Financial Management, v13, 5-14 and Dubofsky, P., and P. R. Varadarajan, 1987, *Diversification and Measures of Performance: Additional Empirical Evidence*, Academy of Management Journal, 597-608. 以上研究發現，以風險調整後的報酬來看，多角化經營導向的併購案表現優於綜效導向的併購案。Varadarajan, P. R., and V. Ramanujam, 1987, *Diversification and Performance: A Reexamination Using a New Two-Dimensional Conceptualization of Diversity in Firms*, Academy of Management Journal, v30, 369-380. 這項研究找到的證據則剛好相反。

購案分成集團式併購或同產業併購。[26] 研究人員找不到集團式併購交易能讓股東或債券持有人享有財富效果的證據，但是，他們發現在同產業併購案中，股東和債券持有人都賺到可觀的淨報酬。

目標公司：惡意 vs 善意

檢視發布併購消息之前與之後的目標公司即時股價變動，明顯可以看出基於併購理由而投資股票的人，早在公司宣告成為標的之前就已經投入資金了，而不是在宣告之後。然而，如果沒有內線消息的話，可以做到這一點嗎？或許有辦法，答案就在那些成為典型目標的公司身上。由於善意與惡意併購的動機大不相同，惡意併購的目標公司和善意併購迥然不同，也就不足為奇了。惡意併購案裡的目標公司有以下的特徵：[27]

一、以股東的報酬來講，這些公司在併購前幾年的**表現遜於同業**以及大盤。
二、在併購前幾年，這些公司的**獲利能力低於同業**。
三、公司內部人士的**持股比率低於同業**。

有一項研究比較惡意和善意併購的目標公司，列出了兩者的差異，摘要結果如圖 10.4 所示。

從圖 10.4 可以發現，平均來說，惡意併購中的目標公司股東權益報酬率比同業低了 2.2%，替股東賺得的報酬比市場整體低了 4%，公司內部

---

26 Nail, L. A., W. L. Megginson and C. Maquieira, 1998, *Wealth Creation versus Wealth Redistributions in Pure Stock-for-Stock Mergers*, Journal of Financial Economics, v48, 3-33.

27 Bhide, A., 1989, *The Causes and Consequences of Hostile Takeovers*, Journal of Applied Corporate Finance, v2, 36-59.

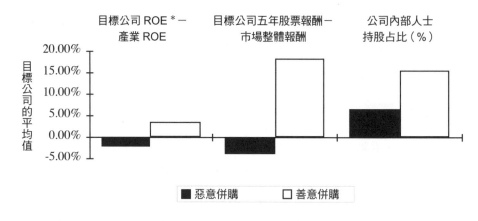

目標公司 ROE*－　　目標公司五年股票報酬－　　公司內部人士
產業 ROE　　　　　市場整體報酬　　　　　持股占比（％）

■ 惡意併購　　　□ 善意併購

圖 10.4　目標公司特徵：惡意併購與善意併購比較

資料來源：畢海德（A. Bhide）。本研究比較在併購交易當年，善意併購和惡意併購中的目標公司
特徵。
＊ROE：股東權益報酬率。

人士的持股僅占了 6.5%。

　　也有證據顯示，惡意併購後，目標公司的營運出現大幅變革。前述的
研究也檢驗了惡意併購的結果，並點出以下的改變：

一、在很多惡意併購案裡，交易後目標公司都有負債大增的情形，導
　　致債券評等被下調。但債務很快就因為出售資產的所得而減少。
二、投資這些目標公司的資本金額沒有重大改變。
三、約有 60% 的併購之後，公司會分割資產出售，至少一半以上的
　　目標公司資產會被出售。被切分出去的絕大部分是和公司核心事
　　業無關的單位（亦即，公司要反轉前朝的多角化經營模式）。
四、在 19 件惡意併購中，有 17 件出現明顯的管理人事變動，有 7 件
　　的管理階層全面換血。

這也就是說，多數惡意併購的併購方在之後並沒有掠奪目標公司的資產並毀了目標公司，剛好和一般人的想法相反。[28] 反之，目標公司會重新聚焦在核心事務上，通常還能提升營運表現。

建構投資組合

身為投資人，你可能會覺得和成功的併購方以及典型目標公司有關的證據很有意思，但不太有用，因為這些都代表了過去的併購。你可能會想，你如何能透過十年前的併購案賺錢？沒辦法，但是你可以利用這些證據找出目前的潛在收購方與目標公司，建構投資組合。

由併購方組成的投資組合

要建構一個由併購方組合的投資組合，必須檢視個別公司的歷史以及成長源頭。表 10.1 是美國 2000 年到 2002 年最熱中併購的公司，以併購的金額為準。

---

28 就算一般人不是這麼想，但這仍是民粹觀點，在《華爾街》、《登龍遊術》和《搶錢世界》等好萊塢電影裡都可以找到證據。

表 10.1 2000-2002 年，最愛從事併購的美國公司

公司名稱	所屬產業	併購總件數	併購總價值（百萬美元）
Comcast Corp	廣播	8	47,680.80
Citigroup Inc	銀行與金融	18	21,350.50
General Electric Co	航太、飛機與國防、銀行與金融	71	19,725.00
Tyco International Ltd	電氣設備	19	16,882.20
Johnson & Johnson	衛生用品／化妝品	11	14,062.00
Nestle SA	食品加工	8	11,266.80
AOL Time Warner Inc	電腦服務、休閒娛樂	13	8,984.20
AT&T Corp	通訊	9	5,616.20
Schlumberger Ltd	能源服務	9	5,242.90
Berkshire Hathaway Inc	保險	13	4,776.00
J.P. Morgan Chase & Co	銀行與金融	12	4,442.40
Cendant Corp	雜項服務	33	3,797.80
BB&T Corp	銀行與金融	23	3,098.70
Solectron Corp	電子	12	2,496.40
Calpine Corp	電力、天然氣、水力與衛生服務	9	2,494.80
Microsoft Corp	電腦軟體、用品與服務	8	2,402.20
Intel Corp	電子	11	1,943.10
VeriSign Inc	電腦軟體、用品與服務	8	1,647.90
Interpublic Group of Cos	綜合服務	12	1,605.30
NRG Energy Inc	電力、天然氣、水力與衛生服務	10	1,510.70
SPX Corp	金屬製品	10	1,447.90
Baxter International Inc	藥品、醫療用品與設備	8	1,185.20
Danaher Corp	農工設備與機械	11	1,075.40

資料來源：www.mergerstat.com。

請注意，這些併購熱絡的公司涵蓋的產業範圍很廣，其中一些公司更是做了大量的交易。就以奇異為例，在兩年內就併購了 71 家公司，不過這些平均而言都是小型公司，小於通播集團（Comcast）在同期間併購的 8 家公司。

根據併購金額來排列公司時，明顯會以大公司偏多。如果真的想了解這些併購公司有多仰賴併購成長，就必須將併購的價值與併購方的價值對照來看。舉例來說，當微軟花了 24 億美元併購他人，金額占公司的市值不到 1%，但 AT&T 如果花 56 億美元從事併購，金額就占公司的市值約 20%。你可以根據併購金額占公司市值的比率，建構一個併購公司的投資組合，這個投資組合會和表 10.1 截然不同，也會納入一些比較小的公司。

由潛在目標公司構成的投資組合

若考量的是併購案中與典型目標公司相關的證據，你可以訂下一些篩選條件，納入之前提過的變數。比方說，你可以投資小型公司（以市值為標準）、公司內部人士持股占比低、估值被低估（低股價淨值比或低本益比），且股東權益報酬率低（與產業整體相比）。

要落實這些篩選條件，符合以下條件的可列為潛在目標公司：

- **小公司**：要併購小公司比大公司容易。因此，投資組合裡僅考量市值低於 5 億美元的公司。
- **公司內部人士持股比率低**：投資組合裡僅納入公司內部人士持股低於 10% 流通在外股數的公司。此外，將股份中還有區分不同投票級別的公司刪除，因為這類公司比較不可能成為惡意併購的目標。
- **便宜的股票**：滾動本益比低於 12 倍才算便宜的股票，才值得納入

投資組合。

● **專案報酬低落**：股東權益報酬率低於業界平均值 5% 的公司，才納
入投資組合。

得出的 15 家公司投資組合如表 10.2 所列。

表 10.2 潛在的併購目標公司

公司名稱	所屬產業	股價（美元）	十二個月滾動本益比	市值（百萬美元）	公司內部人士持股占比（%）
AMN Healthcare	人力資源	11.22	9.6	456.6	3.6
Blair Corp	零售（特殊產品線）	24	9.7	186.2	8.69
Chesapeake Corp	包裝與容器	16.13	10.2	228.2	5.6
Cone Mills	紡織	2.01	6.4	48.2	9.3
Crompton Corp	化學（特殊）	4.03	8.1	443.6	7.6
Culp Inc	紡織	4.45	6	54.5	4.5
Enesco Group	零售（特殊產品線）	6.91	11.8	90.3	3.8
Information Resources	資訊服務	1.32	11.7	41.4	7.1
Int'l Multifoods	食品加工	19.2	11.6	334.5	5.8
Intermet Corp	汽車零件	3.58	10.2	91	3.1
Myers Inds	多元性公司	9.57	11	264.5	2.7
SEMCO Energy	天然氣（輸配）	4.12	7.5	74.3	1.3
ShopKo Stores	零售商店	10.85	6.7	292.2	3.5
Standard Register	辦公室設備／用品	14.84	10.6	372.9	2.7
Wellman Inc	化學（特殊）	9.59	10.8	284.5	6.7

當然，不保證表上任何公司一定會成為惡意併購的目標，但如果當中
有兩、三家成為標的，這個投資組合便能創造高報酬。

故事的其他部分

假設你決定的策略是在併購之後馬上投資，有哪些因素會降低你成功的機率？顯然，要考慮哪些因素，取決你採行的是哪一種投資策略。如果你想買的是併購方，你要擔心的是財務超支（為了併購支付過高金額），或是營運衝過頭（擴張太快反而導致現有業務陷入險境）。如果要買潛在目標公司，你必須設想它可能無法被順利併購，導致你套牢在一個表現不佳的股票投資組合。

投資併購方

來看看假設要投資的是併購方。即便已經審慎挑選看來有機會實現收購策略的公司，但你的投資策略還是有幾個潛在風險。

為了併購支付過高金額

過去能成功併購，不代表未來不會失敗。事實上，一家透過併購成長的公司常會發現，過去的成功往往替未來的失敗埋下種子。比方說，思科1990 年代初期的併購策略屢創佳績。1991 年思科的營收為 1.83 億美元，獲利為 4,300 萬美元，市值約為 40 億美元。公司從這一年開始陸續併購擁有前景看好技術的小公司，並將這些技術轉化成出色的產品，短期間獲利不斷成長。年復一年的成功，讓思科變成愈來愈大的公司，營收和市值均不斷墊高。為了維持成長率，該公司每年都必須擴大併購的規模以及公司家數。到了 1999 年，思科的營收達到 121.5 億美元，市值超過 4,000 億美元，公司發現很難找到足夠的併購對象以帶動成長率。對投資人來說，危險不只是問題終於出現了。更大的麻煩是，過去順利併購的公司必須不

斷從事更多併購，即便已經難以找到好標的也不得不為。過程中，公司很可能必須放棄最初能成功的原則。你可以去看看，幾乎每一家併購熱絡的公司失敗時都指向這個時刻出現了（至少從事後諸葛的立場來看是如此）。

有證據指出，長期下來已經證明，熱中於從事併購的公司是很糟糕的投資標的，股票報酬落後市場。圖 10.5 依據 1998 年到 2001 年完成的併購案，比較投資人 2001 年和 2002 年，從標普 100 的成分公司裡（這是美國市值最高的百大公司）15 家最熱中於併購的公司賺得的報酬，拿來和只做一次併購及根本完全不併購的公司報酬相比。

2001 年到 2002 年間，併購最熱絡公司的投資人賺得的報酬，比起大盤以及不做併購公司的投資人，少賺超過 10%。

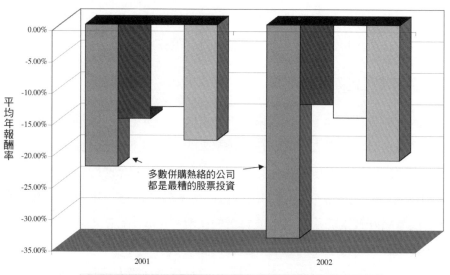

圖 10.5　併購熱絡公司的報酬

資料來源：電腦統計公司。併購最熱絡的公司指的是，標普 100 的成分公司中，進行最多併購案（以件數計）的公司。

那要如何篩選，才能刪掉最有可能支付過高金額的併購方？你可以檢視幾個統計數據。第一，是併購方從事併購時支付的平均溢價。支付溢價愈高的公司，愈可能付出過高代價。第二，是檢視被併購公司相對於併購方的平均規模。同樣的，研究人員指出，從事大型併購案會比小型併購案更容易支付過高金額。第三，是檢視市場對於併購消息的反應。發布併購訊息之後，如果併購方的市價上漲，會比下跌釋放出更好的訊息，指向未來比較可能成功。

會計的複雜性

　　併購的會計帳比公司內部投資的會計帳更複雜。首先，關於如何認列併購交易，可供選擇的選項很多。1999 年之前，可以用購買法或結合法的方式處理併購，兩者對於會計報表的影響大不相同。如果是買入交易，你的資產負債表上要列示買入目標公司的價格，並且要新增一項資產（商譽），來記載你支付的價值與該公司資產帳面價值的差額。如果是結合法，就不用登載買價，只要把併購公司資產的帳面價值列為自家公司資產的一部分即可。2001 年，結合法被取消，但公司還是要在併購交易之後處理商譽的問題。事實上，目前的會計標準是要求公司重新檢視過去的併購案，如果覺得自己支付了過高的價金，就要沖銷部分商譽。美國線上時代華納沖銷了 1,000 億美元，以反映美國線上的資產價值，在 1999 年併購與 2001 年沖銷這段期間降低的事實。

　　併購熱絡的公司比較可能發生會計問題，最明顯的證據來自於歷史。1990 年代，10 家併購最熱絡的公司，有 7 家都被挖出會計問題（安隆、世界通訊、泰科、朗訊〔Lucent〕、勝騰〔Cendant〕、美國線上時代華納，和康塞科），堪稱驚人。事實上，有人認為當中有些公司不僅歪曲了會計原則，甚至是直接違反。身為投資人，你必須接受併購熱絡公司的財

務報表，比不做併購的公司更難分析。此外，你也會發現很難回答和公司相關的最根本問題，例如有多少資本投資這家公司、公司的投資報酬率是多少，以及公司保留了多少盈餘再投入業務。

負債與稀釋

併購方可以用兩種方法支付併購金額，兩種都可能對投資人造成負面衝擊。第一種是發行新股以籌募併購資金，至少近期會提高流通在外股數與降低每股盈餘。另一種是借錢以籌得必要資金，這會提高違約風險，讓公司承擔過度的利息與本金償付負擔。圖 10.6 指出，用借貸來籌得併購資金的連續併購型公司的股價表現很糟，遜於用股票或現金來募資的連續併購方，而這兩組公司的表現都落後大盤。

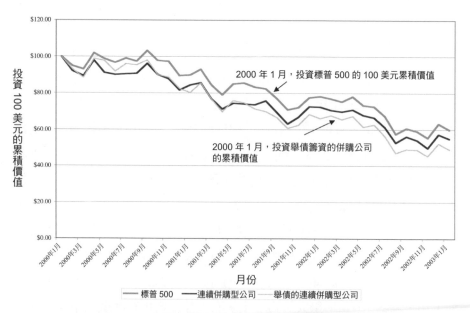

圖 10.6　舉債籌資的併購公司與市場其他股票比較

資料來源：CRSP。圖示為投資 100 美元（連同股利再投資）到這三種投資組合的累積價值。

由於檢視的期間短且波動幅度大，你得出的結論也會受到限制。不過，在股市下跌時，顯然要小心以負債為主的併購策略。我們可以用一個指標來衡量併購公司對舉債的依賴度，那就是公司相對同業的負債比率。過度仰賴負債再加上從事大型併購，就代表財務槓桿度很高。

缺乏焦點

熱中於從事併購的公司，會比非併購型的公司更可能涉足和主要業務無關的事業。一家鋼鐵公司要花費大量的心力與金錢，才能靠自己進入軟體業，但如果是收購一家軟體公司，就可以快速達成目標。因此，集團多半透過一系列的併購而形成，而不是靠企業內部投資幾十種不同的業務領域，也就不讓人意外了。但對投資人來說，企業隨興嘗試踏入其他業務是很危險的事。大致而言，研究發現，相對於個別的子公司，集團股都有折價交易的情形，這一部分可歸因於缺乏管理焦點，一部分則是因為浪費。無論折價的理由是什麼，你可能會希望投資謹守專業業務領域的併購型公司就好。

投資目標公司

如果你已經有一套辦法，能在收購之前準確找出目標公司，而且還能賺得豐厚報酬。如此非比尋常的成功，可能會引來證管會好奇的探員刺探。說到底，從歷史上來看，投資人要能持續做到這一點，唯有靠著取得內線資訊。如果你守法地篩選可能成為併購對象的股票，你成功的機率會低很多，而且這套策略也潛藏著危機。

萬年不變的管理階層

　　你用來尋找潛在目標公司的其中一個指標，是管理不善。所以你要尋找投資績效不彰（股東權益報酬率低），以及股價表現遜於大盤和產業類股的股票。你買進這些股票，希望管理階層大換血。但是，如果管理階層不換怎麼辦？最後你的投資組合裡都是管理階層無能的公司，這些人在你持股的期間繼續損害公司的價值。

　　再看看表 10.2 列出的 15 家潛在併購目標公司。檢視過去，致使這些公司成為潛在對象的因素顯然已經存在好幾年。此外，其中 10 家公司的執行長任職時間已達五年、甚至更久。要設計一套量化篩選標準找到管理階層並非萬年不變的公司，非常困難。你可以使用「年資」篩選（避開執行長任職五年以上的公司），或是使用質性篩選標準（僅投資董事會願意回應股東的公司）。不管是哪一種，關於公司未來是否會改換管理階層，都有極高的不確定性。

市場氣氛

　　併購通常會跟隨市場的腳步，市場活絡時很踴躍，走到熊市的時候就很清淡。圖 10.7 顯示，1968 年到 2002 年間併購活動的起起落落。

　　如果你建構一個由潛在併購目標組成的投資組合，一旦市場氣氛陡變，導致惡意與善意併購活動減少時，你很可能會措手不及。併購活動還有另一項特質，就是各段期間多半集中在幾個產業（比方說，1990 年代末期主要是電信業和科技業的合併案），不同期間熱門的產業也不同。

　　那麼，這對於以潛在併購目標為核心的投資策略有何意義？第一，這種策略有一部分取決於你有沒有抓住市場時機的技巧。即便你妥善建構出潛在併購標的投資組合，但如果市場氣氛轉淡，真正被併購的公司家數可

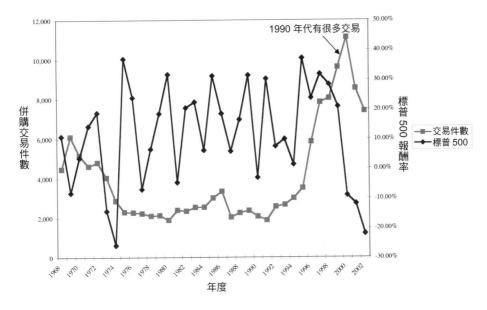

圖 10.7　併購活動與股票報酬率

資料來源：併購統計公司（Mergerstat，按：該公司於 2003 年被 Factset 公司收購）。圖中數字為每年的併購案件數。

能不如預期。第二，你必須把產業焦點納入投資組合。換言之，你的投資組合裡會有更多標的是最常出現整併的產業。

風險

　　如果你買進管理不當、經營不善的公司，那麼當有其他公司提出併購並好好經營時，你的股票就會上漲，但這套策略也有缺點。這些管理不當的公司也可能破產，由潛在併購目標組成的投資組合，也因此面對極大的風險。你可以從幾個面向來考慮風險：

- **財務槓桿**：經營不善又債台高築的公司，風險顯然高於管理不善但負債不高的公司。表 10.2 所列的 15 家潛在併購目標公司裡，有 7 家的債務就超過總資本的 50%。如果這些公司開始虧損，很可能無法生存下去。
- **貝他值和標準差**：以股價和專案報酬為基準的話，過去表現不佳的股票通常波動性高。表 10.2 列出的 15 家公司標準差，比市場其他股票高了兩倍。這些公司的平均貝他值是 1.43，同樣也高於市場平均值。

要避免讓投資組合陷入這些風險中，你僅能投資負債比率低和股價波動幅度小的公司。

投資獲利心法

以併購為核心的投資策略有時可以創造高報酬，但也會伴隨風險。如果你投資併購熱絡的公司，希望藉由營收與獲利的成長帶高股價，你應該試著篩選出具備以下特質的併購熱絡公司：

- **從聚焦且謹守紀律的併購公司下手**：在併購時試著守住核心業務或是發揮關鍵優勢的併購公司，應該是更好的投資組合候選標的。這些公司即便面對外界的壓力，也會守住紀律。
- **不支付過高的價格買進目標公司**：身為投資人的你能否從併購中獲利，關鍵之一是併購價格。從事併購的公司如果妥善評估了綜效與管理控制的價值，之後就要確認至少能為股東賺得其中一部分的利

益。參與出價戰爭、不計一切求勝的併購公司通常都能贏,但是他們的股東要付出代價。

● **明智地取得併購資金**:併購方在取得併購資金時,如能做到不將負債比率拉高到無法接受的地步,也不會把自家股票當成不要錢的貨幣亂撒,長期來說可能是比較好的投資標的。

● **避開會計的複雜性**:併購公司若盡力提供併購相關的資訊,而且不玩弄會計花招,長期來說是更好的投資標的。

如果採用這些篩選標準,你會發現投資組合裡最好的股票不是高調宣告大型併購案的連續併購型公司,而是不上新聞的較小型併購方。即便有這些標準,你還是要時時監督自己投資的公司,以確定公司(以及公司執行長)並沒有衝過了頭。如果你相信投資潛在併購標的更有機會成功,以下的最後一節就要針對可能的篩選條件提出建議。

● **從管理不當的公司下手**:選擇經理人在投資公司資源時表現不佳(股東權益報酬率低於同業平均值 4% 以上),而且為投資人創造的報酬率低於平均值(前一年的股票報酬率低於同業 5% 以上)的公司,你最有可能成功。

● **避開經理人長年不變的公司**:投資組合要偏向公司內部人士持股比率相對低(公司內部人士持股低於 10%)、相關章程沒有反併購修正條文,而且執行長並未大權在握的公司。

● **降低風險水準**:若要降低風險水準,請遠離負債過高(負債資本比高於 50%),或是股票價格波動幅度高(股價年化標準差超過 80%)的公司。綜合這些篩選標準,2003 年 3 月時篩選出 17 家公司,投資組合如附錄 10.1 所列。

結語

併購當然會登上新聞版面。併購會引發股價大幅變動，投資人會受到併購交易中的相關公司所吸引，也就不讓人意外了。有些投資人鍾意的是併購方，吸引他們的是這些公司提報的獲利與營收快速成長。如果說歷史能給我們什麼教訓，那就是連續併購型的公司通常不是好的投資標的，這類公司太常支付過高的金額買進目標公司、進入他們不理解的業務，並且衝過了頭、為了挹注成長過度借貸。他們或許可以遮蓋資產負債表上的缺點，但問題總有一天會爆發。

而在發布併購消息時持有目標公司股票的人，能賺得併購中最高的報酬。但是，要賺得報酬，你必須在公司成為目標前先買進。在發布併購之後買進股票是風險很高的策略，報酬也有限。檢視過去併購案中的典型目標公司，我們可以列出一套篩選條件，找出可能的未來併購案目標。這類公司多半管理不當、公司內部人士持股比率低，而且替股東以及專案賺得的報酬都很低。

附錄 10.1　2003 年 3 月，美國企業中的潛在併購目標

公司名稱	股票代碼	所屬產業	股價（美元）	十二個月滾動本益比	市值（百萬美元）	公司內部人士持股比率（%）	最近一季負債資本比（%）	三年股價標準差（%）	股東權益報酬率（%）	產業股東權益報酬率平均值（%）
Universal Corp	UVV	菸草	37.09	8.7	949.7	1.8	46	34.87	18.14	35.85
ICN Pharmaceuticals	ICN	藥品	8.82	9.9	709.1	8.3	38.1	64.3	10.5	24.29
Saks Inc	SKS	零售商店	7.87	11.1	984.4	9.8	38.9	60.78	1.04	13.11
Libbey Inc	LBY	家用品	25	10.5	379.3	6.3	44.3	32.18	23.82	35.46
Conmed Corp	CNMD	醫療用品	16.01	11.8	429.9	8.5	39.8	48.3	8.6	19.63
Wellman Inc	WLM	化學（特殊）	9.59	10.8	284.5	6.7	25.3	47.4	1.36	10.30
Blair Corp	BL	零售（特殊產品線）	24	9.7	186.2	8.69	0.2	38.07	2.24	10.71
Information Resources	IRIC	資訊服務	1.32	11.7	41.4	7.1	2.8	77.16	2.71	11.14
Hughes Supply	HUG	建材零售	24.8	9.1	509.9	6.6	40.1	48.19	7.41	15.80
Building Materials	BMHC	建材零售	14.25	7.7	174.7	5.9	39.8	40.15	8.78	15.80
Myers Inds	MYE	多元性公司（多元）	9.57	11	264.5	2.7	47.9	44.4	6.98	12.51
Cambrex Corp	CBM	化學（多元）	23.7	10.8	550.5	13.5	41.8	36.48	12.96	17.95
Phillips-Van Heusen	PVH	服飾	11.97	11	329.5	4.09	46.3	39.56	9.06	13.93
Standard Register	SR	辦公室設備/用品	14.84	10.6	372.9	2.7	38.5	44.69	6.66	11.53
Armor Holdings	AH	航太/國防	9.92	11.6	287.8	13.7	3.4	48.6	5.96	10.78
IHOP Corp	IHP	餐廳	23.72	11.2	449.7	9.5	39.8	30.93	12.89	17.36
AnnTaylor Stores	ANN	零售（特殊產品線）	19.34	11.1	791.3	3.5	14.7	55.64	6.43	10.71

11
不會跌價、沒有風險、利潤無上限！

要找到套利機會很難，要能善加利用更難。然而，在一個千百萬投資人想方設法賺錢的世界，這件事仍備受期待。

尋找免費的午餐

　　琳達最愛不勞而獲。她毫不羞赧地在雜貨店使用印錯的折價券、享用渡假村的免費設施。她在想，不知道有沒有辦法運用這套技能以提升投資組合的表現。她的朋友布萊恩是一名股票營業員，他提出建議，指出股票市場裡可能有辦法不用承擔風險，又可以賺得高報酬。他主張，有很多外國股票在美國掛牌，其中一些在美國的交易價格高於當地市場的交易價，他說他可以利用關係，在當地市場買進便宜的股票、在美國市場借股票，然後用比較貴的價格賣掉。他說，這樣可以保證利潤，因為兩個都是同一家公司的股票。

　　琳達同意這套計畫。於是，布萊恩在雅加達股票交易所買入一家印尼公司股票，並在美國借來同一家公司的股票然後賣出，價格高了 20%。他對琳達說借來的股票要在兩個月內還掉，但價差到那個時候就會縮小，因此她一定能獲利。幾天後，琳達看著印尼和美

國市場的股價。價差一開始並沒有縮小，她不擔心，但等到交易過了一個月之後，價差還是 20%，她就跑去找布萊恩，但他向她保證這沒關係。琳達自己做了研究，她才知道美國以外的上市公司，到美國掛牌稱為美國存託憑證（ADR），交易價格向來比當地市場高，而且不可以把當地的股票換成 ADR。當價差來到 25% 時，她要布萊恩結清部位以控制損失。她判定她在當地雜貨店成功的機率，比在股票市場高得多。

**| 寓意：如果你看到股市裡有人賺錢很容易，
一定是你看得不夠認真。 |**

雖然常言道天下沒有白吃的午餐，但是投資人從不放棄。如果你的投資可以不承擔風險，而且賺得的報酬高於政府公債，那就相當於在投資上找到免費的午餐。法人和散戶都在尋找這些難以捉摸的機會，期望能夠從中撈一筆。而這些報酬高於無風險利率的無風險投資，就是套利機會。本章要先檢視最純粹的套利機會，也要看看一些最有可能見到、但還留有一些風險的套利形式。同時，我們也要檢視為何即便套利機會不請自來，也很難善加利用並從中獲利。

故事的核心

「不會跌價、沒有風險、利潤無上限！」如果有這種機會，還需要任何推銷詞才能讓你接受嗎？大家都搶著要了。但是，任何心存疑慮的投資

人都會嘲弄這類說法，這些人過去一定被類似的建議傷害過，也會想知道為何一開始會有這等好機會。要成功推銷套利策略，就必須解釋為何這些機會存在，以下列出幾項理由：

- **其他人（還）不知道這個機會**：這是說給很好騙的人聽的。每一個絕佳的投資機會都會被人發現，而這次這個人剛好就是你。然而，為何找到這個機會的人會和別人分享，以及為何你又是那個可以聽到好消息的幸運兒？推銷的人可能不會對你解釋這一點。但是，就像任何詐騙一樣，對方會讓你自覺特別。
- **要找到這個機會需要特殊技巧，但你可以（用便宜的代價）取得**：這種說法的訴求對象，是想要付點錢買「免費」午餐、但又不想付太多錢的投資人。如果你付點錢買到那一項特殊技能（很可能是一本書、一套軟體，或是提供消息者給的箴言），你就能享有明顯優勢，勝過市場裡的其他投資人。
- **這個機會稍縱即逝（你必須快做決定）**：市場有時候確實會犯錯，如果有人剛剛好在對的時間出現在對的地方，這些錯誤就變成了套利機會。以這項投資來說，如果你快速行動，這個人就剛好是你。
- **這個機會只對具備某些特質的投資人才有用（你剛好就有）**：這可能是最有效的推銷說詞，因為這最有可能成立。如果你和其他投資人不一樣（例如，你的交易成本較低，或者適用的稅率不同），你很可能發現其他人眼中價格公允的投資機會，能為你帶來無風險的報酬。

理論基礎：三大類套利

若想了解如何才能套利，要先分辨三種類型的套利：

- **純套利**（pure arbitrage）：指兩種一模一樣的資產同時出現兩個不同的市場價格，而價格差異在未來某個時間將會趨於一致。這類套利最可能發生在衍生性商品市場（選擇權和期貨），以及部分的債券市場。
- **近似套利**（near arbitrage）：指兩種交易價格不同的資產，其現金流一模一樣或幾乎一模一樣，但不保證兩種價格未來會趨於相同。投資人若要推動價格一致，要面對很多限制。
- **投機套利**（speculative arbitrage）：其實一開始這並不算真的套利。在投機套利中，投資人利用的是他們認為類似、但不一定完全相同的資產。當資產間出現定價錯誤，他們買進便宜的、賣掉貴的。如果做對了，價差長期下來會收斂，創造出報酬。我們可以看出，這套策略的致命傷是，一開始評估的定價錯誤通常以眾人的看法為準，但這不一定能成立。

純套利

純套利的條件是，要找到兩種現金流一模一樣、但市價不同的資產，這很難辦到。首先，真實世界裡很少有一模一樣的資產。如果你投資的是股票，更是如此。沒有兩家公司會一模一樣，他們的股票當然也無法完全取代彼此。第二，假設真的有兩種一模一樣的資產，你必須思考一下為何金融市場容許價差存在。此外，如果你再加上「某個時間點，市場必須趨

於一致」的限制條件，不常出現純套利機會也就不奇怪了。而且，就算出現，很可能也是幅度很小且稍縱即逝。發生純套利的條件包括以下：

- **市場裡投資人能得到的資訊有限**：你可能會發現，如果某個市場的投資人看不到另一個市場的價格，很可能會有同樣的資產在不同市場以不同價格交易的情形。在國際財經新聞與線上交易普遍的現代，這種事聽起來可能很離奇。但請記住，大約十年前，即便是美國，也只有一些投資人能即時獲得交易價格與交易資訊，而且多半是法人。事實上，世界上還有很多交易與價格透明度不足或不透明的市場。
- **限制交易**：要消除定價錯誤，必須能做交易。如果市場禁止進行某些交易，很可能就會看到定價錯誤的情形持續存在。比方說，若想建立某些套利部位，你要能向其他投資人借券、然後賣掉這些股票（放空），但有很多市場都限制或禁止放空。

期貨套利

　　期貨契約是在未來某個期間，以議定價格買入特定資產的合約。每一份期貨契約都有兩方：同意在未來特定時間點交割資產的合約賣方，以及同意支付議定價格接受資產的合約買方。假設有一份一年期的黃金期貨契約，約定價格為每盎司 425 美元。如果你買進這份合約，代表你從現在算起的一年後，一定會以每盎司 425 美元的價格得到 100 盎司的黃金。如果你的目標是要在一年當中都手握 100 盎司的黃金，你也可以今天借錢，以目前的價格（在現貨市場）買進 100 盎司的黃金。然而，第二種方法（借錢買進黃金收著），會讓身為投資人的你擔負兩項額外成本，亦即：

一、**利息成本**：因為你現在的錢是借來的，你必須在借款期間內（以本例來說是一年）支付利息。

二、**儲存黃金的成本**：如果期貨契約到期之前有儲存商品的成本，策略中必須反映這項成本。在某些情況下，持有實體商品會產生一些利益，這些利益稱為便利殖利率（convenience yield），會壓低期貨成本。而淨儲存成本的定義是，總儲存成本減去便利殖利率。

兩套策略都可以達成同樣的最終結果：到了一年結束時，你可以用今天確知的成本持有 100 盎司黃金。也因此，兩種策略的成本應該相同。如果不同，你很可能就創造出無風險利潤。

來看一個簡單的範例。假設黃金的現貨價為每盎司 400 美元，而一年期的黃金期貨契約價格為每盎司 425 美元。你可以買期貨契約，保證你一年以後必能以每盎司 425 美元買進黃金，或者，你也可以今天就去借 400美元，買 1 盎司的黃金，然後放到一年後。如果你採取後者，你要支付借款的利息和存放黃金的費用。假設你借款的無風險年利率為 5%、存放 1盎司黃金一年的成本為 2 美元，這套策略的成本就是每盎司 422 美元：

期貨契約的成本 = \$425
借貸成本、買進與儲存黃金的成本 = \$400 (1.05) ＋ \$2 ＝ \$422

以最終的結果（一年後都能拿到 1 盎司黃金）來說，這兩套策略都一樣。因此，你可以建構一個套利部位：

套利部位：

借入 400 美元，買進 1 盎司的黃金並持有；

以 425 美元的價格賣出期貨契約。

　　等到一年後，你可以把黃金交割給期貨契約的買方，拿到 425 美元。之後，你可以拿這筆錢還掉有息貸款（本金 420 美元），以及儲存成本（2 美元），最後你得到的是 1 盎司 3 美元的套利利潤。因此，若要防止有人套利，期貨契約的交易價必須為每盎司 422 美元。

　　這種套利有幾個假設前提。第一，假設投資人借出和貸入的資金利率都相同，適用的都是無風險利率。第二，當期貨契約的價格被低估，假設期貨契約的買方（套利者）可以放空商品，因此可以把儲存成本轉嫁給商品所有人，自己省下來。然而，這些假設很不切實際，價格也難以拉開到套利可行的區間。

選擇權套利

　　選擇權是一種衍生性證券，和期貨有一大不同就是，選擇權是權利而非義務。因此，買權（call）賦予你權利以議定價格（稱之為履約價格〔exercise price〕）買進標的資產；賣權（put）則讓你有權賣出。而選擇權的一大特性是，買方僅在條件最有利時才會履約，所以最多就是損失用來購買選擇權的資金。舉例來說，假設你花 4 美元買一份六個月的買權，到時候可以用 50 美元的履約價買進微軟股票。合約生效時，你有權在六個月內的任何時間點，用 50 美元買進 1 股微軟股票。想當然耳，只有當微軟的股價超過 50 美元時你才會履約，你履約能賺到的總獲利，是股價和履約價的價差。如果微軟的股價掉到 50 美元以下，你就不會履行選擇權，你的損失就是你用來支付選擇權的價金。換成是履約價相同的賣權，代表你有權以 50 美元賣出 1 股微軟的股票，然而只有股價掉到 50 美元以

下時你才會履約。

　　選擇權市場裡最便利的套利機會，就是選擇權違反簡單定價區間之時。舉例來說，賣出的選擇權不應低於履約價值。

　　以買權來說：買權的價值＞標的資產的價值－履約價格
　　以賣權來說：賣權的價值＞履約價格－標的資產的價值

　　比方說，履約價為每股 50 美元、現價為 60 美元的買權，價格不應低於 10 美元。如果是，你買進價格低於 10 美元的買權，然後馬上履約，就能立即賺到利潤、現賺股票的 10 美元價差。

　　事實上，如果你願意同時買賣標的資產與選擇權，並持有部位直到選擇權到期，你可以再緊縮買權的價格區間，如下所示：

　　以買權來說：買權的價值＞標的資產的價值－履約價格的現值
　　以賣權來說：賣權的價值＞履約價格的現值－標的資產的價值

　　要了解這是怎麼一回事，且讓我們來看看前一個例子的買權。假設你的選擇權是一年到期，無風險利率為 10%。

　　履約價格的現值＝ $50 / 1.10 ＝ $45.45
　　買權價值的下限＝ $60 － $45.45 ＝ $14.55

　　買權的交易價格必須高於 14.55 美元。如果價格低於此，比方說是 12 美元，那會怎麼樣？你會用 12 美元買進買權，以 60 美元賣空股票，然後把淨所得 48 美元（$60 － $12）拿來投資，賺取 10% 的無風險利率。來

看看從現在算起的一年後會怎樣：

- **如果股價高於履約價格（50 美元）**：你先收到無風險投資的所得（$48×1.10 = $52.80），然後履行選擇權（以 50 美元的價格買入股票），再還回股票以結清你的空頭部位。這樣你就可以拿到差價 2.80 美元。

- **如果股價低於履約價格（50 美元）**：你先收到無風險投資的所得（52.80 美元），並在公開市場裡以當時的價格買進股票（應低於 50 美元），然後留下差額。

換言之，你今天什麼都不用投資，也能保證未來一定可以賺得正值報酬。你也可以利用賣權來建構一個類似的範例。

在股票不發放股利、且僅能在到期時才能履行選擇權（歐式選擇權）的情況下，套利區間最好用。在現實世界裡，多數選擇權都能在到期前履行（美式選擇權），而且標的都是發放股利的股票。但即便是這樣的選擇權，也不會看到短期選擇權的交易價格大幅超出這些區間。部分理由是，即便是掛牌的美國選擇權，都少有人履約，發放的股利也相對低。如果選擇權期間拉長、股利提高且增添不確定性，你會發現選擇權突破定價區間，但不見得能從中獲利。

1970 年代引發選擇權定價大幅改革的關鍵見解之一，是如果好好組合的話，靠著借錢與買進標的股票建構而成的投資組合，可以創造出和買權完全相同的現金流，這稱為複製投資組合（replicating portfolio）。事實上，費雪‧布萊克（Fischer Black）和邁倫‧修爾斯（Myron Scholes）就指出，既然複製投資組合的現金流和交易的選擇權相同，就應該以相同的

價格賣出，並利用套利的論點得出了選擇權定價模型。[1] 如果掛牌的選擇權價格低於複製投資組合，你可以買進掛牌的選擇權、賣掉複製投資組合。基本上，因為兩種部位的現金流相同可以彼此抵銷，這樣做就可以賺得無風險利潤。如果複製投資組合的成本低於選擇權，你可以反向操作，買進複製投資組合並賣出選擇權，同樣能鎖定利潤。

近似套利

在近似套利中，可以是有兩種非常類似、但非一模一樣的資產出現價格歧異，也可以是兩種一模一樣的資產定價有誤、但不保證價格會趨於相同。無論你面對這些情境時的交易策略有多麼精巧，部位都不是無風險的。來看看以下三個範例：

- **證券相同、市場不同**：在現今的全球市場裡，有許多股票都在一個以上的市場掛牌。如果你可以在某個市場以某個價格買進一檔股票，然後馬上在另一個市場用更高的價格賣掉，就可以鎖住無風險獲利。在真實世界裡，即便一家公司在幾個不同的市場都有交易，但形式都不同。舉例來說，很多非美國的公司在美國以 ADR 的方式掛牌，股票則在本地市場交易。如果不設限，可隨意把 ADR 轉換成本地市場股份，兩個市場出現任何大幅差價，就會變成潛在的獲利。
- **封閉式基金**：傳統共同基金運作時，買賣基金會導致股份的增減，而每一股的價格代表資產淨值（基金持有的證券市值除以股數）。

1　Black, F., and M. Scholes, 1972, *The Valuation of Option Contracts and a Test of Market Efficiency*, Journal of Finance, v27, 399-417.

相較於其他共同基金，封閉式共同基金有一項重要差異是，這類基金和公開交易公司一樣，在市場上交易的股數是固定的，市價可以不同於資產淨值。換言之，封閉式基金的交易價格可能高於、或低於當時基金持有的證券市值。如果封閉式基金的每股市價低於每股資產淨值，就可能賺到利潤，但不確定要如何才能真正把這些利潤變現。

- **可轉債套利**：可轉換債券（convertible bond）內含兩種證券：一是可轉換債券，一是轉換成該公司股票的選擇權。如果公司發行了可轉債或可轉換優先股，並連同有普通股、權證、優先股與傳統債券，就大有可能在這當中找到某種證券（與其他證券相比之下）的定價錯誤，然後將兩種或多種證券納入投資組合，建構出一套近乎無風險的策略。

投機套利

套利一詞在投資領域使用太廣泛，有很多策略都以套利為特徵，但實際上讓投資人暴露在極高的風險之下。來看看以下的範例：

- **配對套利**（paired arbitrage）：在典型套利中，是以某個價格買進某項資產，再以不同（而且是比較高）的價格賣出一模一樣的資產。在配對套利中，你買進一檔股票（比如通用汽車）、賣出另一檔你認為類似的股票（像是福特汽車），然後主張這樣你就沒有風險。顯然，這項策略並非毫無風險，因為沒有兩檔一模一樣的股票，就算兩者很類似，股價也不一定會趨於相同。
- **併購套利**：在第十章，我們在講發布併購消息之後、買進和併購案

有關公司的投資策略時，有提到併購套利。這套策略雖名為套利，但是很難看出為什麼它一開始會得到套利這個名稱。因為當中的利潤並非無風險，而且這項策略也很投機。

檢視證據

過去幾十年來，實證研究能找到的套利機會相對很少，這一點應不讓人意外。事實上，有些人認為，居然有套利機會才叫人訝異。在本節中，我們會看到和套利機會相關的證據並無定論，會因為觀點差異而有不同的解讀。相信市場有效率的人緊握證據，主張無法利用這些機會賺錢，因為會有交易成本和執行問題。相信市場偶爾會崩壞的人則說，資產定價錯誤是可以善加利用的機會，但可能不是所有投資人都有辦法，僅有部分人士才做得到。

純套利：機會與報酬

要檢視純套利機會是否存在，可以檢視市場如何決定期貨和選擇權合約的價格。但是，由於你必須以這些價格再去交易，才能賺到無風險利潤，所以檢視這些價格只能算是套利的弱檢定。第二種套利檢驗方法，是檢視宣稱進行套利的投資人賺到多少報酬，看看他們是否真的成功了。

期貨與選擇權市場

你可能會問，期貨和選擇權哪有那麼容易套利？一個相當有效率的市場怎麼會有套利機會？以大宗商品期貨市場為例，1983 年的一項研究找

不到什麼套利的證據，近期的研究也附和這樣的結論。證據指出，確實有可能在期貨與選擇權市場套利，但只有一小部分投資人做得到，期間也很短。[2] 而交易成本的差異也可以解釋大部分的價差。比方說，大型法人的交易成本接近於零，又可以同時進出標的資產市場與期貨市場，他們或許能找到套利機會並加以善用，散戶則做不到。此外，法人比較可能達到套利的必要條件：能以接近無風險利率的成本借錢，也能在標的市場做空。

請注意，即便對大型投資人來說，這種套利報酬還是很低。[3] 此外，若要讓套利變成可靠的利潤來源，你必須在以下三個面向之一享有優勢：第一，在交易成本上，你要試著比其他人更具優勢。這一點很困難，因為你要競爭的對象是其他大型法人。第二，你能擁有資訊優勢，比其他人更早獲得消息。然而，同樣的，很多資訊都與定價相關而且能公開取得。第三，你能比其他投資人更早發現，特定的期貨或選擇權合約定價有蹊蹺。

事實上，在某項資產剛推出期貨或選擇權時，是最有套利機會的時候，因為此時投資人要花時間才能了解期貨定價的細節。舉例來說，投資人要等一陣子才了解，如何為股票指數與政府公債期貨定價。[4] 大致上，比市場學得更快的投資人，能在早期善用期貨與選擇權合約的定價錯誤，賺得可觀報酬。

2　Garbade, K. D., and W. L. Silber, 1983, *Price Movements and Price Discovery in Futures and Cash Markets*, The Review of Economics and Statistics, v115, 289-297.

3　一項研究檢視 835 件標普 500 指數期貨合約的套利交易，估計這些交易的總報酬平均僅為 0.30%。

4　以指數期貨來說，投資人花了一點時間才了解，不平均的股利對於期貨價格有何影響。至於政府公債期貨，外卡功能（wild card，意指可以交割最便宜的債券選項）導致早期的某些期貨契約出現定價錯誤。

固定收益套利

債券的存續期有限且現金流固定，因此比股票更容易套利，政府公債尤其如此。因為公債的現金流不但固定，而且保證穩當。來看一個非常簡單的例子。你可以買進零息、但到期日和十年期政府公債付息日相同的政府公債，這樣就可以複製十年期政府公債的現金流。假設你投資 100 萬美元買十年期政府公債，票面利率為 8%，你可以預期接下來十年每六個月都收到 4 萬美元，並在第十年底回收 100 萬美元。或者，你也可以買進零息公債，面值為 4 萬美元，在接下來十年裡每六個月就會有一張到期，另外再買進一張十年期面值為 100 萬美元的零息公債，這樣就可以複製一模一樣的現金流。由於現金流相同，你可以預期兩個部位的交易價格應該一樣。如果交易價格不同，你就可以買進便宜的部位、賣掉貴的部位，在今天馬上鎖住利潤，未來不會有任何的現金流或風險。

如果是公司債，就要多考慮違約風險。講到違約風險，任何兩家公司都不可能一模一樣。如果你建構組合時使用的是不同實體發行的公司債，就要面對一些風險。事實上，相同實體發行的不同債券也可能並非一模一樣，因為不同債券的擔保和結構也不相同。有些套利者主張債券評等是很好的違約風險指標，因此買進 AA 級債券、然後賣出另一張 AA 級債券，應該是無風險的，但債券評等並非完美的違約風險指標。很多保證現金流的證券都會引人想要套利，比方說不動產抵押貸款債券（mortgage backed bond）。大部分的現金流風險都可以規避，但是和收取現金流權利相關的某些特性，還是會讓你要面對某些風險。就以不動產抵押貸款債券為例，由於無法預期屋主是否會提前償付，而讓某些「無風險」部位承擔風險。

有沒有證據指出，投資人可以找到定價錯誤嚴重到、能產生套利利潤的債券？有一篇研究評估政府公債本息分離方案（treasury strips program，

指投資人能持有分割的債券，出售個別的現金流），指出在方案剛推出的前幾年這些市場可能有套利機會，但是少有證據表明這些機會帶動了交易。[5] 一項分析西班牙債券市場的相關研究，可能提出了部分解答。[6] 本研究檢視了 1994 年到 1998 年，西班牙市場裡零違約與無選擇權的債券，得出的結論是，金融市場裡的創新可以引發套利機會。這些結論可以繼續往下推，指向引進新債券時很可能是套利機會最大之際。譬如，1980 年代早期的不動產抵押貸款證券、1990 年代末期的通膨指數公債，以及 1980 年代末期的政府公債本息分離方案。當投資人愈來愈通曉這些債券以及債券的定價方式之後，套利機會就大減。

近似套利：機會與報酬

近似套利出現的機會高於純套利，形式也各式各樣。本節要檢視長期累積下來的近似套利策略相關證據。

證券相同、市場不同

如荷蘭皇家（Royal Dutch）、通用和微軟等大公司，他們的證券在全球各地的市場都有交易。由於時區問題，同樣的股票會同時間在多個市場交易，可以想像（但實際不太可能）你可以在某個市場用某個價格買進某檔股票，然後同時在另一個市場用不同（且較高）的價格賣掉同一檔股票。然而，由於股票的交易幣別不同，如果要變成無風險交易，除了必須

5　Grinblatt, M., and F. A. Longstaff, 2000, *Financial Innovation and the Role of Derivative Securities: An Empirical Analysis of the U.S. Treasury's Strips Program*, Journal of Finance.

6　Alejandro Balbás and Susana López, 2001, *Financial Innovation and Arbitrage in the Spanish Bond Maarket*, Working Paper, Social Science Research Network.

要在同一個時間點進行，也必須消除即時將外匯換成本國貨幣的匯率風險。此外，交易的利潤也必須要能支應兩個市場的不同交易成本，或因應特殊情況如，相同的股票在同一個國家的不同市場交易。一項研究檢視84檔分別在捷克兩處交易所（布拉格股票交易所〔Prague Stock Exchange〕和註冊地系統〔Registration Places System〕）交易的股票，發現兩市場間的股價調整速度慢，存在套利機會（至少在書面上如此），而兩邊的價差約有2%。[7] 看起來，流動性較低的股票套利機會較高。作者群也考慮到了交易成本，但沒有考慮交易本身對於股票造成的價格衝擊，以及交易之後是否還能有套利利潤。

很多亞洲、拉丁美洲以及歐洲公司都在美國上市ADR。當投資人決定投資非美國的公司時，就會有人發行或創造出存託憑證，由投資人聯繫股票券商買賣。這些券商透過自家的國際辦事處或是標的公司母國市場的當地券商，在當地市場買進股票，並要求股票交割到當地的保管銀行（custodian bank）保管。一開始發動交易的券商會將向投資人收到的美元轉換成對應的外幣，把購買股票的價金付給當地的券商。股票交割給當地保管銀行的同一天，會發出通知給存託銀行（depository bank）。一發出通知，存託銀行就會發行存託憑證，交給一開始的券商，再由券商將存託憑證交給投資人。存託憑證[8]是一種權利主張，就像你在當地買進股票一樣，因此，交易價格會和當地股票一樣。不過，ADR和雙重掛牌的股票不同，很可能風險更高，因為ADR不能直接轉換成當地交易的普通股。舉個例子，1股墨西哥電信公司（Telmex）ADR可以換得20股當地股票。

7　Swaicki, J., and J. Hric, 2001, *Arbitrage Opportunities in Parallel Markets: The Case of the Czech Republic*, Working Paper, Social Science Research Network.

8　（發行股票的）公司本身也可以發起存託憑證，利用存託憑證募資。如果非由公司發起，則由中介機構（例如銀行）因應市場需求發行。

但是，將 ADR 轉換成當地股票有時候成本極高，也費時耗日。在某些時候，還有投票權的差異問題。儘管有這些限制，而且 ADR 以美元計價也有貨幣不同的問題，我們仍可預期 ADR 的價格會緊跟著當地市場的股價。有一項研究檢驗 ADR 與當地股票之間的關聯，得出的結論是，在 ADR 的價格變異中，有 60% 到 70% 可歸因於標的股價的波動。ADR 會過度反應美國股市，但對於匯率和標的股價則反應不足。[9] 然而，投資人無法利用 ADR 的定價錯誤套利，因為價格不能快速趨於相同，價格變動也很難預測。但是，如果投資期間長，而且／或者有能力將 ADR 轉換成當地股票，應能借用大幅價差的機會。

封閉式基金

英美兩國的封閉式共同基金都有一個非常奇特的特性。那就是，一開始設立時，基金的價格通常設在高於每單位資產淨值的水準，但是，當封閉式基金開始交易，市價往往會跌至低於每單位資產淨值，然後一直停在這裡。不管任何時候，在受到檢驗的封閉式基金當中，約有 60% 到 70% 的交易價格低於資產淨值，有些折價幅度極高，超過 20%。

你可能會問，那又怎麼樣？有很多公司的交易價也低於資產的估計市值。這或許是真的，但是基於以下兩個理由，封閉式基金與眾不同。第一，基金的資產全部都是有交易的股票，因此任何時間點的市值都是已知數，而非估計值。第二，由於資產都是有交易的股票或債券，要將封閉式基金的資產變現並不困難，變現的成本不高，也不會曠日廢時。在這兩個條件之下，你可能會想，何不買進封閉式基金的折價股份，然後由你自己或期待他人去清算變現。或者，你也可以推動將封閉式基金轉換成開放式

---

9 Kin, M., A. C. Szakmary and I. Mathur, 2000, *Price Transmission Dynamics between ADRs and Their Underlying Foreign Securities*, Journal of Banking and Finance, v24, 1359-1382.

基金，看著價格趨近資產淨值。圖 11.1 顯示英國 94 檔封閉式基金轉為開放式時的表現。[10]

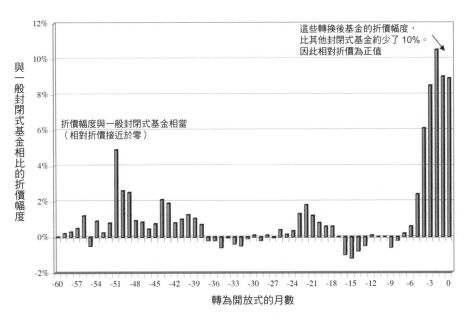

圖 11.1　封閉式基金轉為開放式後的相對折價

資料來源：迪姆森（E. Dimson）和米尼歐－科瑟斯基（C. Minio-Kozerzki）。圖中是英國的封閉式基金轉為開放式後的平均相對折價，即轉換後基金與其他封閉式基金的折價幅度差距。正值代表相對於封閉式基金，轉換後基金的折價幅度較小。

　　請注意，愈接近轉換為開放式（即第零月），相對於封閉式基金股份的平均折價幅度就愈小。它們本來的折價幅度大約和其他基金差不多，到後來則是比一般的封閉式基金低了約 10%。

　　那困難點在哪裡？從實務上來說，基於幾個裡由（有些和企業治理有

10　Dimson, E., and C. Minio-Kozerzki, 1998, *Closed-end Funds, A Survey*, Working Paper, London Business School.

關，有些和市場流動性有關），買入價格低於資產淨值的股份以收購封閉式基金，窒礙難行。當然，將封閉式基金清算有例可循，但是那些都是例外。那麼，買進折價的基金、期望之後折價幅度會消失，這套策略又如何？顯然，這套策略不是毫無風險，但確實有些指望。最早探討這套策略的研究中，有一項檢視 1940 年到 1975 年的封閉式基金，指出購買折價的封閉式基金可以賺得 4% 的年化超額報酬。[11] 另一項 1986 年的分析指出，買進折價幅度擴大、並賣出折價幅度縮小的封閉式基金股份，這樣的策略可以賺得超額報酬（這是套用在封閉式基金上的反向操作策略）。還有一項檢視封閉式基金的研究提到，折價幅度達 20% 或更高的基金，可以比其他封閉式基金多賺 6%。[12] 這篇研究連同英國的相關報告，都指出折價的封閉式基金有強力的回歸平均趨勢。圖 11.2 取自一項針對英國封閉式基金折價所做的研究，長期追蹤相對折價幅度最大和最小的基金。[13]

　　請注意，折價最多的基金幅度會縮小，折價最少的基金幅度會擴大，長期下來差距會縮短。

11　Thompson, Rex, 1978, *The Information Content of Discounts and Premiums on Closed-End Fund Shares*, Journal of Financial Economics, v6, 151-186.

12　Pontiff, Jeffrey, 1997, *Excess Volatility and Closed-End Funds*, American Economic Review, v87, 155-169.

13　Minio-Paluello, Carolina, 1998, *The UK Closed-End Fund Discount*, PhD thesis, London Business School.

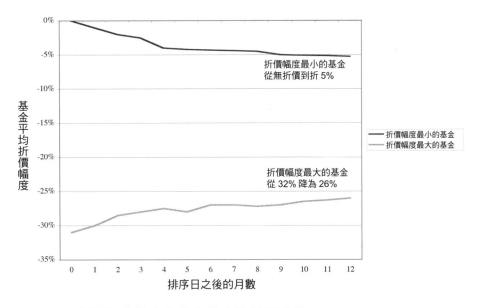

圖 11.2　折價幅度最大和最小基金的長期動態

資料來源：米妮歐－帕璐珞（C. Minio-Paluello）。在選定基金之後，追蹤折價幅度最大與最小的
基金的十二個月動態。

可轉債套利

　　轉換選擇權是一種股票的買權，你可以結合標的股票和政府公債來複
製相同的組合（複製的投資組合），這是最簡單的可轉債套利。如果納入
傳統債券，應該可以創造出相當於可轉債的組合，這稱為合成可轉債
（synthetic convertible bond）。如果可以這樣做，就可以利用可轉債與合
成可轉債的定價差異，賺得潛在的套利利潤。如果是比較複雜的形式，同
時交易同一家公司的權證、優先可轉債和其他選擇權，你可以尋找彼此的
相對定價出現錯誤的選擇權，買進便宜的、然後賣掉貴的。

投機套利：機會與報酬

　　我們在第十章檢視了一些和併購套利有關的實證證據，摘要相關發現之後，結論是併購套利確實能為善用這套方法的人，創造出尚可的報酬，但這絕非無風險的操作。事實上，這套策略如果失敗的話會導致嚴重損失，成功的話則能賺得小幅的正值報酬。現在來看看配對套利的證據。配對套利是指有兩種類似的股票，彼此間的相對定價出現錯誤，因此透過買進便宜的、賣出比較貴的來套利。金融圈裡使用配對套利策略者的慣用做法是，尋找兩種過去股價同向變動的股票，亦即兩者的長期相關性高。這通常是同一產業裡的兩檔股票，例如通用汽車和福特。一旦找到可配對的股票，之後就要計算兩者間的價差，再將價差拿來和過去的常態相比。如果價差太大，就可以買進便宜的、做空貴的。很多時候，這套策略可以自行產生資金。舉例來說，假設福特向來價格都比通用汽車低三分之一，如果福特目前的股價是 20 美元、通用汽車是 40 美元，代表通用汽車的價格相對於福特被高估了。你可以買進兩股福特、做空一股通用。而這種部位配置可以自行得出資金，無須另外拿錢出來投資。如果做對了，當兩種股票的價差拉近時，就能從配對部位賺得利潤。

　　這種完全以過去價格為基準的簡潔策略，是否真能創造超額報酬？1999 年有一項研究使用以下的流程，檢驗 1982 年到 1997 年各種基於配對交易的交易規則：[14]

● 先篩選出每天都有交易的股票，之後研究的作者群尋找波動最相近

14 Gatev, E. G., W. N. Goetzmann and K. G. Rouwenhorst, 1999, *Pairs Trading, Performance of a Relative Value Arbitrage Rule*, Working Paper, Social Science Research Network.

的股票，替每一檔股票找出配對股。[15] 一旦將所有股票都配好對，他們就根據最小平方差挑出適當的標的，並進行研究。

● 針對每一項配對，他們會追蹤各檔股票的常態化股價，然後建立配對的部位。如果價差超過歷史標準差兩倍以上，就買進便宜的股票、賣出貴的。

若以投資期間十五年來看，配對交易策略的績效確實高於買進並持有的策略。若以投資期間六個月來看，投資前二十檔配對股票賺得的超額報酬約為 6%，之後還可以繼續賺到超額報酬。根據產業群組（而不是僅依據過去股價）建構的配對也有超額報酬，但幅度較小。如果控制策略裡的買賣差價，超額報酬會少約五分之一，但報酬仍然可觀。

雖然這套策略整體上來說前景看好，但有兩點值得強調，就當作這套策略的警語。第一，上述的研究發現，配對交易策略每六段期間就會有一段報酬率為負值，還有，配對交易的差額通常在縮小之前會先擴大。換言之，這是一套風險很高的策略，而且要有能力以低成本同時進行交易。第二，則要引用知名量化分析專家大衛・蕭（David Shaw）的意見（他對於1990 年代末期發生的情況深感惋惜），他說選用量化策略（比方說配對交易）的報酬會愈來愈低，因為很多投資銀行也使用相同的策略。隨著配對交易不再新穎，這套策略也不太可能像在 1980 年代那樣創造出高報酬。

---

15 他們要找的股票，是兩檔股票報酬的平方差最小的股票。如果兩檔股票波動亦步亦趨，差額應該是零。

進行運算

　　可用的套利策略五花八門，投資組合會因為挑選的策略不同而大相逕庭。本節第一部分要檢視一個期貨市場（黃金），與一個選擇權市場（股票指數），看看能否找到任何明確的純套利標的。第二部分，要建構大幅折價的封閉式基金和存託憑證的投資組合，並仔細檢視其獲利潛力。

期貨和選擇權套利

　　大宗商品和金融資產的期貨契約是否遵循無法套利的定價規則？且讓我們以黃金期貨為範例。黃金是一種儲存成本很小，但價格高昂的大宗商品。表 11.1 列出 2003 年 4 月 4 日在芝加哥期貨交易所（Chicago Board of Trade）掛牌的黃金期貨契約。當時，黃金的現貨價格是每盎司 324.9 美元，無風險利率則如表 11.1 所列。假設儲存成本為零，預測價格（或說是理論價格）如下列估算：

理論價格＝黃金現貨價格（1 ＋無風險利率）^{到期時間}

表 11.1　黃金期貨契約：實際上與預測的期貨價格

月份	實際期貨價格	到期時間	無風險利率（％）	預測的價格	價差（％）
2003 年 4 月	325.3	0.08333333	1.25	325.24	0.02
2003 年 5 月	325.6	0.16666667	1.26	325.58	0.01
2003 年 6 月	326	0.25	1.27	325.93	0.02
2003 年 8 月	326.7	0.41666667	1.27	326.61	0.03
2003 年 10 月	327.2	0.58333333	1.28	327.32	-0.04

續表 11.1

月份	實際期貨價格	到期時間	無風險利率（%）	預測的價格	價差（%）
2003 年 12 月	327.7	0.75	1.35	328.18	-0.15
2004 年 2 月	328.3	0.91666667	1.38	329.01	-0.22
2004 年 4 月	328.8	1.08333333	1.41	329.87	-0.32
2004 年 6 月	329.3	1.25	1.43	330.72	-0.43
2004 年 8 月	330	1.41666667	1.45	331.59	-0.48
2004 年 10 月	331.1	1.58333333	1.48	332.55	-0.44
2004 年 12 月	331.9	1.75	1.51	333.53	-0.49
2005 年 2 月	332.8	1.91666667	1.52	334.43	-0.49
2005 年 6 月	334.6	2.25	1.56	336.42	-0.54
2005 年 12 月	337.6	2.75	1.50	338.48	-0.26
2006 年 6 月	341.6	3.25	1.58	341.88	-0.08
2006 年 12 月	346.2	3.75	1.70	346.10	0.03
2007 年 6 月	351.1	4.25	1.84	351.08	0.01
2007 年 12 月	355.9	4.75	1.93	355.78	0.03

請注意，每一份期貨契約的實際價格都非常接近理論價格（差距僅在 0.5% 之內）。

表 11.2 是另一項練習，列出 2003 年 4 月 4 日，履約價格不同的標普 500 買權、賣權以及其價格。編製本表時的指數值為 876.04。

表 11.2　2003 年 4 月 4 日，標普 500 指數選擇權

履約價格	買權			賣權		
	4 月	5 月	6 月	4 月	5 月	6 月
865	23.9	35.8	45.1	15.6	27.5	36.8
870	21	32.9	42.2	17.7	29.6	38.9
875	18.3	30.2	39.5	20	31.9	41.2

續表 11.2

	買權			賣權		
履約價格	4 月	5 月	6 月	4 月	5 月	6 月
880	15.8	27.6	36.9	22.5	34.3	43.6
885	13.6	-	34.4	25.3	-	46.1
890	11.6	23	32	28.3	39.7	48.6

　　你可以做幾個檢定，來找找看有沒有簡單套利的機會。就以 2003 年 6 月到期的買權和賣權為例。表 11.3 中列出買權和賣權價格，與選擇權履約價值的比較。

表 11.3　以 2003 年 6 月的選擇權為例，市場價格與履約價值相比

	買權		賣權	
履約價格	市價	簡單履約：目前指數－履約價格	市價	簡單履約：履約價格－目前指數
865	45.10	11.04	36.80	0.00
870	42.20	6.04	38.90	0.00
875	39.50	1.04	41.20	0.00
880	36.90	0.00	43.60	3.96
885	34.40	0.00	46.10	8.96
890	32.00	0.00	48.60	13.96

　　舉例來說，履約價格為 865 的買權，履約價值等於目前的指數水準（876.04）與履約價格的差額。履行履約標的值為 885 的賣權，創造的利潤等於履約價格與目前指數水準的差額。而 6 月的選擇權全部交易價格都高於簡單履約的價值。事實上，我們如果回過頭去看表 11.2 列出的所有指數交易選擇權，沒有任何一項違反定價規則以至於得以進行簡單套利。這是套利機會的弱檢定，你可以擴大測試，以涵蓋更多相關的套利機會，

但你會發現什麼都找不到（或者，至少是找不到看來可以輕鬆利用的機會）。

一般而言，你可以每天去看一看期貨和選擇權的頁面，會發現這麼做了幾個星期也找不到明顯的套利機會。就算你看到清楚的定價錯誤，很有可能你找到的根本只是誤植、你的定價公式中忽略了一個重要元素，或者那根本是你無法履約的價格。換言之，市場裡就算有純套利的機會，很可能也是比較微妙的形式，需要多做研究才找得到。

存託憑證

在美國掛牌存託憑證的非美國公司有幾百家。為了在這個市場裡找到定價錯誤的證據，表 11.4 列出了 2003 年 4 月 4 日，20 檔流動性最高的 ADR 價格以及當地掛牌股票的美元價格。

表 11.4　2003 年 4 月 4 日，美國流動性最高的 ADR

存託憑證發行機構	ADR 價格 （美元）	當地股價 （美元）
Nokia	14.70	14.71
愛立信（Ericsson Lm Telephone Company）	6.99	6.98
思愛普（SAP AG）	19.82	19.83
台積電	7.55	7.55
英國石油（Bp Plc）	39.01	38.95
荷蘭皇家石油	42.06	42.04
梯瓦製藥（Teva Pharmaceutical Industries Ltd）	44.07	44.07
沃達豐集團（Vodafone Group Plc）	19.00	18.99
美洲移動通訊（America Movil Sa De Cv- Series 'L'）	14.50	14.52
意法半導體（Stmicroelectronics NV）	18.64	18.64
墨西哥電信	30.67	30.66

續表 11.4

存託憑證發行機構	ADR 價格 （美元）	當地股價 （美元）
商業目標公司（Business Objects SA）	18.33	18.33
金田有限公司（Gold Fields Limited）	10.19	10.19
東北電話公司（Tele Norte Leste Participacoes SA）	9.29	9.30
阿斯特捷利康製藥	34.85	34.86
滙豐控股	52.87	52.89
聯華電子	3.27	3.26
西麥斯公司（Cemex SAB De Cv）	18.25	18.25
艾司摩爾控股公司（Asml Holding Nv）	6.91	6.91
巴西石油（Petroleo Brasileiro SA）——優先股	15.28	15.26

　　價格來自同一時間的美國與海外交易所，當地掛牌的價格以當時的匯率轉換成美元，可以看出彼此的價格差距不出一、兩美分，這應不足為奇，理由有二。一是這些 ADR 可以用相對低的成本轉換成當地股份，二是這些股份在當地和 ADR 的成交量都很大。ADR 和當地股價之間如果出現大幅差異，大概馬上就會被套利。

　　有些國家嚴格限制將 ADR 成當地股份。比方說，印度公司在美國發行的 ADR 就很難轉換。這類 ADR 的交易價格通常和當地股價有很大差異。表 11.5 摘要某些在美國成交量最大的印度公司股價（以美元計價）。

表 11.5　印度公司的 ADR 與當地股價

公司名稱	ADR 價格 （美元）	當地股價 （以印度 盧比計價）	當地股價 （轉換成美元）	溢價／折價 （%）	以美元計價的 當地市值 （百萬美元）
Dr Reddy (Rdy)	19.60	915.2	19.35	1.30	1,629.60
Hdfc Bank (Hdb)	17.30	240	15.35	12.70	1,427.90
Icici Bank (Ibn)	6.60	136.8	5.77	14.40	1,768.60

公司名稱	ADR 價格 （美元）	當地股價 （以印度 盧比計價）	當地股價 （轉換成美元）	溢價／折價 （%）	以美元計價的 當地市值 （百萬美元）
Infosys Tech (Infy)	62.90	4,226.80	44.58	41.10	5,903.70
Mtnl (Mte)	4.20	97.5	4.09	2.60	1,295.90
Satyam Comp (Say)	9.10	186	7.82	16.40	1,234.00
Silverline Tech (Slt)	1.50	7.2	0.30	400.30	13
Vsnl (Vsl)	3.40	76.8	3.25	4.70	461.5
Wipro (Wit)	29.50	1,251.50	26.36	11.90	6,139.70

　　每一檔印度公司發行的 ADR 價格都高於當地股價。以印度最大、最知名科技公司之一的印福思（Infosys）為例，該公司的 ADR 價格比當地股價高了 41%。如果不受交易條件限制，可以在孟買股票交易所買進當地股票並做空 ADR，再將當地股票轉換成 ADR 後交割，就能賺到利潤。

封閉式基金

　　2003 年 3 月，美國有幾百檔封閉式基金，圖 11.3 顯示 2002 年 6 月，美國所有封閉式基金的資產淨值分布情形。

　　請注意，幾乎 70% 的封閉式基金與資產淨值相比之下為折價交易，折價的中位數約為 5%。

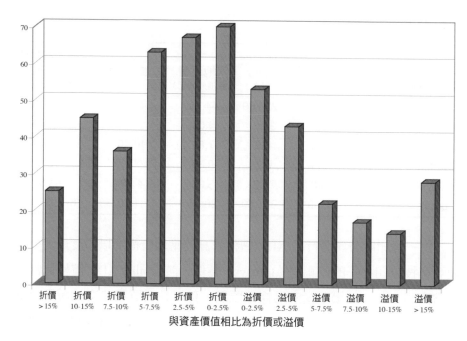

圖 11.3 　2002 年 6 月，封閉式基金的折價／溢價

資料來源：晨星公司。圖中顯示，封閉式基金股份的交易價格與資產淨值相比為折價或溢價。

　　某些基金的折價幅度很大，20 檔折價幅度最大的基金列於表 11.6。

表 11.6 　2003 年 3 月，美國折價幅度最大的封閉式基金

基金名稱	折價幅度 （%）	成交量	資產 （百萬美元）
Equus II (EQS)	-44.33	3,881	171
meVC Draper Fisher Jurvetson I (MVC)	-27.77	36,565	109
Bexil Corporation (BXL)	-25.03	2,349	9
Indonesia Fund (IF)	-22.28	28	11
Thai Capital (TF)	-22.20	473	19

續表 11.6

基金名稱	折價幅度 （%）	成交量	資產 （百萬美元）
Singapore Fund (SGF)	-20.76	14,794	66
New Ireland (IRL)	-19.95	7,517	96
Morgan Funshares (MFUN)	-19.84	533	6
First Israel (ISL)	-19.64	5,651	75
New Germany (GF)	-19.27	39,393	124
Morgan Stanley India Investment Fund (IIF)	-18.61	32,567	172
Latin America Equity (LAQ)	-17.68	9,409	89
Latin American Discovery (LDF)	-17.63	12,821	85
Scudder New Asia (SAF)	-16.80	11,506	84
Malaysia Fund (MF)	-16.67	13,049	46
Emerging Mkts Telecommunications (ETF)	-16.61	12,365	112
Central Securities (CET)	-16.37	11,511	366
Swiss Helvetia (SWZ)	-16.36	21,471	287
John Hancock Bank & Thrift (BTO)	-16.29	189,085	804
Brazil Fund (BZF)	-16.27	26,316	168

　　這些封閉式基金分布廣泛，但以新興市場基金為大宗。如果你可以用折價的市價收購這些基金、然後以資產的市值清算，就可以創造可觀的報酬。以 Equus II 基金為例，你可以用約 1 億美元買進基金的所有股份、再以 1.71 億美元賣掉基金持有的具市場性證券，賺得 7,100 萬美元的利潤。

故事的其他部分

　　如果你是多疑的投資人，你可能會惶惶不安地等著看後續的發展。說起來，如果真的有那麼多套利機會，投資也太容易了。本節要來討論為何投資人難以找到和利用套利機會。

純套利：成功的四大條件

　　純套利靠的是兩種一模一樣的資產出現不同的價格。以其特性來說，套利的時效很短。換言之，在一個投資人追逐無風險利潤的市場，小小的價差會很快被人利用，並在過程中消失無蹤。所以說，純套利要成功的前兩項要件就是：能取得即時價格，並馬上執行。畢竟，純套利的價差可能很微小，有時候還不到 1%。

　　然而，純套利要可行，你還需要另外兩個條件。第一，要能以有利的利率借款，因為利率會放大微小的價差。請注意，有很多套利部位要求要能以無風險利率借款。第二，要有規模經濟，因此成交量必須達到幾百萬美元，而不是幾千美元。成功執行純套利的法人，通常能以交易的穩當利潤作為擔保品，用無風險利率或接近的利率，借出比股票投資多好幾倍的資金，來進行套利交易。

　　在這些條件限制下，散戶通常無法成功執行純套利也就不出奇了。即便是法人，也僅有其中一些能進行純套利。而且，就算是這些法人，純套利從兩方面來說也是不穩當的利潤來源。首先，你無法斷言未來市場一定會有純套利的機會，市場要長期不斷出錯才會發生這種事。其次，某些法人能從套利獲利，這一點引來其他法人加入市場，降低未來套利獲利的機會。長期要能從套利當中獲利，必須不斷小心觀察新的套利機會。

近似套利：現實的兩大限制

檢視封閉式基金、雙重掛牌股票和可轉債的研究，看來都得到一個結論是：確實有可供賺取報酬的無效率空間。然而，這些策略中都還留有風險，有時候是因為套利資產並非完全一模一樣，有時候因為沒有任何機制會迫使價格趨於一致。

不完全相同的資產

從事可轉債套利時，投資人想辦法結合該公司發行的股票和債券以組成合成可轉債，然後將合成可轉債拿來和實際的可轉債比價。理論上，合成可轉債和實際可轉債是相同的東西，但真實世界裡有很多限制條件導致這一點並不成立。第一，很多發行可轉債的公司並沒有流通在外的普通債券，你必須用其他違約風險類似的公司發行的普通債券取而代之。第二，公司可以強迫轉換可轉債，這會嚴重搞亂套利部位。第三，可轉債的到期日很長，因此，可能有很長一段時間價格都不會趨於相同，你要能長期維持這些套利部位。第四，交易成本和執行問題（和交易不同債券相關的問題）可能阻礙套利。

這有何意義？你可以買進（賣出）可轉債，並賣出（買進）合成可轉債，組成看似套利組合的部位，但是債券與對應的合成債券之間的差異可能會引發意想不到的損失。而且，如果是利用借貸來支應部位的資金，損失會更大。

缺乏讓價格趨同的機制

上一節整理出了一些證據，指出封閉式基金和一些 ADR 有套利機會。比方說，封閉式基金的價格與基金持有證券的市價相比之下會有折

價，而 ADR 和當地股份之間的價差有時候很大。然而，在這兩種情況下，你可能會發現現實世界裡的限制條件，阻礙你尋找套利的機會。

- 以封閉式基金而言，你需要以與市價相較之下的折價收購基金、並清算基金的具市場性證券，兩者之間的差額才是你的確定利潤。但每個階段也都有一些問題。例如，很多封閉式基金交投清淡，當你要大買這些基金的股份時，很可能將價格推高到資產淨值的水準。此外，很多封閉式基金也受到緊密控制，要爭取控制權是很困難的事。就算你確實以折價買進夠多封閉式基金的股份、也可以清算資產，賣股時還要支付資本利得稅，而稅金很可能抵銷掉潛在的報酬。最後，交易成本必須夠小，才能真的賺到利潤。請注意，表11.6 是折價幅度最大的 20 檔掛牌封閉式基金，其中約有一半是新興市場基金，這些地方的交易成本高很多。另一方面，少有封閉式基金被迫清算，應該一點都不讓人意外。
- 以 ADR 而言，你在賺取套利利潤上有兩項阻礙。讓我們以表 11.5 中特別強調的印福思 ADR 為例。要賺得利潤，你必須把當地股份換成 ADR，也要放空 ADR。前面這一段會受到限制，無法做到，而且，也很難長期放空 ADR。即便你可以放空 ADR 幾個月，也能買進當地股份，但不保證這幾個月內溢價會不會下跌或消失，事實上，溢價也有可能提高。

投機套利：風險與借鏡

本節列出的各項策略雖然歸類為投機套利，但並不代表要批評這些策略。這些都是很有獲利希望的投資策略，過去也都曾創造過超額報酬。然

而，這些並非無風險策略。更麻煩的是，過去透過純套利成功賺得報酬的人，有了投資資金之後，很容易涉足近似套利和投機套利。有時候，他們在純套利或近似套利上的成就可以提供金援，支應他們轉換領域所需的資金。但是，如果真的要轉換，必須考慮一些潛在危險。

槓桿過高（借貸太多）

使用財務槓桿的時候，槓桿的比例必須反映策略的風險。如果是純套利，你投入策略的資金可以全部靠借貸而來。以期貨套利為例，你可以全部靠借貸來支應現貨價並借來大宗商品。由於純套利無風險，槓桿不會引發損害。然而，當你轉向近似套利或投機套利時，就必須降低槓桿水準。要降多少，要看策略的風險高低以及你認為價格趨於一致的速度。策略風險愈高、愈不確定價格會趨同，就應該少借一點錢。

價格衝擊

如果能不造成市場衝擊，投機套利策略的效果會更好。當你的投資資金愈來愈多，別人就會看到你的策略，導致你冒上風險，因為一開始引你進入市場的定價錯誤會消失。換言之，這套策略在可以悄悄行事的小型投資人身上最能發揮用處，而不利於交易時會引人注意到策略的大型投資人。

小賺大賠

雖然僅用兩種策略來推論或許有些危險，但是併購套利和配對交易確實都有一種共同特性。那就是，多數時候利用這兩套策略都會贏，但是贏的時候只能賺得平平的報酬。另一方面，雖然這套策略不常失敗，但是一旦失敗損失就很大。如此不對等的報酬，可能會對草率行事的投資人造成

問題。比方說，投資人在經歷多次成功後很可能會以為策略風險很低，實際上並不然。如果他們繼續借更多錢來當作策略資金，就要冒上嚴重虧損的風險。

長期資本管理公司的慘敗

考慮以投資套利作為優選投資原則的投資人，應汲取長期資本管理公司（Long Term Capital Management）的經驗。投資銀行所羅門兄弟（Salomon Brothers）的前交易員約翰・梅韋瑟（John Meriwether）在 1990 年代初期創立這家公司，誓讓金融界裡最聰明的菁英齊聚一堂，善用全世界的套利機會。梅韋瑟為了兌現承諾的前一部分，找來所羅門兄弟銀行最出色的交易員，還讓兩位諾貝爾獎得主邁倫・修爾斯以及羅伯・莫頓（Bob Merton）進入董事會。最初幾年，這家公司也能達成承諾的後半部，替華爾街的菁英賺得了可觀報酬。那幾年，金融圈豔羨長期資本公司，因為這家公司使用低成本的負債來挹注資本，投資純套利與近似套利機會。然而，隨著公司手上能動用的資金愈來愈多，公司必須擴大搜尋範圍，納入投機套利。這件事本身並不是致命傷，但公司繼續使用相同的槓桿水準從事風險更高的投資，就像過去進行安全的投資一樣。公司將賭注下在歐洲以及債券市場利差縮小國家的配對交易，主張其投資組合裡的投資標的數目夠多的話，可以創造多元化的效果，即一項投資有虧損，可以從另一項獲利。1997 年，由於一個市場（俄羅斯）的崩盤效應牽連到其他市場，這套策略分崩離析。隨著投資組合價值下跌，長期資本管理公司也發現規模過大與槓桿過高的不利之處。公司無法在不影響市價的前提下放出大量的部位，同時還要面對債權人的壓力，顯然要面對破產的局面。聯準會憂心這家公司會拖垮市場裡的其他投資人，於是替這家公司設計出一套紓困方案。

我們可以從這場徹頭徹尾的慘敗中學到什麼？除了冷嘲熱諷說有認識高官要員真好之外，還可以說長期資本管理公司的解體教會了我們：

一、規模是一把雙面刃，規模大可以在交易成本上擁有規模經濟，也可以降低資金成本，但也會因此更難脫手手上的部位。

二、槓桿會把低風險部位變成高風險投資，因為價格的小幅變動就會導致利益的大幅波動。

三、就算是全世界最聰明的人、最棒的分析工具，也無法讓你免受變化無常的市場影響。

從許多方面來說，長期資本管理公司的興起與崩落就是最好的明證，指向即便是全世界最聰明的投資人，有時候都會遺漏或刻意忽略現實。長期資本管理公司最終的垮台可以追溯到許多原因，但最直接的是他們以極高的槓桿來操作大量的投機套利部位（配對交易、利率賭注等等）。

投資獲利心法

對於相信自己已經找到投資中的免費午餐的投資人來說，本章應該有警示的作用。如果你要找的是純套利（用不同的價格買進兩種一模一樣的資產，然後鎖住利潤），通常在流動性高的市場裡找不到。在非流動性市場裡，很可能會剛好碰到定價錯誤的情形，但是交易成本要夠低，才能賺到套利利潤。

假設尋找的是近似套利，即利用兩種幾乎一樣、但定價出現錯誤的資產，成功機率會大一點。如果你選擇競逐這樣的機會，那若能做到以下幾

件事，將能提升勝率：

- **找到自己與眾不同的優勢（若有的話）**：首先，稍微內省會是很有價值的第一步。你必須找你特有的特質，讓你能運用其他投資人無法利用的套利機會。如果你是法人，你可能比其他投資人擁有更優質、更即時的資訊，投資成本也比較低，因此能利用這項優勢賺取套利利潤。如果你是比較小型的散戶，你的優勢可能是你可以自行控制投資期間，也不用回應沒有耐性的客戶。
- **要知道當中還有風險**：近似套利並非無風險，你要知道你的策略所面對的風險來自何處，程度又有多高。這樣的話，你在籌募資金與設計投資策略時才能符合現實。
- **明智地使用槓桿**：套利中的差值都很小，投資人通常都要借大錢投資才能擴大利潤。但要謹記一點是，這當中有取捨問題，借錢時，通常也放大了風險。你借錢的額度，必須要反映出投資策略的風險。因此，風險愈大，就要借的愈少。套利策略就像是食譜，如果你不管任何策略都借等量的資金，很可能炮製出災難。
- **以高效率執行策略**：套利機會多半稍縱即逝，你必須迅速採取行動才能善加利用。而且，除了執行速度要快，還要控制交易成本，但要做到這些並不容易。

　　一般而言，很小型或很大型的投資人使用近似套利策略時無法奏效。小型投資人會因為交易成本和執行問題遭遇阻礙，非常大型的投資人做交易時則會很快衝擊價格，勾銷超額報酬。如果你決定採行這些策略，要做調整並將策略聚焦在價格最可能趨同的機會上面。舉例來說，如果你決定利用封閉式基金的折價，你應該把重點放在折價幅度最大的封閉式基金

上，特別是很有機會對管理階層施壓轉換成開放式的基金。此外，也應該避免投資組合裡有大量無流動性或非公開交易股票的基金，因為這些基金的資產淨值很可能被嚴重高估。

如果決定追逐投機套利機會，行事時請張大眼睛。要體認到這類策略並不是真的無風險，事實上代表的是賭資產間的定價關係長期會回歸常態。這項策略最大的危機是，雖然多半時候你都是對的，但是只要你錯了，損失可能很大。以下是投機套利要能成功的兩大關鍵：

- **做研究**：確認資產間的長期常態關係很重要，因為你就是基於這個數字才假設兩者的價格最終會趨於一致。做研究不僅要能取得長期的數據，還要有足夠的統計技能，才能從雜訊中挑出事實。
- **建立下跌防護機制**：一次虧損很可能就抵銷到幾次成功賺得的報酬。因此，如果你可以設立一些信號以及早辨識虧損部位並出脫，可以大大提升這套策略的預期報酬。

對於仍想要尋找免費午餐的投資人而言，整體來說要失望了。要找到套利機會很難，要能善加利用更難，然而，在一個千百萬投資人想方設法賺錢的世界，這件事仍備受期待。好消息是，有做功課並努力培養出特有優勢以勝過他人的投資人，仍有希望用這些策略創造可觀利潤。

結語

不用投資資金、不承擔風險，只負責賺錢，這聽起來像是打造賺錢機器的祕方，但它也可以用來描述純套利。純套利要存在，要有兩種現金流

一模一樣的資產以不同的價格交易。而透過買進低價的、賣掉高價的，投資人就能鎖定價差，賺取確定報酬。由於兩種資產的現金流互相抵銷，因而構成了一種無風險投資。如果真的有純套利機會，最可能出現在期貨與選擇權市場，但幾乎幅度都很小，而且稍縱即逝。唯有擁有明顯資訊或執行優勢的投資人，才可能善加利用。

至於近似套利，則是有兩種幾乎一模一樣、但交易價格不同的資產。然而，有很多明顯的限制會妨礙兩者的價格趨於一致。像是封閉式基金的交易價格與基金所持有證券市價相較之下出現折價，就是其中一個範例。如果可以用市價買下全部基金、然後清算證券，就能賺到高昂的利潤。可惜的是，清算基金的限制條件可能會強迫你減少基金持股，並預期長期下來折價幅度會愈來愈小。

投機套利指的是有兩種類似、但並非一模一樣的資產價格偏離歷史常態，這種情況讓投資人誤以為可以輕鬆獲利。然而，在現實中，這些部位的風險很高，而且雖然多數時候它確實能帶來報酬（不過很少），但失敗時會導致顯著虧損。

12
漲、漲、漲，一直漲！動能策略

動能導向的策略對投資人很有吸引力，因為之前上漲的股票未來將持續上漲的主張很符合直覺。但是有一些附帶警語。

大動能

瑪莎相信要好好開始每一天，她深信好的開始會讓一天愈來愈好，糟糕的開始則會讓事情每況愈下。她也把這股信念帶入投資當中。她只買幾個月以前已經大幅上漲的股票，她認為股票大漲是一種吸引力，會引得其他投資人也買進，從而變成一種自我實現的預言。有人問她會不會擔心股價過高，瑪莎說，只要她可以用更高的價格再賣給別人，她就一點也不在乎。

瑪莎注意到，在她持有期間，投資組合裡的股票不像她買進前表現的那麼好，而且股價波動極大。她也發現，即便是小小的壞消息，有時候也會引發某些股票的賣壓，迅速抵銷她幾週以來可能賺到的報酬。她希望相信好事能帶來更多好事，但是以股票來說似乎不是如此。她終於死心，判定股市不是檢驗人生哲學的好地方。

| 寓意：成也群眾，敗也群眾。 |

簡而言之,「順勢而為」就是動能故事的內容。這套故事的基本主題是,過去上漲的股票比之前下跌的更可能上漲。然而,有很多種方法來衡量動能。有些投資人會看過去某段時間股價變動的百分比,例如一週、三個月、六個月或更久,然後買進漲幅最大的股票。有些人在交易決策中納入成交量,主張帶量上漲的股票是最佳的投資標的。也有些人根據獲利消息打造策略,買進提報的獲利優於預期的股票,希望因此帶動的價格上漲會持續影響未來幾天。

本章要檢視動能說法的基礎,並且看看長期累積的實證,以驗證其成效。之後,我們會建構一個高動能(包括價格和成交量)投資組合,並討論這套策略的潛在風險。

故事的核心

動能這套說法的力道很強,因為這可以成為自我實現預言。如果投資人聽進動能的說法,買進過去上漲的股票,這些股票就會繼續漲下去。只要有新的投資人受到這檔股票吸引,推高需求和價格,動能就會繼續。因此,最能支持動能說法的主張,就是從眾行為。至於投資人為何會陷入從眾行為,你又為何能善加利用這一點,大致上能找出三個支持裡由:

● **投資人學得很慢**:如果投資人很慢才能評估出新資訊對股價的影響,就會看到股價在股票相關的資訊出現之後,持續地上漲或下跌。比方說,出現利多消息之後繼續上漲,出現利空消息之後持續下跌。因此,最能快速評估資訊效應的人將能獲利,而評估衝擊速度比較慢的投資人只能逐步採取行動。

- **投資人透過觀察別人的行為來學習**：有些投資人藉由觀察別人的交易行為來學習，而不是自己去分析基本面。如果接受這種觀點，就會認同帶量持續上漲的股票會引來更多人投資。
- **投資人很看重剛發生的事，超過應有的程度**：心理學家發現，有很強烈的證據佐證人類傾向於看重剛剛發生的事，超過應有的程度。在此同時，又太看輕過去的資訊，同樣超過應有的程度。換言之，由於投資人會對發布的訊息過度反應，因此公司的利多消息會帶動股價不成比例地上漲。

動能故事幾乎總伴隨著迫切感。你會聽到別人說，要趕快搭上這班動能列車，不然就來不及了。毫無疑問的，不管是散戶還是法人，總有些投資人擔心自己被拋下，趕緊爬上去。

理論基礎：動能投資

少有理論替動能投資背書，但我們會在下一節看到，實證確實提供了一些支撐力道。本節要檢視動能投資人使用的一些指標，之後再來看看需要對投資人的行為做哪些假設，動能投資才能成立。

動能投資的技術面指標

動能投資人堅信，趨勢是好朋友。因此，檢視過去股價基本長期趨勢的每日變動很重要。而最簡單的趨勢指標是趨勢線（trend line）。圖 12.1 中有兩條趨勢線，上圖是一份白銀期貨幾個月存續期內的趨勢線，下圖是

更長期的可可期貨趨勢線。

上圖是白銀價格的趨勢線，在本圖中我們看到的是上漲趨勢線，這是一條由連結一系列價格低點所畫出的線，價格一個比一個高。在下圖中，可可亞的價格在衡量期間呈現下跌，而連結一系列的價格高點可以得出一條下跌趨勢線。動能投資人會買進股價上漲且高於上漲趨勢線的股票。如果價格低於上漲趨勢線，就視為趨勢自我修正的信號。反之，如果價格漲至高過下跌趨勢線，就視為上漲的信號。

緊接著下來的動能指標叫相對強弱值（relative strength），這是目前股價和長期平均價格（比方說六個月或一年）的比值。相對強弱值高的股票，是一段期間內漲幅最大的股票，數值低的是下跌的股票。相對強弱值可以用絕對值來看，也就是只有期間內有上漲的股票，才是好的投資。或者，也可以拿這個指標比較不同的股票，並投資相對強弱值最高的股票，亦即相對於其他股票漲幅最大的個股。

動能投資人使用幾十種技術面指標，這只是其中兩種。有很多就像趨勢線和相對強弱值一樣，是以價格型態為準，但也有一些納入了成交量。

動能模型

有兩種模型欲解釋股價動能現象。第一種是資訊導向模型，這種模型認為投資人學得很慢，資訊的效果會慢慢滲入市場股價裡。第二種是成交量導向模型，這種模型認為投資人藉由觀察其他投資人如何交易來學習。

資訊導向模型

在效率市場裡，新資訊一出來，股價隨即反應。理性投資人會隨即評估資訊對於股票價值的影響，價格也隨著新的價值調整。投資人會犯錯，

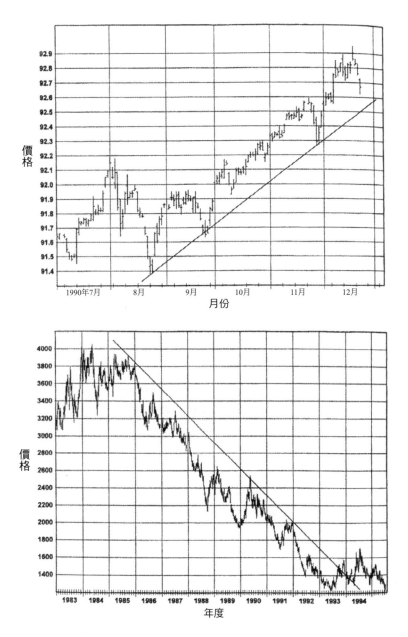

圖 12.1　趨勢線

但是錯誤是兩面的，有時候價格會漲太高，有時候則是漲太少。如果是這樣，發布消息之後股價就沒有模式可言，過去的價格也無法提供可用的資訊。

　　想要知道投資人慢慢學習市場這件事如何轉化成股價動能，且讓我們先假設有一家公司提報的獲利高於預期。股價會因為這個消息而上漲，而且，隨著投資人慢慢評估資訊對於價值的影響，股價還會繼續上揚。這會導致股價在發布獲利消息之後向上飄移。如果是壞消息，變動方向就相反。股價會在發布訊息時下跌，並隨著投資人逐漸調整價值評估繼續下跌。

　　這套說法的問題在於，投資人必須不理性。如果市場需要時間以適應新資訊這一點確實成立，那麼，在發布好消息之後買進股票就能賺到高額報酬，隨著股價向上飄移還能持續賺錢，但問題是，如果一開始買進的投資人夠多，價格會馬上調整，發布訊息之後就不會出現價格飄移的現象。同樣的，在出現利空消息之後，你可以做空股票，隨著價格下跌持續賺到報酬。同理，如果一開始有很多投資人像你一樣放空，股價在利空消息之後隨即下跌，股價不會再飄移。如果你相信動能投資這件事，你必須提出有力的論點，解釋價格為何會持續飄移。你可以說，出現壞消息時，很多投資人受到限制不可放空（但你不受限），因此，就算市場學習緩慢，他們也難以善用價格的變化。至於好消息，你就要假設多數投資人要不就很盲目、看不到明顯的投資機會，要不就是投資成本太高，就算他們遵循這套策略，成本也會抵銷潛在報酬。

成交量模型

　　投資人會觀察並學習其他投資人的交易行為，這就是精巧版動能模型的基礎主題。某一檔股票的需求提高，自會反映在成交量放大與股價上漲

上，其他投資人看到股價和成交量雙雙提高，於是得出結論：

一、買進股票的投資人擁有專屬資訊或內線消息，指向這檔個股的股
價偏低。
二、若持續買進個股，至少短期內能撐住目前價位。

這些投資人接著就進場買股、推高股價，回過頭來，又吸引更多投資
人來買進這家公司的股票。一段期間下來，營造出交易帶動更多交易的循
環、股價上漲帶動股價繼續上漲的循環。

成交量和資訊的說法最後的結果都是帶動價格動能，但兩者至少有兩
項差異。第一，即便沒有關於該檔個股的新資訊，成交量也可以創造出股
價動能。由於投資人觀察的是交易行為而不是交易動機，因此，就算沒有
任何和公司有關的特殊資訊，只要買進大量股票，也可以催動動能。此
外，其他投資人會觀察一開始別人做的交易，並假設交易中蘊藏著某些資
訊，所以自己也下單買進。唯有投資人發現並沒有任何利多訊息支撐起最
初的交易時，這樣的價格連鎖效應才會停止。第二，以成交量觀點來說，
各種動能指標都必須包括股價和成交量的雙重動能。換言之，唯有當成交
量高於平均值時，你才能期待看到價格續漲或續跌。

檢視證據

哪些證據支持市場會緩慢學習？有三類相關的研究可以回答這個問
題。第一類是檢視股價隨著時間變動的情況，看看時間拉長時是否顯現出
股價朝同方向移動的趨勢。第二種是檢視市場如何回應公司訊息（比方

說，發布獲利和股利消息），以及股價如何根據新資訊調整。最後一類則是去看共同基金，檢視過去有沒有證據指出，過去表現很好的共同基金未來依然亮眼。

股價與序列相關性

在第八章，我們談過反向操作，討論過是否有證據支持之前上漲的股票未來比較可能下跌。而第八章談過的連續期間股價變動相關性的證據，也和動能投資有關。說穿了，反向投資和動能投資正好看法相法，若有證據支持兩者之一，就可視為駁斥另一種。

序列相關性衡量某個期間與下個期間股價變動的相關性。在第八章提過，正序列相關性指之前上漲的股票比較可能繼續上漲，負序列相關性則代表過去下跌的股票比較可能反轉，未來轉跌為漲。圖 12.2 摘要了這些可能性。

若你是動能投資人，你會希望價格變動具有正序列相關性，但真的有嗎？第八章中引用過最早的序列相關性研究，發現少有證據證明短期報酬（每天或每週）存在序列相關性。近期有些研究在一小時或一天的股票報酬率中，找到序列相關性的證據，但成交量高和成交量低的股票相關性不同。成交量高的股票，短期內股價比較可能逆轉，亦即呈現負序列相關性。至於成交量低的股票，股價比較可能繼續朝同一個方向移動，亦即具有正序列相關性。[1] 這些研究都沒有講到可以利用這些相關性賺錢。在本章稍後，我們會看到更多股價動能和成交量交互相關的證據。

檢視較長期間報酬的序列相關性時，不管是股價動能與價格反轉，都

---

1 Conrad, J. S., A. Hameed and C. Niden, 1994, *Volume and Autocovariances in Short-Horizon Individual Security Returns*, Journal of Finance, v49, 1305-1330.

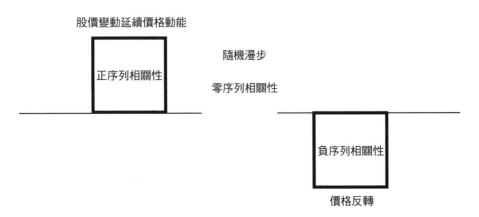

圖 12.2　序列相關性與股價模式

出現更多證據，內容視你檢視的期間長短而定。耶哥迪西和提特曼[2]提出最長八個月期間的股價動能證據：過去六個月上漲的股票傾向繼續上漲，過去六個月下跌的股票多半繼續下跌。然而，如果你的長期是以年為單位，反向操作的理論則居上風，有明確的證據指出價格會反轉，以五年報酬來看尤其明顯。換言之，過去五年上漲的股票，在未來五年比較可能下跌。

　　總而言之，證明價格上漲的證據指向，動能策略對於你衡量動能的期間多長，以及你打算持有買進的股票多久這兩個因素很敏感。如果你持股幾個月，動能或許對你有利。但是如果你持股期間太長或太短，動能可能很快就會變成你的阻礙。

2　Jegadeesh, N., and S Titman, 1993, *Returns to Buying Winners and Selling Losers: Implications for Market Efficiency*, Journal of Finance, v48, 65-91.

發布消息的市場反應

　　支持市場緩慢學習的最佳證據，來自於市場回應公司發布消息（比方說，公布盈餘報告或併購通知）時的模式。證據顯示，在出現這類消息之後，市場仍會繼續回應這新資訊。舉例來說，公司提報的獲利如果優於預期，通常股價會在發布消息之後跳漲，接下來幾天還會繼續向上飄移。併購案中的目標公司也有同樣的發展模式。股價飄移有多種解釋，其中一種可能的理由是市場學得很慢，要花一點時間才能消化資訊。如果最初傳出的是好消息（例如，盈餘報告亮眼或是分析師上調盈餘預估），你可以預期消息傳出後股價會持續上漲。如果是壞消息，則可預見相反的局面。

發布盈餘消息

　　公司發布盈餘消息時，就是將現況與未來展望傳達給市場。資訊的強度以及市場反應的熱度，應取決於實際盈餘超越或是低於投資人預期的幅度。如果發布的盈餘消息有任何意外，有效率的市場應該會馬上做出反應。倘若是驚喜，價格應該會隨即上漲，是驚嚇則會馬上下跌。

　　實際盈餘會拿來和投資人預期相比，不管要如何檢驗盈餘報告，其中一個關鍵就是要衡量預期。早期某些研究使用前一年同一季的盈餘作為預期，公司提報的季度盈餘如有成長代表驚喜，如果下跌則代表驚嚇。在較近期的研究中，則使用分析師的盈餘預估值當作預期盈餘指標，拿來和實際盈餘相比。圖 12.3 畫出股價如何回應盈餘意外（earnings surprise），盈餘報告根據差異大小分類，從「最負面」（第一組）分到「最正面」（第十組）。[3]

3　Rendleman, R. J., C. P. Jones and H. A. Latene, 1982, *Empirical Anomalies Based on Unexpected Earnings and the Importance of Risk Adjustments*, Journal of Financial Economics, v10, 269-287.

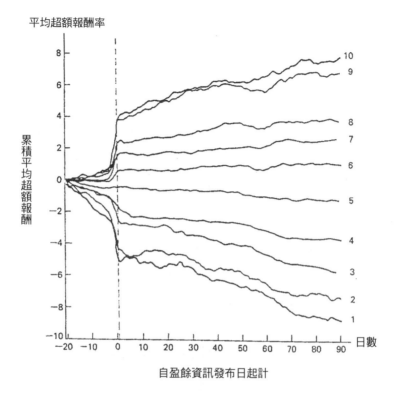

平均超額報酬率

累積平均超額報酬

-20 -10 0 10 20 30 40 50 60 70 80 90 日數

自盈餘資訊發布日起計

圖 12.3　股價對於季度盈餘報告的反應

資料來源:瓊斯(C. P. Jones)、拉特納(H. A. Latene)和朗德曼(R. J. Rendleman)。圖中將盈餘意外分成第一組(落後最多)到第十組(超越幅度最大),計算發布盈餘資訊前後日的報酬。

圖中的證據和針對多數發布盈餘消息所做的研究結果一致:

一、盈餘消息顯然對金融市場傳遞了寶貴資訊:第十組(發布的盈餘超越預期幅度最大)的股價漲幅最大,第一組(盈餘消息最讓人失望)的跌幅最深。

二、有些證據顯示,在發布盈餘消息的前幾天,市場反應符合消息的

性質。也就是說，發布好消息之前幾天股價多半上漲，發布壞消息前幾天股價多半下跌，這可以視為內線交易或是資訊外洩的證據。

三、也有些證據顯示（雖然比較薄弱），在發布盈餘消息之後幾天會出現價格飄移。因此，利多的盈餘消息會在發布訊息日引發正面的市場反應，而且股價在公布消息之後的幾天與幾週內還會繼續上漲。如果盈餘消息不佳，股價在發布訊息當天會下跌，並且在之後持續走跌。

前述研究檢視的是所有股票的盈餘消息。另一項研究則指出，某幾類股票的報酬和盈餘意外的關係，比起其他類股更為敏感，比方說：

● 檢視價值股與成長股之後發現，不管發布正面還是負面的消息，發布消息約三天前後，價值型股票（定義為本益比低、且股價淨值比低）的報酬會比成長型股票更好。這代表價值型股票比成長型股票更可能出現驚喜，市場對於成長型公司的期待很可能多半樂觀過了頭。[4]

● 小公司的盈餘消息在發布當天，似乎對股價的影響更大，價格也比較可能在發布消息之後出現飄移的現象。

股票分割

股票分割會增加流通在外的股數，但不改變公司目前的獲利或現金流。如果純粹是調整門面，股票分割應該不會影響公司或是流通股票的價

4　LaPorta, R., J. Lakonishok, A. Shleifer and R. Vishny, *Good News for Value Stocks: Further Evidence of Market Inefficiency*, NBER Working Paper.

值。只是，因為流通在外的股數會變多，所以每股股價會下跌，以反映股票被分割。最早一批事件研究中，有一項檢視 1927 年到 1959 年、940 檔股票分割後的股價反應，看的是實際分割日前後約六十個月的股票報酬變化。[5] 研究結果如圖 12.4 所示。

平均而言，股票分割之後的期間報酬多半為正值，這不讓人意外，因為股票分割之後股價通常會上漲。然而，沒有證據指出，分割日前後會出現明顯的超額報酬，指向股票分割是中性事件。本研究有一項限制，那就是使用的是月報酬而非日報酬。較近期檢視每日股價如何回應股票分割的

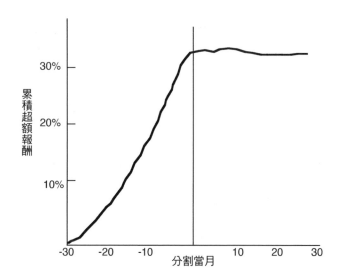

圖 12.4　市場對於股票分割的反應

資料來源：法瑪、費雪（L. Fisher）、簡森（M. Jensen）和洛爾（R. Roll）。圖中為股票分割前後各三十個月的累積超額報酬。

5　Fama, E., L. Fisher, M. Jensen and R. Roll (1969), *The Adjustment of Stock Price to New Information*, International Economic Review, v10, 1-21.

研究發現，會出現輕微的正面效應：在宣布要分割股票時，股價會小幅上漲。[6] 另一項研究檢視 1975 年到 1990 年所有一股分割成兩股的情況，發現平均而言，宣告股票分割日股價會上漲 3.38%，小型股在宣告日出現的效應（10.04%）會高於大型股（1.01%）。[7] 研究人員將這種現象歸因於訊號效應：只有預期股票未來會漲價的公司，才會宣布要分割股票。

　　近年來，一些研究指出，分割股票會提高交易成本，無意中對股東造成負面影響。舉例來說，以交易成本中的買賣價差來看，一股 20 美元股票的價差成本占比就高於 40 美元的股票。[8] 有些證據指出，股票分割之後交易成本會上漲，成交量會減少。[9] 額外的交易成本必須和股票分割可能釋出的意義放在一起比較，因為投資人會把股票分割當成公司前景看好的利多訊號。最近幾年出現了一個很有意思的現象，股價下跌幅度大（通常來到每股 2 美元或更低）的股票，會藉由反分割（reverse stock split，這樣一來，就減少了公司流通在外的股數）試著把股價推回合理的交易範圍。啟動反分割的股票是為了防止下市命運（如果股價低於每股 1 美元，就大有可能下市），有時候則是為了降低交易成本。[10]

6　Charest, G., 1978, *Split Information, Stock Returns and Market Efficiency-I*, Journal of Financial Economics, v6, 265-296; Grinblatt, M. S., R. W. Masulis and S. Titman, 1984, *The Valuation Effects of Stock Splits and Stock Dividends*, Journal of Financial Economics, v13, 461-490.

7　Ikenberry, D. L., G. Rankine and E. K., Stice. 1996. *What Do Stock Splits Really Signal?*, Journal of Financial and Quantitative Analysis, v31, 357-375. 研究人員指出，分割後的股票在之後兩年內，持續賺得超額報酬，第一年為 7.93%，第二年為 12.15%。

8　買賣價差指的是，任何時間點上可以買進與賣出證券的價差。

9　Copeland, T. E., 1979, *Liquidity Changes Following Stock Splits*, Journal of Finance, v34(1), 115-141.

10　儘管沒有完整的反分割研究，但初步證據指出，市場將此舉視為壞消息，代表進行反分割的公司不認為其獲利和基本面近期能有改善。

股利變動

金融市場會檢驗公司做的每一件事，推敲這些事對於公司未來的現金流和價值有何意義。公司若宣布變更股利政策，無論有意無意，都是在向市場傳達訊息。而提高股利一般被視為利多信號，因為公司敢向投資人做出這種承諾，必定是因為相信自己有能力在未來創造足夠的現金流。減少股利則是負面信號，大致上來說，一般公司都不願意削減股利，真的要減發、甚至不發股利時，市場就認為這代表公司陷入長期嚴重的財務麻煩，因此，這些行動會導致股價下跌。第二章提過，股價對於股利增減反應的實證證據符合訊號理論，至少從平均來看是如此。平均而言，調高股利股價會上漲，調低股利股價則會下跌，而且股價對於後者的反應更為劇烈。[11] 然而，在公司發布股利政策、造成股價變動上，投資人並沒有太多投資機會（除非他們能取得內線消息）。但另一項研究看的是宣告股利變動之後的股價飄移現象，發現調高股利之後股價長期間會繼續上攻，調降股利的話則會下跌。[12] 投資人或許可以利用這段價格飄移，提高投資組合裡的報酬。

成交量的意義

本章之前提出一套假說，指出產生動能的理由之一，可能是投資人觀察其他投資人交易。就像價格一樣，也有證據指出成交量裡蘊藏著和未來

11 Aharony, J., and I. Swary, 1981, *Quarterly Dividends and Earnings Announcements and Stockholders' Returns: An Empirical Analysis*, Journal of Finance, v36, 1-12.

12 Michaely, R., R. H. Thaler and K. L. Womack, 1995, *Price Reactions to Dividend Initiations and Omissions: Overreaction or Drift?*, Journal of Finance, v50, 573-608.

股價變動有關的資訊。1998 年的一項分析顯示，成交量低的股票賺到的報酬高於成交量高的股票，但研究人員將多出來的報酬歸因為前者的流動性溢價。[13] 檢視價格與成交量後，又找到其他讓人意外的結果，[14] 尤其是，本章之前提過的價格動能（亦即，之前上漲的股票比較有可能繼續上漲，之前下跌的股票在之後幾個月也比較可能繼續下跌），在成交量高的股票上更加明顯。圖 12.5 根據過去六個月的股價表現（贏家、平均、輸家），以及成交量（低、平均、高）來分類股票，檢視之後六個月的股票報酬。

請注意，成交量高的股票，動能效應最強。換言之，帶量的股價漲跌比較可能在下一個期間延續同樣的走勢。而比較短期的報酬（日報酬）也支持此一結果，即成交量大的股價上漲，比較可能在下一個交易日繼續上漲。[15]

總而言之，股票的成交量、成交量的變化，以及伴隨著價格變化的成交量看來都能提供資訊，投資人可以善加利用以挑選股票。成交量是動能投資不可或缺的一部分，也就不奇怪了。

共同基金的動能

少有證據支持某段期間排名很高的共同基金，在下一個期間也能繼續名列前茅，但有些數據顯示，表現非常傑出的共同基金有這種情形。一些

---

13 Datar, V., N. Naik and R. Radcliffe, 1998, *Liquidity and Asset Returns: An Alternative Test*, Journal of Financial Markets, v1, 203-220.

14 Lee, C. M. C., and B. Swaminathan, 1998, *Price Momentum and Trading Volume*, Working Paper, Social Science Research Network.

15 Stickel and Verecchia, 1994, *Evidence That Trading Volume Sustains Stock Price Changes*, Financial Analysts Journal, Nov-Dec,v50, 57-67.

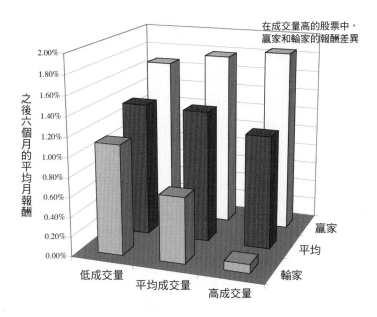

圖 12.5　成交量與股價的交互作用：1965-1995 年，紐約證交所與美國證交所（AMEX）股票

資料來源：李勉群（C. M. C. Lee）和史瓦明納森（B. Swaminathan）。提報的是建構投資組合後六個月的平均月報酬。

研究[16]似乎指向，一段期間報酬高於平均值的共同基金，在下一個期間報酬仍能繼續高於平均水準。墨基爾分析共同基金二十年間的表現，檢視 1970 年代和 1980 年代，每年在隔年又成為贏家的共同基金比率，以檢定「炙熱手感」（hot hands）現象。他的結論摘要於表 12.1。

---

16 Grinblatt, M., and S. Titman, 1992, *The Persistence of Mutual Fund Performance*, Journal of Finance, v42, 1977-1984; Goetzmann, W. N., and R. Ibbotson, 1994, *Do winners repeat? Patterns in mutual fund performance,* Journal of Portfolio Management, v20, 9-18; and Hendricks, D., J. Patel and R. Zeckhauser, 1995, *Hot Hands in Mutual Funds: Short Run Persistence in Performance, 1974-1987*, Journal of Finance, v48, 93-130.

表 12.1　1971-1990 年，每年的重複贏家

年度	重複贏家出現的比率 （%）	年度	重複贏家出現的比率 （%）
1971	64.80	1980	36.50
1972	50.00	1981	62.30
1973	62.60	1982	56.60
1974	52.10	1983	56.10
1975	74.40	1984	53.90
1976	68.40	1985	59.50
1977	70.80	1986	60.40
1978	69.70	1987	39.30
1979	71.80	1988	41.00
1971-79	**65.10**	1989	59.60
		1990	49.40
		1980-90	**51.70**

　　本表說出一個讓人意外的故事。1970 年代重複贏家的比率明顯遠高於機緣巧合（亦即一半一半），但是，1980 年代重複贏家出現的比率看起來比較接近隨機。這是因為 1980 年代隨處可見各式各樣的共同基金排名嗎？可能吧，但也有可能你看到的是整體市場表現導致的效果。1970 年代的股票市場有幾年都在跌，手中握有現金的共同基金排名不斷往前。你也可以比較，如果你的策略是每年買進表現好的基金（前 10 名、前 20 名、前 30 名和前 40 名）然後持有到隔年，你能賺到多少報酬。報酬摘要如圖 12.6 所示。

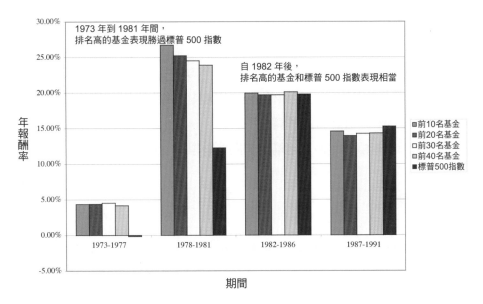

圖 12.6　1973-1991 年，排名高的共同基金報酬

資料來源：墨基爾。根據去年的表現挑出排名前面的基金，然後計算接下來這一年的報酬。

　　同樣的，對比非常鮮明。1973 年至 1977 年及 1978 年到 1981 年期間，排名前面的基金表現超越標普 500 指數，1982 年到 1986 年表現與指數相當，1987 年至 1991 年表現則遜於指數。

　　總之，少有證據支持，買進去年表現排名最佳的共同基金，來年仍能創造高於平均值的報酬，最近幾年尤其不可能。事實上，這些基金多半會調高手續費和成本，很可能是比某些排名較低的基金更糟的投資標的。

進行運算

　　動能有很多指標，而且多半都是相對性的。換言之，在所有股票大漲的期間，一檔上漲 30% 的股票或許說不上具有強大動能，但一檔在熊市時還能上漲 5% 卻可能有這個資格。因此，一開始我們要先看市場裡有多少不同的動能指標，然後去建構一個動能股票投資組合。

動能指標

　　本節要檢視各家公司在三組動能指標上的表現。第一組包括價格動能指標，如價格變動與股價相對強弱值；第二組指標檢視成交量；最後一組看的是盈餘意外。

價格動能

　　為了衡量一段期間的價格動能，讓我們看看如果從 2002 年 10 月到 2003 年 3 月這六個月期間，如果投資某些股票，能賺得多少資本增值。圖 12.7 顯示本段時間股票報酬（僅股價增值部分）的分布。

　　在這六個月期間，股市上漲約 13%，上漲的股票比下跌的多。利用以下的公式，可以將股票增值報酬轉換為股價相對強弱值：

$$股價相對強弱值 = \frac{（1＋本段期間個股的股價增值百分比〔\%〕）}{（1＋本段期間股市的價格增值百分比〔\%〕）}$$

　　以實際範例來說，從 2002 年 10 月到 2003 年 3 月，股市漲幅為 14.83%，維亞康姆公司（Viacom）的股價在該期間下跌 3.16%，史泰博公司（Staples）漲了 44.56%，兩家公司的股價相對強弱值計算如下：

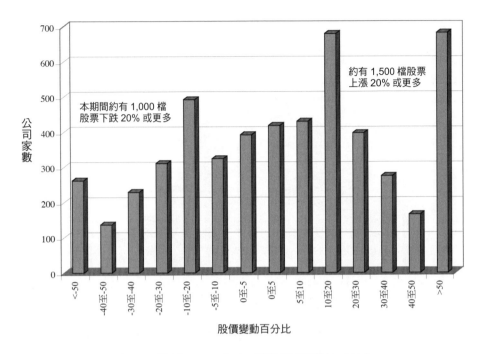

本期間約有 1,000 檔
股票下跌 20% 或更多

約有 1,500 檔股票
上漲 20% 或更多

公司家數

股價變動百分比

圖 12.7　2002 年 10 月至 2003 年 3 月的股價增值（%）

資料來源：價值線公司。圖為本段期間的股價變動百分比。

維亞康姆的股價相對強弱值＝（1 － .0316）/（1.1483）＝ 0.84
史泰博的股價相對強弱值＝（1.4456）/ 1.1483 ＝ 1.26

圖 12.8 摘要這六個月期間（2002 年 10 月到 2003 年 3 月）大盤的股價相對強弱值分布。

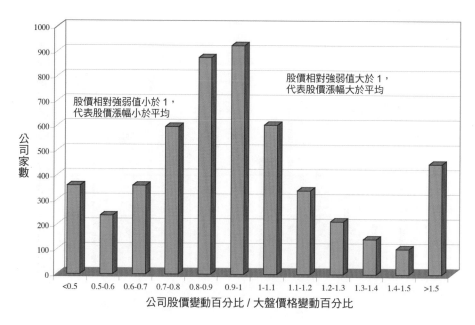

圖 12.8　2002 年 10 月至 2003 年 3 月，美國公司的股價相對強弱值

資料來源：價值線公司。股價相對強弱值是用個股股價變動的百分比，除以大盤價格變動的百分比。

　　許多公司的股價變動幅度與大盤波動相仿（股價相對強弱值接近1），但有更多股票的股價變動和大盤大相逕庭，這些就是可考慮納入動能投資組合的標的。投資人還會使用其他股價相對強弱值，但是性質都相同，都是檢視一段期間股價的變動幅度，然後除以大盤的波動。

成交量

　　如果說各家公司的股價動能不盡相同，成交量動能就更天差地遠了。有些股票流動性極高，每天交易幾百萬張，有些則罕見成交，因此成交動能必須將不同的成交量納入考量。舉例來講，你應該把每一檔股票六個月

內的每日平均成交量和過去六個月的平均成交量相比，得出一個成交量變動的百分比，圖 12.9 摘要說明分布情況。

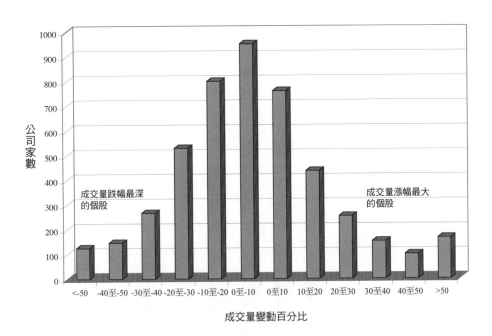

圖 12.9　兩段六個月期間的成交量變動百分比

資料來源：價值線公司。圖中為六個月期間（2002年4月至2002年9月），與下一段六個月期間（2002年10月至2003年3月）的成交量變動百分比。

　　我們把每一家公司從 2002 年 10 月到 2003 年 3 月的成交量，拿來和 2002 年 4 月到 9 月的成交量相比。就像股價動能一樣，成交量變動的百分比也可以拿來和大盤做比較，得出一個成交量的相對動能指標：

$$成交量相對動能指數 = \frac{（1＋個股的成交量變動百分比〔％〕）}{（1＋股市的成交量變動百分比〔％〕）}$$

　　如果一檔股票的成交量提高了 50%，而大盤的成交量提高了 20%，那麼，成交量的相對動能就是 1.25（1.5/1.2）。圖 12.10 顯示市場裡的相對成交量分布。

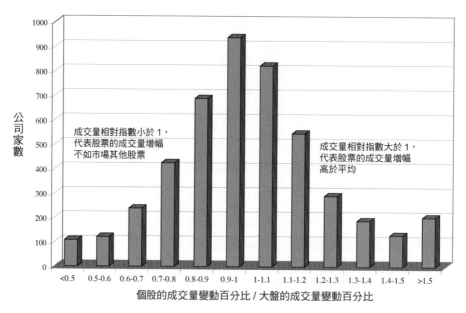

圖 12.10　2002 年 10 月至 2003 年 3 月，美股的相對成交量

資料來源：價值線公司。成交量相對指數是用個股的成交量變動百分比，除以大盤的平均變動百分比。

　　跟股價相對強弱值一樣，很多公司的成交量增幅和大盤相當，但也有大量公司的成交量比整體股市高很多或低很多。

盈餘意外

　　公司會在盈餘報告中公布某一段期間的實際每股盈餘，而盈餘報告不僅指出公司這段期間的表現，也包含未來的預期績效等重要資訊。要衡量盈餘報告提供多少資訊，應該把某段期間的盈餘報告和該段期間的預期盈餘相比。要找到後面這項資訊，前提是有分析師追蹤這家公司，然後要彙整這些分析師提出的公司盈餘預期。在最近這二十年，諸如 I/B/E/S、Zacks 或第一號召（First Call）等服務，都能為投資人提供分析師的預測資訊。事實上，多數公司的每股盈餘共識預測值散見於各大財經媒體，經常有人討論。

　　分析師可以使用豐富的資訊來預估盈餘，也必須和公司的經理人會談，我們可以期待，他們預估出來的多數公司盈餘都很貼近實際值，事實上也是如此。有些公司的盈餘會高於或低於預期，讓市場出乎意料，也正是這些盈餘意外引發大幅的股價反應。你可以檢視實際與預期每股盈餘之間的金額差，以衡量盈餘意外的幅度。但是這麼做會有偏頗，因為每股盈餘愈高的公司，意外的金額會愈高。一家預期每股盈餘 2 美元的公司，意外的金額會大於一家預期每股盈餘為 0.20 美元的公司。有一個方法可以根據盈餘水準來衡量意外金額，就是換算成預期每股盈餘的百分比：

盈餘意外的百分比（%）＝（實際每股盈餘－預期每股盈餘）/ 預期每股盈餘

　　請注意，盈餘意外這項指標本身有限制，其中之一是如果公司預期會出現虧損（預期每股盈餘為負值）或預期每股盈餘接近於零，要衡量盈餘意外就變得很困難。即便有這個問題，圖 12.11 仍顯示了 2003 年第一季

的盈餘意外（換算成百分比）分布。

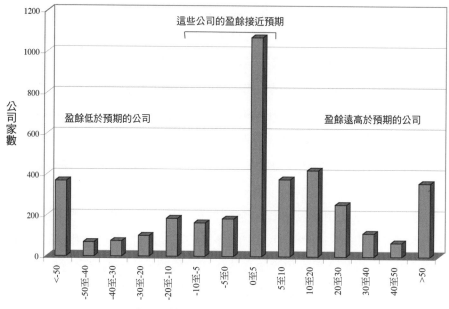

圖 12.11　2003 年第一季，美國股市的每股盈餘意外

資料來源：Zacks。盈餘意外指實際的每股盈餘與預期每股盈餘的差額，除以預期每股盈餘。

　　圖中所取的樣本僅限於預期每股盈餘為正值，以及分析師有追蹤的公司。因此，規模較小、流動性較低與較年輕的公司（這些比較可能出現虧損或是沒有受到分析師追蹤）都排除在樣本之外。即便只剩這些規模比較大、流動性比較高的公司，仍有一些很有意思的結果：

● 多數公司的盈餘意外很低，實際盈餘都在預期盈餘的加減 10% 範圍內。

● 有些公司算出的盈餘意外比較高。不過，以這些公司來說，驚喜比
  驚嚇更常見。成績不好的公司顯然已設法將消息透露給分析師，並
  在正式提報獲利之前，就先下調預期。

動能投資組合

我們可以建構兩類動能投資組合，一類使用上一節的動能指標，組成
具有股價與成交量動能的股票。另一類則是有大幅盈餘驚喜的股票。本節
要建構這兩類投資組合，並且詳細檢視潛在問題。

股價／成交量動能

如果接受股價動能可以影響未來價格（尤其是成交量放大的價格動
能）的說法，你可以建構一個帶有這兩種特質的投資組合。若在 2003 年
4 月要組成這種組合，需估計從 2002 年 10 月到 2003 年 3 月這六個月期
間的股價與成交量動能。而組成投資組合的股票，是市場中股價與動能指
標皆在前 10% 的股票。大致上來說，選擇股價相對強弱值和成交量相對
指數高於 1.50 的公司就可以了。表 12.2 列出這些股票。

表 12.2　同時具備股價動能和成交量動能的股票

公司名稱	過去二十六週的報酬（%）	過去六個月的股價相對強弱值	成交量變化率（%）	成交量相對指數
Aceto Corp	123.59	1.95	68.55	1.74
Allen Telecom	107.00	1.80	68.63	1.74
Alpha Pro Tech Ltd	82.93	1.59	46.97	1.52
Ask Jeeves Inc	707.07	7.03	68.00	1.74
Avid Technology	143.75	2.12	71.84	1.78
Boots & Coots Intl Well Cntrl	711.11	7.06	104.35	2.11
Captiva Software Corp	235.56	2.92	62.02	1.68
Castelle	474.07	5.00	60.11	1.66
CNB Finl Corp	74.86	1.52	47.55	1.53
Concur Technologies Inc	201.70	2.63	46.55	1.52
Document Sciences Corp	163.06	2.29	60.88	1.66
DOR BioPharma Inc	271.43	3.23	55.72	1.61
Double Eagle Pet & Min	90.27	1.66	56.69	1.62
E-LOAN Inc	82.64	1.59	50.80	1.56
Evolving Sys Inc	927.59	8.95	52.72	1.58
FindWhat.com Inc	151.51	2.19	54.78	1.60
First Colonial Group	84.71	1.61	62.01	1.68
Flamel Technologies SA	181.01	2.45	65.01	1.71
Forward Inds Inc	133.33	2.03	66.81	1.73
Garmin Ltd	93.03	1.68	59.95	1.66
GRIC Communications Inc	87.04	1.63	70.33	1.76
Group 1 Software	170.00	2.35	64.64	1.70
Hi-Tech Pharm	201.74	2.63	80.00	1.86
ID Biomedical Corp	97.83	1.72	69.79	1.76
IEC Electrs Corp	350.00	3.92	86.66	1.93
ImageX.com Inc	131.82	2.02	46.97	1.52
ImagicTV Inc	160.00	2.26	47.00	1.52
InterDigital Commun	95.94	1.71	48.41	1.54

續表 12.2

公司名稱	過去二十六週的報酬（%）	過去六個月的股價相對強弱值	成交量變化率（%）	成交量相對指數
KVH Inds Inc	113.90	1.86	47.71	1.53
Metrologic Instruments Inc	142.77	2.11	52.63	1.58
Metropolitan Finl	74.07	1.52	61.57	1.67
Movie Star Inc	127.27	1.98	45.77	1.51
Netease.com Inc ADS	382.13	4.20	83.73	1.90
Network Equip Tech	85.10	1.61	65.23	1.71
North Coast Energy Inc	73.75	1.51	62.04	1.68
Old Dominion Freight	75.32	1.53	93.85	2.01
Pacific Internet Limited	183.82	2.47	85.74	1.92
Packeteer Inc	199.11	2.60	57.81	1.63
Pan Am Beverages 'A'	135.17	2.05	53.53	1.59
Perceptron Inc	106.67	1.80	44.78	1.50
Premier Bancorp Inc	98.38	1.73	52.29	1.58
ProBusiness Services	101.35	1.75	53.48	1.59
Pumatech Inc	825.00	8.05	56.78	1.62
Rambus Inc	222.35	2.81	50.76	1.56
Sanfilippo John B	115.00	1.87	61.72	1.67
Sohu.com Inc	514.59	5.35	62.07	1.68
Stratasys Inc	204.74	2.65	48.10	1.53
Transcend Services Inc	129.59	2.00	51.50	1.57
United Security Bancshares Inc	82.76	1.59	72.60	1.79
US Search.com	87.34	1.63	55.27	1.61
Vital Images Inc	140.39	2.09	57.25	1.63
Whitman ED Group	146.02	2.14	76.02	1.82
Xybernaut Corp	80.95	1.58	46.00	1.51

這 53 檔股票來自不同產業。如果使用不同的期間（比如不用六個月而改用三個月），股價／成交量動能投資組合的內容會大不相同，因此，你可以預期即便同是動能投資人，他們的投資組合持股也很不一樣。

資訊動能

你能以各種公告資訊為核心來建構投資組合，但是獲利消息最特出，因為所有美國公司一年都要提報四次獲利，媒體也會大量關注這些訊息。反之，會發布股票分割或從事併購的公司家數，就相對少很多。因此，運用上一節發展出來的盈餘意外定義（以預期每股盈餘的占比來計算），我們可以集結近期盈餘意外幅度最大的個股，組成投資組合。

然而，問題是，這會導致投資組合偏向盈餘很低的個股。為了防止發生這種情況，建構投資組合時要再加兩項條件。第一，實際每股盈餘必須高於 0.25 美元，這就可以刪掉每股盈餘極低的公司。第二，盈餘意外幅度必須高於 40%，即實際每股盈餘必須比預期的每股盈餘高 40% 以上。就此得出的 105 家公司如表 12.3 所示。

表 12.3　每股盈餘高於 0.25 美元，且盈餘意外高於 40% 的公司

公司名稱	股價 （美元）	實際每股盈餘 （美元）	預期每股盈餘 （美元）	每股盈餘意外 （%）
Electr Arts Inc	57.56	1.79	0.33	442.42
Mobile Mini Inc	15.24	0.41	0.29	41.38
Advanta Co Cl B	8.00	0.43	0.29	48.28
Artesian Res	30.48	0.45	0.30	50.00
Coach Inc	38.97	0.68	0.29	134.48
Columbia Sports	38.00	0.72	0.26	176.92
Kellwood	28.45	0.38	0.26	46.15
Toro Co	71.60	0.38	0.26	46.15

續表 12.3

公司名稱	股價 （美元）	實際每股盈餘 （美元）	預期每股盈餘 （美元）	每股盈餘意外 （%）
Lee Entrprs	32.83	0.51	0.34	50.00
Mettler-Toledo	32.70	0.69	0.37	86.49
Avon Prods Inc	57.57	0.80	0.41	95.12
Education Mgmt	41.91	0.70	0.50	40.00
Shaw Group Inc	9.70	0.42	0.30	40.00
Landstar System	61.22	0.88	0.61	44.26
Ansys Inc	25.13	0.43	0.29	48.28
Sunrise Assist	24.95	0.83	0.55	50.91
Odyssey Hlthcr	23.58	0.42	0.27	55.56
Chicago Merc Ex	47.12	1.02	0.63	61.90
Harland (John H)	23.83	0.66	0.40	65.00
Certegy Inc	25.02	0.46	0.26	76.92
Career Edu Corp	50.71	0.65	0.35	85.71
Diebold	36.14	0.67	0.36	86.11
Bausch & Lomb	34.45	0.60	0.31	93.55
Meritage Corp	36.30	1.72	0.88	95.45
Firstenergy CP	31.04	1.19	0.47	153.19
Raytheon Co	27.98	0.64	0.25	156.00
Polaris Indus	49.82	1.51	0.54	179.63
WCI Communities	10.88	0.99	0.25	296.00
Flir Systems	47.21	0.71	0.50	42.00
Invacare Corp	32.42	0.56	0.39	43.59
Viacom Inc Cl B	40.40	0.36	0.25	44.00
Yum! Brands Inc	24.73	0.55	0.38	44.74
Omnicom Grp	59.27	1.08	0.71	52.11
McClatchy Co-A	52.80	0.86	0.56	53.57
Biovail Corp	40.10	0.60	0.38	57.89
L-3 Comm Hldgs	36.48	0.79	0.47	68.09

續表 12.3

公司名稱	股價 （美元）	實際每股盈餘 （美元）	預期每股盈餘 （美元）	每股盈餘意外 （%）
Intl Bus Mach	79.01	1.34	0.79	69.62
Coastal Bancorp	31.80	1.05	0.61	72.13
Knight Ridder	59.65	1.16	0.64	81.25
Newell Rubbermd	29.93	0.49	0.27	81.48
SPX Corp	31.31	1.37	0.54	153.70
Gannett Inc	72.28	1.29	0.92	40.22
Tribune Co	46.85	0.57	0.38	50.00
NY Times A	44.22	0.69	0.42	64.29
Ryland Grp Inc	48.00	2.50	1.24	101.61
Beckman Coulter	34.57	0.90	0.43	109.30
Pulte Homes Inc	53.96	2.78	1.22	127.87
Bunge Ltd	27.30	0.98	0.33	196.97
Waters Corp	20.70	0.41	0.29	41.38
Select Ins Grp	24.67	0.41	0.28	46.43
Viacom Inc Cl A	40.47	0.37	0.25	48.00
America Svc Grp	12.75	0.46	0.28	64.29
Boeing Co	27.09	0.71	0.42	69.05
Goodrich Corp	14.17	0.66	0.35	88.57
Lockheed Martin	44.75	0.85	0.42	102.38
Black & Decker	36.20	1.05	0.43	144.19
Sears Roebuck	26.55	2.11	0.56	276.79
Old Dominion Fl	33.38	0.57	0.40	42.50
Engelhard Corp	22.45	0.44	0.30	46.67
Marriott Intl-A	33.01	0.55	0.36	52.78
Fossil Inc	17.68	0.48	0.29	65.52
Union Pac Corp	57.50	1.10	0.60	83.33
Radioshack Corp	23.20	0.59	0.32	84.38
Ingersoll Rand	40.30	1.19	0.61	95.08

續表 12.3

公司名稱	股價 （美元）	實際每股盈餘 （美元）	預期每股盈餘 （美元）	每股盈餘意外 （％）
Washington Post	705.89	9.83	3.71	164.96
Energizer Hldgs	26.37	0.91	0.33	175.76
Honeywell Intl	22.00	0.50	0.33	51.52
Estee Lauder	29.30	0.44	0.28	57.14
Ameristar Casin	12.57	0.62	0.36	72.22
Coors Adolph B	48.24	0.63	0.30	110.00
Safeway Inc	19.90	0.80	0.53	50.94
Capitol Fedl FN	30.43	0.38	0.25	52.00
Baxter Intl	19.26	0.59	0.37	59.46
SBC Commun Inc	21.05	0.62	0.35	77.14
MDU Resources	28.00	0.63	0.26	142.31
Roadway Corp	36.03	1.48	0.35	322.86
Garmin Ltd	35.16	0.42	0.30	40.00
Startek Inc	24.35	0.45	0.29	55.17
ELectr Data Sys	16.27	0.51	0.32	59.38
Hon Inds	28.80	0.48	0.28	71.43
UTD Dedense Ind	21.80	0.82	0.47	74.47
Standard Pac	27.95	1.58	0.64	146.88
Bear Stearns	67.48	2.00	1.33	50.38
Cemex SA ADR	18.48	0.54	0.28	92.86
Lear Corp	38.45	1.76	0.99	77.78
G&K Svcs A	24.69	0.48	0.32	50.00
Ryder Sys	20.38	0.58	0.31	87.10
Steel Dynamics	11.90	0.65	0.34	91.18
Seagate Tech	10.83	0.43	0.27	59.26
Ocular Sciences	14.26	0.48	0.28	71.43
Textron Inc	28.62	1.04	0.51	103.92
Corrections Crp	19.40	1.14	0.48	137.50

續表 12.3

公司名稱	股價 （美元）	實際每股盈餘 （美元）	預期每股盈餘 （美元）	每股盈餘意外 （%）
Northrop Grummn	81.38	1.73	0.62	179.03
Arkansas Best	26.58	0.57	0.33	72.73
Mohawk Inds Inc	51.32	1.25	0.61	104.92
Alliant Engy CP	16.77	0.62	0.34	82.35
Invision Tech	22.04	2.40	1.62	48.15
Timberland Co A	43.48	0.73	0.33	121.21
Hooker Furnitur	27.00	0.88	0.55	60.00
Landamerica Fin	41.94	3.42	2.27	50.66
Haverty Furnit	11.35	0.36	0.25	44.00
Paccar Inc	53.67	1.05	0.61	72.13
Carmike Cinema	20.94	0.89	0.25	256.00
Nautilus Group	10.91	0.69	0.44	56.82
Nucor Corp	38.91	0.50	0.25	100.00

故事的其他部分

　　上一節建構了一個具備股價／成交量動能的投資組合，以及一個獲利大幅超出預期的投資組合。以前者來說，你買這些股票是期望股價動能未來能延續。至於後者，你的報酬仰賴的是，股價在發布重大的獲利利多消息之後，還會繼續向上飄移。本節要檢視每一個策略的弱點，以及減少這些弱點危害的可能方法。

動能型股票的風險

　　建構上一節的兩個投資組合時，我們並未關注組合中成分股的風險。股票風險愈高，愈可能展現股價與成交量動能，因此，你可能會發現最終的投資組合風險水準遠高於大盤。圖 12.12 檢視兩個風險面向（股價的貝他值和標準差），並將高股價／成交量動能的股票和股市裡其他股票做比較。

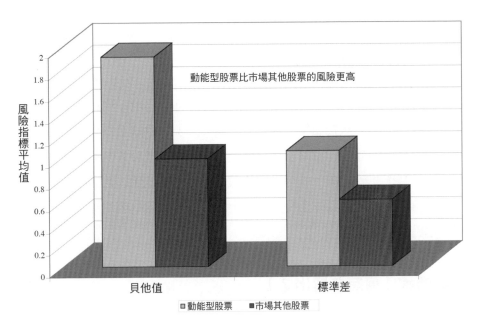

圖 12.12　動能型股票與市場其他股票的風險比較

資料來源：價值線公司。使用所有股票的三年數據，來計算貝他值和標準差。

　　風險的差異讓人訝異。動能型股票的平均貝他值幾乎是市場其他股票的兩倍（分別為 1.91 和 0.98），而且波動幅度高於大盤（標準差為 100%，

市場的平均值則為 60%）。就因為這樣，動能投資組合報酬率必須大幅超越大盤，才能彌補額外的風險。如果設定貝他值的上限為 1.20、標準差為 80%，表 12.2 的投資組合中，所列的 53 檔股票就減少至 15 檔。

至於盈餘意外型的投資組合，風險則藏在預期盈餘的估計值中。請注意，建構時使用的每股盈餘共識預估值，是追蹤該公司的各分析師所預估的每股盈餘平均值。由於共識預估值可能並未反映出分析師彼此間的歧見，因此在投資策略上，也應該要考量歧見引發的不確定性。為了說明，且讓我們假設有兩家公司之前提報的實際每股盈餘都是 2 美元，每股盈餘的預測值為 1.5 美元。再讓我們假設追蹤第一家公司的分析師之間，對於每股盈餘的預估值比較沒有歧見，但對第二家公司的看法卻大不相同。我們可以合理地主張，以盈餘意外來說，第一家公司（分析師之間少有歧見）會比第二家公司（分析師見解不同）更有可能出現好消息。繼續推論下去，代表你更應該投資第一家公司。圖 12.13 將盈餘意外高的投資組合中，各家公司的分析師盈餘預估標準差，和市場其他股票的盈餘預估標準差相比。為了便於比較，以每股盈餘預估值的標準差除以共識預估值。

分析師對於盈餘意外型投資組合中股票的盈餘預估值看法，顯然比市場其他股票更為分歧。

動能轉移（何時該賣出？）

動能導向策略的其中一個問題，是動能一下子是朋友，過沒多久又變成敵人。從這些策略的實證檢驗中可以看到，報酬對於持有時間的長短非常敏感。持股時間太長或太短都可能不利，投資時要判斷動能何時轉移是最困難的工作之一。

有一些訊號可以成為動能轉移的早期警訊，但並非萬無一失。第一是

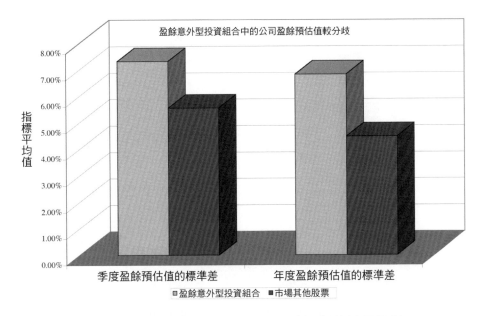

圖 12.13　盈餘意外型股票與市場其他股票的分析師歧見比較

資料來源：Zacks。分析師追蹤的每一檔個股，都會計算每股盈餘預估值的標準差。

內部人士的買賣行為。當動能把股價拉得太高，內部人士通常是第一批賣出股票的人。遺憾的是，一般人要在內部人士買賣幾個星期之後才會得到相關資訊，很多時候，這類警訊出現得太晚。另一種是**標準估值指標**，例如本益比。投資本益比高到無法維持下去的動能型股票，顯然比投資價格合理的股票危險多了。圖 12.14 比較動能投資組合與市場其他股票的平均本益比、股價淨值比和股價營收比（price to sales ratio）。

　　不管用哪一種指標衡量，動能投資組合的價格都比市場其他股票高。以實際數字來說明，動能投資組合中的股票平均本益比為 63 倍，市場其他股票的平均本益比為 16 倍。以股價淨值比來說，動能投資組合的平均數是 4 倍，市場其他股票的平均數是 2.6 倍。因此，動能投資組合中可能

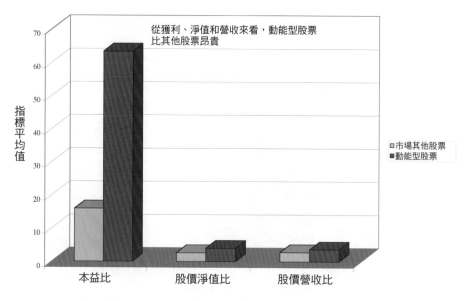

從獲利、淨值和營收來看，動能型股票
比其他股票昂貴

市場其他股票
動能型股票

本益比　　　　股價淨值比　　　　股價營收比

圖 12.14　動能型股票與市場其他股票的估值指標比較

資料來源：價值線公司2003年4月的資訊。本益比為當時股價除以每股盈餘。

有大量價格過高的股票。如果設定本益比上限為 20 倍，動能投資組合中
的 53 檔股票就減為 10 檔。

　　至於盈餘意外型投資組合，要處理的關鍵問題是盈餘驚喜究竟來自於
暫時性的項目（一次性的獲利、匯率利得）還是表現的提升，後者是好上
加好的消息。此外，你需要在發布消息之後馬上投資，雖然這一點和你想
要檢視獲利消息的細節相衝突，但是等待可能會害你錯失豐厚的報酬。或
者，你可以使用其他篩選標準，尋找最有可能維繫盈餘驚喜與股價動能的
股票。方法之一是考量過去季度的盈餘意外，主張公司若能連續幾季都交
出超越預期的出色獲利成績，會比其他公司更有可能長久提升獲利能力。
針對表 12.3 中，105 家盈餘驚喜幅度最大的公司檢視這些統計數字，可以

找出 25 家公司在前一季也創造了盈餘驚喜。

執行成本

從本質上來說，動能導向與資訊導向的投資策略都會導致頻繁交易，因此交易成本很高。交易成本不僅包括佣金，還有交易時會引發的價格衝擊。顯然，如果是散戶，價格衝擊可以說是微乎其微，但如果交易的是流動性很低的股票，即便成交量很小，也可能影響價格。

至於著眼於盈餘意外的策略，時機是決定成敗的關鍵。如果能在發布獲利消息之後隨即交易，就能從之後的股價上攻當中賺到更高的報酬。可惜的是，獲利好消息會觸發買進潮，從執行速度來看，散戶相對於法人居於不利地位。想要強化交易效率的散戶投資人有其他可行選項，但可能很昂貴。

投資獲利心法

如果你決定採用股價／成交量動能策略，你必須是短線投資人而且願意經常交易。這套策略向來風險高，但是可以利用幾個方法來降低你的風險上限。一般而言，你可以考慮這麼做：

● **根據實證分析設計出一套明確的策略**：動能是否能帶動未來股價變動，說到底是實證問題。雖然過去的情況不一定能預告未來，但有證據顯示股價確實具有動能。然而，這股動能對於時間的長短很敏感。投資人必須用過去的數據驗證自己的動能策略，找出最有機會

賺取報酬的時間段。

- **設定篩選條件以刪除「麻煩股」**：動能型股票通常比市場其他股票的風險高，股價（相對於基本面）多半也比較高。這些高價股的動能很有可能自行反轉，因此，你應該把風險最高、價格高估幅度最大的股票從投資組合中淘汰掉。
- **執行**：由於需要快速交易才能善用動能的好處，動能策略的交易成本可能極高，並可能迅速抵銷掉額外的報酬。因此，控制交易成本是讓策略成功的重要關鍵。
- **嚴守紀律**：要賺得預估的報酬，必須嚴守通過驗證的策略。投資人太常在遭遇失敗時偏離策略。

納入這些因素後，我們可以使用以下的篩選標準，來建構動能型股票的投資組合：

- **股價與成交量動能大於 1.40**：這條標準並不像上一節的標準這麼嚴格，但這樣你之後才能篩掉風險比較高、價格被高估太多的股票。
- **風險上限為貝他值小於 1.20，且股價標準差小於 80%**：這條標準可以使你從投資組合中，刪掉風險最高的股票。這代表的是美國股市中風險位居第 75 個百分位的股票，因此會刪掉風險最高的 25%，不會納入投資組合中。
- **定價篩選標準**：最終投資組合中僅納入本益比小於 20 倍的股票。

最後接近條件的投資組合有 7 檔股票，如附錄 12.1 所示。

如果你想使用盈餘意外或資訊導向型的投資策略，計畫在出現利多消息之後買進、在利空消息之後賣出，你的投資期間要以小時計，而不是星

期。如果你想利用這套策略賺得最高報酬，應該試著這樣做：

- **在資訊與執行面下功夫**：股價會回應資訊，所以你必須立即取得資訊。花點錢投資，找一套能提供資訊、讓你即時做交易的系統，是這套策略奏效的必要前提。
- **設定一套可用最少的資訊篩選股票的規則**：使用這套策略的投資人必須經常在資訊不充分的情況下交易。比方說，你得在利多盈餘報告一出來之後就買進股票，根本無法先評估盈餘報告的細節。然而，如果事先設定規則篩選盈餘報告、避開可能的問題，有助於形成防護，避開重大下跌風險。舉例來說，過去曾經調整盈餘報告，或是會計操作有問題的公司發布的正面盈餘報告，就比聲譽較佳的公司發布的報告可疑。
- **持續追蹤投資標的，以判定最佳持有期間**：發布消息的動能在某個時間點會達到高峰，之後反轉。你要不就要根據過去的歷史設定最佳的持有期間並堅守到底，要不就要使用技術規則（例如成交量大減），去偵測動能轉移的時機點。
- **考量交易成本與稅賦**：根據消息來做交易的成本很高。你必須頻繁交易，也要付出更高的成本才能快速執行。這些成本長期會累積，抵銷掉策略產生的利潤。

納入這些考量後，我們用以下的篩選標準挑出盈餘意外型投資組合：

- **最近一季的預期每股盈餘大於 0.25 美元**：這個條件可以淘汰掉提報的獲利大幅超出預期、但獲利絕對值極低的公司。附帶益處則是刪掉了價格極低、但交易成本很高的股票。

- **每股盈餘意外大於 40%**：盈餘意外（定義是最近一季的實際與預期每股盈餘的差額，除以預期每股盈餘）必須高於 40%。換言之，實際盈餘必須比預期高出至少 40%。
- **分析師預估值的標準差小於 5%**：當分析師對於預期每股盈餘的看法較為一致時，盈餘意外的影響更大。因此，投資組合會刪掉分析師對於預期每股盈餘莫衷一是的公司。
- **前期的每股盈餘意外大於零**：相較於上一季提報獲利低於預期的公司，前一季提報的獲利也超越預期的公司，獲利更能持續成長下去。
- **本益比低**：研究指出，價值型公司提報盈餘驚喜之後，價格很可能向上飄移。據此，投資組合僅考慮本益比低於 20 倍的股票。

最後得出 29 檔股票，投資組合列於附錄 12.2。

結語

動能導向的策略對投資人很有吸引力，因為之前上漲的股票未來將持續上漲的主張很符合直覺。證據也指出，金融市場裡的確有價格動能，但是有一些附帶警語。比方說，過去股價上漲的股票（即所謂贏家股票）在短期內很可能繼續上漲，但這股動能在幾個月之後會反轉。如果你持有的時間太長，股價很可能反漲為跌。至於發布訊息的影響（像是盈餘報告或股票分割），證據也同樣曖昧不明。公司如果提報利多消息，股價在訊息發布時會跳漲，之後一段時間續漲，但只有短短幾天。就像股價動能投資的情形一樣，到了某個時間點資訊引發的價格動能就停滯了，價格很可能

反轉。以這兩種情況來說，實證證據都指向，如果附帶成交量放大，股價動能比較可能持續下去。

你可以建構兩類動能策略。第一類，是買進同時具有股價和成交量動能的股票，亦即在前一段期間漲幅大於市場其他股票，而且成交量也有放大的股票。這些股票的風險多半高於市場其他股票，所以如果你能篩選掉內部人士正在出脫的股價過高股票，能大大提高勝率。第二類，是在發布盈餘驚喜之後買進股票，期望從後續的上漲當中賺得報酬。這裡要重述一次，如果你可以找出獲利持續成長的公司，將他們與其他公司區隔開來，你的成功機率將會大增。

附錄 12.1　具備股價和成交量動能、低風險且本益比低的股票

公司名稱	六個月報酬（%）	股價相對強弱值	成交量相對指數	本益比	貝他值	標準差（%）
Chronimed Inc	68.35	1.47	1.46	18.76	0.76	79.83
Movie Star Inc	127.27	1.98	1.51	20.40	1.11	70.26
Aceto Corp	123.59	1.95	1.74	17.06	0.74	52.04
North Coast Energy Inc	73.75	1.51	1.68	8.52	0.56	46.32
Sanfilippo John B	115.00	1.87	1.67	11.87	0.71	44.28
First Colonial Group	84.71	1.61	1.68	23.89	0.36	32.94
CNB Finl Corp	74.86	1.52	1.53	22.20	0.66	25.10

附錄 12.2　出現盈餘驚喜且取得預估盈餘共識的股票

公司名稱	股價 （美元）	實際每股盈餘 （美元）	預期每股盈餘 （美元）	每股盈餘驚喜幅度 （%）	前期每股盈餘驚喜幅度（%）	預估盈餘標準差 （%）	本益比
Shaw Group Inc	9.7	0.42	0.3	40.00	1.45	2.00	3.87
Coastal Bancorp	31.8	1.05	0.61	72.13	11.48	3.00	4.97
Firstenergy Cp	31.04	1.19	0.47	153.19	19.70	2.00	4.98
Ryland Grp Inc	48	2.5	1.24	101.61	12.58	4.00	5.64
Harland (John H)	23.83	0.66	0.4	65.00	3.92	2.00	5.96
Sunrise Assist	24.95	0.83	0.55	50.91	1.61	2.00	6.27
Meritage Corp	36.3	1.72	0.88	95.45	14.49	2.00	6.41
America Svc Grp	12.75	0.46	0.28	64.29	46.43	5.00	6.58
Bunge Ltd	27.3	0.98	0.33	196.97	12.94	4.00	6.93
Pulte Homes Inc	53.96	2.78	1.22	127.87	1.67	4.00	6.96
Polaris Indus	49.82	1.51	0.54	179.63	0.64	2.00	7.02
Black & Decker	36.2	1.05	0.43	144.19	14.46	5.00	7.49
Yum! Brands Inc	24.73	0.55	0.38	44.74	2.08	3.00	7.64
Bausch & Lomb	34.45	0.6	0.31	93.55	9.09	2.00	8.31
Toro Co	71.6	0.38	0.26	46.15	14.81	1.00	9.19
Newell Rubbermd	29.93	0.49	0.27	81.48	2.22	3.00	11.37
Mcclatchy Co-A	52.8	0.86	0.56	53.57	2.90	3.00	11.70
Diebold	36.14	0.67	0.36	86.11	1.69	2.00	11.83
Intl Bus Mach	79.01	1.34	0.79	69.62	3.13	3.00	11.87
Columbia Sports	38	0.72	0.26	176.92	5.19	0.00	12.32
Lee Entrprs	32.83	0.51	0.34	50.00	2.38	1.00	13.73
Gannett Inc	72.28	1.29	0.92	40.22	1.02	4.00	13.97
Select Ins Grp	24.67	0.41	0.28	46.43	2.70	5.00	14.67
Landstar System	61.22	0.88	0.61	44.26	1.22	2.00	15.94
Biovail Corp	40.1	0.6	0.38	57.89	2.17	3.00	16.40
Tribune Co	46.85	0.57	0.38	50.00	21.05	4.00	16.68
Flir Systems	47.21	0.71	0.5	42.00	17.65	3.00	16.77
Education Mgmt	41.91	0.7	0.5	40.00	14.29	2.00	19.39
Avon Prods Inc	57.57	0.8	0.41	95.12	2.13	1.00	19.78

13
跟隨專家投資會賺錢嗎？

專家導向的投資策略關鍵，是要從江湖郎中當中挑出真正的專家。

尋找大師

　　史丹利一直在尋找人生的啟發。他用同等的熱情嘗試新興宗教和新穎的飲食法，深信只要遵循正確的建議就能幸福快樂。當他開始投資，他收看 CNBC 財經新聞並閱讀相關書籍，讓財經專家告訴他如何致富。他確信，他們是投資成功的關鍵，他只要見賢思齊就可以了。因此，當《霸榮周刊》登出美國規模最大的共同基金公司經理人建議買進的 10 檔股票，史丹利照做了，每一檔都買。畢竟，這位投資組合經理不僅能接觸到金融市場裡最聰明的人物，也能獲得最強大的資訊，還可以和各公司的經理人交流。

　　幾個月過去了，史丹利失望透頂。儘管清單中有幾檔股票表現還不錯，但是投資組合的績效遠遠不如大盤。他試著找出到底什麼地方出了錯，去找了各種他能找到和這位提建議的投資組合經理人相關的訊息，才發現此人剛剛丟了飯碗，因為有一檔他操作十年的共同基金績效糟的不得了。

最後，史丹利賣掉了所有股票，買了一本破產專家所寫的書，教人如何撐過財務危機。

| **寓意：聰明人不一定能挑對股票。** |

有些投資人似乎懂得比別人更多，並自稱投資績效勝過市場裡的其他人。如果你可以跟著這些「專家」投資人、模仿他們的投資決策，或許就能搭上他們的成功便車。這種想法引導很多投資人閱讀投資刊物與收看討論股市的電視節目。而投資專家（股票研究分析師、投資顧問與投資組合經理）之所以能在金融市場裡具有高度影響力，也是基於這樣的思維。本章要檢視，這些專家的投資績效是否真的優於市場其他人，以及遵循他們的建議是否真能賺到更高的報酬。

故事的核心

每一個學門都有專家，在投資世界中更是多的不得了。巴菲特和林區等人因為投資組合多年來賺得高報酬而享有專家地位，其他人則因為職位而受封專家。比方說，他們可能是投資銀行的市場策略專家，或是股票研究分析師。還有些人則是因為握有資訊而成為專家，例如公司的內部人士，或是與決策者走得很近的人。最後一種則是自封的投資專家，除了他們舌粲蓮花的推銷本領之外，沒有其他本事。這些人撰寫成功投資經典，並提供刊物供人訂閱。為何專家建議會吸引新手投資人？這股吸引力背後有幾種想法支持：

- **專家更了解市場，因此比較不會犯錯**：投資是一件讓人誠惶誠恐的事，在如今這個選項多到眼花撩亂、投資愈趨複雜的市場裡更是如此。投資人擔心在錯的時間挑錯投資標的，會置自己的退休金和儲蓄於險境，因此設想專家可以導引他們避免犯下嚴重大錯。
- **專家在選股流程中有更多資源（數據、模型、人力），因此能挑中比較好的投資標的**：散戶投資人能花在分析投資上的時間有限，過程中能使用的資源也有限，因此處處受制。而投資銀行的股票分析師或共同基金的投資組合經理有更多資源與時間可做投資分析，這應該能帶來回報，得出更好的投資選擇。
- **專家有更多不為人知的資訊（風聲、傳言、消息），因此可以搶先知悉大消息**：市場會根據資訊變動，而可以即時獲得有用資訊的投資人應能善用這些訊息，賺得更高的報酬。畢竟，散戶無法和公司的經理人對談，但分析師可以和資訊來源的高層交流。許多投資人都假設，一般人知悉重大訊息之前，華爾街早就耳聞。

理論基礎：專家意見的價值

　　想要了解專家如何以及為何能打敗市場，要先從檢驗市場定價的流程開始。市場的價格雖然是由供需決定，不過資產的市價是價值的估計值。市場裡的投資人會根據對於未來的預期評估資產價值。他們使用所有能拿到的資訊得出預估，而資訊各式各樣，可能是資產過去的價格表現，或是年報以及證管會檔案中的公開訊息，也有可能是一、兩位投資人才能拿到的私密訊息。

　　對所有投資人來說，接收資訊、處理資訊、形成預期到交易資產的步

驟流程，可能都一樣。但每一個人能得到的資訊量，以及處理資訊的能力卻大不相同。有些投資人能得到的資訊比別人多，像負責分析思科股票的股票分析師，就比同樣也在想這件事的小散戶能取得更多和思科有關的訊息。投資人以不同的方式運用資訊以形成預期，又擴大了資訊差異的影響力。有些投資人可以設計複雜的量化模型，將資訊轉換成預期獲利與現金流，然後估算投資的價值。有些投資人只能利用相同的資訊針對不同的股票做比較。這樣下來的淨效果是，不管在什麼時間點，投資人對於資產的價值多少會有不同的看法。認為資產價值應該更高的人會買進，認為不值目前這個價格的人會賣出。市場價格代表著市場能結清的價格，亦即讓需求（買進）等於供給（賣出）的價格。

價格之所以常偏離價值，理由有三。而這些定價流程中的缺失，可能就是讓專家賺到超額報酬的原因。

- 首先，多數投資人能得到的資訊或許不充分或不正確，因此根據資訊得出的預期很可能出錯。而能夠取得更好或更完整資訊的投資人，就能利用資訊的優勢賺取潛在的超額報酬。這通常是公司內部人士勝過外部人士之處。
- 其次，投資人很可能沒有妥善消化資訊就有所預期。因此，更有能力好好處理資訊（使用更好、更複雜的模型）的投資人，就有可能找出定價錯誤並善加利用。這很可能就是分析師與投資經理人創造出來的價值。
- 最後，即便資訊正確，且一般的投資人也能適切得出預期，但可能還是有一些投資人願意用未反映預期的價格從事交易。比方說，如果一名投資人評估一檔個股的價值是 50 美元，他可能還是願意用 60 美元的價格買入，因為他相信之後可以用 75 美元賣給別人。如

果有投資人看到這種不理性行為且願意賭上一把（可能是認同或反對），長期或許能賺得更高的報酬。這基本上就是巴菲特和林區等成功投資人在定價流程中發揮的作用。

利用這套架構，可以看出專家在市場裡扮演的角色。專家因為比其他投資人更早獲得資訊、用更好的方式處理資訊，以及在市場的資產定價中找到系統性錯誤而掙得地位，其他投資人可以向他們學習，或至少從他們的成功當中分一杯羹。

檢視證據

擁有其他人無法取得的資訊（例如小道消息）的投資人，能否利用資訊獲利？答案顯然很明顯（那就是：可以），但是要檢視他們有沒有這麼做是很困難的事，原因是那些人不會公開行事。這是因為監理機構明確禁止在發布重大事件之前進行交易（至少在美國是如此）。因此，遵守法律並向證管會提報交易的內部人士，不太可能在第一時間根據特定訊息進行交易。即便在選擇內部人士交易的樣本時有這類的偏誤，但因為內部人士拿得到外部人士無法取得的公司綜合資訊，本節一開始還是要先檢視，能不能把他們的買賣動向當作未來股價變動的信號。第二部分要探討比較難的問題，亦即非法根據私密資訊從事交易的人，是否真能賺得超額報酬。這聽起來是一項根本做不了的檢驗，但查看發布重大訊息前的成交量與股價波動，至少可以得出一些和這類交易有關的推論。最後，我們要檢視能否藉由聽從股票分析師、並遵循他們的建議，來提高報酬。

內部人士

美國證管會定義的內部人士，是公司的幹部、主管，或是大股東（持股超過公司流通在外股數的 5%）。內部人士不得在公司發布重大訊息之前進行交易，而他們要買賣公司股票也得向證管會申報。本節要先檢視內線交易與後續股價變動之間的關係，再來討論非內部人士能否使用內線交易的資訊賺取超額報酬。

內線交易與股價

假設內部人士比起其他投資人更容易得到和公司有關的資訊，因此之後更能精準評估價值（這種假設聽來很合理），那麼，內部人士的買賣決策應能透露出未來股價變動的訊號。圖 13.1 來自一項內線交易研究，根據內線交易將股票分成兩群，然後檢視超額報酬。[1]「買進群組」是內部人士買超最多的股票，「賣出群組」則是內部人士賣超最多的股票。

在內線交易幾個月之後，內部人士大力買進的股票表現非常出色，優於內部人士賣超的股票。之後所做的研究也支持此一發現。[2] 但值得一提的是，內部人士買超的股票，股價之後不一定會上漲，像在 10 檔內部人士買超的股票裡，約有 4 檔到頭來是很糟糕的投資。而且，以平均值來看，賺到的超額報酬也不算高。進一步觀察內線交易股票的價格波動，會發現內部人士大賣的股票在之後的十二個月報酬率為 14.4%，大幅低於內

1   Jaffe, J., 1974, *Special Information and Insider Trading*, Journal of Business, v47, 410-428.

2   Finnerty, J. E, 1976, *Insiders and Market Efficiency*, Journal of Finance, v31, 1141-1148; Rozeff, M., and M. Zaman, 1988, *Market Efficiency and Insider Trading: New Evidence,* Journal of Business, v61, 25-44; Seyhun, H. N., 1998, *Investment Intelligence from Insider Trading*, MIT Press, Cambridge.

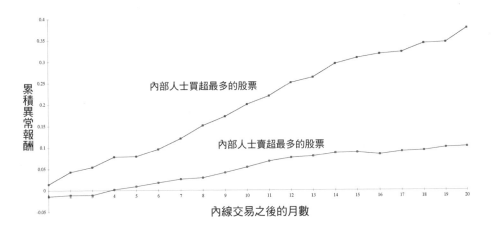

圖 13.1 內線交易之後的累積報酬：買進群組與賣出群組比較

資料來源：賈飛（J. Jaffe）。內部人士買進（賣出）的群組納入內部人士買超（賣超）最多的公司，報酬為建構投資組合之後二十個月的累積報酬。

部人士買進的股票賺得的 22.2%。[3] 不過，內線交易與後續報酬關係最明顯的是小型公司，大型公司幾乎沒有關係。

前述的研究多半聚焦在內部人士整體的買賣超，如果可以把內線交易更細分，能增添更多策略價值。讓我們思考以下的論點：

● **不同的內部人士能取得的資訊不盡相同**：高階主管和董事最有特權取得非常重要的資訊，因此他們的交易能揭露的訊息會比部屬更多。一項研究發現，僅關注高階主管所做的大型交易的投資人，會比注意整體內線交易的人賺到更高的報酬。[4]

3 Lakonishok, J., and I. Lee, 1998, *Are Insiders' Trades Informative?* Working Paper, Social Sciences Research Network.

4 Bettis, J., D. Vickrey, and Donn Vickrey, 1997, *Mimickers of Corporate Insiders Who Make Large Volume Trades*, Financial Analyst Journal, v53, 57-66.

- **隨著取代普通股交易的其他投資選項日增，內部人士也更精於使用這些替代品**：身為外部人士的你，可以藉由追蹤這些替代投資來增添策略價值。舉例來說，利用衍生性證券（尤其是選擇權）來替普通股部位避險的內線交易量，會在股價上漲之後，以及發布利空的獲利消息前立刻大增。[5] 此外，內部人士建構避險部位之後，股價多半會下跌。

總而言之，內線交易藏著對內部人士而言有用的資訊，但內部人士並非擁有壓倒性的資訊優勢，至少在美國不是。部分理由可能是一些法律定義的內部人士不能在發布重大訊息前交易，部分理由是就算拿到的是最寶貴的資訊，也不一定準確。以內部人士買賣超為基準來做交易的投資人必須體認到一件事，那就是內部人士在評估價值時常常出錯。

非法內線交易

上述的研究都未回答一個問題：內部人士能否賺得超額報酬？美國證管會現在制定的提報流程中，以合法且獲利較低的交易為多，沒有非法且獲利豐厚的交易。雖然不太容易找到直接證據來回答這個問題，但私密資訊帶動的非法內線交易賺得的報酬一定高於合法交易。我們可以提三項證據來證明這個論點。

- 第一個（也是證明力道最弱的）是傳言。當內部人士被抓到從事非法的內線交易，他們幾乎都從中賺了大錢。顯然，某些內部人士利

---

5 Bettis, J. C., J. M. Bizjak and M. L. Lemmon, 2002, *Insider Trading in Derivative Securities: An Empirical Investigation of Zero Cost Collars and Equity Swaps by Corporate Insiders*, Working Paper, Social Sciences Research Network.

用自己的特殊地位賺得高額報酬。但這項證據之所以很薄弱，是因為美國證管會將高額獲利視為指標之一，據此決定是否起訴。換言之，根據私密資訊從事非法內線交易的人很可能犯法，但如果虧錢的話，就不太可能遭到起訴。

- 公司發布重大訊息之前，幾乎都會有股價上漲（如果是好消息）或股價下跌（如果是壞消息）的情況。因此，你可以看到目標公司的股價在發布併購訊息前上漲，提報獲利成績讓人失望的公司在發布消息前幾天股價下跌。這當然可能代表市場很敏銳，但更有可能是有人得到私密資訊（很可能從公司本身或是協助公司運作的中介機構），並在消息傳開之前先做交易。事實上，另一個指向內線交易的訊號是，在重大訊息發布之前，股票以及衍生性商品的成交量大增。[6]

- 內部人士除了可以獲得資訊之外，由於他們的地位，通常還能知道公司何時要對金融市場發布相關訊息。他們很清楚自己不能在重大資訊發布之前做交易，因此常常調整資訊揭露的時機，盡量避免成為證管會的目標。一項分析[7]發現，若公司獲利不再連續成長、出現中斷，內部人士會在公司發布此一消息前的三到九個季度賣股。[8]同一項研究也發現，成長型公司發布期間獲利下滑之前，內部人士賣出量會增加。

---

6 美國證管會追蹤成交量的理由就在此。成交量忽然大增通常會觸發當局調查公司的內線交易。

7 Ke, B., S. Huddart and K. Petroni, 2002, *What Insiders Know About Future Earnings and How They Use It: Evidence from Insider Trades*, Working Paper, Social Sciences Research Network.

8 如果在發布消息前一、兩季賣股，多半會面臨法律問題。

將內線交易應用到投資決策中

　　追蹤合法內部人士的交易比較簡單，也更能即時取得資訊。我們可以檢視美國證管會網站上（http://www.sec.gov）公司申報的資料，其中第3、4和144號表格都有揭露內線交易資訊。很多其他很受歡迎的財經網站如雅虎財經（Yahoo! Finance），也會報導各家公司最近的內線交易。如果願意多付一點錢，也可以訂閱彙整這類資訊的服務，就可以收到相關訊息。

　　要取得內線交易的相關資訊愈來愈容易，但如果要拿來當作投資工具，用處也愈來愈小。此外，管理階層薪酬方案中大量使用選擇權，也導致提報系統裡充滿更多不確定性，因為現在有一大部分內部交易都和經理人行使選擇權有關，他們只是為了取得流動資金以及分散投資等原因才賣出持股。因此，內線交易的資訊要有用，你要看的不只是所有內部人士的交易總數，還要把重點放在規模小、較少人追蹤的小型公司高階經理人從事的大型交易。但就算這麼做，還是不能期待致勝魔法就此出現，因為你用的全都是公開可取得的資訊。

　　真正的報酬來自於追蹤非法內線交易，因此要看的是成交量和買賣價差。成交量與私密訊息的關係很可能提供了合乎直覺的理由，讓人自然而然把成交量當成技術指標。

分析師

　　分析師顯然在市場裡具有可取得資訊的優勢地位，是私密與公開資訊的匯聚地。他們利用這兩類資訊對追蹤的公司提出獲利預期，對客戶發出買進賣出建議，客戶則據此做交易。本節要討論獲利預估與買賣建議當中的寶貴資訊，以及將這些資訊納入投資決策能否帶來更高的報酬。

分析師預測值中蘊藏的資訊

分析師耗費大量的時間與資源，來預測下一季與下一個會計年度的每股盈餘。基本上，如果他們可以聯繫公司管理階層並取得私密資訊，就能享有優勢、更順利地完成本項任務。因此，當分析師向上或向下調整獲利預期時，就是在向金融市場傳遞資訊，股價應該也會隨之反應。本節要檢視市場如何回應分析師調整獲利預期，以及投資人能否利用這種股價反應。

相信分析師的成長預測，會比僅檢視過去的獲利成長更為準確的理由很簡單：分析師一樣會看過去的獲利數據，但他們還可以得到其他有助於預測未來成長的資訊。

- **自上一次盈餘報告以來的公司公開資訊**：分析師可以使用上一次盈餘報告之後的公司公開資訊，來預測未來的成長狀況。這項資訊有時候會導致大幅重估公司的預期盈餘與現金流。比方說，有消息指出某家公司和聯邦政府簽署了利潤豐厚的合約，或是公司的管理階層要換人，都可能影響到對公司未來幾期的盈餘成長預估。
- **可能影響未來成長的總體經濟相關資訊**：GDP 成長率、利率和通貨膨脹率的相關新聞，會影響所有公司的預期成長率。而和整體經濟環境有關，以及與財政、貨幣政策變動有關的訊息出現之後，分析師會更新他們對公司未來成長的推估。舉例來說，如果資訊顯示經濟成長的腳步快過預期，分析師就會提高對週期性公司的成長率預估值。
- **競爭對手揭露的未來前景相關資訊**：分析師也可以根據競爭對手揭露的定價策略與未來成長相關資訊，來設定成長預估值。比如，一

家零售型公司如果提報銷售成長速度走緩，很可能導致分析師重新評估其他零售型公司的獲利成長。

- **和公司有關的私密資訊**：分析師有時候會得到和追蹤公司相關、而且關乎未來成長預測的私密資訊。這裡先不討論私密資訊何時變成非法內線資訊這個複雜的問題，但毫無疑問的是，適當的私密資訊能讓分析師更精準預估未來的成長。為了限制這類資訊流出，美國證管會頒布新規範，禁止公司將資訊選擇性地透露給少數分析師或投資人。但是，在美國以外，各家公司還是經常將私密資訊傳達給追蹤公司的分析師。
- **除了獲利之外的其他公開資訊**：完全仰賴過去獲利數據的獲利預估模型，可能會忽略其他有助於預測未來獲利的公開資訊。比方說，保留盈餘、淨利率以及資產週轉率等財務變數，都有助於預估未來成長。分析師可以將這些變數蘊藏的資訊納入預測當中。

獲利預估值的品質 [9]

如果公司有很多分析師追蹤，這些分析師也確實比市場裡其他投資人掌握更充分的資訊，那他們做出來的成長預測，理應優於僅以過去獲利成長或是其他公開資訊為憑的預測。但這種預設說法成立嗎？分析師做的成長預估真的優於其他人？

檢視短期（未來一個季度到未來四個季度）獲利預估的研究得出的共識是，分析師提出的獲利預估，會比純仰賴歷史數據的模型更精準。分析師做出的下一季實際獲利與預估值絕對差異（換成百分比），小於僅以過去數據為準的模型。分析師預估值的準確度摘要如下：

9　賣方分析師任職於券商與投資銀行，他們為公司的客戶提供研究報告。反之，買方分析師任職於法人機構，他們的研究報告通常只供內部使用。

- **分析師的估計值比用過去成長率估算出來的數值更精準，但差異不大**：《獲利預估》（*Earnings Forecaster*）是標準普爾公司發行的內容，摘要超過 50 家投資銀行的獲利預估值。有一項研究 [10] 檢視其預測值的相對準確度，找出當年每個月的獲利預估誤差，並計算分析師的獲利預估誤差與時間序列獲利模型（僅使用過去的獲利資料）的獲利預估誤差之比率。研究發現，從 4 月到 8 月，時間序列的結果比分析師的預測值精準，但從 9 月到隔年 1 月的表現則不如分析師。作者群提出假說，認為這是因為分析師下半年能得到比較多和公司有關的資訊。

- **分析師的優勢在做長期獲利預估時會消減**：有一項研究 [11] 比較 I/B/E/S 的分析師共識預測值，以及純粹根據過去獲利數據做出來的預測值，預測期間從未來一季到未來四季。結果發現，分析師針對未來一季與未來兩季所做的預估值比時間序列模型精準，對未來三季的預估表現和模型一樣，對未來四季的預估則遜於模型。因此，分析師從公司相關資訊中得到的訊息優勢，會因為預測時間拉長而消減。

- **分析師在預測獲利時會犯下重大錯誤**：一項檢驗從 1974 年到 1991 年分析師預測值的研究發現，在所有受檢驗的預測值中，有超過 55% 的分析師獲利預估值與實際獲利差了 10% 以上。[12] 預測不精準的一個可能解釋是，分析師對於未來成長常常樂觀過頭。另一項

10 Crichfield, T., T. Dyckman and J. Lakonishok, 1978, *An Evaluation of Security Analysts Forecasts*, Accounting Review, v53, 651-668.

11 O'Brien, P., 1988, *Analyst's Forecasts as Earnings Expectations*, Journal of Accounting and Economics, v10, 53-83.

12 Dreman, D. N., and M. Berry, 1995, *Analyst Forecasting Errors and Their Implications for Security Analysis*, Financial Analysts Journal, May/June, 30-41.

分析總結，有很多分析誤差來自於分析師無法考量到重大的總體經濟環境變動。[13] 換言之，就像圖 13.2 指出的，分析師在復甦高峰即將反轉時常常高估成長，在衰退最嚴重即將復甦時又低估成長。

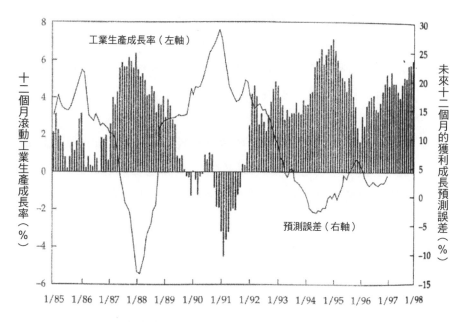

圖 13.2　獲利分析誤差與經濟成長

資料來源：查普拉（V. K Chopra）。衡量經濟復甦速度的指標是工業生產，而獲利預測誤差是所有分析師獲利預估誤差值（相對於實際獲利）的平均數。

請注意，分析師在經濟高成長期間持續低估獲利，在低成長期間則高估獲利。有一份研究比較七個國家的分析師所做的預估誤差，不意外的是，在揭露金融資訊較多的國家，分析師的預測比較

13　Chopra, V. K., 1998, *Why So Much Eerror in Analyst Forecasts?*, Financial Analysts Journal, Nov-Dec, 35-42.

精準，誤差比較少。[14]

- **如果要做長期預測（五年），少有證據顯示分析師的預測值能提供任何額外資訊**：如果要預測的期間超過三年或五年，少有證據指向分析師能提出精準的獲利預估。一項早期的研究彙整五家投資管理公司、在 1962 年與 1963 年做的未來三年長期預測，並和實際的成長相比，結論是分析師在做長期預測時的表現不佳。[15] 之後有一項研究不認同此一看法，後者發現 I/B/E/S 的五年成長共識預測值的表現很出色，預估的未來成長也比歷史數據導向的衡量成長結果精準。[16]

如果認為分析師能運用更多資訊，所以他們的成長預測一定優於時間序列或其他歷史數據導向的模型，這樣的主張憑恃的是直覺。另一方面，證據指出，他們在做長期預測時沒有那麼出色，而且過去的獲利成長率數據在分析師提出預估值時，扮演重要角色。

市場對於獲利預估調整的反應

在第十二章討論過的幾種股價動能策略中，投資人買進近期上漲幅度最大的股票，期待這種動能會帶到未來。我們也可以根據獲利動能設計出類似的策略。這類策略有些完全以獲利成長率為依歸，但有一些會以實際獲利和分析師預期的差異為基準。事實上，有一項策略就是買進分析師上

---

14 Higgins, H. N., 1998, *Analyst Forecasting Performance in Seven Countries*, Financial Analysts Journal, May/June, v54, 58-62.

15 Cragg, J. G., and B. G. Malkiel, 1968, *The Consensus and Accuracy of Predictions of the Growth of Corporate Earnings*, Journal of Finance, v23, 67-84.

16 Vander Weide, J. H., and W. T. Carleton, 1988, *Investor Growth Expectations: Analysts vs. History*, Journal of Portfolio Management, v14, 78-83.

調獲利預估的股票，期待的是股價會隨著獲利上調而上漲。

美國有些研究得出結論，指稱利用分析師的獲利預估調整有可能賺得到超額報酬。最早期檢驗此現象的一項研究中，研究人員以獲利預估調整為基準，挑選三種類股組成一個由 49 檔股票組成的投資組合，在接下來的四個月裡，獲利預估上調幅度最大的股票賺到的超額報酬達 4.7%。[17] 一項研究指出，從 I/B/E/S 找出 20 檔獲利上調幅度最大的股票組成投資組合，可以賺得 14% 的年化報酬率，相較之下，標普 500 指數的報酬率僅有 7%。[18] 一項檢視超額報酬的研究指出，高報酬集中在獲利預估調整的前後幾週之內：調整前一週為 1.27%，調整後一週為 1.12%。研究更進一步顯示，根據時機性、影響力和準確度等條件被歸類為領先群的分析師，他們對於成交量和股價能發揮更大的影響力。[19] 2001 年，研究擴大到其他國家的獲利預估，得出的結論是，買進獲利預估上調幅度最大的股票可以賺得超額報酬，英國是 4.7%，法國是 2%，德國是 3.3%。[20]

獲利預估以及後續的調整都是眾所周知的資訊，你可以透過 Zacks 和第一號召等服務查閱。這些服務彙整分析師的獲利預估，並以平均值為準，提出每股盈餘的共識預估值，也會提報個別預估值的變動，並在共識值裡反應調整情況。投資人可以追蹤這些獲利預估調整，買進上調幅度最高的股票。

---

17 Givoly. D., and J. Lakonishok, 1984, *The Quality of Analysts' Forecasts of Earnings*, Financial Analysts Journal, v40, 40-47.

18 Hawkins, E. H., S. C. Chamberlin, W. E. Daniel, 1984, *Earnings Expectations and Security Prices*, Financial Analysts Journal, September/October, 20-38.

19 Cooper, R. A., T. E. Day and C. M. Lewis, 1999, *Following the Leader: A Study of Individual Analysts Earnings Forecasts*, Working Paper, Social Science Research Network.

20 Capstaff, J., K. Paudyal and W. Rees, 2000, *Revisions of Earnings Forecasts and Security Returns: Evidence from Three Countries*, Working Paper, Social Science Research Network.

分析師建議

　　分析師報告的重點，就是他們對股票的建議。我們可以預期，分析師提出建議時股價也會反應，這純粹就是因為某些投資人會遵循建議，跟著利多推薦（利空意見）買進（賣出）股票。本節要先看看一些和分析師建議相關的實證證據，之後細究市場如何反應他們提的建議。本節最後會分析，利用這些建議做投資的投資人，長、短期能否賺得回報。

推薦賽局

　　在檢驗市場如何回應分析師建議之前，要先說明三點實證上的事實：

- 如果將分析師建議分成買進、賣出與持有，絕大多數的建議都是買進。舉例來說，2001 年的買進建議就遠高於賣出建議，比例為 7 比 1，但是這個比例已經比 1990 年代末期低了，當時買進與賣出建議的比例常超過 25 比 1。
- 買進與賣出建議失衡，部分原因是分析師通常不僅是分成買進、賣出和持有這三類而已。某些投資銀行與投資顧問公司會將股票分成一到五級（比方說價值線公司），有些則把買進和賣出建議又再細分（強力買進、小幅買進）。在這種系統下，分析師不僅能用更多等級來評量股票，也能在一句話都不用多說的前提下就送出賣出信號。當一位分析師將某檔股票從強力買進調降到小幅買進，就等於是對股票發出賣出信號。
- 就像獲利預估一樣，在分析師推薦這個面向上也有從眾行為。當分析師將某一檔股票從小幅買進調升為強力買進，之後幾天也會有其他分析師急著跟進調升評等。

市場如何回應分析師推薦？

　　市場如何回應分析師的推薦？我們可以檢視在分析師提出買進與賣出建議當天，以及之後幾星期的股價反應。儘管買進與賣出建議都會影響股價，但賣出建議的影響力大於買進。[21] 如果你還記得買進建議遠多過賣出建議，就不會對這一點感到意外。有趣的是，買進建議的價格效應通常隨機出現，也沒有證據顯示發布買進建議之後會出現價格飄移，而股價在賣出建議之後則會持續下跌。圖 13.3 說明了這些發現。

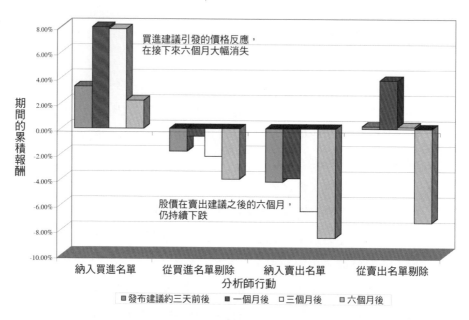

圖 13.3　分析師建議引發的價格反應

資料來源：沃馬克（K . Womack）。股票是根據追蹤該個股的分析師做出的建議變動來分類。

21　Womack, K., 1996, *Do Brokerage Analysts' Recommendations Have Investment Value?*, Journal of Finance, v51, 137-167.

出現買進建議時股價會上漲約 3%，出現賣出建議時則下跌約 4%（反應時間約在發布消息前後三天）。在之後六個月，列為賣出名單的股票價格還要再跌 5%，列為買進名單的則已經不見價格效應。

你可以利用分析師的建議賺錢嗎？答案看來是肯定的，至少短期是這樣。就算建議裡沒有新的資訊，客戶根據建議交易，在買進建議之後推高價格、賣出建議之後壓低價格，創造出自我實現的預言。[22] 然而，如果這是股價會有反應的唯一理由，報酬不僅很可能非常低，也很快就會消失，只留給你高額的交易成本，其他一無所獲。

投資顧問與其他專家

在為投資人提供建議的擁擠市場裡，內部人士和分析師只是其中的兩類。市面上有很多投資顧問刊物，意在挑出市場上最佳股票。比方說，價值線公司和晨星等投資顧問服務，就有提供自家專屬的選股建議（只收取少少的費用），也有許多名嘴在電視節目上侃侃而談，他們都聲稱找到了成功投資的優勢。我們不用重新再檢視這些專家建議是否成功的研究，相關證據摘要彙整如下：

● **投資顧問與專家領域少有長期且持續選股成功的範例**：宣稱以專屬選股模型挑股票的投資刊物，通常少有證據可以證明自家的選股成績確實很出色。一項研究分析《赫伯特金融文摘》（*Hulbert Financial Digest*）追蹤的超過 153 份仍有出刊的刊物，發現即使不

---

22 這是很重要的因素。《華爾街日報》會刊出儀錶板（Dartboard）專欄，報導和報社合作的分析師建議了哪些股票。這些股票在被挑中後的兩天會上漲約 4%，但幾個星期後價格就反轉了。

加計交易成本，都難證明他們的選股技巧非凡。[23] 如果遵循刊物的
建議，很多都要頻繁交易，真的去聽的投資人能賺到的報酬一定更
低。但也有幾個例外。一些研究 [24] 發現，身為歷史最悠久的投資顧
問服務之一的價值線公司，以該公司編列的排名來找好股票，某種
程度上可以說是成功。[25]

- **即便是看來能夠提供優質投資建議的投資顧問服務（比方說價值線
  公司），也有明顯的「執行缺點」**：換言之，書面的報酬和你從實
  際的投資組合能賺到的真正報酬之間，有重大落差。有一項研究檢
  視從 1979 年到 1991 年的價值線公司排行榜，指出雖然紙上的最佳
  股票（排名第一級的股票）投資組合年報酬率達 26.2%，但買同一
  組股票的投資人實際上僅賺到 16.1% 的年報酬。事實上，1980 年
  代價值線公司成立一檔遵循自家建議投資的基金，其實際的表現遠
  遠低於書面上的投資組合報酬。

- **找到成功選股公式的投資顧問最輝煌的時刻，看來就是他們一開始
  提供建議的時候**：長期而言，成功會自傷，因為仿效者很快就會讓
  額外報酬的來源消失。價值線公司一開始的成功，很多都可以歸因
  於這家公司率先將獲利動能（獲利成長率的變動率）應用在時機排

---

23 Metrick, A., 1999, *Performance Evaluation with Transactions Data: The Stock Selection of
   Investment Newsletters*, Journal of Finance, v54, 1743-1775. 本研究檢視，如果投資人遵循投資刊
   物的建議能賺到多少報酬。研究人員使用各種模型去調整風險，而每一種模型得到的結論都
   一樣（那就是：聽從刊物裡的投資建議賺不到錢）。

24 最早期的研究中，有一項是費雪・布萊克的作品：*Yes, Virginia, There is Hope: Tests of the Value
   Line Ranking System* (Financial Analysts Journal, v29, 10-14)。布萊克是虔誠的效率市場信徒，
   他看到根據價值線公司的排名投資居然能創造出超額報酬，深感訝異。2000 年，一項更近期
   的研究得出結論，認為雖然根據價值線公司的排名投資能創造一些超額報酬，但超額報酬並
   無法支應交易成本，請見：Choi, J. J., *The Value Line Enigma: The Sum of the Known Parts*, Journal
   of Financial and Quantitative Analysis, v35。

25 價值線公司根據所謂的「時機」將股票分為五級，第一級是時機最好的，第五級是最差的。

行榜。價值線公司成功後,其他人開始在選股策略中應用獲利動能,就壓低了效果。

- **明星基金經理人與分析師在媒體上提供的投資建議,有很多是出於個人利益:**少有證據指出,讀到這些建議的人可以因此成功。以每星期出刊的財經雜誌《霸榮周刊》為例,雜誌社每年都會請來美國最知名的基金經理人舉辦圓桌會議,請他們選出接下來這一年的最佳股票。在更深入檢視這些股票後,會發現從提出建議到雜誌出刊日之間的兩個星期,股價漲幅約 2%。但自出刊日之後,持有期如果為一到三年,則賺不到任何超額報酬。[26]

進行運算

在你決定聽從專家建議跟著進場前(因為內部人士買進與分析師建議買入),你應該先檢視市場的差異,了解各家公司的內部人士持股比率有多高、他們有多常交易,以及分析師最常追蹤的是哪一類型的公司、分析師的建議又有哪些特性。本節要檢視不同產業的內線交易與分析師追蹤有哪些差異。

內線交易

美國證管會的內部人士指公司的董事、經理人或員工,我們可以計算

---

26 Desai, H., and P. C. Jain, 1995, *An Analysis of the Recommendations of the Superstar Money Managers at the Barron's Roundtable*, Journal of Finance, v50, 1257-1273. 他們檢視 1968 年到 1991 年,《霸榮周刊》圓桌會議出版刊物上的 1599 項買進建議。

一家公司裡內部人士的持股比率。像微軟與甲骨文這類公司，創辦人仍在公司管理上扮演要角而且持股比率高，你會發現這些公司的內部人士持股在公司流通在外股數中占比極高。以甲骨文為例，2003 年 4 月時，賴瑞‧艾利森（Larry Ellison）持有的公司流通股數占比超過 20%。在比較成熟、已經有一點歷史的公司裡，內部人士的持股比率就低得多。圖 13.4 是 2003 年美國各家公司內部人士持股占流通股數比率的分布情形。

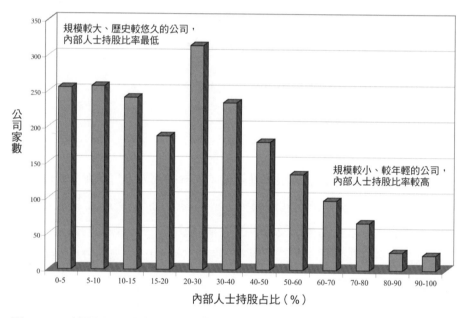

圖 13.4　美國公司的內部人士持股占比

資料來源：價值線公司。美國證管會定義的內部人士為公司員工、董事，以及持股超過流通在外股數 5% 以上的股東。

請注意，有些公司的內部人士持股占流通股數的比率達七、八成，甚至九成。

知道公司內部人士的持股比率雖然有幫助，但多數投資策略的基礎都

是內部人士持股比率的變化。那麼，只要知道內線交易資訊，通常就足以構成投資策略的基礎了嗎？要回答這個問題，讓我們來檢視 2003 年 1 月到 3 月這十二個星期，美國各家公司的內部人士持股變動，變動的分布情形如圖 13.5 所示。[27]

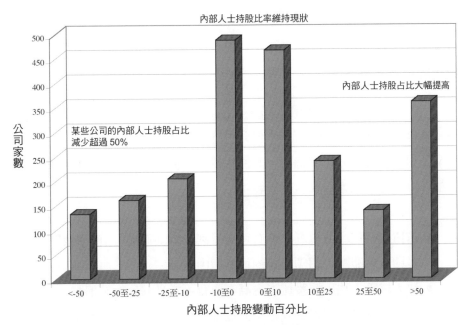

圖 13.5　2003 年 1 月至 3 月，內部人士持股變動

資料來源：價值線公司。圖中為十二週期間，內部人士的持股變動百分比。

　　即便僅有短短三個月，內部人士持股也有大幅變動，至少在某些公司是如此。舉例來說，在 2003 年 1 月到 3 月間，約 350 家公司的內部人士持股比率提高超過 50%，約 150 家公司減少超過 50%。

---

27 為便於釐清，特此說明如果內部人士持股占比從流通股數的 4% 增為 5% 時，會歸類為持股比率增加 25%。

分析師建議與修正

　　華爾街以及其他地方有千百位分析師追蹤美國企業，但每家公司能博得的關注程度不同。本節要先檢視分析師追蹤企業的差異，接下來則要看分析師發出買進與賣出建議的頻率、他們改變建議的頻率，以及他們調整獲利預估值的頻率。

分析師追蹤哪些企業？

　　一家公司有多少分析師追蹤，會因公司的不同而有極大差異。像奇異、思科和微軟這種企業有幾十位分析師盯著看，另一個極端則是，有數百家公司完全沒有分析師追蹤。為何相較於其他公司，有些公司有更多人追蹤？以下這些因素看來有些影響：

- **市值**：公司市值愈高，愈有可能受到分析師追蹤。這一點是小企業長期下來能賺得超額報酬的可能理由之一。
- **法人持股**：法人持股比率愈高，愈有可能受到分析師追蹤。但這當中有一個尚無解答的問題：究竟是分析師追蹤法人，還是法人追蹤分析師？然而，考量到法人是股票分析師最重要的客戶，這個因果關係很可能是雙向的。
- **成交量**：分析師比較可能去追蹤流動性高的股票。但同樣的，值得一提的是分析師的關注與買進（或賣出）建議，對股票成交量來說可能有一定的作用。

分析師的建議傾向

　　分析師建議有各種形式。有些分析師把股票簡單分為買進、賣出和持有三類，但多數都會再細分，最常見的變化版本是分成強力買進、買進、持有、賣出與強力賣出。金融圈長久以來偏向建議買進，我們可以從幾個方面看出這種偏離傾向。比方說，你能計算所有追蹤某檔個股的分析師所做的建議，看看各類別的建議各有多少。圖 13.6 顯示 2003 年 4 月的分布狀況。[28]

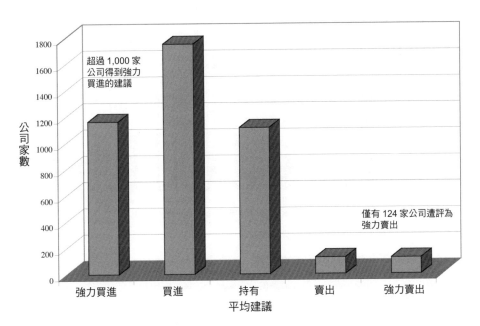

圖 13.6　2003 年 4 月，美國股票的平均建議

資料來源：Zacks。圖中加總每一位分析師的建議，然後整合成每一檔股票的共識建議。

---

28 假設有一檔股票有五位分析師追蹤，有三位建議強力買進、兩位建議買進，我們可以利用分數尺規，強力買進的建議各得 1 分，買進的建議各得 2 分，這檔股票的加權分數為（1x3 ＋ 2x2）/ 5 ＝ 1.4。因此，這檔股票歸類在強力買進。如果加權分數為 1.6 分，則歸類為買進。

在超過 4,000 家有分析師追蹤的公司裡，得到賣出與強力賣出建議的公司不到 300 家。反之，幾乎有 3,000 家公司得到買進與強力買進建議。

　　另一種可以看出買進建議偏多的方法，是檢視追蹤個股的分析師所做的建議，然後列出買進、持有和賣出建議的比率。圖 13.7 顯示，2003 年 4 月全美所有企業在這幾類建議的占比。

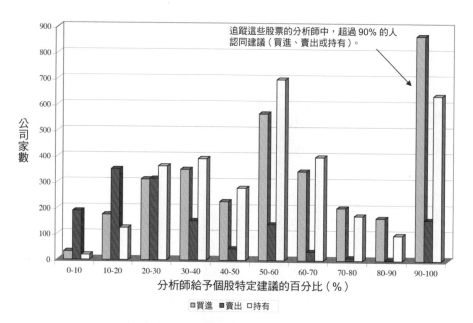

圖 13.7　細分各檔股票得到的建議

資料來源：Zacks。圖表代表追蹤各檔股票的分析師給予買進、賣出和持有建議的百分比。每一檔股票的百分比加起來為百分之百。

　　同樣的，在分布圖的兩端，我們可以發現買進和賣出建議的對比最為鮮明。幾乎有 900 檔股票，經 90% 以上追蹤該股票的分析師建議買進。反之，少於 10% 的分析師建議買進的股票，不到 20 檔。以賣出建議來看，情況剛好相反。

分析師調整獲利預估

　　分析師除了發布股票建議之外，還會在企業提報獲利之前先預估每股盈餘。上一節提過，分析師上調獲利預估很可能是未來價格會上漲的強力信號。

　　那麼，分析師調整獲利預估的頻率有多高，幅度又有多大？為了找到答案，我們檢視 2003 年 3 月這四個星期內的所有獲利預估調整。提出調整的時間，是在 2003 年 4 月的第一季盈餘報告之前。圖 13.8 顯示這四個星期內，所有有分析師追蹤的美國公司，其每股盈餘預測值的調整變動百分比。

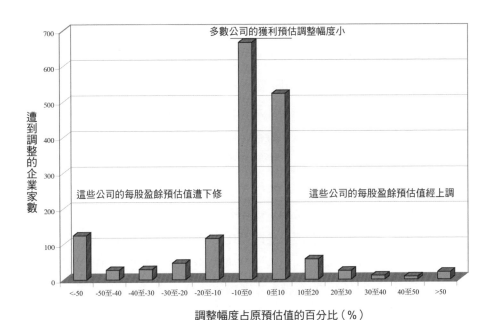

圖 13.8　2003 年 3 月，季度獲利預估調整

資料來源：Zacks。圖中顯示有分析師追蹤的公司，其獲利預估共識值的調整變動百分比。

檢視圖 13.8，首先會發現，多數公司的獲利預估值調整幅度很小，樣本中約有 70% 的公司，其獲利預估共識值調整幅度不到（加減）10%。然而，也有些公司的預估值調整幅度大得多，超過 100 家公司的獲利預估共識值下調超過 50%。如果你遵循的是獲利動能策略，上調 50% 以上的公司基本上才是你該投資的標的。

「專家」股票投資組合

如果要整合本章的所有發現，以創建一個投資組合，代表你要買的是內部人士與分析師都看好的股票。要組成這個投資組合，至少需要以下的篩選條件：

- **分析師給予正面建議**：買進建議比賣出建議更常出現，因此僅考慮將買入建議超過 80% 的股票納入投資組合。然而，僅有一、兩位分析師追蹤的股票很容易滿足條件，所以條件是要有三個以上買入建議的股票才列入考慮。最後，唯有上星期至少有一位分析師上調建議的股票才予以考慮，因為投資人也會權衡分析師建議的變動調整。
- **近期的獲利預估值有上調**：近期有調整獲利預估值很重要。為了滿足目標，僅考慮在篩選日前四週內，獲利預估值有上調的公司。
- **內部人士買超**：唯有內部人士買進的股票數目高於賣出（期間為篩選日前三個月內）的個股，才考慮納入樣本。

以 2003 年 4 月 15 日可得的數據為準，最後得出的 20 檔股票如表 13.1 所示。

表 13.1　內部人士買超且分析師看好的公司

公司名稱	目前股價（美元）	獲得強力買進或買進評等的數目	獲得持有評等的數目	獲得強力賣出或賣出評等的數目	過去四週的獲利預估調整比率（%）	上一季度內部人士的持股增加比率（%）
Amgen Inc	59.54	24	3	0	0.33	17.48
Applebees Intl	28.09	12	6	0	0.14	47.30
Biomet	28.86	13	6	1	0.50	1.80
Anheuser Busch	47.23	9	6	0	0.01	4.12
Corinthian Col	39.66	6	2	0	1.29	5.54
Cognizant Tech	20.16	10	2	1	1.15	155.60
Donaldson Co	39.69	3	2	0	2.42	3.69
Ebay Inc	88.41	9	4	0	3.75	10.93
Express Scripts	54.53	13	3	1	0.15	139.09
Hot Topic Inc	22.77	14	3	0	0.12	39.57
Hutchinson Tech	24.22	4	1	1	0.43	12.46
Medtronic	46.65	18	9	0	0.15	2.00
Merrill Lync & Co	39.75	11	7	0	2.43	10.13
Altria Group	31.70	7	2	1	0.20	22.95
Peet's Coffee & Tea	15.65	5	1	0	1.67	8.66
Pfizer Inc	31.36	24	4	0	0.35	4.24
Boston Beer Inc	11.31	3	0	0	160.00	500.00
USA Interactive	27.69	13	1	0	57.26	0.01
Williams-Sonoma	23.05	10	6	0	2.39	333.33
Zimmer Holdings	44.70	12	7	0	0.69	362.47

　　請注意，表中多數都是流動性高且股東人數眾多的公司。這大致是因為我們限制至少要有三個買進建議的公司，才考慮納入投資組合。此外，也要小心考量內部人士的持股比重變動，因為很多持股比率大幅提高（以百分比計算）都發生在內部人士持股比率較低的公司。

故事的其他部分

　　跟著專家投資會有什麼問題？可能出錯的地方很多，本節要聚焦在上一節所用的三種篩選標準（內線交易、獲利預估值調整和分析師建議），看看每一種可能導致的最嚴重問題。

追隨內部人士：時機決定一切

　　如果說內線交易代表未來價格波動的事前警訊（雖然有點像雜訊），外部投資人能否利用這項資訊做出更好的投資決策？換言之，當你想買股票時，是否要考慮內部人士買了多少、賣了多少？要回答這個問題，首先要體認到由於美國證管會不要求內線交易要立即申報，投資人要在幾個星期、甚至幾個月後，才會知道內線交易的情況。事實上，過去投資人很難獲得內線交易的公開檔案資料，一直到最近才改觀。這些檔案近年來才放到網路上，讓愈來愈多投資人可以得知內線交易的相關訊息。

　　一項研究檢驗了內部人士向美國證管會提報交易，與一般投資人從官方摘要獲得資訊兩個日期間的超額報酬，指出了當中的利益衝突。摘要如圖 13.9 所示。

　　如果投資人有機會在內部人士向美國證管會申報時買進股票，將可賺到小幅的超額報酬（約 1%）。但如果投資人被迫等待官方公告摘要後才能得知消息，這些報酬就會慢慢降低，來到接近於零的水準。如果控制交易成本因素，使用內線交易資訊就沒有超額報酬可言。[29]

　　很有可能的是，當愈來愈多公司利用網路申報，投資人就能愈早得知

---

[29]　其他研究也得出同樣的結論，請參考前一章的參考資料：Seyhun (1986) 和 Rozeff and Zaman (1988)。

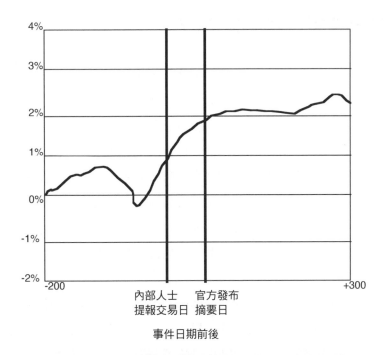

4%
3%
2%
1%
0%
-1%
-2%

-200　　　　　　　　　　　　　　　　　　　　+300

內部人士　　官方發布
提報交易日　摘要日

事件日期前後

圖 13.9　提報日／可從官方摘要取得資訊日之間的異常報酬

內部人士提報交易日指的是內部人士向美國證管會申報之日，實際交易發生日可能是申報日前幾週。官方發布摘要日指公布內部人士申報資料之日。

內線交易資訊，但提早得知能否轉換成更高報酬則不得而知，因為所有投資人現在都能得到訊息了。要跟著內部人士行動，成功的關鍵是即時交易。投資人很可能會發現，不完美的內線交易指標（例如成交量暴漲），會比等待證管會公開資訊更有用。

獲利預估調整：市場的懷疑眼光

　　獲利動能策略受限，因為這套策略仰賴的是金融市場裡兩項最微弱的連結：公司的盈餘報告與分析師的獲利預估。近年來，投資人愈來愈清楚公司不僅有能力管理獲利，還能利用可疑的會計手法操弄獲利。在此同時，投資人也發現，分析師的預估不僅會受他們和公司的往來緊密程度影響，也會因他們和投資銀行間的關係而有所偏頗。分析師對於客戶所做的交易影響愈大，他們修正獲利預期時就愈可能對股價造成衝擊。分析師的影響力愈大，對於股價的影響力也就愈大，但問題是這股效應能否持續？如果公司操縱了獲利數字，分析師的預估值也有偏頗，獲利預估值調整引發的股價波動很可能稍縱即逝。

　　根據獲利預估調整做交易是一種短期策略，在幾個星期到幾個月的投資期間能創造出的超額報酬很低。畢竟，市場愈來愈用懷疑的眼光看待公司提報的獲利數字與各家分析師提供的預測值，這對這些策略來說可不是好兆頭。雖然不太可能利用獲利預估調整與盈餘意外，來打造獲利豐厚的投資組合，但這些因素可以增強其他投資期間比較長的篩選策略。有一個方法可以從這套策略中賺得較高的報酬，就是去找獨立且有影響力的分析師，根據他們的獲利預估調整來打造投資策略，而不要去看所有分析師都參與其中的共識預估值。

分析師建議的可信度

　　網路泡沫破裂之後，股票研究分析師要面對的重要課題之一，是人們認為分析師並非對股票的觀點改變，才做出不同建議，而是替這些被追蹤

公司的投資銀行業務帶風向。有一項研究檢驗了這個主張，[30] 研究人員檢視 IPO 後得到買進建議的股票股價表現，並比較了承銷這些 IPO 業務的分析師和未承銷業務的分析師所做的買進建議，相關的發現摘要如圖 13.10 所示。

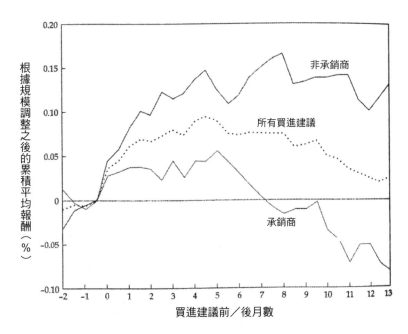

圖 13.10　1990-1991 年，比較獲得新買進建議的公司，在 IPO 後一年內的股價表現

資料來源：米凱利（R. Michaely）和沃馬克 1999 年的研究。

請注意，非承銷商分析師建議買進的股票股價表現優於市場，而承銷商分析師建議買進的股票股價表現則較差。分析師和他們所分析的公司之

30 Michaely, R., and K. L. Womack, *Conflicts of Interests and the Credibility of Underwriter Analysts Recommendation*, Review of Financial Studies, Winter, 635-686.

間有關聯是很明顯的事實，但 1990 年代末期有很多投資人特意忽略這一點，因此付出慘痛代價。[31]

若要將分析師的建議納入投資策略中，要用一點巧妙的手法。首先，要先找出建議最有影響力、而且最有內容可言（亦即有私密資訊）的分析師。此外，你可能會希望能淘汰掉潛在利益衝突過大，以至於難以提出公正建議的分析師。那要怎樣才能在追蹤某檔股票的分析師中找出最好的那些人？答案是，不要被名氣所迷惑。最炙手可熱的分析師不見得是最好的，更有些分析師向來有自我膨脹的惡名。要知道誰是最好的分析師，最佳的資訊來源多半是不謀私利的外部服務。舉例來說，《華爾街日報》就有一個部分專談賣方股票分析師，會針對他們所提的建議品質來評估分析師，並據此排名。有些線上服務會追蹤股票研究人員所做的預測和建議，並提報企業實際獲利和分析師所做預測的差距，也會考慮一些質化的因素。比方說，做出清晰、完備的研究，並對自己所分析的業務展現出深度理解的分析師，得到的分數會比僅根據表面分析、就給出天花亂墜建議的分析師更高。最重要的是，好的分析師願意正面挑戰公司的管理階層、明確表達異議（並發出賣出建議）。

找出自己信任的分析師後，你應該根據他們的建議投資，而比較好的時機是在他們提出建議之時。[32] 假設你認同這些分析師的觀點，也應該追蹤這些人，注意有沒有信號顯示他們已經改變或正在改變心意。由於這些信號通常很微妙，很容易就會錯過。

---

31 2002 年 6 月，美林證券同意支付 1 億美元和紐約州政府和解。之前，州政府發現美林證券知名的網路產業分析師亨利・柏吉特（Henry Blodgett）發出一封電子郵件，在公司內部鄙視幾檔他建議外部客戶買入的股票。這些股票多半是透過美林證券協助上市，這一點又火上澆油。因此美林證券同意，若與內部股票研究分析師追蹤的公司有任何可能的利益衝突，都要公諸於世。

32 這一點的選擇權可能不在你手上，因為分析師會先提供建議給自己的客戶。如果你不是客戶，通常只能在客戶有機會部署這些股票部位之後，才知悉這些建議。

投資獲利心法

如果決定要跟隨專家的腳步，本章提出的證據提供了一些重點，讓你能提高勝率：

- **慎選專家**：有些內部人士比其他人更接近公司內部；有些分析師比別人更有信用。專家導向的投資策略關鍵，是要從江湖郎中當中挑出真正的專家。如果挑的是內部人士，這可能代表要更密切追蹤公司裡的某些人（執行長與董事）。如果挑的是分析師，你可能會想看看他們過去在調整獲利預估以及提供建議時的表現。向來能準確預估獲利的分析師所做的調整，權重應該高於沒有這種好名聲的分析師。

- **針對偏頗之處做篩選**：分析師通常要達成許多不同的目標，他們所提的買進建議，有時候可能比較偏向維持和投資銀行的關係與交易，反而比較無關股票本身是否值得買進。因此，你可以利用兩種方法針對這種偏頗之處做篩選，一是僅考慮任職單位和他們所分析的公司無業務往來的分析師，另一種是檢視分析師過去的紀錄。之前曾正面挑戰公司管理階層、也會發出賣出建議的分析師，會比永遠只替分析公司講好話的分析師更有信用。

- **尋找線索感知即將發生的活動**：以內線交易和分析師建議來說，有一大部分的股價上漲都發生在消息實際公布前（內部人士向證管會提出申請或分析師變更建議）。這方面沒有任何簡便的初期警示系統，但是你可以檢視成交量以察覺之後可能出現什麼消息。比方說，內線交易通常會帶動成交量暴增，尤其是交投清淡的公司。

- **密切追蹤**：不用多說，你就是應該盡早掌握內線交易資訊或分析師

建議。這可能需要你投資比較好的資訊系統。例如，有很多付費服務會在美國證管會一有新的內線交易申報資料時就從中篩選，並在幾分鐘內提供客戶快速摘要。

- **快速交易**：一旦發現內部人士買進個股或頂尖分析師調升股票評等，就要快速交易。如果你希望自己做一點分析，像是查核各種股價比或計算現金流量折現估值，你應該在之前就做。比方說，如果你只想買進本益比在 20 倍以下的股票，你應該事先篩選出這些股票，編製一張符合條件的個股清單。如果這些股票出現內部人士買超或分析師調升評等的消息，你就可以馬上納入投資組合。

結語

不管是真有本事還是自吹自擂，投資界的專家很可能比其他地方都多。他們為財經媒體撰寫專欄、上電視開講，並撰寫快速致富的書籍。聽從他們建議的投資人，樂於相信這些人懂的比自己多，因此比較不會犯錯。

專家的地位可能來自於他們能比其他投資人拿到更好的資訊，或者更有能力處理其他人也擁有的資訊（使用模型、指標等等）。而公司的內部人士（高階主管和董事）應能稱得上是擁有資訊優勢，證據也指出他們能藉此享有好處。通常，內部人士大幅買進的股票，比內部人士嚴重賣超的股票更有可能上漲。然而，由於執行內線交易與提報時間之間有落差，使得散戶投資人更難複製內部人士的成功。另一方面，分析師針對股票提出買進與賣出建議以及調整公司下一季的獲利預估值時，也會影響到股價。不管是哪一種，市場對於分析師的建議／獲利預估調整都大有反應，而且

證據顯示，消息發布之後也有價格飄移的現象。換言之，在買進建議或上調獲利預估值之後，股價多半還會再漲個幾天或幾星期。而受到較多投資人追蹤、信譽比較高的分析師，影響力會大於少有投資人追蹤、明顯有利益衝突的分析師。

　　身為投資人的你，應該把焦點放在真正的專家身上（知情的內部人士和公正的分析師），密切追蹤他們的言行舉止，並在知道他們的看法之後馬上交易。如果成功，你執行的是交易成本高的短期投資策略，但是你能支應成本並賺到利潤。

14
投資的最大迷思

投資的最大迷思和整體股市有關。如果有這麼多可以賺錢的市場時機指標，為何成功的擇時交易者如此罕見？

如果你等的時間夠長……

　　莎拉是很有耐性的女子，她相信等得夠久的人就會等到好事，因此，當她打開證券公司寄來的對帳單，看到去年退休基金投資虧了 20% 時，她也不沮喪。「不過是帳面損失罷了。」她對自己說，「長期來說，股票總是會回本的。」事實上，她在某個地方讀到一項資訊，指稱歷史上不管任何十年內，從沒有股票表現落後債券的情形，歷經幾個下跌年頭之後，股票總是會反彈。而且，她要等三十年後才會退休，所以她一點也不憂慮虧損。

　　然而，莎拉和好友河本和美聊過之後，她對於長期的信心動搖了。和美在日本長大，在日本股市存股以便支應退休生活。她的投資組合在 1989 年前金額很高，所以她滿心期待著能提早十年退休。不幸的是，1990 年代日本股市大跌，她的投資組合在接下來十五年裡價值跌了 70%。營業員每一次都安慰和美，說股票長期而言

總是會賺，但現在和美面對的事實是，她永遠也賺不回這些錢，也不敢想提早退休了。莎拉發現股票即便在非常長期還是可能虧損之後，就把部分的退休基金挪到債券。

| 寓意：股票長期不一定賺。|

到目前為止，本書各章檢視的推銷說詞，都是以挑出市場最佳股票為核心。然而，投資的最大迷思和整體股市有關。本章就要討論一些迷思，以及投資人相信這些說法會遭受哪些損失。第一項、同時也是最可怕的迷思，是股票長期一定能贏過債券。順著這番道理說下去，如果投資人長期投資，股票就會是一種無風險的投資。第二項迷思，是認為在股票報酬上，抓住市場時機比挑選股票更重要。如果接受這種說法，投資人就會花太多時間去想市場如何變動，而不太花心思去為投資組合挑選正確的股票。第三項迷思，是掌握市場時機是很簡單的事，很多投資人都成功抓住了時機。

故事的核心

股票長期一定賺

很多投資顧問與專家宣稱，雖然股票短期風險很高，但長期就不會了。他們主張，股票長期一定會贏過其他風險較低的投資標的。他們指

出，美國的金融市場就是證據，自 1926 年以來，不管看任何二十年期間，股票賺得的報酬都高於公司債或政府公債。之後，他們得出結論，如果你的投資期間夠長（保守來說，這代表二十年），你的股票投資組合價值一定會高過其他投資標的。

認同這種推銷話術的不僅是散戶，連專業投資人也一樣。年輕人跟著吹著股票這首歌的吹笛手走，投入了所有的退休基金。畢竟，三十五歲的投資人在接下來的三十年都不會動用到這筆退休投資金，這麼長的時間基本上應該可以完全消除股票的風險。至於要提撥退休金的公司，則假設退休金方案裡的資金大部分或是全部都會投資股票，據此重新設定提撥到退休帳戶的金額。由於假設股票的報酬率會比較高，他們就可以調低提撥金額，從而提報更高的獲利數字。州政府和當地政府也使用同樣的假設來因應預算條件限制。

讓問題更嚴重的，是「長期」的定義改變，保守顧問口中的「長期」，指的是二十年或更久，比較激進的投資人與顧問講的數字則較小。他們主張，歷史上股票的報酬率雖然不見得在任何五年或十年必能贏過債券，但是通常股票都超前（同樣的，憑的也是二十世紀美國股市的數據），所以很安全。在牛市期間，投資人非常樂於聽到這種說法，把高到不成比例的存款投入股市，完全不管自己的年齡和風險偏好。1999 年是有史以來的牛市最高峰之一，當時各種書籍和文章將股票這種投資類別推到頂峰，也就不讓人意外了。

理論基礎：擇時交易

強調市場時機話術中最強大的武器，是後見之明。他們會說，如果你在 1992 年買進那斯達克指數、並在 1999 年底時出清，看看你能賺多少錢！擇時交易的本質是讓你能掌握上漲的時候、避開下跌的時候。本節要檢視兩種很多人在講的擇時進出股市話術。

話術一：挑對市場時機比挑對股票重要

1986 年刊出一篇論文，一群研究人員[1] 估計，資產配置（亦即投資組合的股票、債券和現金組合）[2] 的差異，可以解釋受專業管理的投資組合季度績效中的 93.6% 變異，替許多主動型投資組合經理套上了枷鎖。1992 年有另一份研究，檢視在下跌的月份如果不進場，對於年度報酬會造成多大的影響。[3] 結論是，如果投資人在 1946 年到 1991 年、股市五十個表現最差的月份不進場，年報酬率可以從 11.2% 提高到 19%，幾乎是倍增。一項研究評估 94 檔平衡型共同基金與 58 檔退休基金的資產配置與選股的相對重要性（這些基金都必須做資產配置與選股的決策），各基金的報酬落差中有 40% 可以用資產配置差異來解釋，60% 可歸因於選股差異。[4] 從

---

1 Brinson, G. L., R. Hood, and G. Beebower, 1986, *Determinants of Portfolio Performance*, Financial Analysts Journal, July-August, 39-44.

2 這是一項經常受到引用、也經常被錯誤引用的研究。納透（J. A. Nutall）與納透（J. Nuttall）兩人針對 50 位引用本研究的作者做了調查，其中有 37 個人讀錯了內容，誤以為總報酬裡有 93% 都歸因於資產配置，請見：Nuttall, J. A., and J. Nuttall, 1998, *Asset Allocation Claims-Truth or Fiction?*, Working Paper。

3 Shilling, A. Gary. *Market Timing: Better Than a Buy-And-Hold Strategy*, v48(2) (March-April 1992), 46-50.

4 Ibbotson, R., and Kaplan, P., 2000, *Does Asset Allocation Policy Explain 40, 90, or 100 Percent of Performance?*, Financial Analysts Journal, January-February.

報酬層面來說，幾乎所有報酬都可以用資產配置決策來解釋。整體來說，這些研究指出，資產配置會對你的報酬造成重大影響，而且重要性會隨著投資期間拉長與日俱增。

至於實際上，投資組合的報酬有多少可以歸因於資產配置，仍是一個可討論的問題。但無疑的，掌握市場時機能比選股更快帶來更高的報酬。對於自己的選股技巧感到氣餒的投資人，會轉向或嘗試擇時操作、期望能賺得高報酬，一點也不奇怪。專業基金經理人也無法不受擇時操作的誘惑。共同基金經理人愈是相信他們可以掌握股市時機，就愈會調整手中持有的現金和股票比例。因此，相信股市價值被高估、正要回頭修正的投資組合經理人，會提高投資組合中的現金比例。

話術二：掌握市場時機有用

很多人相信有許多指標能預測市場未來的動向，有些指標很粗糙，但是能打動一般人。像是每年 1 月，美國舉辦的超級盃就是常見的例子。會有人告訴你，如果贏得超級盃的是來自老牌美國美式足球聯會（American Football Conference，AFC）的隊伍，代表這一年股市都很糟。有些指標則比較細緻，蘊藏了經濟邏輯。比方說，如果經濟環境和利率能帶動股市，那麼，善用利率水準或 GDP 成長率，來預測接下來股市會出現什麼狀況，非常合理。還有些指標衍生自衡量個別公司營運的指標。例如，公司本益比低的話代表很便宜，那麼，大盤的本益比低（相對於其他市場或過去的歷史水準），也一樣代表很便宜。但不管是哪一種指標，基本的論點都是這可以用來決定何時進場、何時出場。

有一個假設和這些指標密切相關，那就是有很多投資人都能順利掌握市場時機。也因此，當投資銀行裡的市場策略專家，不定期提出所謂的合

宜資產配置觀點時，總是能吸引很多人。策略專家愈是看多（看空），資產配置偏向股票的比例就愈高（愈低）。這也說明了為何專門講如何掌握市場時機的幾十種投資刊物，一直蓬勃發展。

為什麼有這麼多投資人願意相信掌握市場時機有用？很可能是因為，很容易就能根據過去數據，找到可用的市場時機指標。如果你有大量的股價資訊，再找來一部運算能力強大的電腦，或許就能找到幾十種（你可能嘗試了幾百種）看來有用的指標。多數訴求掌握市場時機的刊物也是使用這套方法，用此來證明如果聽從他們的投資建議，可以靠著假設性的投資組合長期賺得極高報酬。還有，專業的擇時操作型投資人很可能都是自我推銷的高手，他們在做對的時候會大聲昭告天下，做錯的時候就摸摸鼻子算了。

檢視證據：市場迷思

要檢驗市場迷思的證據，你必須檢視歷史。美國股票市場已成立超過一世紀，因此有很多和市場時機操作相關的研究，以檢視美國各個市場的績效為基礎，並不讓人意外。本節要檢視在非常長期之下，股票相對於其他投資標的的表現如何，之後則要看用於擇時操作的指標是否有用，自稱成功掌握時機的投資人又是不是真的如此。

股票長期一定會贏嗎？

讓我們來想一想所有投資人會聽到和投資股票有關的說法。如果你投資期間短，比方說一年或更短，股票能創造出較高的預期報酬率，但是風

險也高於債券。風險意味著股票在這段期間內，表現很可能遠遜於債券。如果投資期間拉長，股票的風險應該會下降。因為股市可能某一年很糟，股票大跌，但之後會有好年頭，漲幅足以彌補跌幅。你會聽到別人說，在比較長的投資期間裡，股票的表現幾乎都優於其他風險較低的投資標的。

這套說法中顯然有一些符合直覺之處，但是證據支持嗎？說出這番道理的人將問題的答案，指向二十世紀美國股市的報酬表現。事實上，最常被人使用的美國股市數據，來自於一家芝加哥的服務機構伊伯森公司（Ibbotson Associates），內容涵蓋 1926 年至今的美國股市。伊伯森公司的數據指出，平均而言，這段期間的美股報酬率比長、短期美國公債高了 6% 到 7%。

若要更詳細檢視股票報酬，可以把期間往前拉，檢視 1871 年至本書寫作時的股票報酬率。[5] 圖 14.1 顯示的正是這整段期間的股票年報酬率。

以整段期間來說，股票的表現勝出，但有些時期市場長期動盪、股市大跌，比方說 1930 年代初期和 1970 年代，也有很多股票報酬率為負值的年頭。事實上，每四年就有一年股票報酬率為負值，每三年就有一年股票的報酬率低於美國短期國庫券利率。

支持股票的人會說股票短期風險高，但長期則不然。且讓我們假設持有期為十年，計算自 1871 年開始的十年複合年報酬率。為了容許投資人在中間的任何一年開始投資，分析的是重複的十年期間：1871 年至 1881 年、1872 年至 1882 年，依此類推，一直到 1992 年到 2002 年。從 1871 年到 2002 年，總共有 121 段重複的十年期間。圖 14.2 顯示投資股票與國庫券十年可以賺得的複合年報酬率分布。

股票的風險在十年期間內攤平了。從 1871 年到 2002 年間，僅有兩個

---

5 羅伯・席勒（Robert J. Shiller）教授網站上提供了絕佳的數據，我們才得以進行本項分析。

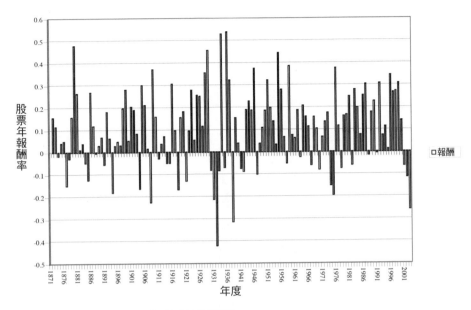

圖 14.1　1871-2002 年的美股報酬

資料來源：席勒教授的網站。圖為 1871 年到 2002 年的美股報酬。

十年期間股票的年報酬率為負值。圖 14.2 也明顯可見股票與國庫券的風險比較。國庫券的報酬率集中在 4％到 5％之間，最糟糕的十年期間年報酬率介於 0％到 1％，最好的十年期間年報酬率則介於 10％到 11％。而股票在最好的十年期間，年報酬率可以超過 15％。

　　比較每個十年期間的股票和國庫報酬率，就可以判斷這兩種投資標的的優劣。圖 14.3 檢視從 1871 年到 2002 年間，每一個十年期間的股票與債券複合年報酬率，看看股票的報酬率多常高於國庫券。

　　在 1871 年到 2002 年之間，總共有 95 個十年期間股票表現優於國庫券，26 個十年期間國庫券優於股票。就這 26 個期間來看，有 13 個期間出現在 1871 年到 1926 年之間。自 1945 年之後，只有 1970 年代有一段期

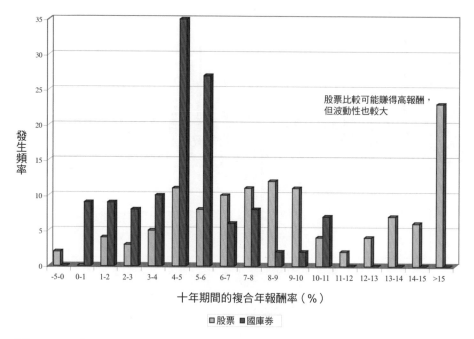

圖 14.2　自 1871 到 2002 年的各十年期間年報酬率

資料來源：席勒教授。圖中所示是 1871 年到 2002 年，股票和國庫券落入每一個報酬級距的年數。

間，股票表現遜於國庫券。[6]

　　總而言之，有大量的證據指出，美國股票在長期間創造的報酬高於長、短期政府公債，但這並非必然。如果你把時間回推到 1871 年，考慮更長期的股票與債券報酬歷史，約有 20％的時候股票的十年報酬低於債券。

6　結束於 1970 年代後期（1974 年至 1980 年）的十年期間，以年報酬率來看，每一個十年期間股票的表現都比國庫券遜色。

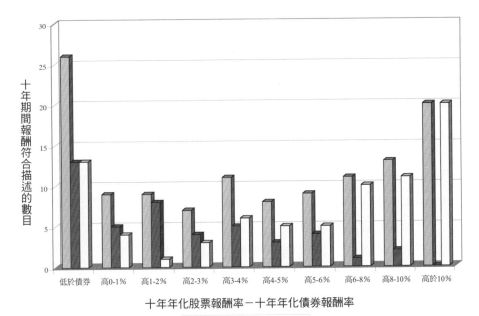

十年期間報酬符合描述的數目

30

25

20

15

10

5

0

低於債券　高0-1%　高1-2%　高2-3%　高3-4%　高4-5%　高5-6%　高6-8%　高8-10%　高於10%

十年年化股票報酬率－十年年化債券報酬率

□ 1871-2002　■ 1871-1926　□ 1926-2002

圖 14.3　十年期間的股票與國庫券年報酬率比較

資料來源：席勒教授。圖中所示是從1871年到2002年、各個十年期間，股票和國庫券十年複合報酬率的差異。

檢視證據：市場時機指標

多數股票投資人仍相信他們可以掌握市場時機。每天都有高比例的財經媒體專門提供市場策略專家對未來股市走向的觀點，此外，投資人也會訂閱幾十種市場時機指標，希望能得到獨家優勢。本節要先檢視市場指標的相關證據，以及這些指標是否有用。

市面上有各式各樣的市場時機指標。光譜的一端是非金融指標，例如使用超級盃的冠軍來預測市場走向；另一端則是模型，將用於個股定價的

估值指標如本益比等，套用在大盤上。在這中間，則有人追蹤成交量和價格型態（這些是技術線圖學派的工具），以預測未來的市場走勢。

非金融性指標

幾十年來，總有些投資人宣稱，可以靠著檢視非金融性指標來預示市場的未來。有些指標，比方說究竟是國家美式足球聯會（National Football Conference，NFC）還是 AFC 的隊伍會贏得超級盃，這類指標出處顯然可疑，只能歸屬於謬論。有些指標，例如拿股價和裙子長短相比的迷你裙指標，則歸入「感受良好」的類型，衡量的是經濟體人民的心情，這些人既是帶動經濟運轉的消費者，也是決定價格的投資人。最後，還有些「過度指標」，衡量市價是否和現實脫節。

謬論型指標

千百萬的投資人追蹤股票與市場的日常變動，無須訝異的是，他們找到一些似乎能預測市場下段期間如何變動的事件。來看一個很多人都在講的指標：超級盃的冠軍隊伍。[7] 從 1966 年到 2001 年、三十五年的超級盃賽事中，有二十五年是由 NFC 的隊伍（或是國家美式足球聯盟〔NFL〕前身的老球隊，如匹茲堡鋼鐵人隊〔Steelers〕或印第安納波里斯小馬隊〔Colts〕）抱走冠軍，在那二十五年裡，有二十二年股市都是上漲局面。在 AFC 得勝的那十年，有七年市場都在跌。事實上，研究人員宣稱這個指標預測的成功率高達 83％（三十五年內有二十九年都是正確的），機率

7　如果有人不熟悉超級盃，特此說明這是 AFC 的勝隊和 NFC 的勝隊之間的比賽，在 1 月的最後一個星期天開打。

太高不可能是剛好。[8]

那何不在超級盃冠軍出爐之後投資股市？這裡會有一些問題。第一，機率能解釋這種現象。如果你用幾百種可能指標來抓市場時機，總有幾種會純粹因為偶然，而出現高到不可思議的相關性。其次，只預測到市場走向（漲或跌）還不能稱為掌握市場時機，因為市場漲多漲少顯然是天差地別。第三，當你發現市場時機指標和市場之間並無經濟上的關聯時，務必要特別謹慎。而且，想不到有任何理由能解釋，為何超級盃的冠軍會影響、或和整體經濟表現有關係。這類指標只是茶餘飯後的閒談說笑材料，如果當成掌握市場時機的機制，很可能會毀了你的投資組合。

感受型指標

當人們正面看待未來，這股樂觀會影響到除了股價之外的各個面向，通常還包括一些社會性的結果。因此，當投資人和消費者覺得經濟很好時，生活風格和很多社交層面都會改變。比方說，1920 年代的美國，就如《大亨小傳》裡的場景一樣，大家覺得遍地是黃金，派對開了一場又一場，市場也火熱。1980 年代又是另一次的熱絡牛市，你會聽到華爾街名人的故事，在《老千騙局》（Liar's Poker）之類的書籍和《華爾街》等電影講了一遍又一遍。因此，人們會發現社會指標與華爾街的關聯，也就不讓人訝異了。舉例來說，這幾十年來有一個名叫裙襬指數（hemline index）的指標，指稱女性的裙長和股市之間大有關聯。這個政治不正確的指數的基本立論是，當股價上漲，女性穿的洋裝和裙子就愈短，裙子比較長時就預告市場要下跌了。假設這個指標有用，你可以主張你看到的是同一種現象的不同面貌。也就是，人愈是樂觀昂揚，穿著打扮就愈大膽（裙子愈

---

8 Krueger, T., and W. Kennedy, 1991, *An Examination of the Super Bowl Stock Market Predictor*, Journal of Finance, v45, 691-697.

短），市場也會跟著漲。你也必然可以建構其他有類似關聯的指標。舉例來說，你可以預期紐約市的高價餐廳（或是年輕投資銀行家和交易員會歡聚慶祝的地方）需求，和股價有很高的相關性。

一般而言，感受型指標的問題是，這些多半是同時或落後指標，而非領先指標。換言之，股市下跌之前不會先出現長裙，而會和下跌同時或在之後出現。對投資人來說，這些指標少有用處，因為你的目標是搶在市場下跌前先退出、上漲前先入市。

過度指標

約瑟夫‧甘迺迪（Joseph Kennedy）是他那個時代知名的股票投機客，據說當他聽到他的擦鞋童在談股票時，他就知道該退出市場了。在現代，有些人相信，當評論財經頻道 CNBC 的人超過長壽連續劇時，就代表市場已經到頂要走下坡了。事實上，近年來有一個「雞尾酒派對」指標追蹤三個面向：派對上閒談多久之後才聊到股票、聊股票的人平均大約幾歲，以及熱門的股市話題是什麼。根據這個指標，話題轉向股票的時間愈短、討論股市的人年齡愈低，以及熱門話題愈廣為人知，你就愈應該負面看待未來的股價變動。

如果去想一想股市泡沫是如何形成的，就會知道宣傳是助長泡沫變大的重要因素。在媒體世界裡，這涉及了平面媒體、電視和網路，還有日常對話中的高談闊論。因此，股市火熱時，一般公司茶水間裡討論股票的，會多過討論足球或其他日常（比較平常的）煩惱。

雖然（非金融類型的）過度指標，是最有預測能力的市場預估指標，但也有幾項限制。比方說，在一個標準和品味不斷改變的世界裡，要定義什麼叫異常並不容易。像是：很多人在評論 CNBC 頻道，到底是代表市場過熱，還是僅反映出觀眾認為金融市場很有趣，比一般的連續劇更天馬

行空？即便你判定此時人們對市場感興趣的程度太反常了，你（根據過度指標）得出結論說，股票的價值被高估了，但這也不保證股市在修正之前不會再漲一波。換言之，過度指標或許能告訴你市場被高估了，但無法指出市場何時會修正。

技術指標

分析師使用多種圖表型態和技術指標，來區別被低估和被高估的股票。而當中很多也用來判定，大盤至今是被高估還是被低估。本節就要來討論其中一些指標

過去的價格

我們在前面幾章看過證據指出，股價長期會呈負相關。因此，最近期上漲的股票，在未來期間比較可能下跌。如果是以大盤來看，**研究並未發現**類似關係的證據。如果市場近年來大幅上漲，沒有證據顯示未來幾年的市場報酬率將為負值。如果彙整 1871 年到 2001 年的美國股票報酬，以五年為期，你會發現五年期間的相關性為 0.2085。換言之，上一個五年如果產生正報酬，下一個五年報酬率為正值的機率高於負值。表 14.1 是在一連串情境之後（從連續下跌兩年到連續上漲兩年），一年的上漲或下跌統計，以 1871 年到 2001 年的實際美股價格數據為準。

表 14.1　1871-2001 年的市場表現

| | | 之後一年 | |
之前	發生次數	股市上漲的次數百分比 （%）	股市報酬率 （%）
連續下跌兩年	19	57.90	2.95
下跌一年	30	60.00	7.76
上漲一年	30	83.33	10.92
連續上漲兩年	51	50.98	2.79

　　與其他情境相比，連續上漲兩年之後市場比較有可能下跌。但表中也顯示了有價格動能的證據：如果股市前一年上漲，下一年也上漲的機率會提高。然而，這表示如果股市前兩年都上漲，你就該出脫所有股票嗎？不必然，理由有二。第一，年度漲跌的機率雖有不同，但請注意，股市連續好兩年之後，下一年繼續上漲的機率超過 50％。因此，如果用這種指標來建構擇時策略，退出市場的成本很高。其次，市場價格被高估並不代表所有股票都被高估。即便在被高估的大盤中，身為選股人，你還是有機會挑出被低估的股票。另一種至少獲得媒體在每年年初關注的價格導向指標，叫 1 月指標（January indicator）。1 月指標指的是，1 月的走勢決定了全年的走勢，如果 1 月股市上漲，今年股市就會上漲，而壞的開始通常預告了一年都會很糟。[9] 耶魯・赫希（Yale Hirsch）每年編纂令人讚嘆的《股票交易員年鑑》（*Stock Trader's Almanac*），年鑑裡說，在二十世紀，這個指標有 88％的時間都是對的。但請注意，如果把 1 月的報酬從年報酬中剔除、只計算剩下十一個月的報酬率，這個指標的代表性就變得很弱。就算 1 月是不好的開始，這一年報酬為負值的次數僅剩 50％。因此，在 1 月股市下跌之後就把股票賣掉，可能也無法防止你落入報酬低落的慘況。

9　請注意，另有一個比較狹義版的 1 月指標，只用 1 月的前 5 到 10 天。

成交量

　　有些分析師相信，成交量是比歷史股價更好的指標，更能指示未來的市場報酬。而成交量也廣為應用在預測未來市場走向。一般認為，就算股價上漲，如果成交量不大，就比較不會像帶量上漲那樣，能帶動價格在下一個交易期間繼續上漲。在此同時，爆出巨額的成交量也可能代表市場的轉折點。舉例來說，如果股票大跌但成交量極高，稱為恐慌性拋售（selling climax），可以視為市場觸底的訊號。這逼走多數看空市場的投資人，基本上替比較樂觀的投資人打開市場。另一方面，如果上漲又爆巨量，則被視為市場已經到頂的訊號。另一項廣為人使用的指標，是檢視賣出選擇權成交量與買入選擇權成交量的比值，稱為賣買權比率（put-call ratio），這通常是反向操作者使用的指標。當投資人愈是看空，就會賣出愈多賣權，這對於市場的未來而言是一個好消息（根據反向操作的論據）。

　　技術分析師也使用資金流量（money flow）作為預測市場動態的指標，這指的是股價上漲時的成交量（高價成交量），與股價下跌時的成交量（低價成交量）之間的差異。資金流量提高，是未來市場波動的正面訊號，下跌則是看空的象徵。有一項研究找來 1997 年 7 月到 1998 年 6 月的每日資金流量數據，發現資金流量提高的期間，股價多半會上漲，這一點並不讓人意外。[10] 他們發現這些指標不能預測短期報酬（五天報酬和前五天的資金流量並無相關性），但有預測較長期報酬的能力，比方說，四十天報酬和前四十天資金流量之間，就存在有高流量與股票報酬為正值的關係。

---

10 Bennett, J. A., and R. W. Sias, 2001, *Can Money Flows Predict Stock Returns?*, Financial Analysts Journal, Nov-Dec, v57, 64-77.

如果將分析擴大到全球股市，會發現股市顯現出動能：近期表現出色的市場比較可能延續下去，最近慘跌的股市仍然績效不彰。[11] 而成交量大的股市動能效應較強，成交量小的市場動能較弱。

波動性

近年來，有些研究發現，股市波動的幅度和未來報酬之間有些關係。一項研究指出，市場波幅提高會導致價格立刻下跌，但在後續期間股票報酬會增加。[12] 研究得出的結論，是來自於檢視從 1897 年到 1988 年的每日價格波動，然後尋找波動幅度相對於前期大幅增加或減少的期間。[13] 在波動幅度改變，以及在波動幅度增減之後幾星期的報酬摘要，如圖 14.4 所示。

請注意，波動幅度提高會導致股價下跌，但之後的四星期股價又上漲了。而當波動幅度降低，股價會在變動時上漲，並在後續幾個星期繼續上漲，但漲幅變小。

然而，這代表你應該在股市大幅波動之後買進股票嗎？不見得。在波動幅度提高後的幾個星期間報酬會提高，可能只是反映出股票風險比較高的現實。不過，如果你認為波動幅度大增是暫時性的，波幅終會回歸常態，在股市大幅震盪之後買進股票或許能帶來豐厚報酬。

---

11 Chan, K., A. Hameed and W. Tong, 2000, *Profitability of Momentum Strategies in the International Equity Markets*, Journal of Financial and Quantitative Analysis, v35, 153-172.

12 Haugen, R. A., E. Talmor and W. N. Torous, 1991, *The Effect of Volatility Changes on the Level of Stock Prices and Subsequent Expected Returns*, Journal of Finance, v46, 985-1007.

13 研究估算四星期間的每日價格波動幅度。如果任四個星期間的波動幅度超過（低於）前一個四星期（統計顯著水準達 99%），就歸類為波動幅度提高（降低）。

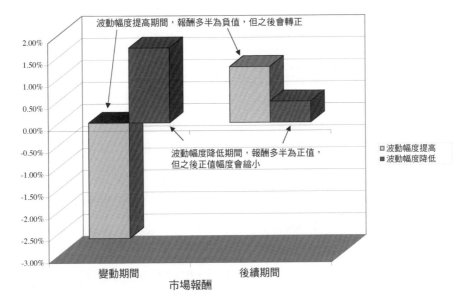

波動幅度提高期間，報酬多半為負值，但之後會轉正

波動幅度降低期間，報酬多半為正值，但之後正值幅度會縮小

□ 波動幅度提高
■ 波動幅度降低

變動期間　　　後續期間
市場報酬

圖 14.4　波動幅度變化前後的報酬

資料來源：豪根斯（R. A. Haugens）、塔摩（E. Talmor）和托勞斯（W. N. Torous）。研究計算股市波動幅度大幅變化之前與之後四個星期的報酬。

其他技術指標

　　分析師還會使用其他非價格的指標，來預測未來股市波動。就像判斷個股的技術指標一樣，動能派和反向操作派的分析師也會以相反的方法來使用相同的大盤指標。因此，某些指標上升時對某一群人來說是利多，對某些人來說則是利空：

● **價格指標**：許多技術線圖學派用來分析個股的定價模式，比方說，用來決定何時買賣個股的支撐線、壓力線和趨勢線，也可以用來決定何時進出股市。

- **情緒指標**：這是用來衡量市場氛圍的指標。有一個廣為使用的指標是信心指標（confidence index），定義為 BBB 級債券的殖利率與 AAA 級債券殖利率之比率。如果比值變大，代表投資人更加趨避風險，或者至少要求價格要更高才願意承受風險，這對股票來說不利。另一個被視為利多的指標則是內部人士的總買量。支持者說，當這個數值提高，股市比較可能上揚。[14] 其他的情緒指標包括：共同基金的現金部位，以及投資顧問／刊物的看多程度。這些通常作為反向操作指標：共同基金的現金部位提高，與共同基金的市場看法偏空，被視為激勵股價的利多信號。[15]

這些指標當中有很多都受到廣泛應用，但背後多數都是傳聞證據，而非實證證據。

正常區間（均值回歸）

很多投資人相信，股價長期偏離所謂的正常水準之後，終將回歸。以大盤來說，正常區間通常以本益比來定義，如果本益比低於 12 倍就買，高於 18 倍就賣。你會在不同的擇時交易刊物，看到前述建議的不同版本。坎貝爾（Campbell）和席勒提出學術成分比較濃厚的版本，他們檢視從 1871 年到近幾年的本益比，總結認為股價會回歸到約為常態化盈餘 16

14　參見：Chowdhury, M., J. S. Howe and J. C. Lin, 1993, *The Relation between Aggregate Insider Transactions and Stock Market Returns*, Journal of Financial and Quantitative Analysis, v28, 431-437。他們發現內部人士的總買量和市場報酬之間有正相關性，但也指出：根據這個指標設計出來的策略，賺得的報酬不足以支付交易成本。

15　參見：Fisher, K., and M. Statman, 2000, *Investor Sentiment and Stock Returns*, Financial Analysts Journal, March/April, v56, 16-33。他們檢驗三種情緒指標：華爾街策略專家、投資刊物與散戶投資人的觀點，得出的結論是，確實有證據支持反向投資策略。

倍的本益比水準。他們定義的常態化盈餘,是前十年的盈餘平均值。這裡隱含的意義是,本益比有一個常態區間。如果本益比高於區間頂部,股票很可能被高估;如果落在區間底部,代表股票很可能遭低估。

這套方法直接了當,但本益比的常態區間從哪裡得出?答案是,多數時候,這是來自於檢視過去的數據,然後主觀判斷出上限與下限。

來看圖 14.5,這是回溯到 1960 年的標普 500 本益比。

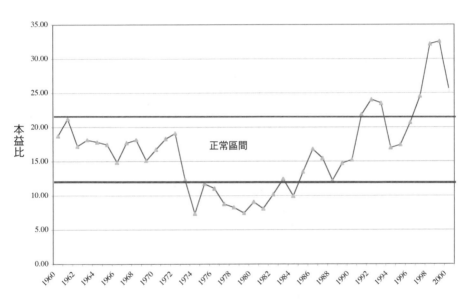

圖 14.5　1960-2001 年,標普 500 的本益比

資料來源:價值線公司。使用每年年底時的指數水準以及當年的指數總和盈餘,來計算每年的標普 500 本益比。

若試著根據歷史資料畫出美國的本益比正常區間(但這也代表在製圖過程中都必須做出主觀判斷),根據圖中的區間帶,如果股票的本益比高於 22 倍代表被高估,低於 12 倍代表被低估。

此法的限制很明顯。除了要相信歷史會重複之外，還要做另外兩個假設。第一，要假設藉由檢視歷史資料，可以找到正常的交易區間。我們從圖中可以發現，針對區間在哪裡可說是言人人殊。其他看到這張圖的人，畫出的本益比區間可能不同。第二，則是假設基本面長期不會有大幅度的變動。如果今天的利率遠低於歷史水準，你可以預期股票的本益比將遠高於過去。在這些情況下，根據本益比高於或低於正常區間的前提，來做投資與擇時決策非常危險。

市場基本面指標

個股的股價必須反映現金流、成長潛力和風險，同樣的，整體市場（股市、債市和房市）也必須反映這些資產的基本面。如果不然，就可以主張價格遭到錯估。你可以根據利率水準或是經濟活動強弱，發展出簡單的信號，藉以掌握市場時機。本節要檢視這些投資組合經理人用來掌握市場時機的信號，有些已有歷史，有些則是新的。

短期利率

一般認為，短期（國庫券）利率低的時候買進股票，短期利率高的時候賣出，但這樣的建議有根據嗎？回顧歷史，少有證據顯示利率水準有任何預測能力。短期利率很低的年頭股市上漲的機率，就和短期利率很高的年頭差不多。但是，某些證據顯示，如果短期利率下跌，股市上漲的機率會高於短期利率上漲時。舉例來說，從 1928 年到 2001 年，有三十四年美國國庫券的利率下降，而美股在之後的年頭賺得的平均報酬率約為12％。而在國庫券利率上漲的三十九年裡，股市在接下來一年的平均報酬

率約為 10.75％。研究也確認了前述的結果。[16] 有人將 1929 年到 2000 年分成各段子期間，分析子期間國庫券利率與市場報酬的相關性，而進一步檢視數據之後，更讓人對依據利率投資的策略心生警惕。[17] 這項研究發現，在 1950 年到 1975 年，利率幾乎都能預測股市報酬。但自 1975 年之後，短期利率幾乎不具備預測能力。研究總結認為，短期利率對耐久財產業與小公司的預測能力較佳，比用在預測整體市場時效果更好。

長期利率

直覺上，長期公債利率（可視為長期無風險利率）應該對於股價的影響較大，因為這是用以取代長期投資股市的標的。如果未來三十年可以靠著政府公債賺得 8％，為何要屈就於投資股市卻賺得比較少？因此，如果長期公債利率很低，你可以預期股票會上漲，如果利率很高則會下跌。圖 14.6 顯示每年的標普 500 報酬率與對應的年初美國長期政府公債利率。

在最好的情況下，兩者之間的關係也只是若有似無。以 1981 年為例，年初長期公債的利率為 14％，但當年的股市表現良好，獲利達 15％。1961 年時，年初的長期公債利率為 2％，當年股市下跌 11％。少有證據顯示，年初的長期公債利率和當期股市漲跌之間有什麼關聯。

如果思考的問題是可以從股票賺得多少報酬，就會看到長期公債利率和股票報酬之間顯現比較強的關係。我們可以把報酬定義得狹義一點，指

---

16 Ang, A., and G. Bekaert, 2001, *Stock Return Predictability: Is it there?*, Working Paper, Columbia Business School. 他們指出，國庫券利率是優於其他變數的短期股市波動預測指標。Breen, W., L. R. Glosten and R. Jagannathan, 1989, *Economic Significance of Predictable Variations in Stock Index Returns*, Journal of Finance, v44, 1177-1189. 本項研究評估根據國庫券利率水準，從股票轉換為現金、或者反方向操作的策略。總結認為，這套策略可以為主動式管理投資組合增添 2％的超額報酬。

17 Abhyankar , A., and P. R. Davies, 2002, *Return Predictability, Market Timing and Volatility: Evidence from the Short Rate Revisited*, Working Paper, Social Sciences Research Network.

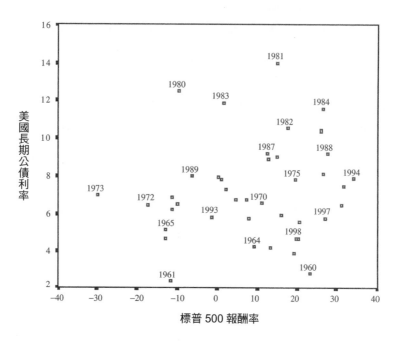

圖 14.6　1960-2001 年，美國長期公債利率與股市報酬率

資料來源：聯準會。每一個點是當年的股市報酬率與對應的年初美國政府公債利率。

市場的股利殖利率（股利除以目前的股價），也可以使用廣義一點的指標，例如盈餘殖利率（市場裡所有企業的盈餘與指數水準之比值）。盈餘殖利率是本益比的倒數，市場策略專家經常用這個指標來看股票相對於獲利的定價。有些市場策略專家不把重點放在長期公債利率的絕對水準，反而去看盈餘殖利率和長期公債利率的利差。他們相信，當盈餘殖利率相對高於長期公債利率時，投資股票最好。為了檢視這個論點，我們估算了從 1960 年到 2001 年，每年年初的盈餘殖利率和美國長期公債利率的利差，然後比較隔年的標普 500 報酬率，見表 14.2。

表 14.2 　1960-2001 年，盈餘殖利率、美國長期政府公債利率與股票報
酬率

| 盈餘殖利率— | | 股票報酬率 | | | |
長期公債利率（%）	年數	平均報酬率（%）	報酬率標準差（%）	最高報酬率（%）	最低報酬率（%）
>2	8	11.33	16.89	31.55	-11.81
1 至 2	5	-0.38	20.38	18.89	-29.72
0 至 1	2	19.71	0.79	20.26	19.15
-1 至 0	6	11.21	12.93	27.25	-11.36
-2 至 -1	15	9.81	17.33	34.11	-17.37
<-2	5	3.04	8.40	12.40	-10.14

　　當盈餘殖利率比長期公債利率高 2％以上（四十一年裡有八年出現這
種情形），隔年的標普 500 報酬率平均為 11.33％。然而，當盈餘殖利率
低於長期公債利率 0 到 1％之間時，股票報酬率也差不多高。如果盈餘殖
利率低於長期公債利率 2％以上，接下來五年的年報酬率確實僅有
3.04％。但是，當盈餘殖利率高於長期公債利率 1％到 2％時，接下來五
年的年報酬率卻是負值。因此，看來歷史數據並不支持用盈餘殖利率和長
期公債利率的利差，來預測未來股市動向。

景氣循環

　　我們覺得股價會和公債利率有關，同樣的，也會覺得股價應該和經濟
成長有關，因此預期經濟蓬勃發展時，股市的表現要好過衰退期。但是，
有一點讓兩者之間的關係變得很難以捉摸，那就是股市的波動反應的是投
資人預測未來經濟活動將如何變動，而不是經濟活動的絕對水準。換言
之，如果投資人預期接下來幾個月經濟將復甦，或許可以看到衰退最嚴重
時、股價卻大漲。或者，如果成長率不如預期，股價在穩健經濟成長期間

也可能下跌。圖 14.7 顯示每年的股市報酬率與實質 GDP 成長率。

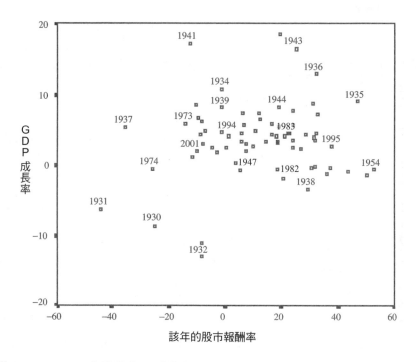

圖 14.7　GDP 成長率與股市報酬率

資料來源：聯準會。每一個點是當年的股市報酬率與對應的 GDP 成長率。

　　當年的 GDP 成長率與股市報酬率之間有正相關性，但是當中也有很
多雜音。舉例來說，股市報酬率最低的一年是 1931 年，當年 GDP 衰退約
7％；股市報酬率最高的年度是 1954 年，但當年的 GDP 微幅下降。GDP
有成長的年度也同樣有兩種情況並存的現象。1941 年股市報酬率下跌，
但經濟強力成長；1995 年 GDP 成長率約為 4％，股市報酬率也為正值。
就算兩者之間的關係顯著到可以通過檢驗，但除非能預測實質經濟成長
率，不然也無法用這個關係來掌握市場時機。此時，真正的問題就變成：

可否在觀察前一年的經濟成長之後，預測未來的股市波動？要檢視前一年的經濟成長能否帶來報酬，要看的是當年的經濟成長率與隔年的股市報酬率，表 14.3 檢視 1929 年到 2001 年的數據。

表 14.3　1929-2001 年，以實質經濟成長率來預測股市報酬

GDP 年成長率 （%）	年數	隔年的股市報酬			
		平均年報酬率 （%）	年報酬率標準差 （%）	最高 年報酬率 （%）	最低 年報酬率 （%）
>5	23	10.84	21.37	46.74	-35.34
3.5 至 5	22	14.60	16.63	52.56	-11.85
2 至 3.5	6	12.37	13.95	26.64	-8.81
0 至 2	5	19.43	23.29	43.72	-10.46
<0	16	9.94	22.68	49.98	-43.84
所有年度	**72**	**12.42**	**19.50**	**52.56**	**-43.84**

　　看來隔年的股票報酬率與今年的 GDP 成長率並無明顯可辨的關係。股市報酬率最低的那一年，前一年的 GDP 成長率確實為負值，但 GDP 負成長那幾年的平均股市報酬率，差一點都要比在經濟最佳成長年度（成長率超過 5%）之後買進的報酬率高了。

　　如果可以預測未來的經濟成長，從兩方面來說會很有用。第一是整體市場時機的掌握，因為你可以在經濟成長優於預期時投更多資金到股票，預見經濟走緩之前先撤出股票。其次，如果你相信經濟即將復甦，也可以運用這項資訊、投資對經濟循環最敏感的產業，比方說汽車和房屋相關的產業。

擇時交易者

　　嘗試擇時操作的投資人有各種不同的做法，但我們至今還沒問一個根本上的問題：宣稱能掌握市場時機的那些人，真的成功了嗎？本節我們要來看看一群試著擇時交易的投資人，看看他們的成績如何。

共同基金經理人

　　多數股票型共同基金不會宣稱自己擇時進出，但是他們確實會遊走邊緣，嘗試選擇市場時機，不時將資產轉換成現金或是再換回來。有些共同基金、即所謂的戰術性資產配置基金（tactical asset allocation fund），宣稱他們的強項是擇時交易。我們可以檢視這類基金過去的績效，然後判斷他們的說法是否成立。

　　那麼，你如何知道共同基金試著擇時進出？基本上，所有股票型共同基金都要持有一些現金（國庫券或商業票據投資部位），以因應贖回需求以及日常營運。但是整體來說，他們持有的現金高於必要水準。事實上，針對股票型共同基金的現金餘額，解釋只有一個，那就是透露出他們對於未來市場波動的看法：看空時持有的現金比較多，看多時持有的現金比較少。圖 14.8 顯示從 1981 年到 2001 年，每年共同基金的平均現金餘額比例，以及標普 500 指數的報酬率。

　　請注意，在股市表現不佳的年頭之後，現金餘額比例看來會提高，好年頭之後會下降，但是現金持有部位本身並無任何預測效力。共同基金是否真的能成功擇時交易這個問題，四十年前就有很多研究檢視，結果散見於各種文獻。

　　也有研究檢視，共同基金是否會在股市將起飛之前，將資金轉換成貝

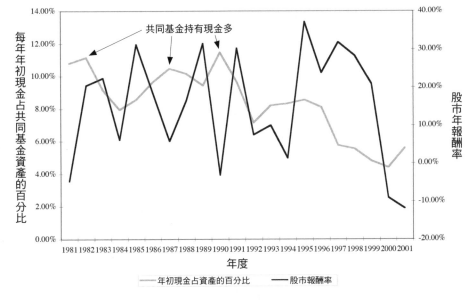

每年年初現金占共同基金資產的百分比

股市年報酬率

共同基金持有現金多

年度

1981 1982 1983 1984 1985 1986 1987 1988 1989 1990 1991 1992 1993 1994 1995 1996 1997 1998 1999 2000 2001

—— 年初現金占資產的百分比　　　—— 股市報酬率

圖 14.8　共同基金持有現金與股市報酬率

每一年的數據，都是當年的股市報酬率與當年共同基金持有的現金比例。

他值較高的股票，[18] 以及共同基金在股市熱絡的年頭是否賺得更高的報酬。但少有證據顯示，共同基金具有掌握市場時機的能力。[19]

18　參見：Treynor, Jack L., and Kay Mazuy, 1966, *Can Mutual Funds Outguess the Market,* Harvard Business Review, v44, 131-136。他們主張，如果共同基金具備擇時能力，應該在股市起飛前買進貝他值較高的股票，因為這類股票漲幅更大。他們得出的結論是，共同基金的做法剛好相反：在股市下跌之前轉向貝他值較高的股票。

19　Henriksson, Roy D., and Robert C. Merton, 1981, *On Market Timing and Investment Performance. II. Statistical Procedures for Evaluating Forecasting Skills,* Journal of Business, v54, 513-533.

戰術性資產配置以及其他擇時交易基金

　　1987 年股災之後，有許多新的共同基金興起，宣稱他們可以在崩盤前先退出，拯救投資人免於股市暴跌產生的虧損。這些基金名為戰術性資產配置基金，他們完全不想花心思選股。反之，他們說會在市場大幅波動之前，將資金在股票、長短期公債之間挪移，讓投資人可以賺得更高報酬。但 1987 年以來，這些基金創造的報酬率遠遠不及他們當初的承諾。圖 14.9 將 12 檔戰術性資產配置基金的五年與十年期間（1989 年到 1998年）報酬，和整體市場以及固定比例股債混合（股票和債券各投資 50％，以及 75％投資股票加上 25％投資債券）的報酬拿來做比較。後兩者稱為

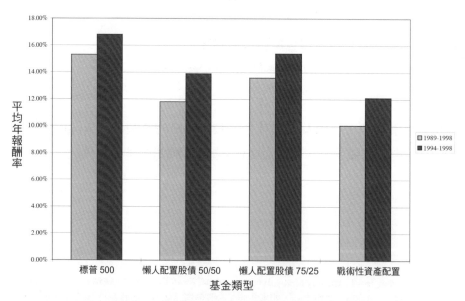

圖 14.9　不複雜的投資策略與戰術性資產配置基金績效比較

懶人組合代表以固定比例配置於股票和債券（50／50 指永遠將 50％的資金投資於股票、50％投資於債券）。用各戰術性資產配置基金的報酬平均值，來和不同的懶人組合做比較。

懶人組合（couch potato mix），意味著投資人完全不想猜測市場時機。

本項研究有一點最引人批評，那就是只聚焦在幾檔戰術性資產配置基金上。1998 年，另一項樣本數大多的研究，檢驗 1990 年到 1995 年，超過 100 檔的戰術性資產配置基金。[20] 但也少有證據顯示，這些基金真的能成功運用市場時機。

投資刊物

市面上有幾百種投資刊物，可供尋求明智投資建議的投資人訂閱。有些刊物的主旨是為投資人提供個股建議，有些的重點則瞄準市場時機。會有人告訴你，你只要花幾百美元就可以擁有專屬權利，拿到私人專屬的市場波動訊號。

一項研究分析投資刊物的擇時能力，檢驗 1980 年到 1992 年、237 種刊物推薦的股票／現金組合。[21] 如果投資刊物真的能精準掌握市場時機，你可以預期股票的配置比例會在股市上漲之前提高。研究計算刊物推薦的組合賺得的報酬，然後拿來和買進並持有策略比較。在 237 份刊物中，有 183 家的報酬率低於買進並持有策略，比率為 77%。有一個指標可以衡量出這些刊物的擇時建議成效不彰，那就是股票的配置比例：雖然股市上漲前股票的比重提高了 58%，但在下跌前也提高了 53%。有證據指向這些刊物的表現有一貫性，但較多證據支持他們展現的是負面表現。換言之，曾經針對市場時機給出壞建議的刊物，大有可能繼續給出不當建議；曾給

---

20 Beckers, C., W. Ferson, D. Myers, and M. Schill, 1999, *Conditional Market Timing with Benchmark Investors*, Journal of Financial Economics, v52, 119-148.

21 Graham, John R., and R. Harvey Campbell, 1996, *Market Timing Ability and Volatility Implied in Investment Newletters' Asset Allocation Recommendations*, Journal of Financial Economics, v42, 397-421.

出好建議的刊物反而比較少繼續給出好建議。[22]

　　唯一有希望證明確實可以掌握市場時機的證據，來自一份針對擇時交易型投資顧問的研究。這些擇時交易型顧問僅為客戶提供明確的時機建議，客戶之後根據建議調整投資組合：如果顧問看多就把資金挪到股票，如果看空就挪出資金。有一項研究以莫尼研究公司（Moni Research Corporation）監督的30位專業擇時交易者為對象（這家公司監督這類顧問的表現），檢視他們發出的時機判斷，找到一些證據支持他們有掌握市場時機的能力。[23] 但請注意，他們斷定的時機都很短，而且頻繁發出通知。有一位擇時交易者在1989年到1994年間總共發出303次時機訊號，若以平均來說，這30位擇時交易者每年都會發出15次訊號。雖說聽從這些時機訊號行動的交易成本很高，但投資人若遵循建議仍可以創造超額報酬。[24]

市場策略專家

　　大型投資銀行裡的市場策略專家，很可能是能見度最高的擇時代表。他們會對市場做出許多預測，不僅任職的投資銀行會大加宣傳，媒體也會推波助瀾。比方說，高盛的艾比‧珂恩（Abby Joseph Cohen）、摩根大通的道格‧克利格特（Douglas Cliggott）和摩根士丹利的拜倫‧維恩（Byron Wien），都是知名人物。儘管很難將市場策略專家的市況分析輕易歸類成看空或看多（好的市場策略專家尤其不輕易明說預測），但他們會針對偏

---

22 給出好擇時建議的刊物，約有50%的機會可以再一次成功。給出糟糕擇時建議的刊物，有70%的機會重演糟糕的表現。

23 Chance, D. M., and M. L. Hemler, 2001, *The performance of professional market timers: daily evidence from executed strategies*, Journal of Financial Economics, v62, 377-411.

24 本研究檢視扣除交易成本、但未扣除稅金的超額報酬。但從本質來看，採用這套策略很可能要繳交大額稅金，因為幾乎所有利得都要用通用的稅率課稅。

好的資產配置做出明確的建議，登在《華爾街日報》上。表 14.4 是 2002
年 6 月，各大投資銀行提供的資產配置建議。

表 14.4　投資銀行策略專家的資產配置建議

公司名稱	策略專家	股票比重 （％）	債券比重 （％）	現金比重 （％）
愛德華茲 （A. G. Edwards）	Mark Keller	65	20	15
美國銀行 （Bank of America）	Tom McManus	55	40	5
貝爾斯登 （Bear Stearns & Co）	Liz MacKay	65	30	5
加拿大帝國商業銀行資本市場 （CIBC World Markets）	Subodh Kumar	75	20	2
瑞士信貸第一波士頓	Tom Galvin	70	20	10
高盛	Abby Joseph Cohen	75	22	0
摩根大通	Douglas Cliggott	50	25	25
美盛 （Legg Mason）	Richard Cripps	60	40	0
雷曼兄弟	Jeffrey Applegate	80	10	10
美林證券	Richard Bernstein	50	30	20
摩根士丹利	Steve Galbraith	70	25	5
保誠 （Prudential）	Edward Yardeni	70	30	0
雷蒙詹姆斯 （Raymond James）	Jeffrey Saut	65	15	10
所羅門美邦 （Salomon Smith）	John Manley	75	20	5
瑞銀寶華 （UBS Warburg）	Edward Kerschner	80	20	0
美聯銀行 （Wachovia）	Rod Smyth	75	15	0

那要如何從這些資產配置組合當中得出市場預測？一種方法是檢視配置到股票的比重。市場策略專家愈是看多，就會建議配置更高比例的股票，看空的策略專家則會加碼現金和債券。另一個方法，是檢視同一位策略專家對不同期間提的持股建議變化，提高股票配置的比例代表偏向看多。但在這兩個面向上，策略專家的擇時技巧都很可議。而《華爾街日報》除了報導策略分析師提出的資產配置組合外，也會統計每一家銀行的配置建議能賺得的報酬，拿來和全部投資股市一年、五年和十年能賺得的報酬相比。為了回應用百分之百的股票投資組合和資產配置組合比較並不公平的說法，《華爾街日報》也提出一個由機器決定比例的組合（以固定比例配置股票、債券和國庫券）的報酬率。圖 14.10 摘要這三種組合的報

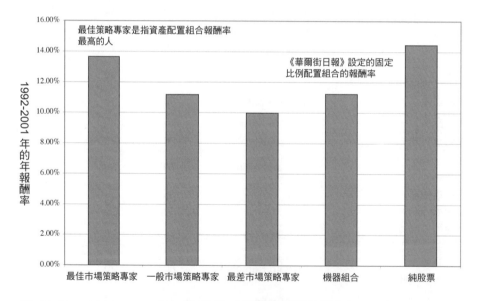

圖 14.10　1992-2001 年，市場策略專家建議投資組合的年報酬率

資料來源：《華爾街日報》。圖中是遵循大型投資銀行市場策略專家的資產配置建議，自1992年至2001年可賺得的報酬。

酬率，以及如果遵循策略專家的建議，期間內最佳組合與最差組合可以賺到的報酬率。

請注意，機器組合的報酬率，高於遵循一般市場策略專家的建議。在這段期間，《華爾街日報》追蹤的 16 家銀行中，僅有 5 家創造的報酬高於機器組合。而且，即便是這些人，差異都還在統計誤差值的範圍內。最後，即便是最佳策略專家的資產組合，績效都還遜於全部投入股票的策略。整體來說，證據指向，一流市場策略專家的擇時能力言過其實了。

故事的其他部分

關於在股市擇時的證據正反皆有。雖然有些時機指標看來很能預測市場走向，但真正去用的人並不能賺到超額報酬。那要如何解釋這樣的衝突？本節要檢視，有哪些理由導致「股票長期必勝」這一條難以撼動的信念變得非常危險，以及為何時機指標無法為多數投資人帶來報酬。

長期並不會讓股票變成無風險

熊市時，不用花太多時間就能說服投資人股票風險高。但長期且強勁的牛市，通常會讓同一批投資人得出結論認為股票不危險，至少在長期不會。本章之前檢視過一些用來支持此一觀點的證據，主要是 1926 年以來的美國股市數據。本節要評估世界其他市場的證據，看看是否支持美國的情況。

倖存者偏差

若將 20 世紀美國股市的各項結果向外推論到其他地方，要考慮的問題之一是，美國或許是這一百年全世界最成功的經濟體和市場了。換言之，在選擇時就已經有偏頗。如果用個股來比喻的話，這就好像挑出現今全美市值前十大的企業，然後看看過去投資這些公司能不能賺錢。答案無疑是肯定的，這些公司市值之所以能壯大，就是他們有很長一段時間都很成功。

因此，若要平衡一點，就要檢視投資人在其他（沒這麼成功的）股市裡能夠賺得多少報酬。有一項研究詳細檢視了這些報酬，估算從 1900 年到 2001 年在 16 個股市裡能賺到的報酬率，然後將這個數值和投資債券能賺得的報酬率相比。[25] 圖 14.11 顯示這段期間內，在 16 個市場投資股票，比投資長、短期公債多賺的風險溢價（亦即額外報酬）。

雖然每一個受檢驗國家的股票報酬率都高於投資政府長、短期公債，但各國差異很大。如果投資西班牙，投資股票能賺得的年報酬僅比短期政府公債高 3%、比長期政府公債高 2%。反之，如果投資法國，對應的數值則分別為 7.1% 和 4.6%。因此，如果檢視期間為四、五十年，股票的報酬率很有可能落後於長期或短期政府公債，至少在某些股票市場是如此。

因此，股票投資人必須想一想，自己今天投資的是一個贏家市場（比方說 20 世紀的美國），還是一個落後市場（例如自 1989 年以來的日本市場）。在接下來的幾十年裡，每個市場都有可能變成落後市場（包括如今的美國市場在內），因此，如果在任一特定股市裡投資太多，你就要小心。儘管投資全球型股票基金，或許能夠提高勝率，但即便是這樣做，長期你還是要面臨風險。

---

25 Dimson, E., P. March and M. Staunton, 2002, *Triumph of the Optimists*, Princeton University Press.

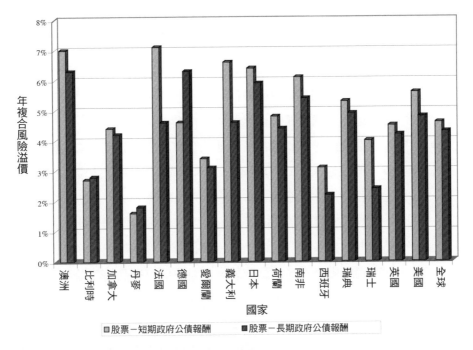

年複合風險溢價

0% 1% 2% 3% 4% 5% 6% 7% 8%

國家

澳洲　比利時　加拿大　丹麥　法國　德國　愛爾蘭　義大利　日本　荷蘭　南非　西班牙　瑞典　瑞士　英國　美國　全球

□ 股票－短期政府公債報酬　　　■ 股票－長期政府公債報酬

圖 14.11　按國別劃分的股票風險溢價

資料來源：迪森（E. Dimson）等人。差額是各國股票和短期政府公債／長期政府公債年複合報酬率的差距。

多長期才叫長期？

　　主張股票長期一定勝出的財經專家與顧問，對於他們所指的長期是多長通常模糊以對，投資人通常也自有不同的長期定義：對沒有耐性的投資人來說，一年或許就已經是長期了。但是對很能等待的投資人來說，可能二十年才叫長期。

　　一年期間的股票投資絕對不是無風險的，但是，如果你投資期間達二十年，股票能接近無風險嗎？不一定，理由有幾點：

- **即便打算長期投資，也可能因為意外而縮短期間**：舉例來說，假設有人對一位 35 歲的女性提出退休資金投資建議。她還有三十年才退休，看起來最適合長期投資策略。但預測這一點的根據是認為，她在這段期間身體都很健康並持續工作。如果她因為健康因素或失業而提早退休，就可能得更早動用退休金。

- **投資人在期間內會不斷儲蓄，而他們在市場上漲時以及人生後期會存更多**：假設你 35 歲，你還有三十年才退休。你在這段過程中會為了退休存錢，你提撥的退休金會隨著你年齡愈大（與愈接近退休時間）而愈高，這相當於縮短你的實際有效投資期間。此外，你在股市熱絡期間會多存一點錢、多投資在股市裡，市況不好時就少一點。從市場歷史來看，這意味著你在股票價值被高估時過度投資、股票物美價廉時投資不足。

- **即便是用最樂觀的看法評估股票報酬的歷史數據，得出的結論也只是，長期來看，相較於其他風險較低的投資標的，股票有很高的機率可賺得更高的報酬，但不是絕對**：事實上，不管是美國或其他地方，用比較務實的態度去評估股市歷史資料得出的結論指向，長期來說股票表現遜於公債的機率也很高，投資人不可掉以輕心。就算長期而言，股票報酬率低於債券的機率為 5%，但這已足以讓比較趨避風險的投資人多投資債券、少投資股票。

檢視日本股市過去十五年的表現，最能說明即便是長期，投資股市也有風險。如果投資人在 1989 年日經指數（Nikkei）接近 4 萬點的高點時投入股市，到了 2003 年投資損失高達 80%，而且這一輩子很可能都無法回補虧損。

擇時交易的陷阱

如果有這麼多可以賺錢的市場時機指標，為何成功的擇時交易者如此罕見，甚至連紙上談兵都難有好成績？本節要討論一些相關風險，看看企圖掌握市場時機以及聽從市場大師建議會有哪些問題。

後見之明偏誤

如果回顧過去，會發現擇時交易變得很簡單。畢竟，了解事實之後，一定可以找出明顯的市場反轉訊號，知道就是那時多頭要轉空頭，或是空頭轉多頭。因此，2001 年時投資人回頭看 1999 年，悲嘆著他們在當年年底股市到頂時錯失退出的機會。但在那當下，訊號其實不明顯。有很多分析師主張股市估價過高，指標也支持他們的觀點，但也有分析師認為市場會繼續走揚，並拿出佐證的模型，而且這一邊的人數也不少，至少勢均力敵。

實務上，投資人對於市場是否已經觸底或到頂，在事情發生當下總是莫衷一是。有趣的是，當市場到頂時，也是人們樂觀看待未來時；市場即將復甦之際則是氛圍最黯淡的時候。要成功掌握市場時機，你不能在市場還沒觸底先買或還沒到頂就先賣，如果這麼做，你會錯過之後的報酬。

資訊透露的時機

如果想要用通貨膨脹或經濟成長率等總體經濟變數，來掌握市場時機，也應該要考量到獲得資訊前的時間落差。舉例來說，研究顯示，股價在幾季高 GDP 成長率之後多半都會上漲，那麼，明顯的策略就是看到一季的高 GDP 成長率之後買進股票，並在成長率為負值或低成長時賣出。然而，這套策略的問題是，要等到兩個月後的下一季才能知道前一季的

GDP 成長率資訊。

如果使用利率水準這類市場變數來預測市場，狀況會比較好，因為你應該可以和股市同時獲得本項資訊。然而，建置這些模型時要謹慎，要確定你的模型不會要求你得先預測利率水準，才能預測未來的股市市況。如果要檢驗利率水準和股市動向之間的關係，模型中要設定的必須是年初的利率水準和當年的股市報酬之間的關聯。由於在做出投資決策前就能得到年初利率值，因此，如果能找到兩者之間的相關性，就能找到基準設計出一套可行的策略。但若模型要你檢驗的是年底利率和當年股市報酬之間的關係，就算你找到相關性，但因為必須先預測一年的利率水準才能設定投資策略，這樣就會有問題。

預測中的雜音

上一節提出的證據應該很明確了，任何市場時機指標都不完美，甚至連接近完美都做不到。實際上，即便是最出色的擇時交易者，做對的比率僅約在 60％到 65％之間，就算是這樣，這個數值講的也只是市場的變動方向，還沒有講到變動幅度。換言之，不管是 1 月的報酬率還是利率水準，某個特定指標在某種程度上都能指出，市場在這一年的其他時間比較可能上漲還是下跌，但是沒辦法講出跌幅或漲幅。

市場時機指標的特質是，在大部分時候，指標指出的市場變動方向是錯的，而且也無法預測出市場變動的規模，這兩點限制了我們利用指標能設計出的投資策略。而在採用這套策略時，也要避免股票指數期貨和選擇權等可以創造出最高報酬的衍生性商品，因為做錯的風險可能大到難以承受。

缺乏一致性

擇時交易型的人在投資界就好像流星一樣，他們閃閃發光時可以吸引到眾人的目光，但是很快就黯淡了。從二十世紀初的傑西·李佛摩（Jesse Livermore），到 1990 年代保誠集團高調浮誇的市場策略專家勞夫·阿坎波拉（Ralph Acampora），看看那些受人矚目的擇時操作型投資人（所謂市場大師）的長期表現，會看到一個很多元的群體。[26] 其中，有些是技術線圖學派，有些使用基本面，有些則祕而不宣自己的手法，但是他們看來都有三點共同之處：

一、**有能力以黑白分明的眼光來看世界**：市場大師不會模稜兩可，反之，對於市場六個月或一年後會發生什麼事，他們會提出看來荒誕的大膽說法。以阿坎波拉為例，他就在道瓊工業指數 3,500 點時預言會來到 7,000 點，因此確立了名聲。

二、**正確判斷出市場的重大變化**：所有擇時交易者的名聲，都來自於至少說對一次重大市場變動。李佛摩的成名戰是他說中了 1929 年的股市崩盤，阿坎波拉則是看對 1990 年代的牛市。

三、**外向的人格特質**：市場大師天生就善於作秀。他們會利用當時的媒體作為傳聲筒謀求曝光率，不僅宣傳自己的市場預測，也傳揚他們自身的成就。事實上，他們的成就有一部分可歸因於有能力讓其他投資人依循他們的預測行事，讓他們的預測變成自我實現的預言，至少短期實現了。

---

26 描寫李佛摩最精采的著作之一，是埃德溫·勒菲弗（Edwin LeFèvre）所寫的經典：《股票作手回憶錄》（*Reminiscences of a Stock Market Operator*）。

那麼，為何偉大的市場大師會跌個踉蹌？讓他們成功的因素，看來也導致了他們的失敗。由於他們完全相信自己掌握市場時機的能力與擇時進出所得到的成就，因而做出愈來愈大膽的判斷，最終毀了名聲。比方說。喬·葛蘭碧（Joe Granville）是 1970 年代晚期知名的市場大師，但在整個1980 年代，他都建議大家賣掉股票買黃金。而那十年，他發行的刊物的績效排名老是墊底。

交易成本、機會成本與稅金

如果抓時機進出市場沒有什麼成本，基於做對了可以帶來豐厚的報酬，你可以主張每個人都應該試試看這麼做。但是，試著擇時交易（而且做錯）會引發極大的成本：

- 在把股票轉換成現金、再換回來的過程中，可能會錯過市場表現最好的年頭。論文〈選擇股票市場時機的愚行〉（The Folly of Stock Market Timing）檢驗從 1926 年到 1982 年間，每年在股票與現金之間轉換的效果，得出的結論是，可能的跌幅遠大於潛在的漲幅。27 美國金融學家威廉·夏普（William Sharpe）分析擇時交易後建議，除非你分辨好年頭與壞年頭的成功率達到七成，不然的話，不要輕易嘗試預測市場時機。28 針對加拿大市場進行蒙地卡羅模擬（Monte Carlo simulation）也確認這項結論，模擬結果顯示，擇時

---

27 Jeffrey, R., 1984, *The Folly of Stock Market Timing*, Financial Analysts Journal (July-August), 102-110.

28 Sharpe, W. F., 1975, *Are Gains Likely From Market Timing*, Financial Analysts Journal, v31(2) (March/April), 60-69.

交易要達到損益兩平，正確率必須達七到八成。[29]

- 如果遵循市場時機信號，就要大量進行交易，而相關研究都沒有計入擇時策略一定會產生的額外交易成本。如果策略是要在股票、現金之間不斷轉換，在最極端的情況下，你必須在判定要轉進現金時，結清全部的股票投資組合，然後在下一次要轉進股市時，從頭建置部位。

- 擇時策略也可能會導致你繳納額外的稅金。想知道其中道理何在，讓我們假設你的策略基礎是，實證指出股市漲兩年之後很可能就會下跌，所以你決定股市如果漲兩年就賣掉持股。由於賣股時你必須支付資本利得稅，因此在你投資期間，你支付的稅金就遠高於其他人。

投資獲利心法

試著掌握市場時機是比選股更難為的工作。所有投資人都會試著去利用市場時機，但是少有人能持續成功。然而，即使你看到這些人的失敗史，仍決定要成為擇時交易者，你應該試著這麼做：

一、**評估你的投資區間**：有些市場時機指標只預測短期內的市場動向，比方說，以圖表模式為基準的指標或是成交量；也有些是長期策略，如使用常態化本益比來預測股價。在選用擇時策略前，你要清楚知道自己的投資期間長短。做判斷時，你要檢視自己有

---

29 Chua, J. H., R.S. Woodward, and E. C. To. 1987, *Potential Gains From Stock Market Timing in Canada*, Financial Analysts Journal (September/October), v43(5), 50-56.

多願意（或多不願意）等待報酬，也要看看你有多仰賴投資組合產生的現金流，來支應生活所需。如果你的工作不穩、收入時多時少，你的投資期間會縮短。

二、**檢視證據**：不管是哪一種擇時策略，支持者都會宣稱策略有用，並提出實證證明遵循策略可賺得可觀報酬。而你在檢視證據時，可以想一想上一節提過的警語，包括：

（一）擷取數據得出的策略，是否能套回同一套數據？你應質疑沒有經濟基礎或理據的精心編造交易策略，如每個星期四下午三點時買進具有股價動能的小型股，然後在隔天下午一點賣出。這很有可能是因為，有人用幾千種不同的策略在大型資料庫中做測試後，最終出線的結果。然而，好的測試應該要檢視不同期間（稱為截留期間〔holdout period〕）的報酬。

（二）策略是否符合現實？有些策略在建構時看來好的不得了，但可能不務實。因為在你得交易時，可能無法取得策略賴以為憑的資訊。比方說，你可能發現，如果某個月共同基金的投資人投入的資金高過於提取的資金，在當月底買股票可以賺到錢（至少從書面來看可以），但問題是，你必須要等到下個月才能得到本項資訊。

（三）是否考慮了執行成本與問題？很多短期的擇時策略需要不斷做交易，而這些交易引發的成本和稅金很高。在未加計這些成本前，擇時策略的報酬須遠高於單純的買進並持有策略，這樣採用這套策略才合理。

三、**整合擇時交易和選股策略**：雖然很多投資人認為擇時交易和選股是完全不同的兩件事，但不必要這樣。你可以、也應該把兩者整

合到整體策略中。舉例來說，你可以使用成交量指標來決定要不要、以及何時投入股市，然後投資本益比低的股票，因為你相信這些股票比較可能被低估。

結語

如果可以借重市場時機，就能賺得巨額報酬，正是這股回報潛力讓所有投資人趨之若鶩。有些人使用技術面與基本面指標，明確嘗試掌握市場時機，有些人則把市場觀點整合到資產配置決策裡，看多股票時就多挪點資金到股市。但檢視證據之後發現，任何市場時機指標都無法創造穩健一致的報酬。事實上，很少證據能證明所謂的市場時機專家（例如市場策略分析師、共同基金與投資刊物等等），在這方面真的成功了。

即便證據讓人感到挫折，投資人仍會持續擇時交易。如果你選擇這麼做，應該挑選和你的投資期間相符的策略，並仔細評估能證明策略成功的證據，再和有效的選股策略相結合。

15
投資獲利的 10 大心法

要賺到錢，你的基本想法不僅要是對的，還要市場能看到自己的錯
誤並進行修正。

　　本書檢驗的各種投資說法反映的是各式各樣的投資哲學，所訴求的對
象更是各種不同的投資人。然而，檢視這些說法可以整理出一些共通心
法。本章要看的是幾項可套用在不同投資策略上的建議。但願，下一次某
個熱情過頭的業務員，用一套天花亂墜的投資故事蠱惑你時，這些比較廣
泛的投資建議能讓你穩住立場。

心法 1：愈是改頭換面，愈是萬變不離其宗

　　本書列出的每一套投資說詞，都是自有金融市場就開始流傳的說法。
但投資顧問不管現實，他們一段時間之後就會用新瓶裝舊酒，當作自己的
東西拿出來。為了增添新意，他們替這些說法取了新穎華麗的名稱（最好
能放個希臘字母進去）。比方說，把買進低本益比股票的策略稱為 Ω 策
略或 α 策略，就好像施了魔法變出漂亮的門面，可以打動投資人。還
有，隨著投資人能取得的股票資訊愈來愈多，在利用資料挑選股票這件事

上，也愈來愈有創意。當一般人可以輕鬆地用多種標準來篩選股票，像是低本益比、高成長性和具有動能，有些人就會建構出綜合的篩選條件，並且貼上獨一無二的標籤。

建議 1：如果內容複雜，而且名稱花俏、宣稱是完全不同的全新投資策略，請當心。

心法 2：如果你想要保證獲利，不要投資股票

無論支持某一套投資策略的人有多信誓旦旦，但任何股票投資策略都無法保證成功。股票有波動性，還會受幾百種不同的變數影響，有些和整體經濟面有關，有些則是出自於公司的消息面。即便是最精密、最規劃得宜的股票賺錢策略，都會因為意外事件而出軌。

建議 2：關於股票，唯一可以預測的就是變幻莫測。

心法 3：沒有不勞而獲的事

人不能期待在不承擔風險的前提下賺得高報酬，這很可能是投資世界裡最古老的教訓，但它常被人忽略。事實上，每一種投資策略都會讓你暴露在風險中，而報酬高的策略風險更不會低。如果你是暴露在重大風險之下會感到不安的投資人，不論書面上的前景看起來有多美好，你都要避開高風險的策略。那麼，為何有些投資人甘願自欺欺人，自以為可以賺大錢卻不用承擔對應的風險？一個理由可能是因為某些策略的風險是隱性的，偶爾才零星出現。這些策略大部分時候都會成功，順利時能帶來適度穩健的報酬，一旦失敗卻會引發重大損失。

建議 3：如果你看不出高報酬策略的風險，表示你看得不夠認真。

心法 4：記住基本面

　　企業的價值永遠和該企業利用資產創造的現金流、帶動現金流隨著時間成長，以及和現金流有關的不確定性等因素相關。股市熱絡時，投資人常忘記決定價值的是基本面（例如現金流、預期成長率和風險）。他們試圖尋找新的範式架構來解釋，為何股票的價格會來到現今的水準，比如1990 年代末期的科技熱就是這樣。當投資人看到所謂新經濟型公司的股價高到天邊、根本無法用傳統方法解釋時，他們就轉向可疑的模型，不介意用營收成長取代獲利和現金流。在每一次牛市過後，投資人都會發現一件事，那就是基本面很重要，公司必須要賺錢，而獲利能成長更是非常重要的事。

　　建議 4：忽略基本面的後果自負。

心法 5：大多數看起來很便宜的股票背後都有原因

　　本書所講的每一套投資故事裡，都有一群股價被認定為很便宜的公司。比方說，之前就有講到有些股票的本益比低或交易價格低於帳面價值，因此被歸類為便宜的股票。雖然以下這些話會讓某些人覺得好像是為了反對而反對，但這裡還是要慎重一提的是，這些股票大多數只是表面上很便宜。股價偏低的背後通常都至少有一個理由，很多時候更不只一個。舉例來說，很多股票的交易價格低於帳面價值，是因為公司的獲利能力很差、風險又高，本益比低的股票則是因為成長前景乏善可陳。

　　建議 5：便宜的公司不見得是物美價廉的投資標的。

心法 6：萬物皆有價

投資人總是替自己投資的標的公司找出特別的優點，並羅列種種因素，而一般人最常想到的大概就是優越的管理、響亮的品牌、獲利高成長，以及絕佳的產品。無須爭論，一家公司若具備這些特質都是好事，但你還是要體認到一點：市場通常都已經做了該做的事，將這些優點計入股價當中。所以品牌強大的公司本益比高，預期獲利成長性高的公司亦同。因此，身為投資人，你要回答的問題並不是強大的品牌是否讓你投資的公司更有價值，而是市場替這個品牌定出的價格有沒有過高或過低。

建議 6：好公司不一定是好的投資標的。

心法 7：數字有可能騙人

對於已經厭煩傳聞證據和投資說詞的投資人而言，數字讓人感到安心，因為數字提供了客觀的說明。一項研究顯示，一般人會比較看重「高股利的股票，過去五年能讓你賺到比大盤高 4％ 的報酬」這樣的說法，而不是「你在五年前投資某檔個股能賺很多錢」。儘管使用大量的長期數據來檢驗策略是合情合理之舉，但請注意以下的警語：

● 無論檢驗得多詳細、期間有多長，研究得出的是可能的結論，而非必然。舉例來說，檢視過去五年發放高股利的股票之後，你或許可以總結指出，高息股創造出來的報酬有 90％ 的機率高於低息股，但無法保證一定是這樣。

● 市場會隨著時間變化，而這一點會影響每一項研究。畢竟，不會有兩個期間的狀況一模一樣，下一段期間或許會出現你前所未見的意

外，而這些意外很可能導致本來已通過時間考驗的策略分崩離析。

建議 7：數字會騙人。

心法 8：尊重市場

每一種投資策略都是和市場對賭。你賭的不僅是市場錯了、你對了，更要賭市場會看到自己的錯誤並且附和你的看法。就以買進股價低於帳面價值的股票這套策略為例，你相信這些股票的價值遭到低估，市場在訂定這些股票的價格時犯了錯。然而，要賺到錢，你的基本想法不僅要是對的，還要市場能看到自己的錯誤並進行修正。在過程中，股價被推高，身為投資人的你才能賺到錢。

你認為市場錯了的看法可能正確，但先對市場投以適當的敬意會是明智之舉。雖然市場在訂定股價時確實會犯大錯，而且這些錯誤會引人注目（通常是在事後）。但是，市場大部分時候也很成功地將觀點不同、擁有股票資訊各異的投資人彙整在同一處，並在價格上達成共識。如果你發現某些情況指向市場定價錯誤、形成投資機會，一開始應該先從市場價格是對的這項前提出發，有可能是你在分析時遺漏了某些重要元素。只有在你排除所有可以解釋定價錯誤的原因之後，才考慮善用機會。

建議 8：市場對的時候比錯的時候多。

心法 9：了解自己

不管考慮得多周詳、設計得多好，如果投資策略無法對應你的偏好和特性，就無法在身為投資人的你身上發揮作用。比方說，買進可持續發放

高額股利股票的策略，對於趨避風險、投資期間長，而且不用繳納高額稅金的投資人來說可能很棒，但對於投資期間短且稅金負擔重的投資人來說則不然。在決定要套用哪一套投資策略之前，你應該想一想這對你來說是否合適。如果你要採用，應該要通過兩項檢測：

一、**適合度檢驗**：如果你一直擔心投資組合，它的上下波動讓你寢食難安，你應該把這視為你採行的策略對你來說太過危險的信號。

二、**耐性檢驗**：很多投資決策打著長期策略的名號推銷。如果你採行的是其中之一，但你發現自己常常自我質疑並微調投資組合，代表你可能沒有耐性靜候投資策略帶來回報。

長期來說，不管從生理上還是財務面來看，如果投資策略不適合自己，就不會有太多好結果。

建議 9：沒有一套可以適用於所有投資人的最佳投資策略。

心法 10：運氣比技能重要（至少短期是這樣）

金融市場最打擊士氣的一課，是努力、耐性和做好準備這些美德，不一定能帶來回報。在做最終的分析時要說的是，能不能靠著投資組合賺錢，僅有一部分是你能控制的，運氣才是要角。看看前一年最成功的投資經理人，太常出現的情況是，他們並不是投資策略最佳，而是（運氣好）剛好在正確時間出現在正確地點。確實，當你投資時間愈長，運氣的因素會淡化，真正的技能會顯露出來。看看過去十年最成功的投資經理人，他們比較不可能是因為運氣好，才得到這番成就。

身為投資人，不管面對成功還是失敗，你都要持保留態度，是成是敗

都不代表身為投資人的你很有能力（或缺乏能力）、或你的根本投資策略非常出色或拙劣糟糕。雖然你無法創造好運，但是你要做好準備，等到運氣上門時善加利用。

建議 10：幸運大有好處。

結語

打敗市場並不容易，也要付出成本。在金融市場裡，帶著各式各樣人性弱點的投資人收集並消化資訊，針對什麼資產該值多少錢做出最好的判斷。無須意外的是，人會犯錯，即便相信市場具有效率的人也要對現實讓步。然而，一個有待討論的問題是，你能否善用這些錯誤，比一般投資人表現得更好。要做到這一點，唯有靠你做好功課，評估自己的投資策略有哪些弱點，並努力保護自己、避免因此受到損害。此外，如果你的投資期間短，你還需要運氣和你同一條陣線。

打破選股迷思的獲利心法

作　　者　亞斯華斯・達摩德仁
譯　　者　吳書榆
主　　編　呂佳昀

總 編 輯　李映慧
執 行 長　陳旭華（steve@bookrep.com.tw）

社　　長　郭重興
發行人兼
出版總監　曾大福
出　　版　大牌出版 / 遠足文化事業股份有限公司
發　　行　遠足文化事業股份有限公司
地　　址　23141 新北市新店區民權路 108-2 號 9 樓
電　　話　+886- 2- 2218-1417
傳　　真　+886- 2- 8667-1851

印　　務　江域平、李孟儒
封面設計　陳文德
排　　版　新鑫電腦排版工作室
印　　製　通南彩色印刷有限公司
法律顧問　華洋法律事務所　蘇文生律師

定　　價　680 元
初　　版　2021 年 10 月
有著作權　侵害必究（缺頁或破損請寄回更換）
本書僅代表作者言論，不代表本公司／出版集團之立場與意見

Text ©2004 Aswath Damodaran
All Rights Reserved.
First published in English by Pearson Education, Inc.
Complex Chinese translation rights arranged through The PaiSha Agency.
Complex Chinese translation copyright ©2021
by Streamer Publishing, an imprint of Walkers Cultural Co., Ltd.

國家圖書館出版品預行編目資料

打破選股迷思的獲利心法 / 亞斯華斯．達摩德仁 (Aswath Damodaran)
　　作；吳書榆 譯 . -- 初版 . -- 新北市：大牌出版；遠足文化事業股份
　　有限公司發行 , 2021.10
　　　　面；　公分
　　譯自：Investment fables : exposing the myths of "can't miss" investment
　　　　strategies
　　ISBN 978-986-0741-56-8 (平裝)

　　1. 股票投資　2. 投資分析

563.53　　　　　　　　　　　　　　　　　　　　　　110014284